Beck-Wirtschaftsberater:
Psychologisches Konfliktmanagement

Beck-Wirtschaftsberater:
Psychologisches Konfliktmanagement

Menschenkenntnis – Konfliktfähigkeit – Kooperation

Von Annegret Hugo-Becker und
Prof. Dr. Henning Becker

2., völlig überarbeitete und erweiterte Auflage

Deutscher
Taschenbuch
Verlag

dtv

Originalausgabe
Februar 1996
Redaktionelle Verantwortung: Verlag C. H. Beck, München
Umschlaggestaltung: Fuhr & Wolf Design-Agentur, Frankfurt a. M.
Gesamtherstellung: C. H. Beck'sche Buchdruckerei, Nördlingen
ISBN 3423058293 (dtv)
ISBN 3406403468 (C. H. Beck)

Vorwort zur 2. Auflage

Das „Psychologische Konfliktmanagement" ist sehr positiv aufgenommen worden. Das hat uns beflügelt, intensiv daran weiterzuarbeiten. Sowohl in der lebendigen Diskussion mit Kursteilnehmern und Kollegen als auch in weiterer Auseinandersetzung mit der Literatur ist es runder geworden.

Insbesondere zwei Wünschen aus dem Teilnehmer- und Leserkreis sind wir nachgekommen:

- ein Persönlichkeitsmodell zu erarbeiten, das unserer Aussage gerecht wird, Menschen nicht in erster Linie nach pathologischen Gesichtspunkten zu charakterisieren. Das Augenmerk wird deshalb vor allem auf jene Persönlichkeitsanteile gerichtet, die aus einer gelungenen Interaktion während der Primärsozialisation und der verantwortungsbewußten Gestaltung zwischenmenschlicher Beziehungen resultieren.
- der praktischen Handhabung von Konflikten, dem psychologischen Konfliktmanagement, mehr Raum zu geben. Das Modell, in das die Aussagen des Buches münden, ist von uns vielfach erfolgreich erprobt. Aber wir betrachten es nicht als abgeschlossen.

Unsere Aussage, erstmals tiefenpsychologische Menschenkenntnis in die Managementlehre einzuführen, möchten wir korrigieren. Unser Anliegen ist vielmehr, zu zeigen, daß die Tiefenpsychologie bei der Bewältigung von Konflikten viel zu leisten vermag.

Berlin, November 1995

Annegret Hugo-Becker
Henning Becker

Vorwort zur 1. Auflage

Das vorliegende Buch hat einen ausgeprägten psychologischen Bezug, weil es erstmals tiefenpsychologische Menschenkenntnis in die Managementlehre einführt.

Wir verfolgen mit diesem Buch im wesentlichen drei Ziele:

- Es soll sichtbar werden, daß und warum Menschen in Konfliktsituationen und Auseinandersetzungen entsprechend ihrem Charakter reagieren und die ihnen gewohnten Lebensbewältigungsstrategien anwenden. Dies wird insbesondere durch den Praxisbezug von Berufsalltagssituationen und deren Aufarbeitung in Rollenspielen deutlich.
- Wir möchten tiefenpsychologisches Gedankengut einführen und systematisieren, so daß es dem psychologischen Laien zugänglich ist. Dazu knüpfen wir an die Erfahrungen an, die der Leser im Verlaufe seiner Sozialisation, Lebens- und Berufserfahrung gewonnen hat.
- Wir möchten die dabei zu gewinnende Menschenkenntnis für die Managementlehre nutzbar machen und zeigen, daß und in welcher Form sie Anwendung finden kann. Deshalb münden die Ausführungen in konkret umsetzbare Handlungshinweise.

Die Autoren sind beide Mitglied der *Deutschen Gesellschaft für Individualpsychologie.* Als Psychoanalytikerin (DGIP) und Fachhochschullehrer in den Fachgebieten Sozialpsychologie, Betriebssoziologie und betriebswirtschaftlicher Unternehmensführung haben sie das Anliegen, dazu beizutragen, daß die aus unbewältigten Konflikten resultierenden Reibungsverluste dadurch minimiert werden können, daß die dahinterliegenden Beweggründe erhellt und besser verstanden werden können. Nur dann wird eine sachbezogene Auseinandersetzung möglich. In diesem Buch verknüpfen sich also die psychologischen, soziologischen und wirtschaftswissenschaftlichen Aspekte der Themenbetrachtung.

Das Buch wäre ohne die vielen aufgeschlossenen, anregenden und mutigen Teilnehmerbeiträge in Seminaren und Wochenkursen (ab 1983), seit 1990 vermehrt auch in den neuen Bundesländern, nicht zustandegekommen. Die Bereitschaft der Teilnehmer, sich in das Geschehen einzulassen und sich zu öffnen, beflügelte nicht nur den Erkenntnisprozeß, sondern führte zu einer ausgesprochen heiteren und fröhlichen Stimmung in den Seminaren. Deshalb möchten wir uns an dieser Stelle zuerst bei unseren Kursteilnehmern sehr herzlich bedanken.

Einen ebenso herzlichen Dank schulden wir Frau Dr. habil. *Ulrike Gröckel* von der Handelshochschule Leipzig, die uns bei Seminaren und der Bucharbeit mit ergänzenden und kritischen Stellungnahmen dazu ermutigt hat, in unserer Auseinandersetzung mit der Thematik nicht bei der Literaturmeinung stehenzubleiben, sondern auch eigene Interpretationen zu wagen.

Nicht zuletzt gilt unser herzlicher Dank unserem Freund *Gerhard Kleinfeld,* der als Leiter der Verwaltungsschule Leipzig den Mut hatte, diese Form psychologischen Konfliktmanagements in Verwaltungsführungsseminaren erstmals in den neuen Bundesländern einzuführen. Er gab damit den Impuls, uns gerade in diesem Bereich zu engagieren.

Dieses Buch wendet sich insbesondere an diejenigen Menschen in Leitungsfunktionen, die erkannt haben, daß für den Führungsbereich Expertenwissen wie Fachkompetenz und Methodenkompetenz allein nicht ausreicht, sondern zunehmend Fähigkeiten gefordert sind, die sich unter dem Begriff der sozialen Kompetenz zusammenfassen lassen: Kommunikationsfähigkeit, Kooperationsfähigkeit, Motivation, Menschenkenntnis und Konfliktfähigkeit. Es ist aber auch für all jene geschrieben, die den Umgang mit der eigenen Person wie mit anderen Menschen gedeihlicher gestalten wollen, die die Beweggründe menschlicher Handlungen und Haltungen verstehen möchten und erfahren wollen, wie diese entstanden sind. Und schließlich wendet sich dieses Buch an unsere Kolleginnen und Kollegen, mit denen wir in einen regen Auseinandersetzungsprozeß zu treten hoffen.

Berlin, April 1992 *Annegret Hugo-Becker*
Henning Becker

Inhaltsverzeichnis

Vorwort V

Die Rolle der Psychologie in der Managementlehre 1
Verhaltenswissenschaftliche und tiefenpsychologische Ansätze . . 3
Persönlichkeit und Charaktertypologien 11
Die Bedeutung der Menschenbilder bei der Bildung von Führungstheorien 12
Typologien/Charaktertypologien 15
Das Pathologiemodell 20

Führungstheorien und die Wechselwirkung von Mensch und Organisation 29
Führungstheorien 32
Führungsstile 35
Die Wechselwirkung von Mensch und Organisation 40
Bürokratie/Bürokratiekritik 41
Die autoritäre Persönlichkeit 47
Aggression 52
Die These vom Sozialcharakter 54
Der Aufsteiger/Karrierist 57
Führung in der Bürokratie 61
Kameradschaftliche Bürokratie und Mikropolitik 62

Soziale Kompetenz 67
Kommunikation 75
Kooperation 80
Motivation 82

Konflikte: Konflikttheorien, Konfliktursachen, Konfliktverlauf, Konflikthandhabung 87
Konflikttheorien 88
Konfliktursachen 96
Konfliktverlauf 97
Konfliktbewältigung 109
Mobbing, Psychoterror am Arbeitsplatz 114

Grundkurs in tiefenpsychologischer Menschenkenntnis 123
Einführung 123
Die konstitutionellen Faktoren 127

Die Vernetzung der Gehirnzellen . . . 131
Die Organminderwertigkeit und ihre Kompensation . . . 134
Die Entwicklung der Grundstrukturen des Charakters . . . 140
Die äußeren Rahmenbedingungen, unbelebte und belebte Umwelt 141
Familienatmosphäre und Erziehungsstil . . . 146
Der Erziehungsstil der Ermutigung . . . 147
Die kooperative Familienatmosphäre . . . 148
Die Entwicklungsphasen vom Säugling zum Schulkind . . . 152
Möglichkeiten der aktiven Unterstützung des kindlichen Entwicklungsprozesses . . . 167
Zwischen Genen und Umwelt, Neues zu einem alten Streitthema . 180
Der Erziehungsstil der Strenge und Härte . . . 191
Die Tradierung autoritären Verhaltens . . . 192
Die Laissez-faire-Bewegung, eine Gratwanderung zwischen demokratischem und verwöhnendem Erziehungsstil . . . 210
Der Erziehungsstil der Verwöhnung . . . 212
Die Geschwisterpositionen . . . 219

Die Auswirkungen einer gestörten Interaktion im Sinne von Charaktertypologien in den Entwicklungsphasen vom Säugling zum Schulkind . . . 231
Entwicklungsstörungen, die zur Ausbildung schizoider Strukturanteile führen können . . . 233
Entwicklungsstörungen, die zur Ausbildung depressiver Strukturanteile führen können . . . 241
Entwicklungsstörungen, die zur Ausbildung zwanghafter Strukturanteile führen können . . . 248
Entwicklungsstörungen, die zur Ausbildung hysterischer Strukturanteile führen können . . . 255

Der Umgang mit Lebenshaltungen von Menschen, die konfliktträchtig sein können . . . 271
Persönlichkeitsfragebogen . . . 281
Hinweise für den Umgang mit der eigenen Person . . . 288

Psychologisches Konfliktmanagement . . . 293
Die Deeskalation emotional aufgeheizter Konflikte . . . 297
Technische Hinweise zur Gesprächsführung . . . 300
Die Beseitigung von Mißverständnissen . . . 300
Hinweise zum Problemlösungsverhalten . . . 301
Die Vorbereitungsphase zur Handhabung von Konflikten . . . 304
Der Gesprächsaufbau . . . 310
Praktische Hinweise zum Konfliktmanagement . . . 313
Voraussetzungen für die Handhabung von Konflikten . . . 315
Hinweise für den Entscheidungsprozeß . . . 317

Der Umgang mit schwierigen Personalführungssituationen 319
Rollenspiel zum Thema Versetzung/Entlassung 321
Flucht in die Krankheit 323
Rollenspiel zum Thema: „Flucht in die Krankheit“ 328
Alkohol am Arbeitsplatz 329
Rollenspiele zum Thema: „Alkohol am Arbeitsplatz“ 339
Rollenspiele zum Thema „Vergabe eines Dienstwagens“ 347

Literaturverzeichnis 355
Sachverzeichnis 361

Die Rolle der Psychologie in der Managementlehre

Die Psychologie ist aufgerufen, sich in weit fundierterem Maße als bisher um das Management, genauer, um jene Menschen zu bemühen, die Führungsverantwortung tragen. Denn eskalierende Konflikte, verkrustete Hierarchien, Mobbing, innere Kündigung usw. verursachen nicht nur dem Einzelnen Unbehagen und Qual und verschleißen einen ungebührlich hohen Anteil an Lebens- und Arbeitskraft, auch die Unternehmen selbst erleiden dadurch zunehmend Verluste an Ansehen und Wohlstand.

Die Verhaltenswissenschaften haben die Notwendigkeit früh erkannt, sind in ihren Möglichkeiten jedoch begrenzt. Die Tiefenpsychologie, die das Rüstzeug dazu hat, dem arbeitenden Menschen in seiner Individualität gerecht zu werden, der ja nicht nur mit seiner mehr oder minder ausgeprägten Fach- und Methodenkompetenz am Arbeitsplatz erscheint, sondern vor allem auch mit seiner individuellen Persönlichkeit, Lebenserfahrung und seinen Lebensbewältigungsstrategien, ist über die Ansätze nicht hinausgelangt, die sie im therapeutischen Prozeß verwendet. Sie weiß, wo Tiefenpsychologie Anwendung finden sollte und hat analog zur Therapiesituation „Einzelbehandlungen" vorgenommen (vgl. z.B. *Michael Hofmann*, Tiefenpsychologische Perspektiven der Führung von Mitarbeitern, in: Lutz v. Rosenstiel [Hrsg.], Führung von Mitarbeitern, Schäffer-Verlag Stuttgart, 1991, S. 25ff.). Auch hat Literatur, die die Schwächen von Managern aufs Korn nimmt, derzeit Konjunktur. Ansatzpunkte zu einer grundlegenden Verbesserung der Situation hat sie bisher nicht gefunden. Für den Konfliktbereich wollen wir mit dem vorliegenden Buch solche Wege gehen.

Wir begegnen zumindest in Deutschland auch heute noch einer relativen Psychologiefeindlichkeit, die zum einen auf Unkenntnis beruht, da anders als z.B. in den USA das Fach Psychologie nur in Ausnahmefällen an weiterbildenden Schulen gelehrt wird. Zum anderen wird ein Mensch, der einen Psychologen oder Psychotherapeuten braucht, häufig als krank oder gestört empfunden. Im

Selbstverständnis wie in der Meinung der Umwelt ist dieser Mensch minderwertig gegenüber den (scheinbar oder wirklich) erfolgreichen Anderen.

Das andere Hindernis tragen die Psychologie und ihre Vertreter selbst in das Geschehen hinein. Aus der Philosophie entstammend entwickelte sich die Psychologie seit dem 16. Jahrhundert zunächst über die verhaltenswissenschaftlichen Ansätze und Aufkommen der Tiefenpsychologie immer mehr zu einem einseitig heilkundlichen Fach. Ähnlich der Medizin, in der der gesunde Organismus die Basis bildet, um das reiche Spektrum der Abweichung, die Krankheit also, kennenzulernen, blicken Psychologen und Psychotherapeuten auf die seelischen Störungen und versuchen diese zu ergründen und zu benennen. Aber zwischen der körperlichen und der seelischen Erkrankung besteht im Bewußtsein der Betroffenen und der sozialen Umwelt ein gravierender Unterschied. Körperliche Erkrankungen überfallen den Menschen *scheinbar* ohne sein Zutun, wogegen seelische Erkrankungen ohne weiteres in den Verantwortungsbereich des mit Lebensbewältigungsschwierigkeiten kämpfenden Menschen gerückt werden.

Dies würde sich ändern, wenn Psychologie zum Allgemeinwissen gehören und sich zur Aufgabe machen würde ein anderes Verständnis vom Menschen zu vermitteln, als sie es bisher mit der einseitigen Ausrichtung auf das Ergründen pathologischer Strukturen tut, die es zu korrigieren gilt. Von Extremfällen abgesehen bedeutet Menschsein immer auch, in einer mehr oder weniger gelungenen Interaktion mit der sozialen Umwelt Befähigungen und Stärken entwickelt sowie Herausforderungen gemeistert zu haben und dabei klug und geschickt geworden zu sein.

Die Ausrichtung auf heilkundliche Tätigkeit hat mindestens die Tiefenpsychologie veranlaßt, die ökonomischen Probleme und die Arbeitswelt links liegenzulassen, während die Verhaltenswissenschaft sehr wohl Eingang in die Managementlehre gefunden hat (vgl. *Carl Graf Hoyos*, u.a. [Hrsg.], Wirtschaftspsychologie in Grundbegriffen, Psychologie Verlags Union München, 1990, S. 9). Dabei ist die Psychologie von ihrem personalistischen Ansatz, Verhalten primär als Funktion der Person zu interpretieren, insoweit abgerückt, als sie vermehrt das Erleben und Verhalten als Funktion von Person *und* Situation betrachtet.

Unsere bisherigen Ausführungen könnten den Eindruck erwekken, daß lediglich die Verhaltenspsychologie und Tiefenpsychologie für die Managementlehre von Bedeutung wären. Dem möchten wir mit dem nachfolgenden Schaubild entgegentreten, in dem wir die wichtigsten Psychologierichtungen vorstellen (vgl. Schaubild 1).

Das Schaubild soll wichtige Psychologierichtungen (ohne Anspruch auf Vollständigkeit) aus ihrer Entwicklung und in ihrer Stellung zueinander lediglich andeuten. Die Psychologierichtungen lassen sich grob in die mehr objektivistischen Ausrichtungen (wie die Humanistische Psychologie, Kognitivismus, Behaviorismus, Sozialpsychologie und Wirtschaftspsychologie) und in die mehr subjektivistischen Ausrichtungen der Tiefenpsychologie (wie Psychoanalyse, Individualpsychologie, analytische Psychologie, Neopsychoanalyse und Psychodrama) unterteilen.

Bei den objektivistischen Ausrichtungen stehen die Schwerpunkte der rationalen und emotionalen Auswertung menschlicher Verhaltensweisen im Vordergrund (vgl. Schaubild 2).

Das Schaubild soll die Konzepte der in Schaubild 1 gezeigten Psychologierichtungen skizzieren.

Verhaltenswissenschaftliche und tiefenpsychologische Ansätze

Die bisherige Managementlehre hat sich hauptsächlich verhaltenspsychologischen Ansätzen (vgl. die Vielfalt bei *Wolfgang Staehle*, Management. Eine verhaltenswissenschaftliche Perspektive, 7. Aufl. Vahlen-Verlag München 1994) verschrieben, wie sie auch vorwiegend der amerikanischen Literatur zugrundeliegen (inwieweit tiefenpsychologisches Gedankengut verwendet wird, werden wir hauptsächlich am Pathologiemodell aufzeigen). Die Hauptrichtung der Verhaltenswissenschaften ist die von *Abraham Maslow* begründete Humanistische Psychologie, die Fragen nach dem Lebenssinn und persönlichen Wachstum thematisiert und sie mit der zentralen Vorstellung verbindet, daß der Mensch letzten Endes nach innerem Reichtum durch die Selbsterfüllung seiner Mög-

Psychologierichtungen (und deren bedeutende Vertreter, bzw. in diesem Buch benannte Autoren)
Die Pfeile (→) sollen Einflußrichtungen verdeutlichen

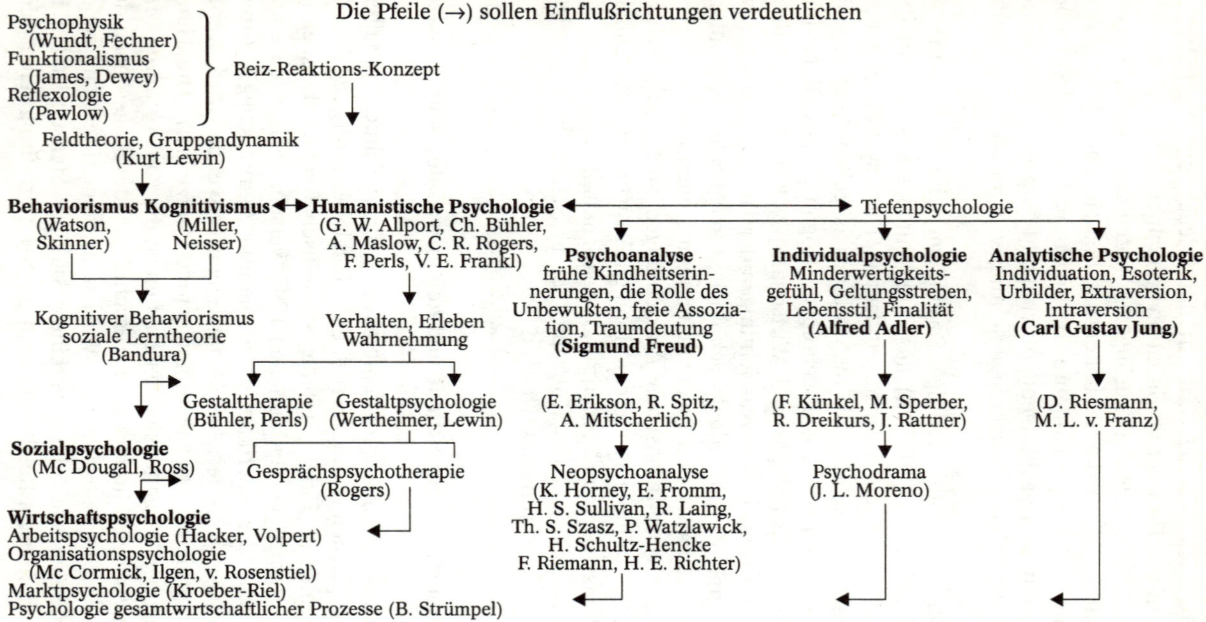

objektivistische Ausrichtung ← → subjektivistische Ausrichtung

Schaubild 1: Psychologierichtungen

Charakterisierung psychologischer Theorierichtungen

Grundannahmen

Tiefenpsychologie:

Die ersten sechs Lebensjahre eines Menschen sind prägend für seine Charakterentwicklung. Es können Hemmungen und Lebensbewältigungsschwierigkeiten entstehen, deren Ursprünge durch Abwehrmechanismen dem eigenen Bewußtsein nicht mehr zugänglich sind. Diese unbewußten Anteile können z.B. über Traumdeutung und Analyse von Kindheitserinnerungen bewußt gemacht werden (Therapiekonzept).

Humanistische Psychologie:

Der Mensch ist Gestalter seiner selbst. Sein inhärentes Ziel ist es, sich selbst zu verwirklichen (Selbstkonzept).

Kognitivismus:

Der Mensch handelt als vernunftorientiertes (denkendes) Wesen aus bewußter Erkenntnis und Einsicht und besitzt eine kognitive Selbststeuerung (Rationalkonzept).

Behaviorismus:

Der Mensch ist das Produkt allgemeingültiger Lernprozesse, die nicht nur nach dem Reiz-Reaktionsschema der Konditionierung verlaufen, sondern auch durch kognitive Prozesse ergänzt werden. Er ist in seinem Verhalten determiniert durch Umweltgegebenheiten (Verhaltenskonzept/Lernkonzept).

Gestaltpsychologie:

Vom Kognitivismus stark beeinflußte Richtung, deren auf Wahrnehmung, Verhalten und Erleben des Menschen abgestellte Prozesse als Resultate kognitiver Strukturierungen und Umstrukturierungen gesehen werden (Rationalkonzept/Verhaltenskonzept).

Gestalttherapie:

Betonung des nichtsprachlichen Ausdrucksverhaltens (Körperhaltung, Mimik) zur Klärung der Bedürfnisse und Gefühle des Menschen. Der Klient wird durch Verstärkung der sinnlichen Wahrnehmung und der Körpergefühle an die Ganzheit seines leib-seelischen Erlebens herangeführt (Verhaltenskonzept).

Gesprächspsychotherapie:

Betonung des einfühlenden Verstehens zur Förderung der Selbstexploration des Menschen. Hierbei versucht der Therapeut, seinen Klienten weder zu kritisieren, zu interpretieren oder suggestiv zu beeinflussen, sondern ihn zu veranlassen, im Gespräch seine Probleme selbst zu analysieren (Therapiekonzept).

Schaubild 2: Charakterisierung psychologischer Theorierichtungen lichkeiten strebt. Thesenartig strukturiert vertritt die Humanistische Psychologie:

- ein Selbstkonzept nach der Fragestellung, wie sich die Menschen selbst sehen, erleben, wahrnehmen und denken;
- einen Prozeßcharakter des psychischen Geschehens als Vorgang des Sich-Entwickelns, des Sich-Klärens;
- eine dem Menschen innewohnende Selbstverwirklichungstendenz.

Das bedeutet, daß für die Humanistische Psychologie der Mensch in der jeweils aktuellen Situation von bewußten, ganzheitlich kognitiv-emotionalen Prozessen gesteuert wird, unbewußte Vorgänge also nicht unterstellt werden. Bei Dispositionen des Menschen wird auf sein Selbstkonzept und seine Werthaltung abgestellt, während bei den Entwicklungsbedingungen das kognitive Lernen, das Individuum als Selbstgestalter mit Selbstverwirklichungstendenz im Vordergrund steht. Damit liefert die Humanistische Psychologie zwar wichtige Beschreibungen menschlicher Motive, aber keine Erklärung der Persönlichkeitsentwicklung.

Demgegenüber haben die Pioniere der Tiefenpsychologie mit ihren Schulen: *Sigmund Freud* (1856–1939), *Alfred Adler* (1871–1937) und *Carl-Gustav Jung* (1875–1961) einschließlich ihrer Nachfahren der deutschen und amerikanischen Neopsychoanalyse (z.B. *Harald Schultz-Hencke, Karen Horney, Harry Stuck Sullivan* und *Erich Fromm*) sich vorwiegend der Psychotherapie und Psychoanalyse zugewandt, also den Bereichen der Entwicklungs*störungen*, der Neurosen, Psychosen und Geisteskrankheiten. Sie begreifen – wie eingangs erwähnt – ihr Aufgabenfeld in der Erforschung und Behandlung der Ursachen und Bedingungszusammenhänge seelischer Erkrankung unter Einbeziehung des Unbewußten. Die Tiefenpsychologie geht davon aus, daß psychische Störungen (Neurosen, Perversionen, Delinquenz, Psychosen) ihre Wurzel in seelischen Verletzungen in der Kindheit haben, wobei die ersten sechs Lebensjahre eines Menschen als prägend für seine Charakterentwicklung betrachtet werden. Es können Hemmungen und Lebensbewältigungsschwierigkeiten entstehen, deren Ursprünge durch Abwehrmechanismen dem eigenen Bewußtsein nicht mehr zugänglich sind. Demgemäß widmet sich die Tiefenpsychologie der Erforschung und Behandlung der Ursachen und Bedingungszusammenhänge seelischer Erkrankungen unter Einbeziehung des Unbewußten. Die wichtigste Aufgabe der Tiefenpsychologie besteht also darin, das Unbewußte, individualpsychologisch genauer ausgedrückt, die unbewußten Ziele und Motive menschlicher Handlungen und Haltungen aufzudecken und bewußt zu machen und im Therapieprozeß dem Klienten dabei zu helfen, die verdrängten Anteile in das bewußte Leben zu integrieren.

Thesenartig strukturiert gehen alle drei tiefenpsychologischen Schulen (*Sigmund Freuds* Psychoanalyse, *Alfred Adlers* Individualpsychologie und *Carl Gustav Jungs* Analytische Psychologie) von folgenden Grundlagen aus:

- den charakterprägenden Kindheitserlebnissen (Primärsozialisation);
- der Beschäftigung mit dem Unbewußten.

Sigmund Freud und die von ihm begründete Psychoanalyse nehmen darüberhinaus die Existenz von Trieben an, die die Persönlichkeitsentwicklung bestimmen. Nach *Freuds* psychosexueller Theorie erfolgt die Charakterprägung in vier Entwicklungsphasen, der

- oralen Phase,
- analen Phase,
- phallischen Phase und der
- genitalen Phase.

Da nach *Freud* die bleibenden Charakterzüge sich entweder aus den ursprünglichen Trieben unverändert fortsetzen oder sich als Sublimierungen oder Reaktionsbildungen gegen die Triebe darstellen, ist dieses Gewicht der Triebseite bei *Freud* auch bei seiner Charaktertypologie auf der Grundlage der Libido-Lokalisation deutlich: je nach der vorwiegenden Unterbringung der Libido (bei *Freud*: sexueller Impuls, „Vitalenergie") in den seelischen Strukturen Es, Ich oder Über-Ich unterscheidet *Freud* die drei libidinösen Haupttypen:

- den erotischen,
- den narzißtischen und
- den Zwangstypus.

Er konstatiert bereits, daß in der Realität überwiegend Mischformen dieser Haupttypen beobachtet werden.

Beim erotischen Typus stehen die Triebansprüche des Es im Vordergrund, beim narzißtischen Typus sind es die Selbsterhaltungstendenzen des Ich, während der Zwangstypus unter der Vorherrschaft des Über-Ich steht (*Friedrich Seibt*, Psychoanalytische Charakterlehre, Ernst Reinhardt Verlag München Basel, 1977, S. 15).

Das erwähnte Instanzenmodell geht von folgenden drei Schichten der Persönlichkeit aus:

Es = Lustprinzip; aus dem Es kommen die bewußten und unbewußten Triebwünsche, das Es drängt ständig auf Befriedigung der Triebe (z.B. Sexualtrieb, Aggressionstrieb).

Über-Ich = moralische Instanz, Gewissen; das Über-Ich ist das Ergebnis, der Niederschlag der Erziehung und Erfahrungen in der Kindheitsperiode; es enthält die elterlichen Verbote und Gebote und entscheidet darüber, ob eine Handlung erlaubt oder nicht erlaubt ist.

Ich = Realitätsprinzip; es ist die Instanz, die zwischen den Ansprüchen des Es und den Ge- und Verboten des Über-Ich vermitteln muß. Es hat für eine realitätsangepaßte Befriedigung der Triebe zu sorgen. Ein schwaches Ich – Folge einer zu strengen oder überbehüteten Erziehung – wird einem strengen Über-Ich unterliegen und so eine Triebbefriedigung gänzlich verhindern; ein starkes Ich entwickelt „Abwehrmechanismen“ und überwindet damit das Über-Ich (*Klaus Althoff/Michael Thielepape*, Psychologie in der Verwaltung, 3. Aufl. Maximilian Verlag Herford 1990, S. 21).

In *Sigmund Freuds* psychoanalytischer Schule ist der Mensch also ein Energiesystem mit angeborenem Sexual- und Aggressionstrieb, wobei sich diese Triebdetermination im Unbewußten abspielt. Aus *Freuds* konservativer Grundeinstellung entspringt die Auffassung von der mechanistisch-biologischen Determiniertheit, in der der Mensch als Wesen von schwacher Intelligenz erscheint und seinen übermächtigen Trieben und Instinkten hilflos ausgeliefert ist. Sein Seelenleben folgt blindlings dem ehernen Zwang des Triebdeterminismus, gegen den aufzukommen eine Illusion zu sein scheint und allenfalls auf dem Wege der Sublimierung in sozialverträglichere Verhaltensweisen umgelenkt werden kann. Freiheit und Selbstbestimmung sind lediglich Selbsttäuschungen des Ich. Mit einer gewissen Folgerichtigkeit mündet *Freud*s Kulturphilosophie schließlich in einen Pessimismus ein, der im Extrem den Tod als Ziel allen Lebens (Todestrieb) proklamiert.

Viele von *Freud*s Schülern und auch die gesamte Neopsychoanalyse sind von dieser Triebtheorie abgerückt und folgen dem Triebgedanken nur noch ansatzweise.

*Freud*s wohl wichtigster Mitarbeiter *Alfred Adler* trennte sich bereits 1911 von ihm, weil er der Triebtheorie nicht mehr folgen mochte und gründete seine eigene Schule der Individualpsychologie. Er begreift den Menschen als soziales Wesen. Das Hauptaugenmerk hat *Adler* auf die als grundlegend angesehene Erfahrung des Minderwertigkeitsgefühls und den Versuch der kompensatorischen Überwindung im Geltungsstreben gerichtet. Minderwertigkeitsgefühle können letztlich nur in einer auf den Mitmenschen bezogenen Lebensweise überwunden werden. Insofern mißt *Adler* den Grad der Fehlschläge in der seelischen Entwicklung u.a. an der ethischen Norm eines Mitlebens und Mitarbeitens im Sinne der eigenverantwortlichen Beitragsleistung zur allgemeinen Wohlfahrt. Mit dem Begriff Individualpsychologie ist gemeint, daß der Mensch nach *Adler* ein einzigartiges und ganzheitliches Wesen ist, welches im Laufe seiner Entwicklung, in der Auseinandersetzung mit den Umweltanforderungen, die für ihn charakteristischen Personenmerkmale erwirbt und einen für ihn typischen Weg (Lebensstil) und zugleich auch Strategien zur Überwindung seines Minderwertigkeitsgefühls entwickelt.

Die Individualpsychologie *Alfred Adler*s verfolgt den Gedanken, daß die Persönlichkeit als ein Niederschlag der sozialen (mitmenschlichen) Erfahrungswelt zu verstehen ist, in die das Kind in seiner ersten Lebensetappe hineingerät. Es wirken an dieser Persönlichkeitsentwicklung jedoch zwei weitere Elemente mit, die konstitutionellen Gegebenheiten (vgl. S. 127) und das zielgerichtete Wahrnehmen und Handeln des sich entwickelnden Kindes. *Adler* geht davon aus, daß die Abhängigkeit und Kleinheit des Neugeborenen ein natürliches Minderwertigkeitsgefühl hervorrufen, das zum Ansporn und Stachel wird, dieses Gefühl zu überwinden. Erzieherisches Fehlverhalten kann bewirken, daß das

Minderwertigkeitsgefühl sich verschärft. Das erschwert es dem Kind, der Gemeinschaft zugewandte Eigenschaften (Gemeinschaftsgefühl) zu entwickeln. Es versucht stattdessen durch Macht- und Geltungsstreben die Minderwertigkeitsgefühle zu kompensieren.

In der individualpsychologischen Theorie steht der finale (zielgerichtete) Aspekt menschlichen Handelns im Zentrum. Ihn zu ergründen, zu verstehen und dem Patienten verstehbar zu machen, ist das Anliegen der Individualpsychologie. Damit erklärt sie gesundes wie gestörtes menschliches Erleben und Handeln weder aus Triebschicksalen (wie die klassische Psychoanalyse Sigmund *Freuds*) noch aus bedingten Reaktionen bzw. Konditionierungen (wie die klassische Verhaltenstherapie), sondern aus den je individuell zu verstehenden Zielen bzw. Zwecksetzungen, die innerhalb der frühkindlichen Entwicklung ausgebildet werden und den spezifischen Lebensstil eines Menschen prägen (*Josef Seidenfuß*, Finalität/Kausalität, in: *R. Brunner*, u.a. [Hrsg], Wörterbuch der Individualpsychologie, Ernst Reinhardt Verlag München, 1985, S. 136ff.).

Jung und die von ihm gegründete Analytische Psychologie sehen die Urunterschiede der Menschen und damit deren Persönlichkeit in der Polarität von Extravertiertheit (nach außen lebend) und Introvertiertheit (nach innen gekehrt). Diese Erlebnistypen leitet *Jung* aus dem Verhältnis des Menschen zu sich und seiner Umwelt ab. Der extravertierte Typus orientiert sich verstärkt an der Umwelt mit ihren Werten und Normen, woraus meist eine gelungene Anpassung resultiert. Der Extravertierte fühlt, denkt und handelt objektbezogen und vorwiegend außenorientiert. Der introvertierte Typus sieht die eigene Person als Ausgangspunkt seiner Orientierung. Er ist zumeist zurückhaltend, zögernd, reflexiv, mißtrauisch, zurückgezogen und abweisend. *Jung* ergänzt die beiden Grundtypen durch den Gefühls-, Empfindungs-, Denk- und Intuitionstyp, die sowohl extra- als auch introvertiert sein können. Nach *Jung* ist diese Einordnung in acht mögliche Felder (vier Ergänzungstypen in jeweils extra- oder introvertierter Ausprägung) bedeutsam für die Ableitung, was bei dem Betreffenden kompensatorisch entfaltet werden muß, um ein innerlich abgerundeter Mensch zu werden. In einem solchen Individuationsprozeß (Ich- und Selbstwerdung) wird die Sinnfindung für den Lebensablauf gesehen. Die Ansichten *Jungs* vom introvertierten und extravertierten Menschen möchten wir im Hinblick auf die mangelnde Differenziertheit dieses Modells und seine Nähe zur Mystik nicht weiter verfolgen.

Persönlichkeit und Charaktertypologien

Persönlichkeit wird in der Psychologie als Ausdruck der gesamten Person verstanden, wobei sowohl das individuelle Verhalten, Denken, Fühlen, Erleben und Auftreten als auch die zugrundeliegenden Eigenschaften und Fähigkeiten damit umfaßt werden. Der gleichbedeutende Begriff des Charakters ist heute weitgehend durch den der Persönlichkeit ersetzt.

In der Individualpsychologie *Alfred Adler*s ist Charakter:

- ein sozialer Begriff für die seelische Stellungnahme und individuelle Art,
- wie ein Mensch seinem Umfeld begegnet *(seine Gangart)* und
- wie sich sein am Gemeinschaftsgefühl ausgerichteter Geltungsdrang durchsetzt;
- die durch Anlage- und Umwelteinflüsse einerseits und
- die schöpferische Kraft der (kindlichen) Persönlichkeit andererseits entstandene eigentümliche Prägung der individuellen Finalität *(seine Zielgerichtetheit)*.

Die Persönlichkeitsforschung hat sich den drei Hauptrichtungen verschrieben:

1. den Persönlichkeitstheorien,
2. der Persönlichkeitsentwicklung (Entwicklungspsychologie) und
3. der typologischen Charakterologie (Charakter-Typologien).

Dem liegt der Gedanke zugrunde, daß die Erscheinungsformen des individuellen Erlebens und Verhaltens auf ein Gefüge zugrundeliegender Eigenschaften bezogen werden, die auch als Charakterstrukturen beschrieben werden. Für das Zustandekommen solcher Charakterstrukturen dauert die wissenschaftliche Streitfrage an, welche Aussagen über das Verhältnis zwischen Erbanlage und Veränderbarkeit der Person durch Umwelteinflüsse für die Persönlichkeitsentwicklung hergeleitet werden können. Für gewöhnlich wird eine Kombination sowohl ererbter als auch umweltbedingter Faktoren angenommen. Wir wollen auf diesen Punkt an späterer Stelle näher eingehen.

Tiefenpsychologisches Gedankengut hat in die Managementlehre in Form einer ganzen Reihe von Persönlichkeitstheorien Eingang gefunden. Jeder Persönlichkeitstheorie liegt ein bestimmtes Menschenbild zugrunde. Dieses formt aber nicht nur die philosophischen und psychologischen Erklärungsansätze für die Persönlichkeitsentwicklung des Menschen und sein Verhalten, sondern auch die Vorstellungen, in welcher Weise Menschen in ihrem Arbeitsfeld geführt werden müssen.

Die Bedeutung der Menschenbilder bei der Bildung von Führungstheorien

Bei den mannigfaltigen Versuchen, das Wesen des Menschen zu bestimmen, indem die Komplexität menschlichen Verhaltens und Erlebens in reduktiver Weise beschrieben und erklärt wird, haben bestimmte Typologien Eingang in die Managementlehre gefunden und zwar als:

- Menschenbilder als Rechtfertigung bestimmten Führungsverhaltens und als
- Charaktertypologien zur Erklärung menschlichen Verhaltens.

Sowohl in der Wissenschaft als auch für den Umgang mit Menschen im Alltag dienen Menschenbilder der Reduktion von Umweltkomplexität, mit der Folge, daß das eigene Menschenbild den Ausschnitt der wahrgenommenen sozialen Wirklichkeit begrenzt und damit relevant für das eigene Handeln wird (*Wolfgang Grunwald/Hans-Georg Lilge* [Hrsg.], Partizipative Führung, Haupt-Verlag Bern, 1980, S. 54).

Innerhalb der Managementlehre hat die Typologie von Menschenbildern des *E. H. Schein* die weiteste Verbreitung gefunden. *Schein* unterscheidet nach der historischen Entwicklung den ökonomischen Menschen, den sozialen Menschen, den nach Selbstentfaltung strebenden Menschen und den komplexen Menschen (vgl. Schaubild 3).

Organisatorische Konsequenzen unterschiedlicher Menschenbilder
(nach *Schein*)

Menschenbild	Organisatorische Konsequenzen
1. rational-economic-man In erster Linie durch monetäre Anreize motiviert; ist passiv und wird von der Organisation manipuliert, motiviert und kontrolliert; sein Handeln ist rational; Annahmen der Theorie X.	Klassische Management-Funktionen: Planen, Organisieren, Motivieren, Kontrollieren; Organisation und deren Effizienz stehen im Mittelpunkt; Organisation hat die Aufgabe, irrationales Verhalten zu neutralisieren und zu kontrollieren.
2. social man Ist in erster Linie durch soziale Bedürfnisse motiviert: als Folge der Sinnentleerung der Arbeit wird in sozialen Beziehungen am Arbeitsplatz Ersatzbefriedigung gesucht; wird stärker durch soziale Normen seiner Arbeitsgruppe als durch Anreize und Kontrollen des Vorgesetzten gelenkt; Annahmen der Human-Relations-Bewegung.	Aufbau und Förderung von Gruppen; soziale Anerkennung der Mitarbeiter durch Manager und Gruppe; die Bedürfnisse nach Anerkennung, Zugehörigkeitsgefühl und Identität müssen befriedigt werden; Gruppenanreizsysteme treten an die Stelle von individuellen.
3. self-actualizing man Menschliche Bedürfnisse lassen sich in einer Hierarchie anordnen; der Mensch strebt nach Autonomie und bevorzugt Selbst-Motivation und Selbst-Kontrolle; es gibt keinen zwangsläufigen Konflikt zwischen Selbstverwirklichung und organisatorischer Zielerreichung; Annahmen der Theorie Y.	Manager sind Unterstützer und Förderer (nicht Motivierer und Kontrolleure); Delegation von Entscheidungen; Übergang von Amts-Autorität zu Fach-Autorität; Übergang von extrinsischer Motivation zu intrinsischer Motivation; Mitbestimmung am Arbeitsplatz.
4. complex man Ist äußerst wandlungsfähig; die Dringlichkeit der Bedürfnisse unterliegt Wandel; der Mensch ist lernfähig, erwirbt neue Motive; in unterschiedlichen Systemen werden unterschiedliche Motive bedeutsam; Annahmen der Situationstheorie	Manager sind Diagnostiker von Situationen; sie müssen Unterschiede erkennen können und Verhalten situationsgemäß variieren können; es gibt keine generell richtige Organisation.

Schaubild 3: Organisatorische Konsequenzen unterschiedlicher Menschenbilder (nach *Schein*)

(*Quelle:* W. Staehle, Management, 4. Aufl. München 1989, S. 176)

Von einer Darstellung der Vielzahl der Menschenbilder in der Managementlehre sehen wir unter Hinweis auf *Grunwald/Lilge* (a.a.O. S. 54ff.) ab. Wir wollen mit Hilfe des vereinfachten Modells von Gegensatzpaaren bei *Douglas Mc Gregor* die Grundstruktur der Menschenbildlehre veranschaulichen. In der amerikanischen Managementliteratur wird Menschenbildern unter dem Stichwort „models of man" große Beachtung geschenkt, wobei dort eine Neigung feststellbar ist, in Extremtypen zu denken, d.h., zwei gegensätzliche idealtypische Modelle zur Beschreibung von Handeln und Verhalten von Menschen zu entwickeln (*Staehle*, Management, a.a.O., S 173).

Die beiden möglichen Extreme der Handlungsantriebe hat *Mc Gregor* begrifflich in den zwei einfachen Modellen der Theorie X und Y beschrieben:

Theorie X:
Mitarbeiter sind von Natur aus faul. Sie bedürfen daher der ständigen Kontrolle. Mitarbeiter haben immer nur ihr Eigeninteresse im Blick. Sie arbeiten daher zugegen die Interessen der Organisation, wenn man es nicht durch straffe Führung verhindert.

Theorie Y:
Mitarbeiter sind allgemein bereit, auch Zielvorstellungen ihrer Organisation verwirklichen zu helfen, wenn sie zu erkennen vermögen, daß sie damit zugleich eigene Ziele verwirklichen. Mitarbeiter sind zur loyalen Mitarbeit an den Organisationszielen bereit, sofern man ihnen dazu Gelegenheit gibt und sie dazu mit den entsprechenden Fähigkeiten ausrüstet.

(*Quelle:* U. Gonschorrek, Verwaltungspädagogik und Führungslehre, Heidelberg 1989, S. 29)

Dabei übernimmt *Mc Gregor* die Hypothese von *Abraham Maslow*, daß die menschlichen Bedürfnisse in einer Hierarchie angeordnet seien. Er wirft nun den Anwendern der Theorie X vor, sie seien unfähig, die Mitarbeiter zu motivieren, weil die benutzten Führungsprinzipien von ganz falschen Annahmen über die Bedürfnisstruktur der Mitarbeiter ausgingen. Nicht auf die Befriedigung materieller Bedürfnisse (Annahme Theorie X), sondern auf die sozialer und ideeller Bedürfnisse (Annahme Theorie Y) würde sich das Streben der Menschen in der heutigen Zeit richten.

Diese Aussage ist in dieser allgemeinen, undifferenzierten Form nicht aufrechtzuerhalten. Leider versäumt es *Mc Gregor*, konkret die Bedingungen zu nennen, unter denen die Annahmen der Theorie X oder der Theorie Y Gültigkeit beanspruchen können (*Staehle*, a.a.O., S. 174).

In der Theorie X begegnen wir dem uralten Vorurteil von der Bösartigkeit der menschlichen Natur, wie es seit *Thomas Hobbes* (1651): „homo homini lupus" (Der Mensch ist des Menschen Wolf) in vielen Interpretationen aufgetaucht ist und bis heute fortwirkt (vgl. die Ausführungen zum autoritären Charakter auf S. 47).

Demgegenüber ist *Adlers* Lehre der Individualpsychologie von demokratischen Idealen inspiriert, wie sie auch der Theorie Y zugrundeliegen. Die Individualpsychologie beschreibt den Menschen als primär soziales Wesen, dessen Lebensäußerungen an dem in Sinne der Gemeinschaft nützlichen Verhalten gemessen werden. Wenn Menschen sich dennoch eher auf der „Unnützlichkeitsseite" des Lebens tummeln, so ist das eher als Ausdruck von Fehlschlägen in der Persönlichkeitsentwicklung zu verstehen und stellt damit nicht grundsätzlich infrage, daß der Mensch ein der Gemeinschaft zugewandtes Wesen ist und im Grunde kooperieren und Eigenverantwortung tragen will.

Typologien/Charaktertypologien

Der Wunsch, menschliches Handeln verstehbar zu machen, hat schon früh zu dem Versuch geführt, über Typologien bestimmte Kategorien zu schaffen, um das Verhalten und Erleben des Menschen zu ordnen und damit überschaubar und erklärbar zu machen. Wir führen einige dieser Charaktertypologien an, auch solche, deren Vorstellungen wir nicht folgen können, die aber Eingang in die „Allgemeinbildung" gefunden haben.

Die Typologien können grob gegliedert werden in:
- klassifikatorische Typen,
- Extrem-Typen und
- Idealtypen.

Sämtliche Typisierungen sind Abstraktionen und Verallgemeinerungen der Vielschichtigkeit der menschlichen Natur.

Das Schaubild 4 soll die unterschiedliche Methodik und Aussagefähigkeit von Typologien verdeutlichen.

Beim klassifikatorischen Typ (z.B. die weiter unten beschriebenen Typologien der antiken Temperamentenlehre des Hippokrates und Galens sowie die Konstitutionstheorie von E. Kretschmer) müssen die Typen überschneidungsfrei sein und eindeutig zugeordnet werden können. Ein Element kann einem Typus entweder angehören oder nicht.

Die Extrem-Typen (z.B. die weiter unten näher beschriebene Charaktertypologie von *Harald Schultz-Hencke* und *Fritz Riemann*) haben in ihrer Verabsolutierung nur selten eine Entsprechung in der Realität. Ein Element gehört in diesem Fall einem Typus mehr oder weniger stark an (*Josef Rogner*, Typologie, in: Wörterbuch der Individualpsychologie, Ernst Reinhardt-Verlag München, 1985, S. 457 ff.). Den Extremtypologien wird der Status wissenschaftlicher Programme zugeschrieben (*Rogner*, a.a.O., S. 458).

Die Idealtypen haben in der verstehenden Soziologie *Max Webers* die Funktion eines interpretierenden Schemas, die über allgemeine empirische Regeln subjektiv bedeutsame Verknüpfungen zwischen den verschiedenen Aspekten eines Phänomens stiften sollen (z.B. der Idealtyp des Aufsteigers bei *Friedrich Fürstenberg, Robert Presthus* und *Horst-Eberhard Richter*; oder die oben beschriebenen Menschenbild-Theorien X und Y von *Mc Gregor*). Insofern haben Idealtypologien Theorie-Charakter.

Typologien sind für die wissenschaftliche Betrachtung wie auch für den Alltagsgebrauch interessant, weil sie die komplexe Materie übersichtlich gliedern und damit den Zugang zu der so schwierigen Menschenkenntnis erleichtern. Die Typologien haben damit heuristischen Wert. (*Wolfgang Kretschmer*, Charakterologie, in: Wörterbuch der Individualpsychologie, a.a.O., S. 64). Die Nachteile der Typologien werden in den nur relativ groben und einseitigen Bildern der Persönlichkeit gesehen, die schwierig zu belegen oder zu widerlegen sind und der Einzigartigkeit des Individuums nicht gerecht werden.

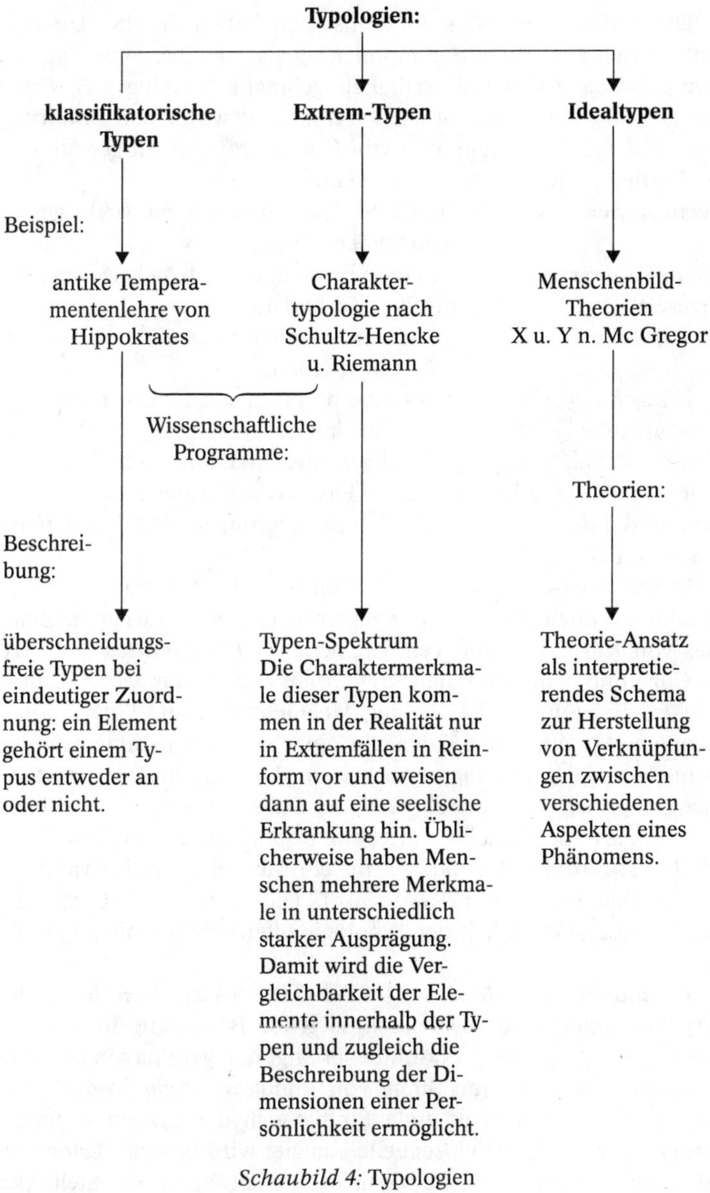

Schaubild 4: Typologien

Die Anfänge der Klassifikationstypen haben durch allzu perspektivisch-akzentuierte Simplifizierungen die gesamte Typisierung in den Ruf der Einseitigkeit gebracht. So ging z.B. *Ernst Kretschmer* von seiner in der Psychiatrie gewonnenen Erfahrung aus, daß die drei Hauptarten von Geisteskrankheiten gewöhnlich an bestimmte Körperbauformen gekoppelt sind:

Schizophrenie	an einen lang- und schmalwüchsigen = leptosomen Körperbau.
Manisch-depressives Irresein	an einen breit- und rundwüchsigen = pyknischen Körperbau.
Epilepsie	an einen knochig-muskulären = athletischen Körperbau.

Kretschmer nahm an, daß diesen drei markanten Körperbautypen auch im Normalbereich bestimmte Wesenszüge und Eigenschaften entsprechen, die in abgeschwächter Form Ähnlichkeiten mit den Wesenszügen der drei Geisteskrankheiten erkennen lassen und seine Konstitutionstheorie begründen (*Althoff/Thielepape*, a.a.O., S. 82f.).

Diese inzwischen im wesentlichen widerlegte Theorie geht auf die immer noch ebenso bekannte Annahme eines Zusammenhanges von Körperbau und Temperament bei *Hippokrates* (460–370 v. Chr.) und dem römischen Arzt *Galen* (129–199 n. Chr.) zurück, die den Sanguiniker, Choleriker, Melancholiker und Phlegmatiker schufen. *Galen* führte dabei die einzelnen Temperamentsunterschiede auf das jeweilige Überwiegen der Körpersäfte (schwarze Galle = griech. me'laina cholè, gelbe Galle = griech. cholè, Blut = lat. sanguis und Schleim = griech. phlegma) zurück (*Michael Titze/Horst Gröner*, Was bin ich für ein Mensch? Herder Taschenbuchverlag Freiburg, 1989, S. 30f.). Daß diese Auffassung irrig ist, hat der Bekanntheit der Typologie offensichtlich nicht geschadet.

Harald Schultz-Hencke (1892–1953), dessen Theorie in der Psychotherapie und Psychoanalyse große Bedeutung für die Beschreibung seelischer Erkrankung erlangt hat, geht davon aus, daß bestimmte Antriebe (im Sinne von Impulsen, *nicht* in der Sicht von *Freud*) durch hemmende Einflüsse in der Erziehung unterdrückt werden. Beispiel: sexuelle Neugier wird bestraft. Dann tritt allmählich Angst und eine Vermeidungshaltung an die Stelle der

Neugier. Wir wollen es bei dieser stichpunktartigen Erwähnung bewenden lassen.

Die modern interpretierten Charakterstruktur-Typologien wurden aus der Beobachtung seelischer Erkrankungen gewonnen, was auch an der Namensgebung der einzelnen Strukturmerkmale erkennbar wird. Immer dann, wenn Menschen *eine* der als schizoid, depressiv, zwanghaft und hysterisch bezeichneten Strukturen einseitig vorherrschend, d.h. unter Vernachlässigung der angstbesetzten Gegenstrebungen entwickeln, treten die zugrundeliegenden Merkmale scharf hervor. Deshalb wird von Extremtypen gesprochen. Zugleich muß davon ausgegangen werden, daß bei einseitigem Vorherrschen *einer* Charakterstruktur eine seelische Erkrankung vorliegt. Auch der sog. seelisch gesunde Mensch vereinigt verschiedene Merkmale in unterschiedlicher Ausprägung in sich. Damit läßt sich auch das „Normale" sehr gut mit Hilfe dieser Typologien beschreiben.

Diese Strukturlehre ist im Vergleich zu allen anderen psychoanalytischen Charaktertypologien empirisch am besten abgesichert. Bis 1959 wurden dazu Ergebnisse statistischer Untersuchungen an ca. 3000 Patienten veröffentlicht. Um den Zusammenhang zwischen persönlicher Entwicklung und Charakterstruktur zu erfassen, wurde bei jedem Patienten nach Erhebung der tiefenpsychologischen Anamnese eine Strukturdiagnose gestellt. Dabei konnte nicht nur eine deutliche Beziehung zwischen Charakterstruktur und Entwicklungsbedingungen nachgewiesen werden, sondern es zeigten sich auch Zusammenhänge zwischen Charakterfehlentwicklung und neurotischer Entwicklung. Statistische Untersuchungen an Kindern ergaben Ansätze neurotischer Charakterstrukturen bereits in den entsprechenden kindlichen Entwicklungsphasen.

Diese psychoanalytischen Charakterkonzepte sind aus der „klinischen Methode" hervorgegangen, d.h., die Charakterzüge wurden intuitiv entsprechend der Häufigkeit ihres gemeinsamen Auftretens und ihrer Ähnlichkeit zusammengefaßt und aus Einzelfallstudien zu Charakterbildern abstrahiert. Die Hypothesen über die Entstehung der Charaktere waren anfangs ausschließlich rekonstruktiv, und in analytischen Beobachtungssituationen wurden induktive und deduktive Methoden miteinander vermischt, d.h., die Beschreibung und Einordnung von Verhaltensweisen geschah nicht unabhängig von den Hypothesen über deren Entstehung. Erst später wurden psychoanalytische Entwicklungstheorien durch eine Vielzahl von Daten aus direkten Kinderbeobachtungen ergänzt. Dabei hat das Einteilungssystem *Schultz-Henckes* den Vorteil, mit einem Minimum an (spekulativen) genetischen Theorien belastet zu sein.

Fritz Riemann (1902–1979) hat, ausgehend von der Annahme *Schultz-Henckes*, daß menschliche Impulse und Strebungen entweder ausgelebt oder gehemmt werden können, die Typologie weiterentwickelt. Er nimmt eine gesunde Persönlichkeitsentwicklung an, wenn der Mensch die in den (auch bereits in der *Freud*'schen Theorie vertretenen) vier Entwicklungsphasen hervortretenden Fähigkeiten durch die Unterstützung der sozialen Umwelt (insbesondere der Mutter) zur Entfaltung bringen und die vier menschlichen Strebungen nach Selbstbehauptung und Selbsthingabe, Dauer und Wandlung in ausgewogenem Verhältnis leben kann. Sind die Entwicklungsphasen Störungen unterworfen, entstehen Ängste und Vermeidungshaltungen anstelle von Fähigkeiten und Möglichkeiten. Die meisten Menschen bergen sowohl gelungene als auch eher mißlungene Elemente in ihrer Persönlichkeitsentwicklung, die damit einen Niederschlag in ihrer Charakterstruktur gefunden haben, also eine individuell unterschiedliche Teilhabe an allen vier Strukturen. Nur bei extremen Störungen in einer dieser vier Phasen kann es zur Verabsolutierung eines dieser Grundimpulse unter Vernachlässigung der anderen kommen (daher Extremtypen).

Das Pathologiemodell

Eine Reihe neuerer Untersuchungen ist den neurotischen und pathologischen Verhaltensweisen von Topmanagern gewidmet. Denn diese sind keinesfalls, nur weil sie in eine solche Position gelangten, frei von psychischen Störungen. Nach *Christian Scholz* (*C. Scholz*, Personalmanagement, 3. Aufl. München 1993, S. 467ff.) ist davon auszugehen, daß der Managementlehre bisher das Menschenbild eines zumindest begrenzt rational Handelnden zugrunde gelegen hat, so daß die affektiven, emotionalen oder irrationalen Verhaltensweisen bisher unberücksichtigt geblieben sind. Er fordert daher die Einbeziehung der als negativ oder krankhaft eingestuften Störungen menschlichen Interaktions- und Kommunikationsverhaltens in die Personalführungslehre. Diese Einbeziehung der als Pathologiemodell bekannt gewordenen psychoanalytischen Ausrichtung in Managementlehre und Organisationskultur geht hauptsächlich auf die Untersuchung des Zusammenhangs zwischen der psychischen Verfassung amerikanischer Topmanager und deren Konsequenzen für die Firmen und ihre Organisationskultur durch *Manfred F. R. Kets de Vries* und *Danny Miller* (*M. F. R. Kets de Vries/D. Miller*, The Neurotic Organization, Diagnosing and Changing Counterproductive Styles of Management, San Francisco – London (Jossey-Bass) 1984) zurück. Ausführungen von *Jürgen Hesse/Hans-Christian Schrader* (Die Neurosen der Chefs, Eichborn Verlag Frankfurt/M., 1994, S. 200) zufolge hat eine Studie der Kienbaum-Unternehmensgruppe ergeben, daß 60 Prozent der Manager leichte bis mittelschwere Neurotiker sind.

Nach *Kets de Vries* und *Miller* werden die Aussagen von den individuellen Wahnvorstellungen und neurotischen Stilen abgeleitet. Sie differenzieren nach fünf unterschiedlichen Wahnvorstellungen („fantasies"), die ihnen die Voraussetzungen für eine Klassifikation in folgende neurotische Stile und pathologische Verhaltensweisen liefern (*Kets de Vries/Miller*, Personality, Culture and Organization, in: Academy of Management Review 11 (1986), S. 266ff.):

- Verfolgungswahn bedeutet, niemandem zu vertrauen und jederzeit auf der Hut zu sein, um sofort auf imaginäre oder reale Angriffe reagieren zu können. Konsequenz ist der neurotische Stil des Mißtrauens, verbunden mit Übererregbarkeit und Überempfindlichkeit. Die Folge ist eine extrem eingeengte Problemsicht sowie die Neigung zur Vorsicht, aber auch zur Geheimnistuerei.
- Der Hilflosigkeitswahn basiert auf der Selbsteinschätzung, dem Lauf der Dinge hoffnungslos gegenüberzustehen und für die Welt nicht tauglich zu sein. Hier dominiert der neurotische Stil der Depression verbunden mit einem Mangel an Selbstbewußtsein und Initiative. Die Folge ist ein Streben nach Vermeidung und Abhängigkeit, die zu Anpassungsverhalten, Abgabe von

Verantwortung und Idealisierung von Helfern und Vorgesetzten veranlaßt.

- Der Großartigkeitswahn bedeutet die Überbetonung der eigenen Person mit dem permanentem Bedürfnis des Mittelpunktstrebens. Zentrale Neurose ist die Dramatik, mit der andere beeindruckt werden sollen. Prägende Merkmale sind das Übertreiben der eigenen Leistung, starke Emotionalität, minimale Selbstdisziplin und geringe Aufmerksamkeit für andere, bis hin zu deren rücksichtsloser Ausnutzung.
- Der Kontrollwahn äußert sich in der perfektionistischen Festlegung aller Details durch Regeln und Beschränkungen mit dem Ergebnis neurotischer Zwanghaftigkeit. Auffallend ist die Betrachtung von Beziehungen im Lichte von Dominanz und Unterordnung, so daß Untergebene die jeweiligen Handlungs- und Denkmuster übernehmen sollen, während Vorgesetzten achtungsvoll und einschmeichelnd gegenübergetreten wird. Weitere Kennzeichen sind Übergenauigkeit, Dogmatismus, Hartnäckigkeit, Ordnungsstreben, aber auch mangelnde Spontaneität, Unentschlossenheit bis hin zur Entscheidungsverzögerung aus Angst vor Fehlern.
- Der Abkopplungswahn basiert auf der festen Annahme, daß die Umwelt keinerlei Befriedigung bieten kann. Auch persönliche Beziehungen werden als problematisch angesehen, so daß dieser Neurose-Stil zur Distanzierung führt. Hervorstechend sind das Vermeiden persönlicher Kontakte und das Einlassen auf Emotionalität aus Furcht vor (seelischer) Verletzung mit der Folge eines reservierten Erscheinungsbildes, ohne die Möglichkeit Freude oder Enthusiasmus auszudrücken.

Interessanterweise entspricht das Modell der Persönlichkeitsstörungen von *Kets de Vries* und *Miller* in vielen Aspekten den zuvor geschilderten Charakterstrukturen und ist offensichtlich daraus abgeleitet, wie sich aus nachfolgendem Schaubild darlegen läßt. Lediglich die Struktur 1 und 5 entsprechen beide der schizoiden Charakterstruktur:

1. Verfolgungswahn und Mißtrauen = schizoide Charakterstruktur
2. Hilflosigkeitswahn u. Depression = depressive Charakterstruktur
3. Großartigkeitswahn und Dramatik = hysterische Charakterstruktur.

4. Kontrollwahn und Zwanghaftigkeit = zwanghafte Charakterstruktur
5. Abkopplungswahn und Distanzierung = schizoide Charakterstruktur

Es liegt auf der Hand, daß nicht ganze Führungsriegen einer Organisation – sofern sie Persönlichkeitsstörungen aufweisen – in die Psychotherapie geschickt werden können, selbst wenn sie ihrer bedürfen. Natürlich geschieht das vereinzelt, z.B. bei *Kets de Vries/Miller* in der Fallstudie seines Buches „The Neurotic Organization" ([1984], a.a.O., S. 204).

Kets de Vries (*Manfred F. R. Kets de Vries*, Cheftypen, Mosaik Verlag München 1992, S. 53ff.) erklärt den Einfluß von Persönlichkeitsmerkmalen auf das Verhalten von Führern und Geführten damit, daß beide auf eine metaphorische Art an einem imaginären Theater beteiligt seien, in dessen Bühnenaktivitäten Muster aus der Vergangenheit in der Gegenwart wieder in Kraft gesetzt seien. Dabei spielten sie wiederholt Rollen aus der Vergangenheit, benutzten in der Kindheit entdeckte Techniken und reproduzierten mit unheimlicher Genauigkeit dieselben Tragödien und Komödien ihrer Lebensgeschichte.

Das von der Amerikanischen Psychiatrischen Gesellschaft veröffentlichte Diagnostic and Statistical Manual of Mental Disorders (DSM III-R) spezifiziert diese Bühnenaktivitäten näher und klassifiziert verschiedene Persönlichkeitssyndrome in eine Reihe von Typen, gemäß ihrer verschiedenen unterscheidbaren Charakteristika (*M.F.R. Kets de Vries*, [1992] a.a.O., S. 54).

Es sollte jedoch bedacht werden, daß diese Typen nicht einfach das Ergebnis psychischer Störung sind; jeder Typ enthält den gesamten Radius des Verhaltens von normal bis dysfunktional; Normalität und Pathologie sind aufeinander bezogene Konzepte. Ferner sollte bedacht werden, daß die meisten Menschen in der Realität Hybriden darstellen, also eine Mischung aus den verschiedenen Stilen zeigen und kein einzelner Stil in signifikanter Weise übertrieben wird. Diese Stile sollten dann als Kurzform angesehen werden, insofern mögen sie dem Beobachter helfen, bestimmte Persönlichkeitselemente zu erkennen, die oft nicht sofort bemerkt werden (*M.F.R. Kets de Vries*, [1992] a.a.O., S. 54).

Vergleich der Persönlichkeitsstörungen n. Kets de Vries/Miller und der Charakter-Typologien n. Schultz-Hencke/Riemann:

Auslösefaktor (Kets de Vries)	Beschreibung	Merkmale	negative Konsequenzen	Charakterstrukturen (Schultz-Hencke/Riemann	Merkmale	Merkmale „seelisch Gesunder“ mit typologischen Eigenschaften
Verfolgungswahn Mißtrauen	Niemand ist zu trauen, deshalb muß man bereit sein, Angriffe abzuwehren	Mißtrauen, repressiver, autoritärer Führungsstil, rationaler Arbeitsvollzug, umfangreicher Kontrollapparat	verzerrte Wahrnehmung, ständige Abwehrhaltung, Motivationsverlust, Risikoaversion, geringe Flexibilität	schizoid	Angst vor Nähe und Hingabe Folge: Aggression (aktiv)	aktive Auseinandersetzung, Mut zur Gegenposition, Konfliktfähigkeit, Einzelkämpferführung
Abkopplungswahn Distanz	Ich will mit anderen nichts zu tun haben	Führungsvakuum, Laissez-faire-Struktur	Isolation, Frustration, interne Machtkämpfe	schizoid	Angst vor Nähe und Hingabe Folge: Isolation (passiv)	intellektuelle Überlegenheit, analytisches Denken, Objektivität
Hilflosigkeitswahn Depression	Man kann den Lauf der Dinge nicht ändern	Hohes Vermeidungsstreben, Fehlen von Selbstbewußtsein, Projektion der Feindseligkeit in sich selbst, Idealisierung von Rettern	Apathie, keine Innovationen, Routinefokussierung, keine klare Ziel- u. Strategieformulierung	depressiv	Angst vor Individuation, Verlustängste, Folge: Aufopferung (aktiv) Bequemlichkeit und Riesenerwartungen (passiv)	Aufgabenidentifikation, Hilfsbereitschaft, Pflichtbewußtsein, Einfühlungsvermögen, Einsatzfreude, Kooperationsfähigkeit

Großartigkeitswahn Dramatik	Man möchte von allen bewundert und bestaunt werden, „ich bin der Größte“	Hohe Entscheidungszentralisation, geringe Selbstdisziplin	Illusionswelt, mangelnde Eigeninitiative, Distanz, Risikofreudigkeit, Unterdrückung von Kritik	hysterisch	Angst vor dem Festgelegtwerden, Folge: Mittelpunktstreben (aktiv) Verantwortungslosigkeit (passiv)	Kreativität, Überzeugungsfähigkeit, Begeisterungsfähigkeit, Kontaktfähigkeit, Risikofreude, Teamfähigkeit
Kontrollwahn Zwanghaftigkeit	Alles unter Kontrolle halten, um nicht von Zufällen abhängig zu sein	Exzessive hierarchische u. funktionale Differenzierung, umfangreicher Strukturapparat	Regelfetischismus, keine Beachtung von Umweltbeziehungen, Angst vor Fehlern	zwanghaft	Angst vor Veränderung und Vergänglichkeit, Folge: Autoritarismus (aktiv) Konformismus (passiv)	Gründlichkeit u. Konsequenz, Stabilität u. Ausdauer, Exaktheit, Verläßlichkeit, Verantwortungs- u. Pflichtgefühl

(zu den Persönlichkeitsstörungen n. Kets de Vries/Miller vgl. C. Scholz/W. Hofbauer, Organisationskultur, Gabler Verlag Wiesbaden 1990, S. 145, Übersicht 5.1: Persönlichkeitsstörungen)

Schaubild 5: Vergleich der Persönlichkeitsstörungen nach *Kets de Vries/Miller* und der Charaktertypologien nach *Schultz-Hencke/Riemann*

Im folgenden werden benannt:
1. der narzißtische Typ,
2. die aggressive Veranlagung,
3. die paranoide Veranlagung,
4. die Veranlagung zum Schauspielern,
5. die Veranlagung zur Distanz,
6. die Veranlagung zur Kontrolle,
7. das passiv-aggressive Muster,
8. die Veranlagung zur Abhängigkeit,
9. die Veranlagung zum Masochismus.

Auch hier läßt sich feststellen, daß die geschilderten Persönlichkeitsmerkmale zu 1 und 4 der hysterischen Charakterstruktur, zu 2, 3 und 5 der schizoiden Charakterstruktur, zu 6 und 7 der zwanghaften Charakterstruktur und zu 8 und 9 der depressiven Charakterstruktur uneingeschränkt und vollständig entsprechen. Der Ausdruck „Veranlagung“ deckt sich allerdings nicht mit unserem Sprachgebrauch.

Eine herausragende Bedeutung (insbesondere auch für Führungspositionen) wird dabei dem Narzißten zugemessen, dessen nachfolgend geschilderte Persönlichkeitsstrukturen den Wesenszügen des Hysterischen entsprechen, gepaart mit bestimmten Empfindlichkeiten, die der schizoiden Struktur zuzurechnen sind. In der modernen Auffassung des Narzißmus werden die Persönlichkeitsmerkmale der Selbstliebe, des Charmes und der Kontaktfähigkeit neben der Talentiertheit hervorgehoben, daneben aber der Mangel an Tiefgründigkeit in den Austauschbeziehungen und in der Arbeit beklagt. Dadurch schafft das dauernde Bedürfnis der Narzißten nach Bewunderung und die ausbeuterische Art gegenüber ihren Beziehungen nicht nur Verwirrung, sondern auch ihre berufliche Leistung erscheint immer unvollkommen und auch taktierend. Nach der Fassung der Amerikanischen Gesellschaft für Psychiatrie wurden u.a. folgende Merkmale zur Beschreibung von Persönlichkeitsstörungen angeführt: ein beherrschendes Muster von Grandiosität (in der Phantasie oder im Verhalten), fehlendes Einfühlungsvermögen, Überempfindlichkeit gegenüber der Beurteilung durch andere. Ergänzt wird das Bild durch mindestens fünf der folgenden Punkte:

- reagiert auf Kritik mit Wut- oder Schamgefühlen oder mit Demütigung (sogar wenn sie nicht ausgedrückt werden);
- ist ausbeuterisch im zwischenmenschlichen Bereich: zieht Vorteile aus anderen, um die eigenen Zwecke zu erreichen;
- hat ein grandioses Gefühl der eigenen Bedeutung, überbewertet z.B. eigene Leistungen und Talente, erwartet ohne entsprechende Leistung als jemand „Besonderes" angesehen zu werden;
- glaubt, daß seine Probleme einzigartig sind und nur von besonderen anderen Menschen verstanden werden können;
- ist mit Phantasien über unbegrenzten Erfolg, Macht, Brillanz, Schönheit oder idealer Liebe beschäftigt;
- hat das Gefühl, einen besonderen Anspruch zu haben: die unbegründete Erwartung ganz besonders bevorzugter Behandlung, nimmt z.B. an, nicht wie die anderen in einer Schlange warten zu müssen;
- verlangt dauernd Aufmerksamkeit und Bewunderung, will z.B. Komplimente hören;
- hat mangelndes Einfühlungsvermögen in andere, ist z.B. verstimmt und überrascht, wenn ein Freund, der ernsthaft krank ist, eine Verabredung absagt;
- ist von Neidgefühlen erfüllt.

Narzißten ziehen die Unabhängigkeit vor, erleben aber wegen der Zweifel an ihrem Dasein ein Gefühl von Verlust und Leere. Um mit diesen Gefühlen fertig zu werden und vielleicht zur Vertuschung ihrer Unsicherheit, werden narzißtische Menschen ausschließlich davon beansprucht, ihre Vorzüge wie Nützlichkeit, Macht, Schönheit, Status, Prestige und Überlegenheit zu etablieren. Gleichzeitig erwarten Narzißten von anderen, daß diese die hohe eigene Wertschätzung akzeptieren und ihnen auch ihre Bedürfnisse befriedigen. In Führungspositionen fühlen sie sich zu kriecherischen Gefolgsleuten hingezogen und neigen dazu, andere zu erniedrigen, um ihre eigene Überlegenheit zu unterstreichen. Ihr Einfühlungsvermögen scheint völlig zu fehlen. Projekte werden im großen Stil angegangen, sind aber oft mangels Urteilsfähigkeit und Realitätstest zum Scheitern verurteilt. Wenn etwas schiefgeht, beschuldigt der Narzißt natürlich andere (*M. F. R. Kets de Vries*, [1992] a.a.O., S. 83ff.).

Hesse/Schrader (Die Neurosen der Chefs, a.a.O.) entwerfen eine eigene, umgangssprachliche Typologie von Persönlichkeitsstörungen, auf die wir hier nicht eingehen möchten, weil sie zwar psychoanalytischem Gedankengut folgt, aber deren Systematik verläßt. Kernaussage ihres Buches ist, daß neurotische Chefs ungeliebte Kinder waren, die die selbst erlittenen Unbilden an ihre Mitarbeiter, nein, in diesem Falle Untergebenen, unreflektiert weitergeben. Sie stellen eine pessimistische Prognose in ihrem Buch „Krieg im Büro" (Eichborn Verlag Frankfurt/M., 1993, S. 126ff.) auf, die da lautet, daß die Kindheit 100 Jahre dauert.

Wir fühlen uns durch diese Aussage, aber auch durch die einseitige Beleuchtung pathologischer Persönlichkeitsstrukturen von Managern, herausgefordert zu zeigen, daß jene Befähigungen, die heute mit dem Begriff soziale Kompetenz umschrieben werden, in der Interaktion mit Menschen herangebildet werden und nicht nur in der Primärsozialisation, sondern auch im Erwachsenenleben erworben werden können. Ein Mensch, der handlungsfähig ist, braucht nicht unreflektiert eigene schlechte Gefühle an anderen Menschen auszulassen.

Führungstheorien und die Wechselwirkung von Mensch und Organisation

Im folgenden wollen wir eine Reihe gesellschaftlicher Phänomene aus schwerpunktmäßig soziologischer Sicht aufzeigen, wie sie in der Literatur diskutiert werden und die für das Führungsgeschehen in Unternehmen und Verwaltungen von Bedeutung sind.

„Es gilt heute als Allgemeingut der Führungsforschung, daß für das Verständnis bzw. die Beurteilung von Führungsverhalten in konkreten Situationen drei Faktoren berücksichtigt werden müssen: die Persönlichkeit des Führenden (des Vorgesetzten), die Persönlichkeiten, speziell die Erwartungen und Motivationslagen der Geführten (der Mitarbeiter) sowie die Struktur der gemeinsamen Aufgabenstellung im Rahmen der in einer gegebenen Umwelt stehenden Arbeitsorganisation" (*Bosetzky/Heinrich*, Mensch und Organisation, 4. Aufl. Herford 1989, S. 173).

Von der sogenannten Ohio-Schule wurden die „Mitarbeiterorientierung" („consideration") und die „Aufgaben- und Leistungsorientierung" („initiating structure") als die wichtigsten Führungsdimensionen eingeführt, die einen sowohl hinsichtlich der Mitarbeiter kooperativen als auch im Hinblick auf die Aufgabenstellung effizienten Führungsstil ermöglichen sollten (*Erika Regnet*, Konflikte in Organisationen, Verlag für Angewandte Psychologie Göttingen/Stuttgart 1992, S. 64).

Insbesondere auf der Mitarbeiterebene haben sich in der Nachkriegszeit durch den sozialen Wandel Strukturveränderungen ergeben. Diese Veränderungen in den Berufsstrukturen waren nach Dahrendorf (*R. Lord Dahrendorf*, Der moderne soziale Konflikt, dtv München 1994, S. 204ff.) von einem Wertewandel begleitet, für den *Daniel Bell* den Begriff der „postindustriellen Gesellschaft" geprägt hat. Jahrhundertelang sei das kapitalistische Wirtschaftswachstum durch die protestantische Ethik des Sparens, der harten Arbeit und der aufgeschobenen Bedürfnisbefriedigung geprägt gewesen. In der postindustriellen Gesellschaft sei diese Haltung umgeschlagen und schließlich einer hedonistischen Kultur des unmittelbaren Vergnügens erlegen, deren Zentralthema die eigennützige Selbstverwirklichung in einer lebensqualitätsbejahenden Umwelt sei. Daneben habe – ebenfalls in den siebziger Jahren – nach *Ronald Inglehart* die „stille Revolution" stattgefunden. Ihr liegt die These zugrunde, daß es in den westlichen Gesellschaften eine langsame aber sichere Wende von materialistischer Wertorientierung (Dominanz von Sicherheits- und Wohlstandswerten) zu postmaterialistischen Wertehaltungen (Vorrang selbstverwirklichungsorientierter Ziele) gebe, die durch die Modernisierung der Gesellschaft bedingt sei. „Die Werte westlicher Öffentlichkeit haben sich wegbewegt von der vorherrschenden Betonung des materiellen Wohlbefindens und der psychischen Sicherheit und hin zur größeren Betonung der Lebensqualität" (*R. Lord Dahrendorf*, a.a.O., S. 205).

Dieser soziale Wandel vollzieht sich:

- als ein Wandel im strukturell-materiellen Bereich durch neue Technologien wie z.B. EDV, neue Arbeitsstrukturen wie z.B. Projektgruppen oder neue Kommunikationsformen wie z.B. EDV-Informationssysteme, aber auch durch die zunehmende Internationalisierung der Märkte (EG), verbunden mit einer internationalen Verflechtung der Unternehmen.
  Diese Entwicklung hat zur Folge, daß die immer komplexer werdenden Aufgaben die Führungsebene zwingen, die Mitarbeiter mit ihrem Expertenwissen in Entscheidungsprozesse einzubeziehen und Aufgaben kooperativ und arbeitsteilig zu lösen.
- als ein Wandel der Wertebene. Alte Arbeitsanreizsysteme wie Belohnung und Beförderung verlieren zunehmend ihre Wirksamkeit. Mitarbeiter wollen mit ihrem spezifischen Expertenwissen bei Entscheidungsprozessen zugezogen werden und hinterfragen kritischer den Sinn von Entscheidungen der Leitungsebene. Die Führungsebene ist ihrerseits durch die komplexer gewordenen Aufgabenstellungen oft gar nicht mehr imstande, aus eigenem Informations- und Wissensstand Alleinentscheidungen zu fällen und zu begründen. Insgesamt hat sich die Werthaltung der Mitarbeiter von den bisherigen Pflicht- und Akzeptanzwerten (z.B. der loyale, obrigkeitsorientierte Staatsdiener) hinbewegt zu Selbstentfaltungs- und Engagementwerten. Das bedeutet z.B. eine Arbeitnehmer- und Job-Mentalität sowie

die überwiegende Einstellung, sich bei der Ausübung eines Amtes dem Bürger und nicht mehr nur dem Staat verpflichtet zu fühlen.

Diese Entwicklung erfordert für den Bereich der Motivation ein verändertes Führungsverhalten, das nicht mehr nach autoritären Strukturen erfolgen kann (*Wiendieck/Wiswede*, Führung im Wandel, Stuttgart 1990, S. 40ff., 131ff, 181ff., 197ff., 231ff.). Es soll Grundlagen schaffen, die es den Mitarbeitern ermöglichen, sich mit dem Unternehmen und seinen Zielen zu identifizieren, so daß sie sich einerseits an das Unternehmen gebunden fühlen, andererseits erweiterte Handlungsspielräume erhalten, innerhalb derer sie gestalten und Verantwortung tragen können. Eine solche Entwicklung hat zwangsläufig eine Dezentralisierung mit einer Machteinbuße auf der Leitungsebene zur Folge. Die Ausdehnung individueller Spielräume der Mitarbeiter kann aber auch dann Verunsicherung auslösen, wenn die Mitarbeiter nicht gewohnt sind, entscheiden zu müssen und selbständig zu denken.

Obwohl die Führungsforschung seit mehr als zwanzig Jahren die Notwendigkeit eines veränderten Führungsverhaltens erkannt und eine Fülle einschlägiger Führungstheorien produziert hat – über die wir im folgenden einen Überblick geben –, ist ihr der Durchbruch insbesondere deswegen versagt geblieben, weil sie die Individualität des arbeitenden Menschen zuwenig berücksichtigt hat. Hier ist die Psychologie stärker als bisher gefragt.

Darüber hinaus hat das Wissen über die Folgen des sozialen Wandels und Wertewandels durchaus nicht Einzug auf alle Chefetagen gehalten. Insbesondere Verwaltungen – aber nicht nur diese – sind auch heute noch überwiegend tayloristisch geprägte Arbeitsorganisationen, die durch die Kombination strikter Arbeitsteilung und strikter Arbeitskontrolle weitgehend jede Flexibilität, Kreativität und Innovation hemmen. Während dadurch für die Mitarbeiter Simplifizierungen der Arbeit entstehen, sieht sich die Führungsebene Komplizierungen gegenüber. *Wiendieck* (in: *Wiendieck/Wiswede*, a.a.O., S. 42f., 171f.) hat diesen Umstand anschaulich dadurch beschrieben, daß dem Dickkopf der Person der Wasserkopf der Organisation entspricht, wodurch die drei pathologischen Erscheinungen einer Übersteuerung, Überstabilisierung und Überkomplizierung (vgl. *Klaus Türk*, Grundlagen einer

Pathologie der Organisation, Hoffmann & Campe Verlag Stuttgart, 1976, S. 108ff.) gleichzeitig verwirklicht werden. *Türk* mutmaßt, daß die mangelhaften Steuerungsstrategien der Organisation bei den Menschen ebenfalls pathologische Zustände hervorrufen. Die Überkomplizierung entsteht aus einer Überforderung des Menschen durch strukturelle Überlastung, Ambivalenz und/oder Widersprüchlichkeit. Die Übersteuerung entsteht aus einer Belastung des Menschen in Form struktureller Simplizität, Rigidität und/oder Repressivität. Die Überstabilisierung meint die Entfremdung des Menschen und zwar als Verselbständigung und/oder Verdinglichung.

Wir werden unter dem Thema „Wechselwirkung von Mensch und Organisation" einige Beispiele dieser noch weit verbreiteten Strukturen aufzeigen und auch die Hintergründe ihrer Entstehung beleuchten.

Führungstheorien

Es würde den Rahmen dieses Buches sprengen, wollten wir die unterschiedlichen Führungstheorien mit ihren diversen Grundlagen und Zielrichtungen wiedergeben und interpretieren. Bereits die Ausgangspunkte der Theorie-Ansätze kennzeichnen die Vielfalt:

- Menschenbildtheorien (z.B. bei *Mc Gregor, Schein, Macoby*),
- Verhaltenstheorien (z.B. *March/Simons* Anreiz-Beitragstheorie, *Atkinsons* Stimulus-Response-Modell und *Festingers* Theorie der kognitiven Dissonanz),
- Motivationstheorien (z.B. *Maslows* Bedürfnispyramide, *Herzbergs* Motivatorenmodell, *McClellands* Bedürfnisarten sowie die Prozeßtheorien von *Adams, Vroom* und *Porter/Lawler*),
- Führungsstilmodelle (z.B. *Tannenbaum/Schmidts* eindimensionale Einstellungs- und Merkmalsmessung, *Fiedlers* Kontingenzmodell, *Vroom/Yettons* Entscheidungsbaumverfahren, *Blake/Moutons* Verhaltensgitter, *Reddins* 3-D-Programm und *Hersey/Blanchards* Reifegradmodell).

Die erwähnten Ansätze ergeben bausteinartig das „Gebäude Führungstheorie", wobei die Einzeltheorien sich aufeinander beziehen oder ergänzen können.

Den verschiedenen theoretischen Ansätzen zur Erklärung des Führungsprozesses wollen wir schon deshalb nicht einzeln nachgehen, weil wie erwähnt, weder der eigenschaftstheoretische Ansatz „Führerbegabung“ nennenswerte, praktikable Erfolge gezeitigt hat, noch z.B. *Fiedlers* weit verbreitete Kontingenztheorie als situations- und entscheidungstheoretisches Modell den widersprüchlichen Praxis-Erfahrungen gerecht werden konnte. Die Kontingenztheorie geht davon aus, daß die Leistung einer Gruppe vom Führungsstil der Führungskraft und vom Ausmaß der möglichen Einflußnahme abhängt, die die jeweilige Situation zuläßt.

Hierbei soll der Zusammenhang zwischen Führungsverhalten und effizientem Gruppenverhalten gemessen werden. Zur Messung unterschiedlichen Führungsverhaltens dient der LPC-Wert (Least-Preferred Coworker = der am wenigsten geschätzte Mitarbeiter). Dieser Wert drückt die Einschätzung des unbeliebtesten Mitarbeiters durch die Führungskraft aus. Bei einer wohlwollenden Beschreibung wird ein rücksichtsvoller, beziehungsorientierter, partizipativer Führungsstil vermutet, während eine ungünstige Beurteilung auf einen aufgabenorientierten, autoritären Führer schließen läßt.

Die Kritik an dieser Theorie bezieht sich auf die mangelnde empirische Bestätigung für die Theorie-Annahmen, eine unvollständige Einbeziehung der Situationsvariablen und einen eindimensionalen LPC-Meßwert (vgl. *Staehle*, Management, a.a.O. S. 326ff.). Aus der Sicht der Geführten werden „die werktätigen Menschen hier nicht als Individuen gesehen, sondern als marionettenhafte Lebewesen, an deren Fäden eine für sie unbeeinflußbare Situation zerrt“ (*Nieder*, Führung in Organisationen, in: *Graf Hoyos*, a.a.O., S. 199).

Aber auch *Blake/Moutons* Verhaltensgitter oder „Managerial-Grid-Methode“ nähert sich nur zum Teil unseren Vorstellungen der verbesserten Konfliktfähigkeit und Kooperationsfähigkeit. Diese zuerst 1964 in Amerika entwickelte pädagogische Methode macht den Teilnehmern im Training ihren persönlichen Führungsstil bewußt, um ihn anschließend in den zwei Dimensionen Aufgabenorientierung (autoritär) und Mitarbeiterorientierung (kooperativ) zu verbessern. Die Methode zielt sowohl auf eine verbesserte Ausbildung des Managers für seine Arbeit als auch auf die Veränderung der Beziehungen zwischen den einzelnen, den Gruppen und der Organisation. Besonders betont wird im Trainingsseminar der Phase 1 die Vermeidung einer Gewinner-Verlierer-Orientierung und destruktiver Konflikte beim Problemlösen sowie bei der Entscheidungsfindung. In der Phase 2 soll z. B. als Team-Training das bisher Gelernte direkt auf die eigenen Arbeitsprobleme in bezug auf das Autoritätssystem, Gruppennormen, Ziele und Beziehungen angewandt werden.

An diesem Modell treten die verantwortungsbezogene Konfliktregelung und das kooperative Team-Training als positive Elemente hervor, die Gesamtausrichtung verbindet aber die Aufgabenorientierung (zielbezogen, direktiv) und Mitarbeiterorientierung (mitwirkungsbezogen, kooperativ) als quasi voneinander unabhängige Einstellungen des Managers, die je nach Führungssituation unterschiedlich kombiniert werden können. Dahinter verbirgt sich stillschweigend der Wunsch, durch die Kombination von zielbezogenen und kooperativen Elementen einen Führungsstil zu entwickeln, der für alle Situationen paßt.

Inzwischen hat sich aber herausgestellt, daß es einen Führungsstil, der unter allen Umständen gut wäre, nicht gibt. Selbst die z. B. bei *Reddins* 3-D-Programm vorgenommene Erweiterung um eine Vielzahl von Indikatoren zur Analyse der Situationselemente, mit dem Ziel der Überwindung des Dilemmas, daß die Führungsstilarten in Abhängigkeit von der spezifischen Situation auch ineffizient sein können, zeigt zwar nicht mehr nur den einzig richtigen Führungsstil auf, sondern verweist auf die Notwendigkeit unterschiedlichen Führungsverhaltens in unterschiedlichen Situationen. Das bedeutet, daß nur soviel nutzvolle Führungshinweise aus den Modellen resultieren können, wie an eindeutigen Personal-, Sach- und Situations-Informationen eingebbar waren. Bei mehrdeutigen Daten und Entscheidungskonflikten sind demgemäß auch die Lösungsansätze mehrdeutig und münden in alternative Entscheidungsstrategien. Da solche programmatischen Vorgaben im Regelfall auch von den Führungskräften selbst analysiert werden, kann die Feststellung, daß der Führungsstil situationsangemessen oder kooperativ ist, den bisher praktizierten (z. B. autoritären) Stil leicht bestätigen.

Soweit diese Grundsätze z.B. bei *Hersey/Blanchard* als Reifegrad der Beteiligten durch die jeweilige Führungskraft gedeutet und gehandhabt werden, besteht die Gefahr einer subjektiven und hierarchiebezogenen Klassifizierung, die dem so Eingeordneten (z.B. dem Arbeiter im Gegensatz zum Angestellten) kaum Entwicklungschancen einräumt und damit ebenfalls in einer Stereotypie endet, deren flexible Praxisanwendung fraglich bleibt.

Eine herbe Kritik der Führungstheorien findet sich z.B. bei G. *Wiswede* (Führungsforschung im Wandel, a.a.O., S 29): „Auch scheint man nicht gut beraten, wenn man sich einem der vielen Modelle anvertraut, die die Führungsforschung bereithält, meist mit dem Versprechen, hier habe man endlich den Stein der Weisen gefunden. Bei der Umsetzung solcher Modelle in die Praxis folgt einer Phase der Euphorie meist sehr schnell die Ernüchterung. Dies gilt für solch primitive Konzepte wie das Grid-Modell oder das Modell von *Hersey-Blanchard* in gleicher Weise wie für komplexere Ansätze, wie etwa *Fiedler* oder *Vroom/Yetton*, die sich entweder als empirisch falsch erwiesen haben oder eben wegen ihrer Komplexität kaum in praktisches Handeln umgemünzt werden können."

Führungsstile

In der Führungsstilforschung werden die Kombinationen von Verhaltenskomponenten generell wie folgt unterteilt:

- autoritärer oder demokratischer Führungsstil,
- produktionsbezogener oder mitarbeiterbezogener Führungsstil,
- aufgabenorientierter oder personenorientierter Führungsstil.

Bei diesen weitgehend bekannten, aber wenig präzisierten Führungsstilen sind trotz der enormen Vielzahl theoretischer Modelle und empirischer Untersuchungen bisher ebenfalls nur dürftige Ergebnisse für die Praxisanwendung herausgekommen (*Nieder*, a.a.O., S. 201). Das wird u.a. darauf zurückgeführt, daß der Führungsstil überwiegend „wie eine experimentell induzierte Persönlichkeitsvariable behandelt wird, womit ein solches Führungsstilkonzept in den eigenschaftstheoretischen Ansatz zurückfällt" (*Nieder*, a.a.O., S. 201/202).

Ein weiterer Grund für die Widersprüchlichkeit von Untersuchungsergebnissen wird darin gesehen, daß die Hinweise nur für die unterstellte Situation gelten, so daß bei der Variationsbreite abweichender Führungssituationen in jeder Organisation keine generellen, eindeutigen Aussagen über den Führungserfolg möglich sind. Übereinstimmend lauten deshalb auch viele Vorschläge der Literatur, daß der Vorgesetzte versuchen muß, seine vorhandene Bedingungskonstellation zu erkennen und sein Verhalten unter Beibehaltung bestimmter Wertvorstellungen danach auszurichten.

Die folgende Übersicht über die drei gängigen Stile des autoritären, Laissez-Faire- und demokratischen Führungsstils soll die Kennzeichen und Auswirkungen des jeweiligen Stils vermitteln. Dabei kann der Laissez-Faire-Stil überhaupt nicht als Führungsstil gelten, weil er nahezu auf jegliche Führung/Orientierung verzichtet.

I. autoritärer Stil:

Kennzeichen: (Befehl – Gehorsam) (Positionsmacht des Leiters)	1. strikte Kontrolle durch: Weisungserteilung, Zielvorgabe, Durchführungsüberwachung 2. Minimum an Einsichtnahme in den gesamten Arbeitsvorgang für den Mitarbeiter.
Auswirkung:	1. zunächst günstiges Leistungsergebnis; 2. Führungsabhängigkeit der Mitarbeiter führt zu Leistungsabfall (vor allem bei Führungswechsel); 3. ausschließlich passive Rezeption; 4. Mobilisierung von Vergeltungswünschen gegenüber der Leitung, ggn. Schwächeren und im Außenbereich; 5. ansteigende Aggression gegeneinander; 6. gebremste Initiative und Einfallsreichtum 7. fehlende Spontaneität der Zusammenarbeit;

8. brüchiger Gruppenzusammenhalt;
9. Infantilisierung;
10. Gruppenkonformismus zum Selbstschutz der Mitglieder.

II. Laissez-Faire-Stil:

Kennzeichen:
(Chaos, Verwahrlosung)

1. passive (nachgiebige) Führungshaltung: „der Leiter läßt alles geschehen, ohne einzugreifen";
2. Glaube an die Eigenentfaltung der Kräfte;
3. fehlendes Engagement aus: Fehleinschätzung, Resignation, Narzißmus oder Tarnung der aggressiven Einstellung;
4. Verhinderung der Zielerreichung und der Entwicklung der Mitarbeiter.

Auswirkung:

1. Ratlosigkeit und Unsicherheit;
2. Verwahrlosung der triebstarken und Terrorisierung der vitalschwachen Mitarbeiter anstelle von Selbstentfaltung;
3. rascher Gruppenzerfall;
4. Infantilisierung;
5. destruktive Vergeltungswünsche aus dem Bedürfnis nach Bindung;
6. Zerstörung der moralischen Qualität mit menschlicher Verbundenheit und Überlassung zur Einsamkeit mit der Folge regressiver Anklammerungstendenz;

III. Demokratischer Stil:
(kollegialer Stil)

Kennzeichen:
(die Aufgabe steht im Vordergrund)

1. Beibehaltung weitgehender Führung;
2. Hilfestellung für die jeweilige Lösung von Aufgaben zur selbständi-

gen Diskussion und optimalen Übereinstimmung;
3. Vermeidung jeder autoritären Führung;
4. Einfluß durch Lenkung der Diskussion so minimal wie möglich, um die Eigenverantwortlichkeit der Mitarbeiter zu ermöglichen;
5. Motivation zur aktiven Mitarbeit.

Auswirkungen:
1. Gemeinsamkeit der Sachanliegen;
2. wachsende spontane Aktivität und Bereitschaft zur Mitarbeit und Zusammenarbeit (auch bei Abwesenheit des Leiters);
3. Einübung in kollegiale Verhaltensweisen und in Konfliktlösungen trotz ständig auf tretender mangelnder Übereinstimmungen, die unvermeidlich sind;
4. solche Gruppen haben Bestand.

Selbst innerhalb der kontroversen Führungsstilansätze läßt sich aber als gemeinsame Auffassung herausstellen, daß der Führungsstil sich ändern muß, wenn graduell folgende Voraussetzungen vorliegen:

- daß die Tätigkeitsstruktur entweder nur mechanische Verrichtungen (direktive Führung) oder nur projektorientierte Planungen (kooperative Führung) umfaßt,
- daß die Kompetenz gering ist (direktive Führung) oder hohe Qualifikationen vorliegen (kooperative Führung, Delegationsstil),
- daß die Motivation gering ist (direktive Führung) oder Verantwortungsbereitschaft, Selbstvertrauen und Einbindung entsprechend kooperative Modelle ermöglichen.

Die Freiheitsspielräume, die Vorgesetzte ihren Mitarbeitern lassen, geben Auskunft darüber, ob sich die Führung eher im Bereich autoritärer oder kooperativer Führung bewegt, wie das nachfolgende Schaubild 6 deutlich macht.

extrem autoritär (Vorgesetzten-orientiert) ←						→ extrem kooperativ (Mitarbeiter-orientiert)
Anwendung von Amtsautorität durch den Vorgesetzten						Freiheitsspielraum der dem Vorgesetzten unterstellten Personen
Vorgesetzter entscheidet ohne Konsultation und teilt den Untergebenen seine Entscheidung mit	Vorgesetzter „verkauft“ seine Entscheidung; er versucht seine Untergebenen davon zu überzeugen	Vorgesetzter präsentiert seine Vorstellungen und bittet dazu um Stellungnahmen	Vorgesetzter präsentiert eine vorläufige Entscheidung, die vor ihrer letztgültigen Fassung modifiziert werden kann	Vorgesetzter präsentiert das Problem, erhält Lösungsvorschläge und wählt die von ihm favorisierte Alternative aus	Vorgesetzter definiert das Entscheidungsproblem; Mitarbeiter treffen innerhalb eines genau umrissenen Spielraums Vorentscheidungen	Vorgesetzter läßt Mitarbeiter innerhalb bestimmter Grenzen frei entscheiden; formale Letztentscheidung liegt beim Vorgesetzten
(1)	(2)	(3)	(4)	(5)	(6)	(7)

Schaubild 6: Der autoritäre und kooperative Führungsstil in einem Kontinuum (in Anlehnung an *Tannenbaum/Schmidt,* 1958, S. 96, zit. nach W. Staehle, Management, 4. Aufl. München 1989, S. 312)

Mit dem Spannungsfeld zwischen einer (wir bevorzugen den Ausdruck) direktiven und kooperativen Interaktion zwischen Vorgesetzten und Mitarbeitern werden wir uns später genauer auseinandersetzen und anhand von Rollenspielen und deren Analysen das jeweilige Führungsverhalten mit allen Schwierigkeiten, die in einem empathischen bis hin zu konsequentem Führungsverhalten liegen, sichtbar machen. Insbesondere wird hier deutlich werden, wie außerordentlich persönlichkeitsgebunden das jeweilige Verhalten ist.

Die Wechselwirkungen von Mensch und Organisation

Der arbeitende Mensch – und zwar der in Leitungsfunktionen wie der Mitarbeiter – wird durch die bürokratische Organisation, der er seine Arbeitskraft zur Verfügung stellt, geprägt und wirken durch ihre Persönlichkeit auf deren Fortbestehen oder Veränderung ein. Die Wechselwirkung von Mensch und Organisation wird bei *Scholz/Hofbauer* (*C. Scholz/W. Hofbauer*, Organisationskultur, Wiesbaden 1990, S. 55ff.) als Dualitätsprinzip geschildert, weil auch die Organisationskultur aus dem Verhalten der in der Organisation Tätigen maßgeblich beeinflußt werde und umgekehrt aber auch deren Verhalten eine kollektive Prägungswirkung durch die Organisation erfahre. Die umfassendste Betrachtung der Wechselwirkung von Mensch und Organisation geht aus den vier Ebenen von *Bronfenbrenners* Modell der Hierarchie von Umwelten hervor (zitiert nach: *Hans-Peter Nolting/Peter Paulus*, Psychologie lernen, 3. Aufl. Psychologie Verlags Union München 1990, S. 119). Danach wird die individuelle Entwicklung der Persönlichkeit (1. Ebene) nicht nur durch die physikalischen Umweltmerkmale, sondern auch durch das gesellschaftliche und soziale Umfeld (2. – 4. Ebene) stark beeinflußt. Das sind in *Bronfenbrenner*s Modell in der 2. Ebene die sozialen Netzwerke mit den Kommunikationsmustern der Familie, des Freundeskreises und des Betriebsklimas. In der 3. Ebene stehen die Institutionen sowohl der Familien- und Verwandtschaftsorganisation als auch der Gemeindetypen und Schulsysteme. Die 4. Ebene umfaßt die soziale Struktur als kulturelles System mit seinen Traditionen, der Religion und Ideologien. Aber auch das politisch/wirtschaftliche System mit den beiden Schwerpunkten des Grades der technologischen Entwicklung und des Grades der Bürokratisierung.

Bei der Betrachtung der Wechselwirkung steht oft nur deren Endergebnis – die gegenseitigen strukturellen Prägungswirkungen – im Blickpunkt des Interesses. Von nicht minder bedeutsamer Auswirkung ist aber die Tatsache, daß die Organisationsmitglieder aufgrund ihrer Persönlichkeitsstrukturen Konfliktpotentiale in die Organisationen hineintragen und die Organisationen ihrerseits durch Strukturen wie z.B. Wettbewerb und knappe Ressourcen Konfliktpotentiale darstellen.

Auf diese Wechselwirkung von Mensch und Organisation wollen wir im folgenden am Beispiel der Bürokratie und ausgewählter Problemkreise ihres Umfeldes eingehen.

Bürokratie/Bürokratiekritik

Wir folgen dabei der gängigen Feststellung, daß der Begriff der Bürokratie sich offensichtlich nicht auf den öffentlichen Dienst der Behörden beschränkt, sondern in allen Großorganisationen der Industrie, der Kirchen und Gewerkschaften zu finden ist (*Bosetzky/Heinrich*, a.a.O., S. 52).

Die Bürokratie wird vornehmlich betrachtet aus dem Blickwinkel ihrer:

1. organisatorischen Effizienz und Rationalität,
2. Dysfunktionen und
3. Herrschaftsstrukturen und Machtfunktionen.

Max Weber hatte Bürokratie als *eine* Form der legalen Herrschaft und zum anderen als *eine* Form der rationalen Organisation betrachtet und hinsichtlich der Organisations-, Programm- und Personalstruktur folgende bürokratische Merkmale dargelegt:

- Ämterhierarchie,
- Arbeitsteilung,
- fachliche Kompetenz der Amtsinhaber,
- festgelegte Verfahren der Arbeitserledigung, insbesondere hinsichtlich der Aktenmäßigkeit der Aufgabenerledigung und Betonung schriftlicher Kommunikation,

- bindende Regeln für das Verhalten der Amtsinhaber, insbesondere eine rationale Disziplin,
- begrenzte Amtsautorität bzw. Entscheidungskompetenz bei hierarchischer Kompetenz- und Kontrollzuweisung,
- Entlohnung nach Position und Dienstalter abgestuft bei Lebenszeitbeschäftigung und stufenweisem Aufstieg in *einer* Laufbahn,
- Unpersönlichkeit der nach außen gerichteten zwischenmenschlichen Beziehungen,
- Trennung von Verwaltung und Eigentum an Sachmitteln (*D. Grunow/F. Hegner*, Von der Bürokratiekritik zur Analyse des Netzes bürokratischer Organisationen, in: *T. Leuenberger/K.-H. Ruffmann* (Hg.), Bürokratie, Verlag Peter Lang Bern 1977; S. 49ff.).

Die vier wichtigsten bürokratischen Strukturen sind demnach:

- Zentralisierung/Dezentralisierung von Entscheidungsbefugnissen,
- Spezialisierung,
- Standardisierung des Verhaltens durch generelle Regeln,
- Formalisierung im Sinne von Schriftlichkeit und Aktenmäßigkeit (*R. Mayntz/R. Ziegler*, Soziologie der Organisation, in: *R. König*, Handbuch der empirischen Sozialforschung, Bd. 9, 2. Aufl. Stuttgart 1977, S. 81ff.).

Im Sinne *Max Webers* soll die Bürokratie aufgrund ihrer einzigartigen Leistungsfähigkeit die wirksamste Form der Herrschaftsausübung darstellen, begegnet aber hinsichtlich ihrer Wirkungen einer Vielzahl von Kritikpunkten. Wir benennen im folgenden die wichtigsten Punkte, soweit sie sich auf Persönlichkeitsprägungen beziehen, die für den Führungsbereich und die Konfliktsituationen von Einfluß sind:

- Die Hierarchie-Strukturen werden für folgende Mängel verantwortlich gemacht: Entstehung von Monotonie, Konservierung des Bestehenden, Rigidität, mangelnde Flexibilität, Kommunikationsstörungen, Auftreten von Machteliten (Seilschaften). Die hierarchischen Strukturen der Bürokratie erzeugen eine Entfremdung in Form der Verdinglichung des Menschen. Der Mensch wird von der Organisation beherrscht, so daß seine Freiheit und Spontaneität herabgesetzt wird und er Werkzeugcharakter für die Organisation annimmt (*T. Adorno*, Individuum und Organisation, Frankfurt 1971, S. 69f.). Die Reaktion der Bürokratie besteht in einem hohen Kontrollaufwand sowie der Vorgabe eines übergeordneten Harmoniezieles, ohne daß eine ausreichend konstruktiv-kritische Durchleuchtung von Problemen auch unter Beteiligung von Minoritätsmeinungen bzw. eine ausreichend sachliche Konfliktaustragung stattfindet. Die Folgen in der Mitarbeiterschaft bestehen in einem Absinken der Bereitschaft zu eigenständiger Verantwortungsmitübernahme sowie fehlender Spontaneität und Kreativität.

- In Zusammenhang mit der Entfremdung stehen viele Persönlichkeitsveränderungen wie Angst, Risikovermeidung, Ohnmacht (von der verengten Regelorientierung des Zuständigkeitsdenkens bis hin zur gelernten Hilflosigkeit der passiven Weisungsgebundenheit), Apathie, Feindseligkeit gegenüber Minderheiten und vor allem das übermäßige Anpassungsverhalten des Konformismus. Aus der strikten Regelbefolgung wird eine Verdrängung der Zielorientierung hergeleitet, die eine eingeübte Unfähigkeit erzeugt, sich an veränderte Situationen anzupassen (*K. Merton*, in: *R. Mayntz*, Bürokratische Organisation, Köln 1968, S. 267ff.).
- Der Konformismus ist andererseits eine wichtige Karrierevoraussetzung, so daß das Anpassungsverhalten einen Kumulativeffekt erzeugt mit Rückkopplungen in die Organisation und sich dadurch selbst verstärkt (Selbstrekrutierungseffekt der Bürokratisierung) (*C. Argyris*, Personality and Organization, New York, Wiley 1957, S. 39ff.).

Nach *Dahrendorf* (*R. Lord Dahrendorf*, a.a.O., S. 195) kommen bereits bei *Max Weber*s Begriff der Bürokratie als rationaler Organisationsform die Widersprüche der Modernität zum Ausdruck, weil die rationale Ausübung von Herrschaft den Dillettantismus und die Willkür früherer Herrschaftsformen überwindet, aber in der zur Bürokratisierung entarteten Form zu einem Modell der Überanpassung degenerieren kann (Gehäuse der Hörigkeit), in dem alle Initiative und jeder Individualismus erstickt werden.

Zusammenfassend bestehen die wichtigsten Punkte der Bürokratiekritik aus:

- einer extremen Regelorientierung der Mitarbeiter,
- mangelhaften Bedürfnisbefriedigungs- und Motivationsmöglichkeiten der Mitarbeiter,
- einer unzulänglichen Gleichbehandlung der Mitarbeiter,
- einer Autoritätshierarchie, die die innerorganisatorische Herrschaft betont und damit kooperative Modelle, Flexibilität, Innovation und Kreativität verhindert,
- einer Unpersönlichkeit der zwischenmenschlichen Beziehungen, die zur Entfremdung des einzelnen Bediensteten ebenso beitragen kann wie
- die Schematisierung der Arbeitserledigung (*D. Grunow/F. Hegner*, a.a.O., S. 55ff.).

Zur Frage der kritischen Betrachtung der Bürokraten hat insbesondere die ökonomische Theorie der Bürokratie folgende Aussagen getroffen:

- Ganz allgemein wird für Bürokraten angenommen – wie für andere Wirtschaftssubjekte auch –, daß sie ihr Verhalten an einer *eigennutz*orientierten Zielfunktion ausrichten.
- Dabei sind die Koordinationsmechanismen in staatlichen Bürokratien nicht so wirksam, daß das bürokratische Leistungsangebot stets auf die Interessen der Bürger ausgerichtet werden kann.
- Auch die wenigen Wettbewerbsprozesse tragen nur in geringem Maße dazu bei, das bürokratische Angebot auf die Wünsche der Konsumenten und auf eine kostenminimale Produktionsweise hin auszurichten.
- Die Machtposition der Bürokraten wird insbesondere hinsichtlich ihres höheren Informationsgrades als relativ stark angesehen. Bürokraten haben ein überlegenes Fachwissen und damit einen Informationsvorsprung gegenüber den Politikern, dem Parlament und den Bürgern. Bürokraten nutzen die aus ihren Kenntnissen erwachsenen Entscheidungsspielräume für eigene Zwecke und machen damit die Bürokratie zu einem eigenständigen Faktor im Prozeß der Erstellung öffentlicher Leistungen.
- Umstritten ist, ob der Bürokrat an der Maximierung des von ihm verwalteten Haushaltsvolumens interessiert ist. Begründet wird das damit, daß davon nicht nur sein Ansehen in der Verwaltung und sein Einkommen, sondern auch Statuselemente wie Dienst-

wagen und Annehmlichkeiten abhängen. Zudem erleichtere ihm ein hohes Budget, die Wünsche derer zu erfüllen, die ihn politisch unterstützen, was wiederum die eigenen Aufstiegschancen verbessere. Demgemäß sei dem Bürokraten auch daran gelegen, die Differenz zwischen dem von ihm zu verwaltenden Haushaltsvolumen und den Ausgaben, die für eine kostenminimale Produktion öffentlicher Güter erforderlich sind, möglichst groß zu halten, weil ihm diese Differenz den finanziellen Spielraum für andere Ziele als die Produktion der öffentlichen Güter eröffne, für die er zuständig sei. Geht man davon aus, daß die Bürokraten nach Maximierung ihres Budgets streben und gegenüber den Politikern Entscheidungsfreiheit über Leistungsumfang und Produktionsmethode besitzen (sog. *Niskanen*-Modell), so gelangt man zu einer extrem negativen wohlfahrtspolitischen Beurteilung des bürokratischen Angebots: Der Nettonutzen, den eine bürokratische Leistungserstellung für die Konsumenten und Steuerzahler stiftet, tendiert gegen Null, u.a. weil die bürokratische Leistungserstellung nur über eine technisch ineffiziente Produktionsweise und über ein erhebliches Korrumpierungspotential verfügt (*U. Roppel,* Ökonomische Theorie der Bürokratie, Rudolf Haufe Verlag Freiburg/Brsg. 1979, S. 191ff.; *Zimmermann/Henke,* Finanzwissenschaft, 7. Aufl. Vahlen-Verlag München 1994, S. 70ff.).

Die ökonomische Theorie der Bürokratie nimmt an, daß der Eigennutz der Bürokraten sich allerdings auf die Verwaltung der auf ihren Zuständigkeitsbereich entfallenden Haushaltsmittel erstrekken kann. Bei der Effizienz der Bürokratie bestünden in der Regel wesentliche Unterschiede zur Privatwirtschaft, die allein schon dadurch bedingt seien, daß Beschäftigte in staatlichen Bürokratien in der Regel keinem nennenswerten Arbeitsplatzrisiko unterlägen und negative Folgen ihrer Aktivitäten allenfalls nur beschränkt persönlich zu tragen hätten. Auch andere Formen von Leistungsanreizen seien in staatlichen Bürokratien infolge von Laufbahnrecht und Ämterpatronage vergleichsweise schwach entwickelt, insbesondere sei die Bürokratie kaum einem Wettbewerb ausgesetzt. Es sei im wesentlichen Aufgabe der Politiker bzw. der von den Politikern beauftragten Stellen (z.B. der Rechnungshöfe), die Bürokratie zu kontrollieren. Allerdings könne wohl nicht von einem eindeutigen Interessengegensatz zwischen Politikern und der Bürokratie ausgegangen werden. Dies ergebe sich etwa daraus, daß öffentlich Bedienstete in den Parlamenten deutlich überrepräsentiert seien (während der letzten Wahlperioden mehr als ein Drittel der Abgeordneten), so daß sie über gute Möglichkeiten verfügten, die Interessen der Verwaltung in der Legislative zu vertreten. Alles in allem sei zu vermuten, daß die Bürokratie ein zu großes Leistungsangebot auf eine relativ ineffiziente Weise bereitstelle. Der Umfang ihres Leistungsangebots bzw. ihr Tätigkeitsbereich richte sich also nach den Motiven der Bürokraten, falls es weder den Politikern noch den Wählern gelänge, sie ausreichend zu kontrollieren (*M. Fritsch/T. Wein/H.-J. Ewers*, Marktversagen und Wirtschaftspolitik, Vahlen-Verlag München 1993, S. 273f.).

Noch weiter geht die Prinzipal-Agent-Theorie (*C. B. Blankart*, Öffentliche Finanzen in der Demokratie, Vahlen-Verlag München 1991, S. 389ff., 395ff.), die ebenfalls der ökonomischen Theorie der Politik bzw. der Bürokratie entstammt. Danach wird die Bürokratie als Glied eines zweistöckigen Prinzipal-Agent-Verhältnisses betrachtet. Prinzipal ist der Wähler, sein Agent I ist der Politiker und dessen Agent II ist der Chefbürokrat, der durch Einsatz der ihm unterstellten Bürokraten die gewünschten staatlichen Leistungen erbringt. Das ökonomische Problem wird darin gesehen, daß jeder Agent bestrebt sei, seinen eigenen Nutzen und nicht den des Prinzipals zu maximieren. Das Problem wird noch vergrößert, weil (die oben bereits geschilderten) Kontrollen der Agenten unvollständig seien und daher nicht im Sinne einer Gesetzgebungs- und Verwaltungsoptimierung funktionierten. Nach dieser Theorie wird das von der Soziologie beobachtete regelgebundene Verhalten der Bürokraten nicht als typischer Wesenszug der Bürokratie gesehen. Es stelle vielmehr ein notwendiges Übel dar, weil den Vorgesetzten im allgemeinen andere Leistungsmaßstäbe fehlten und insofern die Regeln als Ersatzmaßstab dienten.

Nach *Helsper* (*H. Helsper*, Die Chaotisierung der Steuerrechtsordnung als Folge eines verfehlten Zusammenspiels von politischer Führung und juristischer Expertenkompetenz, in: BB 1/1995, S. 20) stehen sich Politik und Bürokratie aus der Sicht der ökonomischen Theorie als Monopolisten gegenüber, die aufeinander angewiesen sind. Während man früher die Politik aufgrund ihrer Weisungsbefugnis als die regelmäßig stärkere und lenkende Macht eingeschätzt habe, neige man heute dazu, diese Rolle aufgrund ihres Informationsvorsprungs der Bürokratie zuzuweisen.

Der Karrieregesichtspunkt bedarf noch einer weiteren Erläuterung, weil in einer Leistungsgesellschaft vom Vorhandensein eines gesellschaftlichen Aufstiegsdenkens ausgegangen werden kann (*Wolfgang Pippke*, Karrieredeterminanten in der öffentlichen Verwaltung, Diss. Köln 1974, S. 53).

Daß Karrieredenken und das Ringen um sozialen Aufstieg von Konformismus und Anpassungsverhalten gespeist werden, leuchtet auf den ersten Blick vielleicht nicht ein. Meint man doch in den Aufsteigern Menschen mit besonderen Befähigungen, Durchsetzungsvermögen und ausgeprägter Individualität vor sich zu haben. Tatsächlich aber ecken Menschen mit ihrer Individualität, Kreativität und Flexibilität in Unternehmen mit hierarchischen Strukturen eher an. Die anpassungsbereiten ohne eigenen Kopf, die sich nahtlos in die vorhandenen Strukturen einpassen, vermeintlich loyal, ideologiekonform, beständig usw. sind (siehe weiter unten das Phänomen des Aufsteigers), werden mit Beförderungen für ihre Linientreue belohnt, sicher auch, weil sie weniger Schwierigkeiten bereiten. Für diesen Akt der Anpassung sind Eigenschaften gefragt, die Merkmal der autoritären Persönlichkeit sind.

Die autoritäre Persönlichkeit

Wenn die Sprache auf die Merkmale einer autoritären Persönlichkeit kommt, entsteht zuweilen eine Konfusion mit dem Begriff Autorität der Persönlichkeit. Fraglos haben beide Begriffe etwas mit der Ausübung von Macht zu tun. Während aber eine Persönlichkeit durch Fach-, Methoden- und soziale Kompetenz überzeugt und handlungsfähig ist, versucht der autoritär strukturierte Mensch quasi als eine Karikatur desselben durch Überzeichnung von Herrschaftsgebaren Lücken in den obigen Kompetenzen zu überdecken und seine tiefgründige Selbstunsicherheit zu verstekken.

Führung ist mit diversen Formen der Machtausübung versehen, z.B.:

1. zu entscheiden, anzuordnen	= Legitimationsmacht
2. Belohnungen/Sanktionen zu bewirken	= Sanktionsmacht
3. Zwang oder Druck auszuüben	
4. Einfluß aus Fähigkeiten/Wissen	= Expertenmacht
5. durch Persönlichkeit zu überzeugen	= charismatische Macht

Hieraus wird bereits deutlich, daß die Autorität des Führenden sich aus der Struktur der Organisation kraft der ihm zugewiesenen Funktion ergeben kann, andererseits aber auch auf der Fach- und Methodenkompetenz und vor allem auf der persönlichen Autorität, dem Charisma, beruhen kann.

Der Soziologe *Max Weber* hat das Charisma-Konzept bekannt gemacht, indem er die traditionale, die charismatische und die bürokratische Herrschaft als Idealtypen unterschied. Nach *Weber* unterscheiden sich charismatische Menschen von anderen durch ihre Fähigkeit, aufgrund ihrer Persönlichkeit Loyalität hervorzurufen, was sich deutlich von einer Herrschaft unterscheidet, die sich auf das Amt oder den Status stützt. *Weber* hat den Charisma-Begriff nicht allein in bezug auf die Gabe persönlicher Würde benutzt, sondern ist in seinen Beschreibungen zentral von einer Assoziation mit dem Außergewöhnlichen ausgegangen (*M.F.R. Kets de Vries*, Cheftypen, a.a.O., S. 19ff.). Der Psychoanalytiker *Manfred F. R. Kets de Vries* deutet das Zustandekommen von Charisma in allen Formen der Führung aus dem Zusammenwirken (Psychodynamik) des Führer-Anhänger-Verhaltens sowie der Psychologie der Gruppe und der Organisation (*M.F.R. Kets de Vries*, Cheftypen, a.a.O., S. 21). Das bedeutet, daß für den Führungsbereich die Persönlichkeitsmerkmale des Führenden den Ausschlag geben, ob er in die Überzeugungskraft der Autorität der Persönlichkeit gelangt oder ggf. in der Positionsmacht des Vorgesetzten nur aufgrund seiner Sanktionsgewalt verbleibt. Für die Begründung der Autorität ist also von ausschlaggebender Bedeutung, daß der Führende die fachliche und persönliche Autorität besitzt, die als Autorität der Persönlichkeit bezeichnet wird. Kraft seines Amtes besitzt der Vorgesetzte darüberhinaus Amtsautorität. Im Idealfall – dann nämlich, wenn ein Mensch mit Autorität der Persönlichkeit in Führungspositionen gelangt, was keineswegs selbstverständlich ist – finden sich Autorität der Persönlichkeit und Amtsautorität in ein und derselben Person wieder. Abzugrenzen ist dieses Zusammenfallen von Autorität der Persönlichkeit und Amtsautorität von der bloßen hierarchisch verliehenen Autorität, der Positionsmacht des Vorgesetzten, der u.U. weder durch Fachkompetenz noch durch Persönlichkeit überzeugen kann. Autorität setzt demnach Fachkompetenz, Methodenkompetenz und soziale Kompetenz voraus, die wir im dritten Kapitel (Soziale Kompetenz) näher betrachten wollen. Hier schildern wir verschiedene Aspekte der Autorität im Überblick mit dem nachfolgenden Schaubild 7.

Der untere Teil des Schaubildes geht auf den Zusammenhang ein, daß je nach Vorhandensein oder Fehlen sozialer Kompetenz sich der Modelleffekt gelungener Mitarbeiterführung einstellen kann, der geprägt ist von der Selbständigkeit der Mitarbeiter durch Delegation von Verantwortung. Auf der Kehrseite erzeugen insbesondere autoritäre Druckwirkungen in der Mitarbeiterschaft ein Klima der Angst mit der Folge der Unselbständigkeit und der aus der Weisungsgebundenheit resultierenden gelernten Hilflosigkeit.

Je nach den Quellen der Autorität lassen sich also im wesentlichen zwei Formen unterscheiden:

- die Amtsautorität und
- die Autorität der Persönlichkeit.

„Autorität der Persönlichkeit besitzt jemand, der von anderen aufgrund von Vertrauen und Einsicht in seine Kompetenz zu orientieren (Vorbild), zu steuern (Führung) und Sicherheit zu gewähren, akzeptiert wird, ohne daß dieses Verhältnis durch äußere Legitimation oder sonstige Unterordnungsverhältnisse begründet wäre“ (*Kotthoff*, a.a.O., S. 41).

Wer diese Fähigkeiten nicht besitzt, wird sich über seine Amtsautorität durchzusetzen versuchen. Solch ein Vorgesetzter erläßt über seine Positionsmacht Regeln, ordnet an und hält für den Fall des Verstoßes Sanktionen bereit. Es ist naheliegend, daß er von seinen Untergebenen vielleicht respektiert, aber als Persönlichkeit nur schwer akzeptiert wird.

Bei der autoritären Persönlichkeit haben wir es also tatsächlich mit einem in seiner Ich-Identität geschwächten Menschen zu tun, der von vielerlei Ängsten und Aggressionen geplagt wird und der

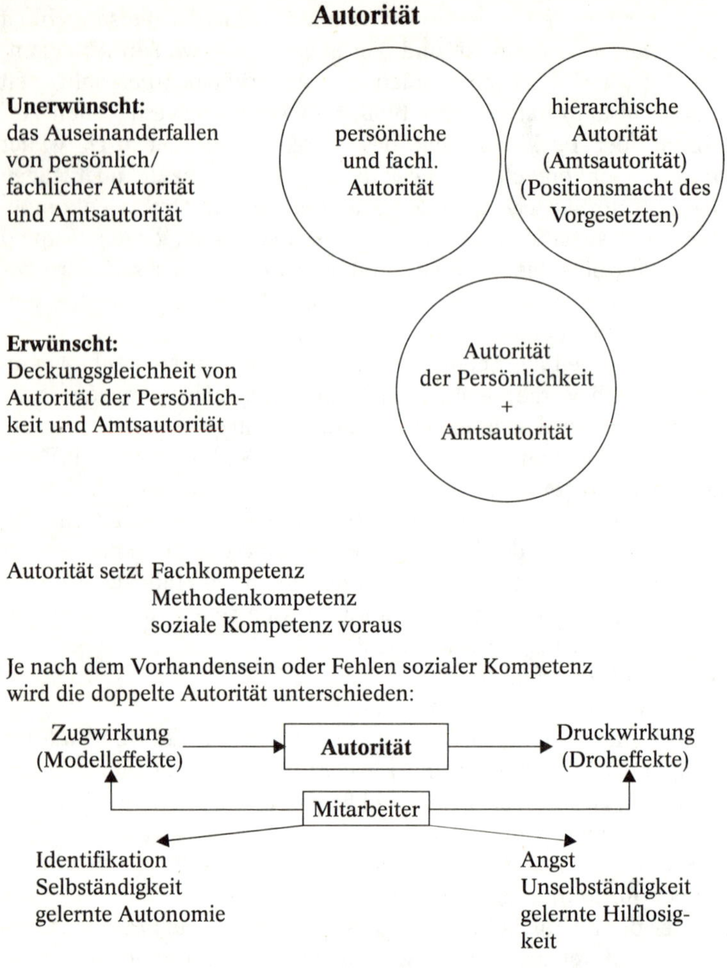

Schaubild 7: Verschiedene Aspekte der Autorität

der für ihn feindlich erscheinenden Umwelt mit Vorurteilen begegnet.

Die empirische Sozialforschung der letzten Jahrzehnte hat die Frage nach der Einheit des Vorurteils aufgeworfen, wobei sie von der Annahme ausging, daß Personen, die irgendein ethnisches

Vorurteil hegen, auch in anderer Beziehung voreingenommen sein müssen. Diese These wurde vor allem durch die Untersuchung „The Authoritarian Personality“ (der autoritäre Charakter) bestätigt, die *Horkheimer, Adorno* u.a. 1950 unter dem Trauma der nationalsozialistischen Judenverfolgungen in Fragebogenuntersuchungen amerikanischer Bevölkerungsgruppen als „präfaschistische Persönlichkeit“ ermittelten. Aus den vier Skalen des Antisemitismus, Ethnozentrismus (Fremdenfeindlichkeit), politisch-ökonomischem Konservativismus und Faschismus ergaben sich überzeugende Übereinstimmungen aus der Befragung, die ein Gesamtsyndrom der autoritären Persönlichkeit sichtbar machen:

- starke Bindung an die jeweilige Majorität sowie die Überzeugung von deren Überwertigkeit;
- zwanghafte Konformität mit den Normen und Konventionen der Majorität;
- Tendenz dazu, solche Konformität auch von anderen zu fordern;
- konservative politische Sympathien;
- Auffassung der Welt und des Lebens als insgesamt bedrohlich und unfreundlich;
- Neigung zu überspitzten Gegensätzen: vor allem kategoriale Unterscheidung zwischen „Starken“ und „Schwachen“ schlechthin;
- pharisäische Selbstgerechtigkeit in Fragen der Sittlichkeit, namentlich in geschlechtlicher Hinsicht;
- Neigung dazu, eigene verdrängte Regungen auf andere zu projizieren und für deren Haupttriebfedern zu halten;
- ein Denken, das geringe Einbildungskraft mit großer Anhänglichkeit an starre Formeln verbindet;
- Kindheitserlebnisse mit Eltern, die wenig Gemütswärme zu bieten hatten, die dafür aber die Forderung unbedingten Gehorsams erhoben;
- Angst vor Gefühlaustausch;
- Mangel an Selbsterkenntnis;
- Selbstidolatrie (Narzißmus) und Humorlosigkeit;
- Unduldsamkeit gegen Mehrdeutigkeit (für alles *eine* Lösung);
- Rigidität (Starrheit im Denken und Urteilen);
- Innovationsängste;

- Wissenschaftsskepsis, Aberglauben, Vererbungsmythologie. (*Josef Rattner*, Aggression und menschliche Natur, 2. Aufl. Walter Verlag Olten, 1971, S. 139ff.)

Rattner (a.a.O., S. 141) leitet hieraus ab, daß das Vorurteil eine aggressiv-menschenfeindliche Lebensäußerung ist, die einer bestimmten Persönlichkeitsdeformation des autoritären Charakters entspringt, welche selbst wieder unter die Begriffe der Ich-Schwäche, Lebensangst und Aggression fällt.

Den Entstehungshintergründen für eine autoritäre Charakterstruktur werden wir unter „Erziehungsstil und Familienatmosphäre" genauer nachgehen. Es läßt sich jedoch feststellen, daß Konformismus und Aggression die beiden Seiten der gleichen autoritären Persönlichkeit bilden. In ein und derselben Person können beide Haltungen vorhanden sein, und je nach der Situation kann die eine oder die andere Seite deutlicher hervortreten. Es können Menschen aber auch eher die passive Seite, den Konformismus, die Überanpassung ausgebildet haben oder die aktive Seite, die in der Neigung zu Aggression ihren Ausdruck findet.

Aggression

Im Zusammenhang mit den Konfliktabläufen werden wir dem Phänomen begegnen, daß Menschen in frustrierenden Situationen dann geneigt sind aggressiv zu reagieren, wenn sie über ungenügende Frustrationstoleranz verfügen und – charakterbedingt – ein gewisses Maß an Aggressionsbereitschaft haben. Obwohl Aggression in des Wortes ursprünglicher Bedeutung (aus dem Lateinischen „adgredi" – Herangehen) zunächst nur im Sinne einer Kontaktaufnahme zu verstehen ist, verbinden wir im allgemeinen Sprachgebrauch und auch als Terminus in der Wissenschaft mit Aggression weit mehr: körperliche Gewalt, verbale Gewalt und auch seelische Gewalt. Die Wucht, die in aggressiven Äußerungen liegen kann, läßt den Aggressor mächtig und überlegen erscheinen. Wenn wir das gesamte Wirkungsgefüge außer Acht lassen, sieht es tatsächlich so aus, als könne man Aggression rein sachlich nach der gängigen Formel erklären: „Ein Verhalten ist aggressiv, wenn ein Akteur (A) eine Handlung ausführt, die gegen den Betroffenen (B) gerichtet ist, für B unangenehme oder schädigende Konsequenzen hat und von A absichtlich herbeigeführt wurde".

Wir müssen den Aggressor jedoch vermutlich jenen nervösen, dünnhäutigen Menschen zurechnen, die, außerordentlich kränkbar und leicht aus der Fassung zu bringen, auch bei Kleinigkeiten aggressiv reagieren.

Folgerichtig geht die Individualpsychologie davon aus, daß Aggressionen oft Ausdruck von Minderwertigkeitsgefühlen und Lebensangst sind. Wenn ein Mensch seine Ziele durch Mächtigere, Institutionen, Regeln und Gebote jäh durchkreuzt sieht (Frustration), fühlt er sich doch zunächst einmal hilflos, ohnmächtig und unterlegen. Die aggressive Handlung ist einerseits Ausdruck dieses unangenehmen Gefühlszustandes und hat andererseits den „Sinn", durch die aggressive Handlung wieder Macht und Überlegenheit zu gewinnen. Aggressionen können aber auch in weniger vordergründigen Lebenshaltungen zum Ausdruck kommen, deren Ursprüngen wir bei den Charaktertypologien nachgehen: Nörgeln, Jammern, Klagen, Schmollen, Intrigen, Imponiergehabe usw.. Selbst in der Schüchternheit kann Aggression verborgen sein, was jeder, der schon einmal vergeblich versucht hat, einen Schüchternen ins Gespräch zu ziehen, an den eigenen in ihm aufsteigenden Aggressionsgefühlen nachvollziehen konnte.

Aber nicht alle Menschen reagieren bei Schwierigkeiten aggressiv. Wenn sie handlungsfähig bleiben und über eine gewisse Frustrationstoleranz verfügen, finden sie zu anderen Lösungen. Aus diesem Grunde erscheint die bekannte Frustrations-Aggressions-Theorie (*Dollard* u.a. 1939), die alles Frustration nennt, was je zur Aggression führt oder führen könnte, als zu kurz gegriffen. Damit lautet die Theorie eigentlich nur: die Ursachen der Aggression führen zur Aggression. Insofern läßt sich mit dieser Theorie nicht voraussagen, ob Menschen auf eine Frustration aggressiv reagieren oder aber anders.

Im Arbeitsbereich wie auch im Gesellschaftsgefüge können vielfältige Aggressionsursachen liegen. Man denke an sinnlose und überflüssige Arbeitsaufträge, die ein Mitarbeiter wider besseres Wissen auszuführen gezwungen wird, Anpassungsdruck oder Bedeutungs- und Machteinbuße, die von Mitarbeitern u.U. mit Aggression und Abwehr beantwortet werden.

Im gesellschaftlichen Bereich hat die ungleiche Machtverteilung zwischen den Menschen und Menschengruppen einen bedeutenden Einfluß auf Art und Richtung der vorkommenden Aggressionshandlungen, die ganz häufig zielverschoben in Richtung auf machtunterlegene Personen oder Personengruppen (vgl. z.B. Vorurteil und Fremdenfeindlichkeit) ausgelebt werden.

Erich Fromm (Die Furcht vor der Freiheit, Europäische Verlagsanstalt Frankfurt, 1975) hat die gesellschaftlichen Verhältnisse dafür verantwortlich gemacht, daß der primär nicht verkrüppelte und nicht entfremdete Mensch zu jenem „Zerrbild" geformt werde, das die Gesellschaft für ihre jeweiligen Zwecke benötige. Er leitet aus dem autoritären Charakter einen generellen Sozialcharakter ab, der für die Mitte des 20. Jahrhunderts in den liberalen westlichen Gesellschaften zum vorherrschenden Charaktertypus geworden sei.

Die These vom Sozialcharakter

Unter dem Sozialcharakter versteht *Fromm* die gemeinsame Grundhaltung und -einstellung ganzer Gesellschaftsschichten, die durch den Kulturprozeß zustandekommt, so daß der individuelle Charakter nur eine persönliche Ausgestaltung des sozialen Charakters ist und dieser Sozialcharakter das kollektivpsychologische Spiegelbild des autoritären Charakters in der Gesellschaft darstellt. Er entwickelt den Sozialcharakter aus dem Fluchtmechanismus der autoritären Tendenz, in der das Individuum versucht, durch Aneignung von Macht (sadistischer Charakterzug) oder durch Unterwerfung (masochistischer Charakterzug) das Gefühl der eigenen Nichtigkeit zu übertönen. Er bezeichnet den Sozialcharakter als sado-masochistisch. Der Sadomasochismus ist für ihn ein Symptom für tiefe Unsicherheit, verbunden mit Abhängigkeitswünschen, die als Herrschaftsverlangen (aktiv) oder als Unterwürfigkeit (passiv) zum Ausdruck kommt. *Fromm* hat den Sozialcharakter in einer zweiten von ursprünglich drei Ausprägungsformen auch als automatisch angepaßten „Marketing-Charakter" bezeichnet, der dem Aufkommen der modernen Konsumgesellschaft entspreche, in deren Mittelpunkt der Markt stehe. In dieser

Marktgesellschaft werde alles – auch die Person – zur Ware, die möglichst vorteilhaft angeboten und verwertet werden solle, so daß es zur Perfektionierung des Pseudo-Selbst komme, bei dem Verpackung, Aussehen und Ankommen wichtiger seien als der Inhalt. Die dritte „nekrophile" (= Lust am Leblosen) Variante *Fromms* geht von der Vergötterung der Technik in der zweiten Hälfte des 20. Jahrhunderts aus, die mit der Liebe zu künstlichen Gebilden und Geräten das Interesse vom Leben, von den Menschen und der Natur abgewendet habe und damit alles Leben – einschließlich sich selbst – in Dinge verwandelt habe. In der Folge sei das Verhalten der Menschen stereotyp, mechanisch und bürokratisch geworden wie die Welt, die sie hervorgebracht hätten und der sie sich dennoch anpassen müßten (*Oswald Neuberger*, Führen und geführt werden, 4. Aufl. Ferdinand Enke Verlag Stuttgart 1994, S. 32ff.). *Fromm* sieht in dieser Deformation der menschlichen Lebenseinstellung, die im Grunde ein pervertiertes Freiheitsbedürfnis bekundet, einen Schlüssel zum Verhalten von Individuum und Masse in den modernen Demokratien und Diktaturen. Es hänge von den Fluktuationen der ökonomischen und politischen Bedingungen ab, ob sich dieser Substanzverlust und diese Selbstentfremdung in der milderen Form des Konformismus oder in aggressiven Formen wie Ethnozentrismus, Aggression und Kriegsbereitschaft äußere.

Kritisch läßt sich gegen die These vom Sozialcharakter einwenden, daß selbst die unbestritten häufige Verbreitung autoritärer Strukturen noch keinen allgemeingültigen Gesamtcharakter begründen kann. Insofern ist auch der autoritäre Charakter in seiner Betrachtung eines Gesamtsyndroms von prägenden autoritären Einstellungen für die psychologische Charakter-Analyse eines Menschen weniger bedeutsam, wohl aber für die Erhellung der gesellschaftlichen und soziologischen Strukturen. Damit erhält der Sozialcharakter die Funktion, die menschlichen Energien durch den Drang nach Beherrschung oder Unterwerfung innerhalb einer gegebenen Gesellschaft so zu formen und zu kanalisieren, daß sie das kontinuierliche Funktionieren eben dieser Gesellschaft verbürgen.

An *Fromms* Sozialcharakter ist allerdings bemerkenswert, daß er den Entfremdungsbegriff durch die Selbstentfremdung des

Menschen deutet, die sich im Falle der Machtaneignung in der Aggression äußert, während sie im Falle der Machtunterwerfung im Konformismus endet. Insoweit stellt *Fromm* die Verbindung zwischen Entfremdung und autoritärem Charakter in ihren beiden Ausprägungen der Aggression und Anpassung her.

Eine spezifische Interpretation dieses Sozialcharakters findet sich bei *Heinz Kluth* (Amtsgedanke und Pflichtethos in der Industriegesellschaft, in: *G. Hartfiel*, Das Leistungsprinzip, UTB-Verlag Opladen, 1977, S. 152ff.) , der einen generellen Arbeitscharakter ebenfalls parellel zu den Charakterstrukturen des autoritären Charakters beschreibt. Insbesondere schildert er eine spezifische Beamtenmentalität, die er aus dem Amtsgedanken als ständischem Element lutherischen Obrigkeitsdenkens ableitet. Diese Beamtenmentalität besteht nach *Kluth* aus:

- dem Pflichtethos als der Grundlage der Alimentationsberechtigung, zugleich aber der Wurzel von Selbstverleugnung und Denkaskese und
- den Statusinteressen und einem Funktionsgehorsam als dem Ausdruck des Prestigedenkens und der Überkonformität. Die berufliche Sozialisation des Beamten führt bei *Kluth* in ihrer maximal unterstellten Wirkung von seiner Konformität, der Rigidität seines sozialen Verhaltens sowie seiner dogmatischen Starre des Denkens und Handelns bis hin zu mangelnder Spontaneität, Kreativität und Solidarität. Damit wird nach *Kluth* im ungünstigsten Fall der Beamte zum Funktionsträger des Staates im Kapitalinteresse.

Dieser Auffassung stellen wir das Anforderungsprofil des „guten Beamten" gegenüber, das *Bosetzky/Heinrich* (Der gute Beamte – Projektnotizen, Beiträge aus dem Fachbereich 1 der Fachhochschule für Verwaltung und Rechtspflege Berlin, Heft 3/1988, S. 3) mit Studentengruppen zusammengetragen haben:

1. fleißig und schnell bei der Erledigung seiner Arbeit
2. höflich und freundlich im Umgang mit Bürgern und Kollegen
3. gewissenhaft, ehrlich und pflichtbewußt in seiner Arbeit
4. verständnisvoll für die Belange seiner Klienten (Bürger), hilfsbereit und entgegenkommend
5. bestens informiert über die jeweils einschlägigen Gesetze und Vorschriften

6. an politischen und gesellschaftlichen Fragen interessiert
7. flexibel und unbürokratisch bei der Aufgabenerledigung
8. dem Staat und der jeweiligen Regierung gegenüber loyal
9. repräsentativ und kultiviert in seinem Erscheinungsbild und Auftreten
10. engagiert für die Interessen von Unterprivilegierten und Minderheiten
11. verständlich in seiner mündlichen und schriftlichen Ausdrucksweise
12. stets um Neuerungen und Reformen seines Arbeitsgebietes bemüht.

Als Ergebnis einer Befragung von Verantwortlichen und Betroffenen haben sich dabei die Merkmale 4, 3 und 7 als die wichtigsten herausgestellt. In dieser Aufzählung sind interessanterweise in der Mehrzahl Werte aufgelistet, die Menschen mit zwanghaften Idealen eigen sind. Dies zeigt, daß der zuvor beschriebene Wertewandel im Ideal des Beamten noch kaum Niederschlag gefunden hat. Einigen dieser Merkmale begegnen wir auch beim Aufsteiger wieder, dessen Persönlichkeit aber ganz überwiegend durch (Über-) Anpassung charakterisiert ist.

Der Aufsteiger/Karrierist

In der amerikanischen und deutschen Sozialpsychologie wird der Aufsteiger übereinstimmend als Konformist beschrieben. *Robert Presthus* (Individuum und Organisation, Typologie der Anpassung, Frankfurt 1966) unterscheidet z.B. drei Typen der Anpassung, die jeweils andere Reaktionsweisen und Werthaltungen an den Tag legen: die Aufsteigenden, Indifferenten und Ambivalenten. Seine Typologie der Anpassung stellt Idealtypen dar, von denen der Aufsteiger den Prototyp des Karrieremachers darstellt.

Die Aufsteigenden (nach *Presthus*)

- haben eine hohe Arbeitsmoral,
- beziehen aus ihrer beruflichen Tätigkeit ein hohes Maß an innerer Befriedigung,
- identifizieren sich (von gleichgültigem Opportunismus bis zu zwanghafter Selbstaufgabe) weitgehend mit der Organisation und

- beweisen ihr gegenüber Loyalität und Einsatzbereitschaft,
- akzeptieren die Ziele der Organisation,
- legen ein konformes Verhalten an den Tag,
- können sich leicht unterordnen,
- operieren gern mit übermäßigen Vereinfachungen und Idealisierungen und glauben an offiziell verbreitete Mythen,
- haben die Werte ihrer Organisation internalisiert,
- neigen zu einer ausgeprägten Höflichkeit und geben abgewogene Antworten,
- besitzen einen starken Machttrieb (aus einer tiefverwurzelten Unsicherheit und der Furcht vor dem Versagen),
- beurteilen Menschen nach instrumentellen Gesichtspunkten (d.h. danach, wie sie sie am besten für ihre Zwecke einsetzen können),
- haben ihr Streben und Trachten auf die jeweilige Organisation fixiert und verfügen über keinen weitgespannten Bildungshorizont und über kein waches staatsbürgerliches Bewußtsein,
- legen Wert auf administrative Fähigkeiten und auf Werte, die geeignet sind, das Funktionieren der Organisation zu garantieren,
- zeigen sich unduldsam gegenüber denjenigen, die kritisch beobachten können und abweichende Meinungen vertreten,
- idealisieren entschlossenes Handeln mit übermäßigen Vereinfachungen,
- haben ständig Angst um ihren Status und zeigen darum zwanghaftes Interesse für Rangordnungen und Statussymbole,
- gleichen ihr gesellschaftliches Leben dem der Vorgesetzten an,
- arbeiten viel mit gezielter Selbstpropaganda,
- schreiben sich die Leistungen der Untergebenen zu,
- konzentrieren sich leicht auf Verfahrensfragen und haben kein echtes Sachinteresse an der Arbeit, engagieren sich nicht,
- betonen Leistung, Härte, Selbstbeherrschung und Macht,
- haben einen tiefen Respekt vor der Autorität.

Auch bei dieser Aufstellung sind Parallelen zum autoritären Charakter unverkennbar.

Horst Eberhard Richter (Flüchten oder Standhalten, Rowohlt-Verlag, Reinbek 1976) benennt die psychologischen Hintergründe des Aufsteigers und betont stark die Isolation des Karrieristen *nach* dem Aufstieg. Seine Darstellung läßt sich wie folgt thesenartig zusammenfassen:

- Der ehrgeizige und verantwortungsüberforderte Karrierist ist ein *solidaritätsunfähiger Machtstreber*, der über die Erreichung von Verwaltungskontrollpositionen seine Angst vor Demütigung unter Gleichgestellten kompensiert und nach seinem Aufstieg isoliert wird.
- Dieses Verhalten wird von den gesellschaftlichen Bedingungen der Organisation stark begünstigt, so daß der Aufsteiger in dem Bemühen, seine Dominanzrolle zu verteidigen, automatisch für eine *Reproduktion des Systems mit korrumpierbaren Charakteren* sorgt.
- Die damit entstehende Personalstruktur bleibt *ohne Basisimpulse, verstärkt die Isolation, unterdrückt die Spontaneität* und *fördert die Korruption in der Beziehung zwischen Menschen und Gruppen.*

Das folgende Beispiel (entnommen *Jürgen Fijalkowski*, Demokraten als Bürokraten, Statussorgen und Funktionsgehorsam gegen politisches Bewußtsein, in: *G. Hartfiel* [Hrsg.], Die autoritäre Gesellschaft, 2. Aufl. Westdeutscher Verlag Köln, 1970, S. 160ff.) soll den Einstellungswandel von Auflehnung aus politischem Bewußtsein und nachfolgender Anpassung aus Funktionsgehorsam und Prestige-Interessen des Aufstiegs belegen:

Ein Mann hatte sich in einem großen öffentlichen Betrieb durch die Eigenart seiner Stellung einiges Wissen im Arbeits- und Tarifrecht aneignen können. Er wurde überraschend in den Personalrat gewählt, obwohl er nicht gewerkschaftlich organisiert war. Durch seine Personalratstätigkeit kamen seine Auffassungen nach und nach in die Nähe der Gewerkschaft und sogar die ihrer radikalen Sprecher. Nach anfänglicher Zurückhaltung (in dieser Phase versuchten seine Vorgesetzten, ihn für eine gewerkschaftsskeptische Einstellung zu gewinnen), erwog er, sich gewerkschaftlich zu organisieren und seine Überzeugung obendrein noch durch Eintritt in eine bestimmte Partei zu bekräftigen. In dieser Situation wurde ihm die Aussicht auf eine nach beendeter Personalratstätigkeit freiwerdende Beförderungsstelle in der Personalabteilung eröffnet. Im Betrieb brach ein Konflikt aus, der auch nach seiner inzwischen gewachsenen Überzeugung deutliche Proteste nötig machte. Von Seiten der radikaleren Gewerkschaftssprecher wurde er gedrängt, für einen demonstrativen Rücktritt des Personalrats und Neuwahl zu stimmen, während ihn seine Vorgesetzten anhielten, sich im Interesse der Arbeitseffektivität und Verhinderung der Politisierung der innerbetrieblichen Unruhen gegen den Rücktritt einzusetzen. Man werde ihm das bei der Beförderung in der Personalabteilung nicht vergessen. Der Mann stimmte für die Fortsetzung der Personalratstätigkeit und nahm den dennoch beschlossenen Rücktritt des Personalrats zum Anlaß, nicht wieder zu kandidieren, sondern die Stelle in der Personalabteilung zu übernehmen, die er mit außerordentlicher Korrektheit erfüllte, so daß er in Konflikte mit dem neuen Personalrat geriet. Nur seine Frau erfuhr, daß er innerlich eigentlich auf der Seite der radikalen Gewerkschafter gestanden hatte.

Sowohl bei den Bürokratiewirkungen als auch bei der autoritären Charakterstruktur, dem Sozialcharakter und dem Typus des Aufsteigers findet sich als Gemeinsamkeit das Phänomen der Entfremdung und Verdinglichung des Menschen mit den Folgewirkungen der Aggression oder aber des Konformismus, deren Zusammenhänge wir vereinfacht wie folgt darstellen:

Persönlichkeitsveränderungen durch Entfremdung/Verdinglichung:

konformistisch:	aggressiv:
Herabsetzung von Freiheit und Spontaneität, Ohnmacht, Apathie, gelernte Hilflosigkeit, Majoritätsbindung, Mangel an Selbsterkenntnis, Angst vor Gefühlsaustausch, Denkaskese, Statusinteressen, Funktionsgehorsam, Autoritätsgläubigkeit.	Vorurteil, Feindseligkeit gegenüber Minderheiten, Instrumentalisierung anderer (Ausnutzung von Machtbeziehungen), Unduldsamkeit, Autoritarismus.

Es kann davon ausgegangen werden, daß der Wirkungskomplex der Entfremdung/Verdinglichung in erster Linie bei jenen Menschen Spuren hinterläßt, die ohnehin im Verlaufe ihrer Persönlichkeitsentwicklung viel Zwang, Unterdrückung sowie aggressive und beängstigende Lebensäußerungen der Erzieher kennengelernt haben. Die Folge waren Ich-Schwäche und Lebensangst, die sowohl die Wurzel konformistischer als auch aggressiver Lebensäußerungen sind. Beide Seiten sind in der Regel in ein- und derselben Person zu finden. Es kann ein Übergewicht der konformistischen Haltung vorhanden sein, aber auch die aggressive Seite besonders auffallen. Die jeweilige Lebenssituation und die Interaktionspartner entscheiden mit darüber, welche Seite stärker hervortritt. Angestrebt wird in beiden Fällen, das Minderwertigkeitsgefühl zu überwinden und im Sinne einer Überkompensation in eine Überlegenheitsposition zu gelangen. Wenn es nicht anders möglich ist, auch auf dem Weg, durch das Anlehnen an die Autorität selbst Macht zu gewinnen.

Für die bürokratische Führung ergeben sich insbesondere im Verwaltungsbereich staatlicher Behörden weitere strukturelle Besonderheiten, denen wir im folgenden nachgehen wollen.

Führung in der Bürokratie

Insbesondere in der Verwaltungsbürokratie des öffentlichen Dienstes wird Führung als zwischenmenschlicher Kommunikationsakt mit den Stichworten der Delegation von Verantwortung oder der Führung durch Zielvorgabe (management by objectives) deshalb für entbehrlich gehalten, weil die Steuerung der Bediensteten nach folgendem System funktioniert:

- Die Zielidentifikation erfolgt allein über verinnerlichte Werte und Normen (*Beamtenethos und Amtswalterpflichten*).
- Es existiert eine präzise Aufbau- und Ablauforganisation, die von den *gesetzlich vorgegebenen Aufgaben* ausgeht.
- Die Ablauforganisation arbeitet überwiegend mit *Wenn-Dann-Entscheidungen* in *Routineprogrammen*.
- Der öffentliche Dienst besitzt eine *eherne Amtsdisziplin*.
- Die Bediensteten des öffentlichen Dienstes entwickeln einen systemimmanenten *Widerstand* gegen das Geführtwerden durch andere Organisationsmitglieder, weil sie
- die erforderlichen Selbststeuerungsnormen verinnerlicht haben und aufgrund ihrer Ausbildung über umfassendes Dienst-und Fachwissen verfügen;

- ihnen das Geführtwerden wegen seiner Ähnlichkeit mit dem Eltern-Kind-Verhältnis den erstrebten Erwachsenen-Status zu nehmen droht;
- ihre Renitenz und Insubordination (Unbotmäßigkeit) als notwendige Mittel der Identitätsbehauptung gegenüber der Identitätsbedrohung durch Machtunterwerfung unter die Ordnungsprinzipien der Organisation zu verstehen sind.

Führung wird in der Verwaltungsbürokratie vor allem verstanden als Durchsetzung formaler Macht und Autorität und *nicht als Motivierung von Mitarbeitern zur zielorientierten Leistung* über die bloße Pflichterfüllung hinaus.

Dieser Vorgang wird in der Literatur als entpersonalisierte Führung (vgl. *Türk*, 1982) und Funktionalisierung des gesamten Leistungsprozesses (vgl. *E. Laux*, 1975) bezeichnet. In der Quintessenz zielt diese Führung rein auf die Information ab und bleibt hinsichtlich der Leistungsoptimierung dysfunktional, weil:

- Entfremdung der Bediensteten von ihrer Arbeit, dem Arbeitsprozeß und vor allem von den Zielen der Organisation entsteht, mit der Folge, daß:
- erhebliche Motivationsdefizite auftreten und
- eine eigenaktive Mitverantwortungsübernahme außerhalb der weisungsgebundenen Zuständigkeitsgrenzen unterbleibt.

Nach *Bosetzky* (1971) kehrt allerdings die interaktionelle Führung speziell mit den Phänomenen der „kameradschaftlichen Bürokratie" und der „Mikropolitik" (quasi als informelle Organisation) in den Verwaltungsalltag zurück (*Horst Bosetzky*, Führung in der Bürokratie, in: *Kieser/Reber/Wunderer* [Hrsg.] Handwörterbuch der Führung, Stuttgart 1987, S. 128ff.).

Kameradschaftliche Bürokratie und Mikropolitik

Nach *Bosetzky* ([1987] a.a.O., S. 133ff.) lassen sich im wesentlichen drei Möglichkeiten des interaktionellen Führens auf informeller Ebene unterscheiden:

- Führung durch Instrumentalisierung persönlicher Bindungen und durch die Förderung einer gewissen familiär-häuslichen Arbeitsatmosphäre (kameradschaftliche Bürokratie).

Die Gleichartigkeit der Angestellten und Beamten großer Verwaltungen im Hinblick auf Herkunft, Sozialisation, Wertorientierung, Sprache und Verhalten hat in Verbindung mit einer spezifischen Atmosphäre der Geborgenheit und des Vertrauens zu einer Organisations- oder Bürokultur geführt, die sich am kürzesten als die Privatisierung der Bürowelt durch das Hineinreichen bzw. Hineinwirken der bürgerlichen Kleinfamilie und der (klein)bürgerlichen Wohnung in die Verwaltungsbereiche großer Organisationen kennzeichnen läßt. Damit hat das Büro die Bedeutung eines Ortes zufriedenstellender sozialer Kontakte erhalten, dessen Funktion der Integrationsförderung unverkennbar ist (Motto: je monotoner die Arbeit, desto wichtiger der menschliche Kontakt). Führungsfolge:

- in einem Milieu, das derart auf Höflichkeit und schönen Schein angelegt ist, wird es schon auf der eher rituell-spielerischen Ebene schwierig bis unerhört, dem Vorgesetzten eine angemessen vorgetragene Bitte abzuschlagen, die an die Stelle der Weisung getreten ist;
- mit der Kategorie bzw. Qualität „Freundschaft" (Sympathie, Zuneigung) kommt das gewichtigste aller Elemente sozialer Einflußnahme in die Organisation hinein, weil bei engerer, intensiver persönlicher Bindung der andere eher auch zu einem Handeln zu bewegen ist, zu dem er sich auf der formalen Schiene nicht so leicht entschließen könnte.
- Führung durch Autoritätszuwachs und durch Ausnutzen von Loyalitätszwängen externen Organisationen gegenüber (Polit-Autorität). Die Übernahme von Leitungsfunktionen in Parteien, Gewerkschaften und (regional) bedeutsamen Organisationen (Kirchen, Vereinen) bringt dem Führenden:
- eine Vergrößerung seiner Autorität,
- seines organisations- wie umweltbezogenen Wissens (er bekommt den „Durchblick"),
- einen erheblichen Statuszuwachs.
- Er bekommt aber auch die Chance der Einflußnahme auf die Mitarbeiter, die derselben Organisation angehören:
  Ist der andere nicht auf der dienstlichen Ebene ansprechbar, dann auf der „ideologischen" bzw. „privaten" Dimension.

- Führung durch Offerieren von privat verwalteten Belohnungen der Organisation (Mikropolitik). Das Phänomen der Mikropolitik meint, im kleinen Rahmen einer Organisation nach politischen Gesichtspunkten zu handeln, indem der Mikropolitiker seine Organisation zur Erreichung seiner persönlichen Ziele benutzt, weil er durch Koalitionen mit internen oder externen Machtgruppen die Unterstützung seiner Ziele erreicht. Das geschieht wechselseitig, indem die Verteilung von Belohnungen (Positionen mit mehr Entgelt, Macht und Prestige und mit größeren Selbstverwirklichungschancen) zu eigenen Gunsten bzw. zu Ungunsten anderer verändert werden oder der Unterstützer in höhere Positionen nachgezogen wird. Als Folge der kameradschaftlichen Bürokratie entlädt sich das Aggressions- und Konfliktpotential weithin in den Kämpfen zwischen den einzelnen Gruppen und Koalitionen der Mikropolitik und führt damit zu einer entsprechenden Entlastung des einzelnen Bürokraten (*Bosetzky/Heinrich*, [1989] a.a.O., S. 189).

  Der Mikropolitiker vereint:
- funktionale, koordinative und charismatische Autorität mit
- „Polit-Autorität", dem Einfluß, den er durch Mitgliedschaft in Parteien, Gewerkschaften, Personalräten gewinnt und
- „konspirativer Autorität", dem besonderen Maß an Hintergrund- und „Geheimwissen",

mit dem er stets Kenntnis davon hat:
- wie die anstehenden Entscheidungen aussehen werden,
- wer aktiviert,
- wer gegen wen ausgespielt,
- wer mit wem zusammengebracht werden muß, wenn bestimmte Ziele erreicht werden sollen.

mit dem er sich Gefolgsleute (Seilschaften) schafft,
- denen er mit Rat und Tat zur Seite steht,
- die er mit dem Versprechen und der Vergabe von Beförderungen und anderen Belohnungen an sich bindet und
- die dann aus Dankbarkeit dafür „Agentenfunktionen" für ihn wahrnehmen (müssen) in Form von PR-Arbeit für ihn und seinen Aufstieg, Beschaffung von Informationen aus anderen Behördengliederungen und Beschleunigung bzw. Verzögerung

dort ablaufender Prozesse (soziales Verhalten als Tauschprozeß bzw. Don-Corleone-Prinzip).

Das Don-Corleone-Prinzip (nach *Mario Puzos* Romanfigur Don Vito Corleone in: „Der Pate", der in einzigartiger Weise demonstriert, wie man überaus wirksam Machtpositionen aufbaut) besteht darin, einer Vielzahl anderer Menschen, denen die legitimierten Autoritäten keine Gerechtigkeit verschaffen können oder wollen, wirksam zu helfen und sie gleichzeitig auf eine irgendwann einmal fällige Rückzahlung ihrer Dankesschuld zu verpflichten, so daß man immer und überall in der Lage ist, Einfluß auf anstehende Entscheidungen zu nehmen (*Bosetzky/Heinrich*, [1989] a.a.O., S. 201).

Kritisch ist gegen die kameradschaftliche Bürokratie einzuwenden, daß sie zumindest in Teilen auch eine Integration durch Selbstmanipulation und Verdrängung erzeugt (*Bosetzky/Heinrich*, [1989] a.a.O., S. 186f.), weil typischerweise verdrängt wird, daß es sich bei der Behörde um einen Herrschaftsverband handelt, so daß dessen negative Hierarchie-Auswirkungen unreflektiert bleiben. Die starke Integrationskraft der kameradschaftlichen Bürokratie hat aber auch Auswirkungen, die auf die Persönlichkeit deformierend einwirken können, weil

- vorhandene Interessenwidersprüche verschleiert werden,
- Konflikte aus Angst vor Solidaritätsverlust nicht ausgetragen werden,
- der Zusammenhalt durch das Unterwerfen unter ein strenges System von Vorschriften und Ritualen erfolgt, das wie eine haltgebende Autorität funktioniert, aber weder verletzt noch kritisch überprüft oder gar Veränderungen angepaßt werden kann,
- ein gemeinsamer Rückzug auf ein infantiles Erlebnisniveau die Gehorsamsbereitschaft für die sich verfestigende Reglementierung und Ritualisierung widerspiegelt und damit die spontanen und kreativen Weiterentfaltungsmöglichkeiten erschwert,
- die Harmonie des liebenswürdigen Scheins die Isolationsängste einer angstneurotischen Bürokratie überdeckt (*Bosetzky/Heinrich*, [1989] a.a.O., S. 188).

Zusammengefaßt bedeutet Führung in der Bürokratie, daß hinsichtlich der Führungsinstrumente, der Motivation und der Bürokultur den vorhandenen Eigengesetzlichkeiten Rechnung getragen werden muß. Im Bereich der öffentlichen Verwaltung mit ihren gesetzlich vorgegebenen Hierarchie-Strukturen und überwiegend autoritären Führungsvorgaben gedeiht offensichtlich Führung als Delegation von Verantwortung oder gar Kooperation nur schwer oder zaghaft.

Nach dieser „Bestandsaufnahme“ wollen wir im folgenden aufzeigen, welche Anforderungen aus dem Führungsbereich für den Vorgesetzten und den Mitarbeiter erwachsen.

Soziale Kompetenz

Der Begriff der Kompetenz steht im ursprünglichen Sachverständnis für die Zuständigkeit und Befugnis eines Menschen. Die sozialpsychologisch orientierte Managementlehre faßt Kompetenz in moderner Interpretation als einen aufeinander bezogenen Regelkreis auf, der aus drei Komponenten besteht, der fachlichen, methodischen und sozialen Kompetenz, wie aus dem nachfolgenden Schaubild 8 deutlich wird.

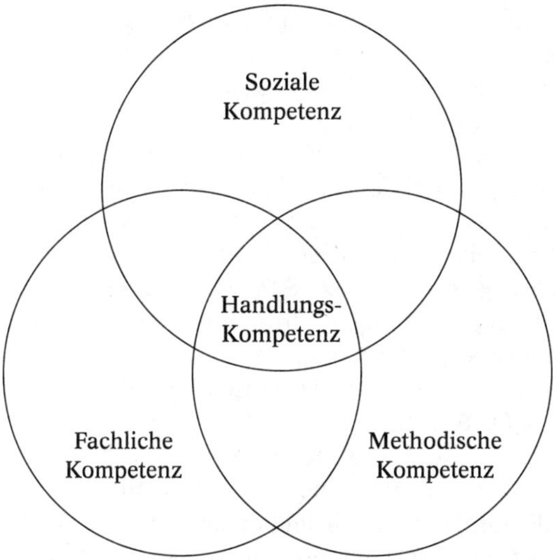

Schaubild 8: Fachliche, methodische und soziale Kompetenz

(*Quelle:* W. G. Faix/A. Laier, Soziale Kompetenz, Wiesbaden 1991, S. 37)

Die Realisierung dieser drei Ebenen macht den Menschen handlungsfähig. Unter Fachkompetenz wird dabei das aktuelle Fachwissen im engeren Sinne verstanden. Die Qualität des Vorgesetzten entscheidet sich dabei jedoch nicht daran, ob er selbst alle

Aufgaben lösen kann, sondern (und das ist bereits ein Teil sozialer Kompetenz) inwieweit er das spezialisierte Expertenwissen seiner Mitarbeiter als unverzichtbar ansieht und mit einbezieht. Methodenkompetenz bedeutet, zur Umsetzung des relevanten Fachwissens und zur Problemlösung die verschiedensten Hilfsmittel heranzuziehen, so daß das Fachwissen organisatorisch sinnvoll, effizient und im Sinne innovativer Weiterentwicklung genutzt wird. Mit der sozialen Kompetenz, die im Wirkungszusammenhang von Fach- und Methodenkompetenz steht, wollen wir uns jetzt eingehender befassen.

Zunächst wurde mit sozialer Kompetenz nach Ansicht der beiden Verhaltenswissenschaftler *Karl-Heinz Anton* und *Dieter Weiland* (*Anton/Weiland*, Soziale Kompetenz, Econ Taschenbuch Verlag, Düsseldorf 1993) die Fähigkeit gemeint, Ängste und Hemmungen abzubauen. Diese Definition wurde in den 70iger Jahren durch die Forderung ergänzt, sich durchzusetzen und spontan und aggressiv das eigene Anliegen zu vertreten.

Der Begriff soziale Kompetenz wurde allerdings nicht in Zusammenhang gebracht mit den ideologisch gefärbten Eigenschaftstheorien, die das Phänomen der Führung allein aus der Sicht des Führers und seiner „begnadeten" Persönlichkeit auffassen (vgl. *Staehle*, Management, a.a.O., S. 305ff.), als wäre die Befähigung zur Führung angeboren. Denn trotz intensiver Bemühungen ist es nicht gelungen, eine Art Generalfaktor „Führerbegabung" zu finden, so daß der eigenschaftstheoretische Ansatz als gescheitert gilt (*Nieder*, a.a.O., S. 198)

Wenn heute Führungspositionen besetzt werden sollen, rangiert Durchsetzungsvermögen als notwendige Qualifikation des Bewerbungskandidaten zwar noch immer obenan, aber es ist zugleich die Fähigkeit erwünscht, zu erkennen, wann im Interesse kooperativer sozialer Interaktion auf konsequentes Durchsetzen verzichtet werden sollte. Insbesondere hartnäckiges Beharren im Sinne von Rechthaberei wird eher ungünstig bewertet und gilt als Ausdruck von Unsicherheit. Zumindest theoretisch wird also infrage gestellt, daß die knallharten Bosse, deren Ruf durch Schärfe und Rücksichtslosigkeit im Umgang mit Angestellten geprägt ist, die Säuberungsaktionen bei mangelndem Wohlverhalten durchführen, es verdienen, solche Positionen inne zu haben. Aber sind nicht gerade bei der Knappheit von Arbeitsplätzen jene Vorgesetzten erfolgreich, deren Auftreten energisch und einschüchternd ist? Vorgesetzte, die sich wegen ihres (angeblichen) Selbstvertrauens, ihrer Unempfindlichkeit und Furchtlosigkeit selbst loben und denen humanitäre Sorgen und soziales Mitgefühl wenig wichtig sind? Ihr Verhalten muß aber wohl auch als ein Weg angesehen werden, um eigene Ängste zu meistern, er enthält also ein antiphobisches Element. Solche Menschen glauben, Angreifer sein und die Oberhand behalten zu müssen, weil die Welt ein Dschungel ist. Das aggressive Verhalten ist durch die Erwartung charakterisiert, daß einem die anderen feindlich gesinnt sind und somit die mißtrauischen und aggressiven Einstellungen des Angreifers rechtfertigen. Obwohl sie bestimmte Fähigkeiten haben können, fehlt es ihnen an einer für erfolgreiche Führung notwendigen wichtigen Eigenschaft, der Fähigkeit, Netzwerke zu schaffen und Bündnisse mit anderen einzugehen. (*M. F. R. Kets de Vries*, Cheftypen, a.a.O., S. 55ff.).

In der Praxis trägt Durchsetzungsfähigkeit den vorherrschenden Führungszielen also immer noch ziemlich gut Rechnung. Zumindest stellt diese Befähigung einen wichtigen Faktor in der dienstlichen Beurteilung der Beamten für die Frage nach deren Vorgesetzteneigenschaften dar. Im Vordergrund stehen dabei die aus der Vorgesetztenperspektive beim Beurteilten wahrgenommenen Aktivitätsgrade und die Zielgerichtetheit des energischen Auftretens. Auch die Beurteilung im Assessment Center (z.B. für Einstellungs- und Führungseignungstests) pocht neben der Überprüfung von u.a. der Kontakt- und Ausdrucksfähigkeit sowie dem sozialen Gespür auf Durchsetzungsfähigkeit. Die Wettbewerbssituation mit der angeblichen Bestenauslese kann die aggressiven und autoritären Tendenzen bei dem Versuch, sich durchzusetzen, verstärken. Dieser Prozeß vollzieht sich oft zu Lasten anderer Beteiligter und löst bei den „Unterlegenen" Selbstzweifel und Resignation aus und bestätigt dem „Sieger", daß Durchsetzungsvermögen karrierefördernd ist. Allerdings handelt es sich dabei nicht um soziale Kompetenz.

Soziale Kompetenz bedeutet im heutigen Verständnis den Einsatz verantwortungsbewußten Handelns beim Eintreten für die eigenen Bedürfnisse und Rechte, also ohne damit die Rechte anderer Menschen einzuschränken. Diese aus der Verhaltenswissenschaft stammende Definition greift jedoch zu kurz, weil sie die Verantwortungsübernahme für über die eigenen Belange hinausreichendes Handeln ausspart. Dies monieren auch *Anton/Weiland* (a.a.O.,S. 24), nach deren Ansicht sich die Realisierung sozialer Kompetenz wesentlich in der Verhaltensbeeinflussung und Menschenführung zeigt, da sie ja gerade die Grundvoraussetzung für Gestaltung einer positiven Interaktion sei. Kommunikative Basisfertigkeiten seien also unumgänglich. Da sich Kommunikation mit Menschen ja fast immer in Gruppen abspiele, sehen sie Teamfähigkeit und Gruppenkompetenz und die Fähigkeit, Probleme konstruktiv anzugehen, ebenfalls als Grundlage sozialer Kompetenz an.

Nach der Interpretation der sozialpsychologisch orientierten Managementlehre bildet soziale Kompetenz die Grundlage für

- erfolgreiches Kommunizieren mit Mitarbeitern und Vorgesetzten,
- effektive Interaktion zur Lösung gemeinsamer Aufgaben,
- verantwortungsbewußte Handlungs- und Entscheidungsfähigkeit.

Die Kommunikationswissenschaften stellen darüberhinaus die Forderung auf, daß eine sozial kompetente Kommunikation die widerspruchsfreie Übermittlung aller Kommunikationsebenen realisieren müsse, also die Übereinstimmung von Mimik und Körperhaltung einerseits sowie sprachliche und damit rhetorische und argumentative Kompetenz andererseits.

Bezüglich des Forderungskatalogs an die in der sozialen Kompetenz beinhalteten Fähigkeiten besteht also Einigkeit, ob sie nun aus kommunikationswissenschaftlicher, sozialpsychologischer, verhaltenswissenschaftlicher oder (dies wird der von uns vertretene Ansatz sein) tiefenpsychologischer Sicht mit dem Schwerpunkt auf die Individualpsychologie betrachtet werden.

Am stärksten durchgesetzt haben sich die der Lerntheorie verpflichteten Verhaltenswissenschaften. Sie gehen davon aus, daß „nicht nur Gefühle (...), sondern auch die durch die Komplexität der Gefühlsmöglichkeiten hervorgerufenen Konflikte wie Haß/Liebe oder Lust/Angst als antrainiert und gelernt gelten müssen" (*Anton/Weiland* a.a.O., S. 76). Dabei wird davon ausgegangen, daß die unterschiedlichen Gefühle sogenannte autonome Reaktionen im vegetativen Nervensystem hervorrufen. Die gefühlsmäßige Steuerung gilt als erlernt und wird damit als umlernbar oder verlernbar angesehen. Die Ebenen des menschlichen Verhaltens bestehen aus verhaltenspsychologischer Sicht aus Kognitionen, also im weitesten Sinne rationalen Bewußtseinsfunktionen, Emotionen, also dem Gefühlsleben und der physiologischen, also körperlichen Verfassung. Das nachfolgende Schaubild 9 verdeutlicht diese Sicht sehr klar:

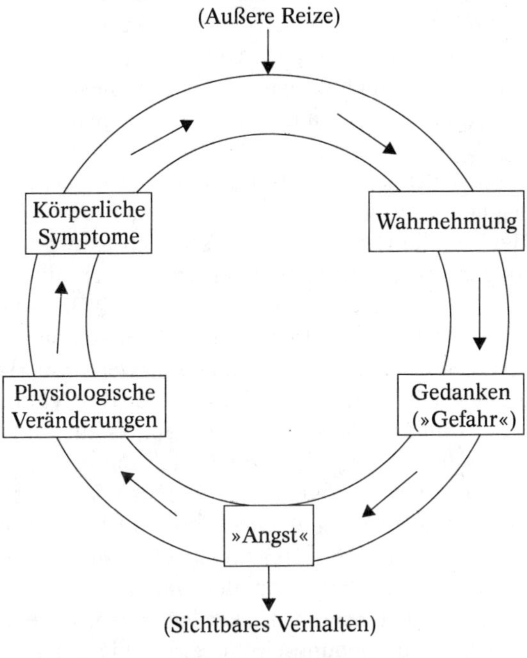

Schaubild 9: Regelkreis zwischen sichtbaren Verhalten und äußeren Reizen

(*Quelle:* K.-H. Anton/D. Weiland, Soziale Kompetenz, Düsseldorf/Wien 1993, S. 103)

Doch aus diesem Blickwinkel bleibt der Mensch an sich ein Rätsel, ein Wesen, das gute und noch mehr schlechte Eigenschaften antrainiert hat, wobei es gilt, die „falschen“ Verhaltensweisen unter Einsatz von Belohnung und Strafe umzutrainieren. Die Forderung, „falsche“ Verhaltensweisen abzulegen und stattdessen sozialverträglichere anzutrainieren, setzt jedoch nahtlos die vergeblichen Erziehungsbemühungen der Eltern fort. Mehr noch, auf diesem Hintergrund aufgebaute Trainingsprogramme, in denen das Verhalten der Teilnehmer kritisiert und nicht selten sogar zerfetzt wird, erzeugen Angst und Ohnmachtsgefühle mit der Folge, daß die defensiveren Menschen sich verschließen und den expansiveren Teilnehmern Gelegenheit gegeben wird, Aggressionen auszuleben. Am Ende „siegen“ wieder diejenigen mit dem größeren Durchsetzungsvermögen, und all die anderen Qualitäten degenerieren zum bloßen Lippenbekenntnis.

Diesem Dilemma möchten wir mit dem vorliegenden Buch abhelfen. Wir spannen dazu aus tiefenpsychologischer Sicht unter Einbeziehung der neueren entwicklungspsychologischen Forschung einen Bogen, an dessen Ende der Mensch als eine Persönlichkeit erscheint, die stark und tüchtig wurde, soweit die Interaktion mit der Familie und der übrigen sozialen Umwelt gelang; der Anforderungen manchmal als Herausforderungen annehmen und sie meistern konnte, aber auch erlebt hat, daß Belastungen und Ungeschicklichkeiten in der Interaktion zu Überempfindlichkeiten geführt haben. Wir werden den Weg zum Erwerb von Handlungs- und Konfliktfähigkeit und die Übernahme von Verantwortung sowohl in der Primärsozialisation aufzeigen, als auch Ansatzpunkte liefern, wie diese Fähigkeiten zur Entfaltung gelangen können, wenn es Lücken zu schließen gilt. Es geht also darum, die eigenen Stärken und Fähigkeiten schätzen zu lernen, Überempfindlichkeiten abzubauen, soziale Kompetenz dazuzugewinnen. Wir befinden uns damit auch in der Tradition der Individualpsychologie, die ebenfalls dem verhaltenswissenschaftlichen Ansatz eine Absage erteilte: „Auch die Umgebungseinflüsse, beispielgebendes Verhalten naher Personen, erzieherische Einflüsse üben nur dann eine Verlockung auf das Kind aus, sie im Sinne der Erzieher anzunehmen, wenn ihre Aufnahme dem Kinde wie dem Erwachsenen einen Erfolg seines Lebensstils zu versprechen scheinen. Diese Tatsache muß auch dem Behaviorismus und der Reflexologie entgegengehalten werden: es wird nie gelingen, Reflexe oder „bedingte Reflexe“ zu erzeugen, die zu einem Gefühl der Niederlage führen" (*Alfred Adler* [1935], Vorbeugung der Neurose, in: Internationale Zeitschrift für Individualpsychologie 13, S. 133–141, zit. nach *Robert F. Antoch*, Von der Kommunikation zur Kooperation, Ernst Reinhardt Verlag München, 1981, S. 106)

Als das Kernstück der sozialen Kompetenz wollen wir mit Blick auf die späteren Ausführungen die Bereitschaft zur Verantwortungsübernahme ansehen, gepaart mit dem Zutrauen in die Leistungsfähigkeit von Mitarbeitern und Kollegen. Um dies zu leben, bedarf es weiterer Voraussetzungen:

- Kommunikationsfähigkeit als Fähigkeit sowohl zu aktivem Zuhören als auch sich verständlich zu machen. Bei der Vermittlung von Botschaften sollte der Sprecher möglichst authentisch sein (vgl. auch die Ausführungen zur Kommunikation, S. 75 und Intersubjektivität, S. 161).
- Kooperationsfähigkeit/Teamfähigkeit als Fähigkeit sowohl zu gleichberechtigter Zusammenarbeit als auch zu autonomem Handeln.
- Motivation im Sinne eines überzeugenden Eintretens für gemeinsame Ziele, einer positiven Einstellung gegenüber Anforderungen mit dem Ziel, sie als Herausforderungen zu meistern, ohne allerdings die Verwirklichung eigener Interessen auszusparen.
- Konfliktfähigkeit als die Fähigkeit zur Verwirklichung einer Streitkultur, die ihrerseits zur Voraussetzung hat: Verantwortungsbereitschaft, Handlungsfähigkeit mit der realistischen Einschätzung der Folgen von Handlungsentwürfen, die Fähigkeit zu einfühlendem Verständnis, aber auch zur Selbstbehauptung.
- Menschenkenntnis.

Es versteht sich fast von selbst, daß Menschen, die diese Befähigungen ganz oder teilweise leben, entsprechend beziehungsfähig sind.

Unserer Auffassung von sozialer Kompetenz kommt eine Darstellung von *Preiser* (in *Wunderer/Grunwald*, Führungslehre Bd. 2, Berlin/New York 1980, S. 191) am nächsten, der die soziale Kompetenz in eine Lernzielhierarchie mit zahlreichen Teil- und Nebenzielen wie Verantwortungsbewußtsein einbezieht, die ihren Ausgang in Selbstvertrauen und in der Lebensbejahung nehmen.

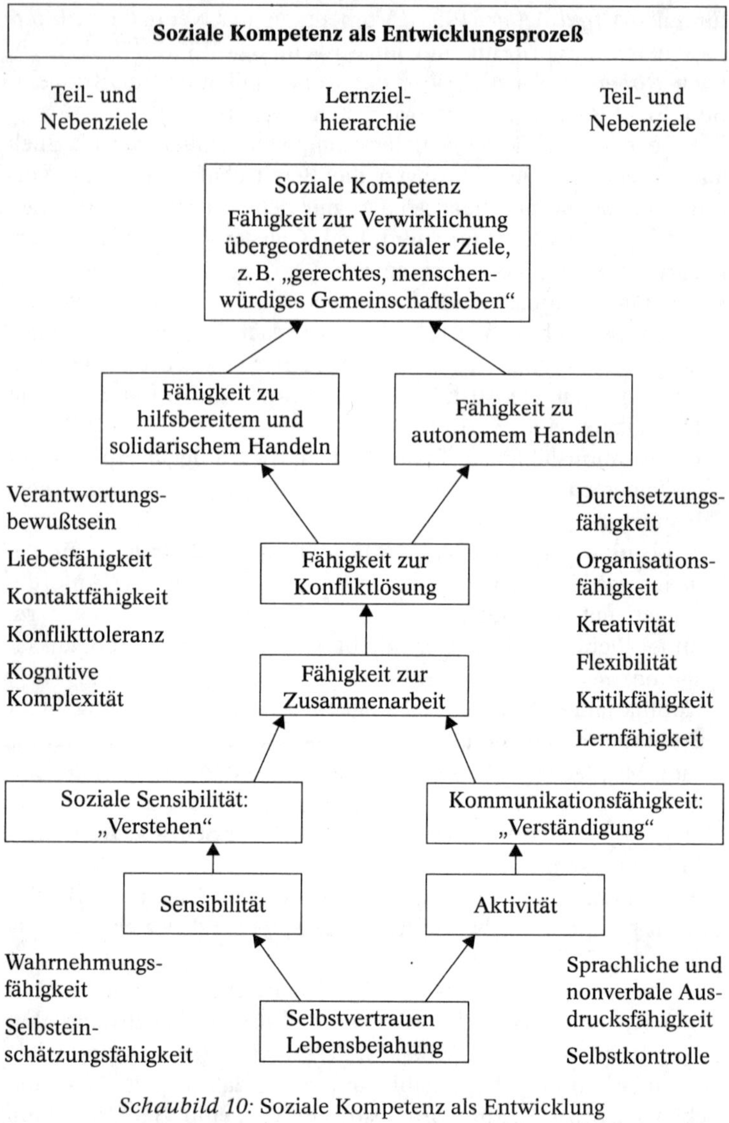

Schaubild 10: Soziale Kompetenz als Entwicklung

(*Quelle:* nach Preiser in: R. Wunderer/W. Grunwald, Führungslehre Bd. 2, Berlin/New York 1980, S. 191)

Bei *Preiser* wird die soziale Kompetenz damit insgesamt als ein Entwicklungsprozeß geschildert, der sowohl die Fähigkeit zu hilfsbereitem Handeln als auch die Fähigkeit zu autonomem Handeln einschließt. Ähnlich stellen auch *Faix/Laier* (*Werner G. Faix/Angelika Laier*, Soziale Kompetenz, Gabler Verlag Wiesbaden, 1991) die soziale Kompetenz in den Regelkreis von Verantwortungsbewußtsein, Selbstbewußtsein und Mündigkeit, weil sich nach ihrer Sicht sozial kompetentes Verhalten am gelungenen Kompromiß zwischen Selbstverwirklichung und gelungener Anpassung an die Anforderungen der verschiedenen Lebensbereiche bemißt. Erst im Zusammenspiel zwischen Identität, Denken, Sprechen und Handeln liege der Schlüssel zu Selbstzufriedenheit und damit zum harmonischen Umgang mit anderen (*Faix/Laier*, a.a.O., S. 109ff.).

Da wir der Konfliktfähigkeit und der Menschenkenntnis jeweils eigene Kapitel widmen, wollen wir hier noch auf Kommunikation, Kooperation und Motivation eingehen.

Kommunikation

Mit dem Phänomen der Kommunikation haben sich die Gesellschaftswissenschaften und insbesondere die Psychologie sehr ausführlich beschäftigt. Es „sagt" ein Mensch ja nicht nur das, was er in Worte faßt. Da sind die Stimme, die Stimmlage, der Tonfall, die Mimik, die Gestik usw., die das gesprochene Wort begleiten. Auf der Seite des Sprechenden wie auf der Empfängerseite unterliegt der Kommunikationsprozeß neben bewußten auch unbewußten Einflüssen wie z.B. Projektionen und Übertragungen. Beim „Sender" denke man z.B. an den Versuch, den Gesprächspartner die eigene Abneigung nicht merken zu lassen, wobei der wahre Gefühlsgehalt wie bei den *Freud*schen Fehlleistungen doch an's Tageslicht kommen kann; auf der Empfängerseite an selektive Wahrnehmung oder Mißverständnisse usw.

Bei der Kommunikation liegt das Hauptaugenmerk auf vier Ebenen, die im nachfolgenden Schaubild 11 deutlich werden.

Beim Sachaspekt, auch Sachinhalt oder Sachebene, handelt es sich z.B. um den Inhalt einer Information, ein zu lösendes Problem oder eine zu erledigende Aufgabe usw. Der Beziehungs-

Die Mitteilung einer Person enthält neben dem Sachaspekt drei psychisch bedeutsame Seiten:

1. Sachaspekt
2. Beziehungsaspekt
3. Selbstoffenbarungsaspekt
4. Appelaspekt

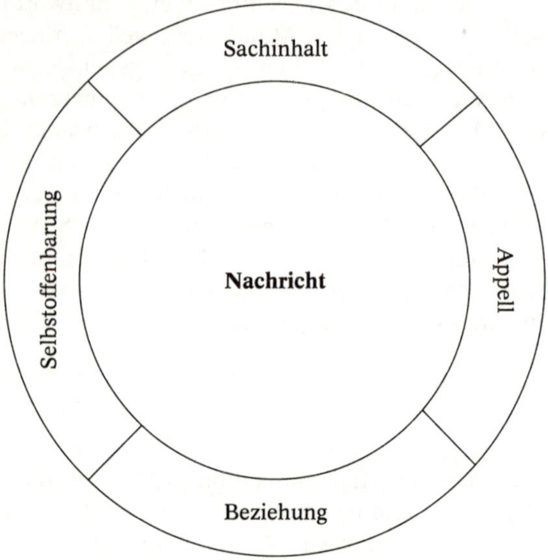

Schaubild 11: Psychologisches Modell der zwischenmenschlichen Kommunikation

aspekt oder die Beziehungsebene drückt die Art der zwischenmenschlichen Interaktion aus: freundlich, liebenswürdig, herzlich, bis hin zu abweisend, ruppig, usw. Bereits der Volksmund weiß: „Wie man in den Wald hineinruft, so schallt es heraus.“ Bei der Betrachtung des Beziehungsaspekts befinden wir uns bereits mitten in der Psychologie: Er wirft Überlegungen auf über Aspekte wie z. B.

- die Wirkung einer negativen Erwartungshaltung,
- die durch besonders aggressives Auftreten beförderte Erreichung eines Zieles,
- den Erfolg eines charmanten Lächelns, durch das der Interaktionspartner um den kleinen Finger gewickelt wird, usw.

Information, Kommunikation und Interaktion hängen wie folgt zusammen: Eine Nachricht wird zur Information, wenn sie einem anderen mitgeteilt wird. Gibt der Empfänger eine Rückmeldung, kommt es zur Kommunikation. Die wechselseitige Beeinflussung der Partner, die auf den Nachrichtenaustausch folgt, ist die Interaktion.

Die beiden anderen Ebenen, der Selbstoffenbarungsaspekt und der Appellaspekt, sind ungleich schwieriger zu entziffern. Obwohl gerade die Voraussetzung hierzu, Inhalte anhand von Mimik, Gestik, Betonung, Satzmelodie zu verstehen, und die Befähigung, die hinter dem gesprochenen Wort liegende Bedeutung zu erfassen, zu den frühesten menschlichen Kommunikationsmitteln gehören (von der Geburt bis zum Spracherwerb, siehe auch das Kapitel über den kooperativen Erziehungsstil), müssen Erwachsene ihren Blick dafür oft erst wieder schärfen.

Ein kleines Beispiel soll den Selbstoffenbarungsaspekt erhellen: Ein Ehepaar sitzt im Auto, sie fährt. Der Ehemann: „Paß auf! Da fährt einer aus der Parklücke!" Die Ehefrau: „Ja, ist schon gut, ich sehe es doch!"

Der Selbstoffenbarungsaspekt des Ehemannes könnte lauten: „Ich habe immer Angst, wenn Du fährst, daß Du etwas Wichtiges übersehen könntest!"

Der Selbstoffenbarungsaspekt der Frau könnte lauten: „Es ärgert mich, daß Du mir nichts zutraust!"

Dieser Szene ist eine andere vorangegangen, anhand derer wir den Appellaspekt deutlich machen möchten: Der Ehemann, der höchst ungern in der Stadt selbst fährt, hat seiner Frau geklagt: „Ich habe heute so wahnsinnig viele Bücher in die Bibliothek zurückzubringen, und ich müßte zweimal umsteigen!" Der Appell ist unschwer zu erkennen: „Fahr' mich doch bitte hin!"

Der Zündstoff, der in diesem Sachverhalt steckt, ist unübersehbar. Wenn die Kommunikation weiterginge, wäre sie – auch weil das Ehepaar sich lange kennt und Szenen wie diese eine Geschichte haben – mit Sicherheit voller Vorwürfe, gereizter Stimmung und Stimmlage, Mißverständnissen, Selbstoffenbarungen und Appellen. Das bedeutet, daß das Ausmaß eines Konfliktes auch am Auseinanderfallen des Inhalts des Sachaspekts und der übrigen Kommunikationsebenen abzulesen ist.

Wir haben in der Literatur ein einfaches Beispiel von *Gonschorrek* zu den vier Ebenen der Kommunikation gefunden (*Gonschorrek*, Verwaltungspädagogik und Führungslehre, 2. Aufl. Heidelberg 1989, S. 147):

Der Schalterbeamte A sagt zu dem vorübergehenden Stellenvorsteher: „Mein Nachbar am Schalter 2 hat wohl schon wieder Schwierigkeiten mit seiner Kasse!"

Der Stellenvorsteher könnte verstehen:

1. Sachinhalt:	B hat Kassenprobleme – Minderbetrag?
2. Beziehung:	A hat Vertrauen zu mir, denn er informiert mich. Oder: A möchte sich bei mir damit einschmeicheln oder ...
3. Selbstoffenbarung:	A möchte sagen: Schau mal, wie gut ich dagegen bin und wie aufmerksam – und wie loyal.
4. Appell:	Löst den Unfähigen doch endlich ab! Oder: Helft dem B doch endlich, damit er nicht so oft Fehler macht.

Wenn der Stellenvorsteher – so *Gonschorrek* – nur auf eine Seite reagiert, wird der Schalterbeamte die Kommunikation für mißlungen halten. Aus seiner Erfahrung und im Sinne einer gelungenen Kommunikation müßte der Stellenvorsteher wissen, welche Seite der Nachricht im Augenblick die wichtigste ist, und er müßte *zunächst* auf diese reagieren. Dabei sollte ihm möglichst auch keine Fehlinterpretation unterlaufen.

Uns interessiert an diesem Beispiel, welches Konfliktpotential in dieser Kommunikation steckt. Hier hat – wie so oft in solchen Fällen – der Stellenvorsteher das Geschehen in der Hand. Er kann z. B.

- so tun, als habe er nichts gehört und weitergehen,
- auf die Anschwärzung von A eingehen,
- A wegen der Anschwärzung zurechtweisen,
- A fragen, was er eigentlich meint oder
- zu B gehen und fragen, ob er Probleme hat.

Diese Kommunikation darf man wohl als gestört bezeichnen, denn die Information von A ist mehrdeutig. Mehrdeutigkeit ist aber nicht die einzige Quelle einer gestörten Kommunikation. Mögliche weitere Erschwernisse können entstehen durch

- Fehlwahrnehmungen
- Ängste
- Stereotypien
- Mehrdeutigkeit der Information
- Übertragungen und Projektionen
- Entfremdung der Kommunikation.

Die Entfremdung der Kommunikation möchten wir an zwei Beispielen erläutern:

- Menschen, die am Arbeitsplatz primär als Funktionsträger, nicht aber als Person angesprochen werden, neigen nach Untersuchungen von *Meissner* (The language of work, in: R. Dubin (ed.), Handbook of work, organization and society, Chicago 1976, p. 269) und *Argyris* (Organization and innovation, Homewood, III. 1965, p. 30) zu einem ausgesprochen rüden Vokabular mit aggressivem, rauhbeinigem Verkehrston und ständigem Austausch irgendwelcher Obszönitäten sowie dazu, sich gegenseitig auf den Arm zu nehmen bzw. zu verulken, eine Verhaltensweise, die insbesondere unter Arbeitern beobachtet werden kann.
- Die weite Verbreitung von Comics hat u.a. dazu geführt, daß sich Jugendliche heute häufig nicht mehr in ganzen Sätzen unterhalten, sondern mit Ausdrücken wie „boing", „uff", „geil" usw. und der dazugehörigen Körpersprache artikulieren.

Wir wollen noch einmal zu dem Beispiel von *Gonschorrek* zurückkehren. Gibt es einen vorstellbaren Weg, der die Steigerung von Emotionen und Frustrationen sowohl bei dem Stellenvorsteher als auch bei A und B hätte verhindern können?

Es gibt ihn, aber er würde eine Vertrauensbasis voraussetzen. Hätte B z.B. Vertrauen zu seinem Kollegen A gehabt, hätte er ihn um Rat gefragt. Oder, hätte B zu dem Stellenvorsteher Vertrauen gehabt, wäre er zu ihm gegangen und hätte seine Schwierigkeiten offenbart. Da er es in diesem Beispiel unterlassen hat und lieber versucht hat, allein zurechtzukommen, darf vermutet werden, daß sich A und B in einem Konkurrenzverhältnis befinden und B von dem Stellenvorsteher nichts Gutes erwartet hat.

Wenn ein Mensch Vertrauen faßt und seine Schwierigkeiten offenlegt, erhöht er gegenüber seinem Gesprächspartner seine

Verwundbarkeit. Das Vertrauen wird bestätigt, wenn der Mensch, dem gegenüber jemand sich geöffnet hat, mit dieser Offenlegung pfleglich umgeht. Das Kriterium für zunehmendes Vertrauen liegt demnach nicht in einem globalen Gefühl von Wärme und Sympathie, sondern in der bewußten Akzentuierung und Vergrößerung der Abhängigkeit von anderen. Vertrauen wird also in der Offenheit der Kommunikation deutlich (*Diether Gebert/Lutz v. Rosenstiel*, Organisationspsychologie, Kohlhammer Verlag Stuttgart, 1989, S. 137f.). Sich wirklich verständigen und damit kommunikationsfähig sein kann ein Mensch also nur, wenn er offen ist und sich hinter dem von ihm gesprochenen Satz nicht ganz andere Motive und Ziele verbergen, als er verbal zum Ausdruck bringt.

Soziale Kompetenz wird in der Kommunikation dadurch deutlich, daß die Informationen des Senders deckungsgleich sind, also das gesprochene Wort mit Mimik, Gestik, Betonung und Satzmelodie übereinstimmt. Einen Selbstoffenbarungsaspekt und einen Appellaspekt enthält eine solche Kommunikation in diesem Falle nicht, auch weil sich die Kommunikation auf der Sachebene bewegt. Auf die Sachebene zurückgeholt hätte der Stellenvorsteher in dem obigen Beispiel die Äußerung des Schalterbeamten A mit der Frage: „Warum sagen Sie mir das?“

Wie Fehlinterpretationen und Mißverständnissen durch die Verbesserung der Kommunikation entgegengewirkt werden kann, werden wir im Kapitel „Psychologisches Konfliktmanagement“ aufzeigen.

Kooperation

Kooperation verspricht die Verwirklichung eines demokratischen Führungsstils anstelle autoritärer Führungsstrukturen. Sie setzt Vorgesetzte voraus, für die die Delegation von Verantwortung keinen Bedeutungsverlust nach sich zieht, die

- eine realistische Fremdwahrnehmung besitzen, um einschätzen zu können, was sie ihren Mitarbeitern zutrauen und zumuten dürfen;
- Vertrauen in die Leistungsfähigkeit und Leistungsbereitschaft ihrer Mitarbeiter haben;

- Delegation verstehen als das Überlassen von Aufgabenkomplexen ohne ständige Kontrolle an die Mitarbeiter, unter Wahrung der Verantwortlichkeit für das Ergebnis;
- Fehler wertfrei und als Chance zum Lernen und Erweiterung der Erfahrung betrachten;
- von ihrem Handeln in ihrem eigenen Aufgabenbereich überzeugt sind und dadurch Mitarbeiter gewinnen und begeistern können.

Kooperation und damit ein demokratischer Führungsstil ist aber nicht allein die Angelegenheit der Führungsebene. Sie setzt Mitarbeiter voraus, die

- interessiert und bereit sind, im Rahmen ihrer Kompetenzen Verantwortung zu tragen;
- über die notwendige Fach-, Methoden- und soziale Kompetenz verfügen;
- leistungsbereit und begeisterungsfähig sind, ohne sich ausnutzen zu lassen;
- Fehler ebenfalls wertfrei betrachten.

Unter dieser Voraussetzung ermöglicht kooperatives Handeln für beide Seiten einen erheblichen Zuwachs an Selbstentfaltung, da ja auch der Vorgesetzte, der sich nicht mit allen Detailfragen aufhält, dann Freiräume für kreative und innovative Entwicklungsprozesse hat.

In der Praxis handelt es sich jedoch eher um ein Lippenbekenntnis, „das zwar nach außen hin verkündet wird, im betrieblichen Alltag jedoch verschüttet bleibt oder nur ‚bei guter Wetterlage‘ praktiziert wird: wenn man sich das leisten kann, wenn der Umsatz stimmt, wenn die Konjunktur blüht“ (*Günter Wiswede*, Führungsforschung im Wandel, in: *Gerd Wiendieck/Günter Wiswede* [Hrsg.], a.a.O., 1990, S. 29).

Das ist auch nicht erstaunlich, denn hier haben wir es wie bei den anderen Führungsqualifikationen mit einem zutiefst persönlichkeitsgebundenen Phänomen zu tun, das nicht per Beschluß funktioniert oder weil es vielleicht eingesetzt werden soll, um verkrustete autoritäre Strukturen aufzuweichen. Ein kooperativer Führungsstil setzt, wie ausgeführt, die Kooperationsfähigkeit auf beiden Seiten, auf der Leitungsebene wie auf der Mitarbeiterebene voraus.

Kooperation gedeiht am besten auf dem Boden eines positiven Selbstbewußtseins, wodurch es sich erübrigt, sich in der Konkurrenz mit anderen ständig neu zu beweisen. Die Voraussetzungen, die eine kooperative Zusammenarbeit ermöglichen, haben zweifellos etwas Idealistisches an sich. Aber selbst, wenn sie schwierig zu verwirklichen sind, lohnt es sich, sie zu formulieren:

- gegenseitige Achtung und Akzeptanz der Interaktionspartner,
- Toleranz im Umgang mit Menschen, die einem nicht passen oder eine abweichende Meinung vertreten,
- Geduld, wenn etwas nicht nach dem eigenen Tempo verläuft,
- Vertrauen, und zwar sowohl im Sinne von Mut, sich zu öffnen und damit verletzbar zu machen als auch einer Haltung, die das entgegengebrachte Vertrauen rechtfertigt, also einem pfleglichen Umgang mit der Information, und schließlich als Vertrauen in das Vermögen und die Leistungsfähigkeit des anderen, so daß auch gewagt wird, Verantwortung zu delegieren,
- gegenseitige Unterstützung, so daß der jeweils Kompetentere hilft oder die ihm leichter fallenden Aufgaben übernimmt. Im Idealfall wechseln die Kompetenzen, so daß die Unterstützung ein Geben und Nehmen ist,
- Förderung der Selbständigkeit und
- schließlich, ganz pragmatisch, Moderationsregeln, die die Integration der Mitarbeiter fördern.

Motivation

Motivation soll offenbar etwas wiederherstellen, das durch Führungsfehler verlorengegangen ist. Um den Begriff der Motivation faßbar zu machen, wird innerhalb der Motivationstheorien zwischen den

- Inhaltstheorien: was motiviert? und den
- Prozeßtheorien: wie wird motiviert? unterschieden.
  Weiterhin wird differenziert in:
- extrinsische Motivation: Menschen werden vor allem durch externe Anreize, z.B. durch Geld, Beförderung oder Anerkennung motiviert, und

- intrinsische Motivation: Menschen werden durch die Arbeit selbst, durch den Erfolg motiviert, so daß die Aufgabeninhalte herausfordernd und attraktiv sein müssen, um eine Selbstmotivation zu veranlassen (*Wiswede*, Führungsforschung im Wandel, a.a.O., S. 18).

Die Führungsfehler, die durch Motivation ausgeglichen werden sollen, sind vor allem autoritäres Führungsverhalten mit umfassender Kontrolle; streng hierarchische Führungsstrukturen mit einem Minimum an Eigenverantwortung, langen Dienstwegen, komplizierten Gesetzen und Formularwesen. Solche Arbeitsbedingungen haben vielerorts die Eigenimpulse und Kreativität und die Verantwortungsbereitschaft, die Mitarbeiter in das Unternehmen mitgebracht hatten, verstummen lassen. Die fortschreitende Automation paßte hierzu wie der Schlüssel ins Schloß, denn wenn ein Arbeitnehmer nur mehr ein Rädchen in einem Gesamtgefüge ist, kann seine Aufgabe auch besonders gut von Maschinen und Robotern übernommen werden. Die Hochtechnisierung und Automatisierung hatte zudem zur Folge, daß Arbeitnehmer den Bezug zum Gesamtprodukt der Arbeit verloren. Menschen, die das Gefühl haben, daß es völlig gleichgültig ist, ob sie selbst oder ein anderer am Arbeitsplatz erscheinen, die den Sinn ihrer Arbeit nur schwer zu erkennen vermögen, machen, wenn sie den Mangel nicht wenigstens durch den Kontakt zu Kollegen zu kompensieren vermögen, einen Prozeß durch, der den Folgen der Arbeitslosigkeit ähnelt. Es stellen sich Interesselosigkeit, Resignation und Apathie ein. Für dieses Phänomen hat sich der Begriff „innere Kündigung" eingebürgert. Es bleibt allerdings zu fragen, ob hierbei nicht auch Trotz eine gewisse Rolle spielt, der Wunsch, dem/den Vorgesetzten die schlechte Behandlung heimzuzahlen: „Er wird schon sehen, was er davon hat!"

Kompensatorisch verlagert sich die Erfüllung der Bedürfnisse nach Anerkennung, Bedeutung und Entfaltung in den Freizeitbereich, wohl auch in Organisationen, in denen durch ehrenamtliche Tätigkeit Anerkennung gewonnen werden kann. Im Berufsleben sieht der Betreffende dann zu, daß die „Kasse stimmt".

Die Vorgesetzten interpretieren die „nachlassende Arbeitsmoral" entsprechend ihrem Menschenbild. Sie versuchen, durch Bedrohen, Bestrafen, Bestechen, Belohnen und/oder Belobigen

(*Reinhard K. Sprenger*, Mythos Motivation, Campus-Verlag Frankfurt/M./New York, 1993, S. 50ff.) die Mitarbeiter wieder dahin zu bringen, ihre ganze Arbeitskraft zur Verfügung zu stellen. Das führt kurzfristig tatsächlich zu Leistungssteigerungen, insbesondere wenn die Mitarbeiter/innen die Intervention als Anerkennung begreifen. Es dauert aber nicht lange, bis sich beim Empfänger extrinsischer Motivatoren eine selbstverständliche Erwartungshaltung herausgebildet hat und die Anreizsysteme stumpf geworden sind. Die Anreize müssen dann verstärkt werden. Die extrinsischen Anreize verlieren also zunehmend ihren motivierenden Charakter (vgl. *Christoph Reichard,* Betriebswirtschaftslehre der öffentlichen Verwaltung, 2. Aufl. W. de Gruyter Verlag Berlin 1987, S. 205f.)

Da nicht die ganze Mitarbeiterschaft mit solchen Segnungen bedacht werden kann, gibt es immer auch verkannte und zukurzgekommene Mitarbeiter/innen. Wenn extrinsisch motiviert werden muß, liegt das Kind im Grunde bereits im Brunnen.

Als Folge wird das Augenmerk mehr und mehr auf die intrinsischen Motivatoren gerichtet, jene Haltung, die als Selbstmotivation bezeichnet wird. In vielen Fällen wird aber auch die Selbstmotivation mißverstanden. Es werden Mitarbeitern nicht Verantwortungsfreiräume – wie unter Kooperation beschrieben – eingeräumt, sondern Vorgesetzte glauben vielfach nach wie vor, daß auch die Selbstmotivation durch sie ausgelöst werden müsse. Daß bereits das Bewußtsein, daß das eigene berufliche Handeln für das Unternehmen unverzichtbar ist, ungeahnte Kräfte bei Mitarbeitern mobilisiert, soll an einem Beispiel deutlich werden, dem sogar ziemliche organisatorische Mängel anhaften:

Ein Großunternehmen war mit erheblichem Werbeaufwand in die Reisebranche eingestiegen. Die Neugier, wieviel der neue Reiseveranstalter wohl zu bieten hätte, führte zu einem Buchungsboom, der die kühnsten Erwartungen überstieg. Das Verkaufspersonal an den Telefonen war völlig überfordert, zumal viele Kräfte branchenfremd waren und in der ersten Phase noch nicht per Computer, sondern von Hand gebucht wurde. Diese Situation hätte eigentlich zu einer Kündigungswelle führen müssen, hätte der Vorgesetzte es nicht verstanden, jedem einzelnen Mitarbeiter und jeder Mitarbeiterin das Gefühl zu geben, daß ohne sie und ohne ihn das Unternehmen zusammenbrechen würde, und hätte er nicht das Vertrauen gehabt, daß es mit ihrer Hilfe zu schaffen war. Er setzte sogar auf der Chefetage durch, daß reihum immer jemand für eine Woche Urlaub machen konnte, trotz der Arbeitsüberlastung. Er bot vor und nach der regulären Arbeitszeit Schulungskurse an, die rege besucht wurden.

Was hatte hier motiviert? Von der Warte der Mitarbeiter aus gesehen war es das Gefühl, gebraucht zu werden und etwas bewirken zu können, Verantwortung zu tragen, anerkannt zu sein, mit den anderen an einem Strang zu ziehen, das Gruppenzugehörigkeitsgefühl, die Möglichkeit, Kompetenz zu erwerben und vor allem das Ziel, das Unternehmen erfolgreich durch diese chaotische Phase zu führen, was auch gelang.

Es gab in diesem Beispiel keine extrinsischen Motivatoren, denn den einwöchigen Erholungsurlaub erhielten reihum alle zur Regeneration und nicht für besondere Leistungen. Es gab nicht einmal eine besondere Leistungszulage, allerdings wurden die Überstunden ordnungsgemäß bezahlt.

Die Motivation lag auch nicht in der Arbeit selbst, denn in diesem Chaos machte die Arbeit an sich keinen Spaß mehr. Ob der Einsatz erfolgreich sein würde, war erst nach geraumer Zeit bekannt.

Die Motivatoren lagen offenkundig auf der zwischenmenschlichen Ebene. *Bosetzky/Heinrich* (Mensch und Organisation, a.a.O., S. 143f.; dieselben, Erfassung von Bürokultur, Publikation Nr. 62 der Fachhochschule für Verwaltung und Rechtspflege Berlin, Berlin 1988) belegen in umfangreichen Untersuchungen unter anderem, daß für die Mehrheit der Befragten der Berufsalltag trotz negativer Arbeitsbedingungen attraktiv bleibt, wenn der zwischenmenschliche Austausch mit Kolleginnen und Kollegen klappt.

Mit dem obigen Beispiel möchten wir zeigen, daß selbst schlechte situative Bedingungen (hier die objektiv gegebene Überforderung der Mitarbeiter) zu bewältigen sind, wenn Vorgesetzte selbst Leistungsträger und überzeugt von ihrem Handeln sind; wenn sie sich in die Situation der Mitarbeiter einfühlen können und das auch zum Ausdruck bringen; wenn sie, wo immer möglich, Erleichterungen schaffen und um eine kooperative Zusammenarbeit werben.

In diesem Beispiel motivierte der kollegiale Zusammenhalt und im Sinne einer intrinsischen Motivation zwar nicht der Inhalt der Aufgaben selbst, wohl aber das Bewußtsein, an einer Pionierleistung einen Anteil zu haben und mitzugestalten.

Selbstmotivation kann demzufolge nur erfolgreich sein, wenn entweder wie im obigen Beispiel das angestrebte Ziel konkret faßbar ist, oder bewußte wie unbewußte persönliche Ziele verwirklicht werden können. Denn der Mensch handelt grundsätzlich vor dem Hintergrund bestimmter Überlegungen,

- weil er sich Gedanken über einen bestimmten Sachverhalt gemacht hat, auf den er einwirken möchte,
- weil er sich eine Meinung gebildet hat über seine eigenen Fähigkeiten und die Art, wie seine Mitmenschen im besonderen und die Umwelt im allgemeinen ihm typischerweise begegnen werden,
- weil er bestimmte ethisch-moralische Prinzipien seines Wertesystems verfolgt bzw. sich einer Reihe normativer Einstellungen unterworfen hat (*Michael Titze*, Lebensziel und Lebensstil, Pfeiffer Verlag München 1979, S. 51ff.).

Zu diesen Gedanken finden wir in der individualpsychologischen Theorie eine verfolgenswerte Sicht von der menschlichen Persönlichkeit. Sie begreift den Menschen als zielgerichtetes Wesen. Schon beim Säugling und Kleinkind finden wir (unbewußte) Ziele, die auch beim Erwachsenen noch feststellbar sind: Unlustgefühle zu vermeiden, Bedürfnisse befriedigt zu bekommen, den Wunsch, dazuzugehören und anerkannt zu sein, einen Platz in der Gemeinschaft, zunächst im Familienverband, später in Beruf und Gesellschaft zu erlangen, groß und stark werden zu wollen usw. Wenn diese Bedürfnisse nicht permanent frustriert werden, können wir davon ausgehen, daß die Beweggründe des Handelns, die Motivation also, in die Richtung gehen, einen solidarischen Beitrag leisten zu wollen.

Dem Thema *Motivation* wollen wir ein eigenes Buch widmen, in dem wir das Augenmerk insbesondere auf jene Faktoren richten, die die Potenzen von Mitarbeitern fördern und zur Entfaltung bringen und den Weg dorthin beschreiben. Das Buch erscheint in der Reihe Beck-Wirtschaftsberater im dtv Ende 1996.

Konflikte: Konflikttheorien, Konfliktursachen, Konfliktverlauf, Konflikthandhabung

Die Literatur zur Konfliktthematik ist außerordentlich umfangreich. Vor allem zur Systematik und Untergliederung der Konfliktarten und Konfliktursachen gibt es zahlreiche Untersuchungen. Aber leider kam es dabei zu keiner einheitlichen Konflikttheorie, weil die verschiedenen Fachdisziplinen von unterschiedlichen Konfliktbegriffen, -formen und -themen ausgehen. Deshalb fällt je nach der Warte, von der aus der Konflikt betrachtet wird, die Einschätzung anders aus. Es können z.B. die Streitgegenstände betrachtet werden, wie bei Wertfragen oder Interessenstreitigkeiten oder die Erscheinungsformen latenter (schwelender) oder manifester Konflikte oder z.B. auch die Persönlichkeitsmerkmale der Konfliktpartner, die an der Konfliktentstehung beteiligt waren. Nach *Glasl* (*F. Glasl*, Konfliktmanagement. Diagnose und Behandlung von Konflikten in Organisationen, Haupt Verlag Stuttgart, 1980) sind die wichtigsten Unterscheidungskriterien zur Klassifikation die Streitgegenstände, die Erscheinungsformen der Auseinandersetzung und die Eigenschaften der Konfliktparteien.

Die in der Literatur zu findenden Hinweise für den Umgang mit Konflikten sind ebenfalls vielfältig, haben aber den Charakter von Spielregeln für das Austragen von Konflikten, die auf die Individualität der Konfliktpartner nicht eingehen. Dennoch werden wir eine Auswahl davon vorstellen, weil sie teilweise handhabbare Hinweise für den Umgang mit Konflikten beinhalten.

Leser, die einen umfassenden Überblick über die verschiedenen Ansichten gewinnen möchten, finden in dem Buch von *Erika Regnet*, Konflikte in Organisationen (Verlag für Angewandte Psychologie Göttingen, 1992) eine akribisch aufgearbeitete Zusammenstellung der verschiedenen Gesichtspunkte mit lesenswerten kritischen Kommentaren der Autorin.

Konflikttheorien

Die gängigen psychologischen Ansätze betonen die subjektive Komponente, d. h. die jeweilige Wahrnehmung durch die Konfliktbeteiligten. Ist nur eine Person betroffen, so spricht man von einem intrapsychischen Konflikt; bei zwei oder mehreren Beteiligten von einem sozialen Konflikt. Hier ist zu fragen, ob es sich noch um eine interindividuelle oder bereits um eine kollektive Auseinandersetzung mit einem entsprechenden Konfliktthema handelt. Intrapsychische Konflikte werden nicht selten zum Auslöser sozialer Konflikte. Der Untersuchungsgegenstand der Organisationspsychologie ist sowohl der intra- als auch der interpersonale Konflikt.

Die Konfliktarten (eine Auswahl) werden untergliedert nach:

der Betrachtungsposition:	innere/endogene und äußere/exogene Konflikte
den Folgen:	Ausmaß der Betroffenheit sowie den daraus folgenden Reaktionen
dem Grad der Kommunikationsstörung und emotionalen Beteiligung:	echte Konflikte und scheinbare Konflikte
dem Grad der Bewußtheit:	ausgetragene Konflikte und schwelende Konflikte
den Auslösern:	strukturinduzierte Konflikte und verhaltensinduzierte Konflikte

Das Kennzeichen innerer Konflikte – das Modell geht auf Lewin zurück – ist die

- Entscheidung zwischen zwei positiven Möglichkeiten,
- Entscheidung zwischen zwei negativen Gegebenheiten,
- Entscheidung zwischen zwei Alternativen, die jede für sich positive wie auch negative Aspekte hat.

Innere Konflikte bringen Menschen in

- eine belastende und angespannte Gefühlslage gegenüber der Situation, lösen
- Verunsicherung und Ungewißheit aus, führen
- zum Ausmalen der alternativen Handlungsabläufe (was geschieht, wenn . . .), und erzeugen
- einen Druck, die Störung zu überwinden.

Je nach dem Ausmaß des Konfliktpotentials und der verbliebenen Handlungsfähigkeit gelingt es den Betroffenen, ihre inneren Konflikte einer Lösung zuzuführen, die ihren üblichen Lebensbewältigungsstrategien entspricht, oder sie bedürfen psychotherapeutischer Hilfe, um die Hintergründe ihrer unbewußten und damit unverstandenen Konfliktsituation zu erhellen.

Die Merkmale von Konflikten sind vielfältig:

Vier Merkmale lassen sich (nach *Morton Deutsch*, Konfliktregelung, Ernst Reinhardt Verlag München, 1976) bei zwischenmenschlichen Konflikten erkennen (siehe Schaubild 12):

- Es wird verzerrt, irreführend kommuniziert, bewußt getäuscht;
- es wird viel schärfer wahrgenommen, was trennt, worin man verschieden, ja unvereinbar ist;
- es herrschen Mißtrauen, Argwohn und offene Feindseligkeit;
- es arbeitet jeder für sich bzw. versucht, dem anderen sein Vorgehen aufzuzwingen.

Diese vier Merkmale ergänzen sich zum Konfliktsyndrom. Wenn in einer Beziehung oder Gruppe ein Merkmal auftritt, zieht es über kurz oder lang auch die anderen Symptome nach sich (Eskalationstendenz).

Bei der Unterscheidung zwischen echten und scheinbaren Konflikten werden Mißverständnisse, die auf Kommunikationsstörungen beruhen und damit auch verhältnismäßig leicht zu beheben sind, den scheinbaren Konflikten zugerechnet. Wir möchten hier noch eine Ergänzung machen. Wenn zwei oder mehr Menschen sich treffen, bringen sie ihrem bisher gelebten Leben entsprechend unterschiedliche Ansichten, Werte und Vorstellungen mit. Im Gespräch kann es dann zu Meinungsverschiedenheiten kommen, ohne daß daraus ein Konflikt entsteht. Darauf werden wir weiter unten noch genauer eingehen. Auch zu lösende Probleme sind nicht von Haus aus konflikthaft. Für gewöhnlich sind die Betroffenen daran interessiert, gemeinsam an der Lösung mitzuarbeiten.

Echte Konflikte unterscheiden sich davon wesentlich. *Kurtz* (*H.-J. Kurtz*, Konfliktbewältigung in Unternehmen, Deutscher Institutsverlag Köln, 1983, zit. nach *Regnet*, a. a. O., S. 12) versteht unter einem sozialen Konflikt eine „Spannungssituation, in der zwei oder mehr Parteien, die voneinander abhängig sind, mit

Merkmale eines zwischenmenschlichen Konfliks			
Kommunikation	Wahrnehmung	Einstellung	Aufgabenbezug
Ist nicht offen und aufrichtig Information ist unzureichend oder bewußt irreführend Geheimniskrämerei und Unaufrichtigkeit nehmen zu Drohungen und Druck treten an die Stelle von offener Diskussion und Überzeugung	Unterschiede und Differenzen in Interessen, Meinungen und Wertüberzeugungen treten hervor Das Trennende wird deutlicher gesehen als das Verbindende Versöhnliche Gesten des anderen werden als Täuschungsversuche gedeutet, seine Absichten als feindselig und bösartig beurteilt, er selbst und sein Verhalten einseitig und verzerrt wahrgenommen	Vertrauen nimmt ab und Mißtrauen zu Verdeckte und offene Feindseligkeit entwikkeln sich Die Bereitschaft nimmt ab, dem anderen mit Rat und Tat zur Seite zu stehen Die Bereitschaft nimmt zu, den anderen auszunutzen, bloßzustellen, herabzusetzen	Die Aufgabe wird nicht mehr als gemeinsame Anforderung wahrgenommen, die am zweckmäßigsten durch Arbeitsteilung bewältigt wird, in der jeder nach seinen Kräften und Fähigkeiten zum gemeinsamen Ziel beiträgt Jeder versucht, alles alleine zu machen: man braucht sich so auf den anderen nicht zu verlassen, ist von ihm nicht abhängig und entgeht damit der Gefahr, ausgenutzt und ausgebeutet zu werden

Schaubild 12: Merkmale zwischenmenschlicher Konflikte (nach Deutsch)

(*Quelle:* K. Berkel, Konflikttraining, 2. Aufl. Heidelberg 1990, S. 22)

Nachdruck versuchen, scheinbar oder tatsächlich unvereinbare Handlungspläne zu verwirklichen und sich dabei ihrer Gegnerschaft bewußt sind“. Für *Regnet* (a.a.O., S. 21) ist die Wahrnehmung des Gegensatzes die unabdingbare Voraussetzung dafür, daß überhaupt von einem Konflikt gesprochen werden kann.

Wenn ein Konfliktpotential vorhanden ist, es aber nicht zur offenen Auseinandersetzung kommt, schwelt ein Konflikt. Mit dieser Betrachtung setzen wir uns in einen gewissen Gegensatz zu den obigen Konfliktdefinitionen. Die Praxis zeigt aber, daß es Situationen gibt, in denen insbesondere für Außenstehende bereits spürbar ist, daß „dicke Luft" herrscht, den Betroffenen jedoch ihre Gefühlslage noch kaum ins Bewußtsein gelangt ist. In Schaubild 13 werden eine Reihe von Verhaltensweisen genannt, an denen solche schwelenden Konflikte erkannt werden können. Selbstverständlich spielen diese Aspekte auch bei bewußten und ausgetragenen Konflikten eine Rolle.

Strukturinduzierte Konflikte resultieren entweder aus der Organisationsstruktur (z.B. Kommunikationsstruktur oder der hierarchischen Struktur, Kampf um knappe Güter, Wettbewerb und Konkurrenzdruck, usw.), oder aus einer Antihaltung gegenüber dem gängigen Wertesystem der Gesellschaft (in Anlehnung an *Günter Wiswede*, Einführung in die Wirtschaftspsychologie, Reinhardt Verlag München, 1991, S. 256f.).

Mit den verhaltensinduzierten Konflikten sind jene Konflikte gemeint, deren Grundlage die Persönlichkeitsanteile der Konfliktbeteiligten darstellen.

Konflikte bringen die Konfliktbeteiligten fast immer in eine schwierige Lage. Das liegt zum einen an der Eskalationstendenz von Konflikten, auf die wir beim Konfliktverlauf noch genauer eingehen, aber auch an bestimmten gesellschaftlichen Tabus. „Gerade das Thema ‚Aggression' scheint in unserer Gesellschaft stark tabuisiert zu sein. Wenn man immer sachlich und freundlich sein will, ist ein konstruktiver Umgang mit Ärger nur schwer möglich" (*Regnet*, a.a.O., S. 34). Das führt zu Rückzug und Nachgeben. Die soziale Erwünschtheit prägt das Selbstbild der Führungskraft, und sie bedingt, daß Konfliktvermeidung, Problemlösung und Kompromiß ohne Interessenausgleich die häufigsten Versuche darstellen, mit Konflikten fertig zu werden.

Macht galt lange Zeit ebenfalls als tabuisiertes Thema, das dazu führte, daß bereits die Macht, die aus der Position des Vorgesetzten resultiert, verpönt war. Das ist sicherlich Ausfluß des so häufig vorzufindenden Machtmißbrauchs. Macht ist jedoch (ohne Mißbrauch) etwas Normales, zu dem die Führungskraft stehen muß.

Wenn ein Konflikt

innerhalb einer Gruppe/ zwischen Gruppe und Individuum	zwischen Individuen
schwelt,	
sind Mitglieder ungeduldig miteinander,	gehen Beteiligte ungeduldig miteinander um,
werden Ideen angegriffen, noch bevor sie ganz ausgesprochen sind,	fallen Beteiligte sich gegenseitig ins Wort,
nehmen Mitglieder Partei und weigern sich nachzugeben,	beharren Beteiligte auf ihrem Standpunkt,
können Mitglieder sich nicht über Pläne und Vorschläge einigen,	können Beteiligte die Vorschläge des anderen nicht akzeptieren,
werden Argumente mit großer Heftigkeit vorgetragen,	sprechen Beteiligte mit aggressivem Unterton,
greifen Mitglieder sich gegenseitig auf stubtile Weise persönlich an,	machen Beteiligte ironische Bemerkungen übereinander,
sprechen Mitglieder abfällig über die Gruppe und ihre Fähigkeit,	sprechen Beteiligte bei Außenstehenden abfällig über den anderen,
widersprechen Mitglieder den Vorschlägen des Leiters,	
klagen Mitglieder sich gegenseitig an, daß sie das eigentliche Problem nicht verstehen,	beklagen Beteiligte sich darüber, daß sie den anderen nicht verstehen,
verdrehen Mitglieder die Beiträge von anderen,	verdrehen Beteiligte die Beiträge des anderen,
bilden sich Cliquen innerhalb der Gruppe.	suchen Beiteiligte sich Verbündete.

Schaubild 13: Kriterien schwelender Konflikte

Bei vorhandener Konfliktfähigkeit und dem Mut, Konflikte (angemessen) auszutragen, wird deutlich sichtbar, daß Konflikte positive Entwicklungen befördern können.

Lewis A. Coser (Theorie sozialer Konflikte, Neuwied 1965) sieht die positiven Aspekte sozialer Konflikte als Mittel gesellschaftlicher Integration, indem der Konflikt das Gruppenbewußtsein stärkt, Gruppenidentität (z.B. gegen den Außenfeind) schafft und zugleich das gesamte System stabilisiert, weil der Konflikt ein Gleichgewicht zwischen den verschiedenen Gruppen herstellt.

Ralf Dahrendorf (Gesellschaft und Freiheit, München 1961) begreift den sozialen Konflikt als die verändernde Kraft einer Gesellschaft, wobei er von folgenden Grundannahmen ausgeht:

- Jede Gesellschaft und jedes ihrer Elemente unterliegt einem kontinuierlichen Wandel (Annahme der Geschichtlichkeit);
- jede Gesellschaft ist ein in sich widersprüchliches und explosives Gefüge von Elementen (Annahme der Explosivität);
- jedes Element in einer Gesellschaft leistet einen Beitrag zu ihrer Veränderung (Annahme der Dysfunktionalität oder Produktivität);
- jede Gesellschaft erhält sich durch den Zwang, den einige ihrer Mitglieder über andere ausüben (Annahme des Zwanges).

Dahrendorf setzt seine Konflikttheorie in den Bezug zum sozialen Wandel und betont, daß soziale Konflikte funktional im Sinne von schöpferisch, nämlich als eine den Wandel hervorrufende, betreibende Kraft und zugleich integrierend wirken können. Konflikte haben aber auch eine dysfunktionale Seite mit zerstörerischer und desintegrierender Wirkung.

Er sieht den Ursprung sozialer Konflikte in den Herrschaftsverhältnissen, die innerhalb sozialer Organisationen bestehen. Nach *Dahrendorf* läßt sich jede Form differenzierter Sozialorganisation aufgrund der Über- und Unterordnungsbeziehungen als Herrschaftsverband beschreiben. Insofern ist Konflikt für ihn eine unvermeidbare und dauerhafte Erscheinung im Zusammenleben der Menschen. Konflikte können nicht ausgemerzt, aber geregelt werden.

Wird die im Kapitel „Psychologisches Konfliktmanagement" noch näher angesprochene Gewinner-Gewinner-Strategie angewandt, führt die Auseinandersetzung bei Konflikten zu Innovation und zu der Erarbeitung von Gemeinsamkeiten (*Schwarz*, Konflikte lassen sich managen: Welcher Sinn sich hinter Konflikten verbirgt, Baglers Magazin, Heft 10, S. 62–65, zit. nach *Regnet*, a.a.O., S. 49, 59f.). Konflikte können als produktive Spannungen im Sinne von Herausforderungen begriffen werden, deren Bewältigung einen Kompetenzzuwachs bedeutet.

Faßt man die Aussagen von *Coser*, *Dahrendorf* und *Schwarz* zusammen, ergeben sich folgende Grundsätze:

- Konflikte sind zum Fortbestehen eines sozialen Systems unentbehrlich (gruppenfestigende und funktionale Seite des Konflikts), weil sie:
- der Organisation die Verarbeitung der hochkomplexen und in sich widerspruchsvollen Umwelt sichern;
- die Ableitung von Aggressionen und damit den Verbleib von Mitgliedern in der Organisation ermöglichen;
- die notwendige Flexibilität und Wandlungsfähigkeit in der Organisation verstärken;
- den Subsystemen in komplexen Organisationen die funktionsnotwendige Autonomie ermöglichen.
- In Großorganisationen – als Herrschaftsverbänden – sind Macht- und Verteilungskonflikte unvermeidbar.
- Soziale Konflikte können in Auseinandersetzungen und durch ihre Folgen die Leistungsfähigkeit und den Bestand einer Organisation gefährden und zu Ängsten, Enttäuschungen, Rückzugshaltungen und Krankheiten bei den betreffenden Mitarbeitern führen (dysfunktionale Seite des Konflikts) mit den Folgen:
- Ausscheiden von Mitgliedern aus der Organisation;
- Absinken der Leistungsmotivation der Mitglieder;
- Verbrauch der Energien zum Austragen der Konflikte;
- erhöhter Krankenstand;
- Gefahr des Dogmatismus (Gruppendruck);
- Imageverlust;
- Gefährdung der Geheimhaltung von Interna.

(*Horst Bosetzky/Peter Heinrich*, [1989] a.a.O., S. 225f., 236f.).

Wir möchten darüber hinaus die in der Literatur breit diskutierten Entscheidungs- und Verhaltenstheorien zumindest erwähnen, die ebenfalls eigenständige Konzepte zu den Konfliktursachen und der Konfliktbewältigung anbieten. Die Entscheidungstheorien beziehen sich auf den Aspekt, daß in den nach Harmonie strebenden Menschen durch unvermeidbare Konflikte Spannungszustände, also innere Konflikte, erzeugt werden (Dissonanztheorien), während die Verhaltenstheorien von einer Fülle innerer und äußerer Reize ausgehen, die verschiedene, aber nicht gleichzeitig realisierbare Reaktionen im Verhalten auslösen. Zwangsläufig muß jede dieser Theorien zu anderen Empfehlungen kommen, wie Konflikte zu bewältigen sind (*Karl Berkel*, Konflikttraining, 2. Aufl. Sauer Verlag Heidelberg, 1990, S. 23f.).

Nach individualpsychologischer Auffassung unterscheiden sich Menschen in ihrer Konfliktfähigkeit und Konfliktbereitschaft sowohl in quantitativer als auch in qualitativer Hinsicht. Im Vorgriff auf die Ausführungen im Kapitel „Grundkurs in tiefenpsychologischer Menschenkenntnis" wollen wir hier bereits erwähnen, daß die spezifische Ausformung der Konfliktbereitschaft, aber auch der Konfliktfähigkeit in der Interaktion zwischen dem heranwachsenden Kind mit seinen Eltern und Geschwistern und anderen wichtigen Bezugspersonen heranreift.

Der Konflikt bewegt sich im Spannungsfeld zwischen einem Unterlegenheitsgefühl – von *Adler* treffend Minderwertigkeitsgefühl genannt – und dem Versuch, aus dieser Unterlegenheitsposition herauszugelangen. Dieser Versuch endet in aller Regel nicht bei einem Ausgleich, sondern in dem Wunsch nach Überlegenheit. Es geht also nicht allein um die Kompensation eines Mangels, sondern um die Überkompensation.

Die Individualpsychologie unterscheidet drei Wege der Konfliktbewältigung:

- Der aktive Weg der Konfliktlösung, bei dem es für die Konfliktbeteiligten nicht um Sieg oder Niederlage, sondern um die Auflösung des Widerspruchs durch Handlung und Entscheidung geht. Der Sachaspekt steht im Vordergrund. Die Einigung unter Teilung der Verantwortung ist das vorrangige Ziel, so daß unter Umständen persönliche Nachteile in Kauf genommen werden.
- Der aktive Weg überkompensierender Konfliktbewältigung, bei dem sich die Konfliktbeteiligten in einer Minus- bzw. Unterlegenheitsposition fühlen. Die bloße Kompensation der Minussituation verschafft keine Befriedigung. Erst die Überkompensation, die Selbsterhöhung bei gleichzeitiger Niederlage des Gegners verschafft Genugtuung für die erlittenen Minderwertigkeitsgefühle. Da beide Seiten die Überlegenheitsposition anstreben, sind Aggressionen häufig, wenngleich sie von *Adler* in jedem Falle als ungünstig für den Urheber beurteilt werden.

- Der passive Weg der Konfliktvermeidung, bei dem die Konfliktbeteiligten die schwierige Situation vermeiden oder den Konflikt verleugnen/verdrängen, unter Umständen verbunden mit einem Ausleben der Konfliktsituation in der Phantasie (in Anlehnung an: *Wolfgang Kretschmer*, Konflikt, in: R. Brunner u.a., Wörterbuch der Individualpsychologie, a.a.O., S. 232ff.).

Konfliktursachen

„Niemals sind objektive Gegebenheiten allein imstande, Konflikte zu erzeugen und in ihrem Verlauf zu bestimmen – die multifaktorielle Bedingtheit ist zu berücksichtigen. (*Regnet*, a.a.O., S. 27). In vielen Fällen haben Konflikte bereits eine Geschichte, die zu Animositäten zwischen den Konfliktparteien geführt hat, so daß gar kein neuer Zündstoff nötig ist, um ein Konfliktgeschehen ingang zu setzen.

Die Konfliktursachen sind vielfältig untersucht. Bei Konflikten in Organisationen wurden insbesondere viele empirische Untersuchungen angestellt. *Baron* (1988, vgl. *Regnet*, a.a.O., S. 28) ließ 14 mögliche Gründe für Konflikte von 108 Angestellten eines großen Nahrungsmittelwerkes hinsichtlich der Relevanz für die eigene Abteilung abschätzen. Die einzelnen Konfliktursachen wurden in der folgenden Reihenfolge, angefangen mit der größten Konflikthäufigkeit aufgeführt:

- unzureichende Kommunikation,
- gegenseitige Abhängigkeit,
- das Gefühl, ungerecht behandelt zu werden,
- Ambiguität (Doppelsinnigkeit) wegen Verantwortung,
- wenig Gebrauch von Kritik,
- Mißtrauen,
- unvereinbare Persönlichkeiten und Einstellungen,
- Kämpfe um Macht und Einfluß,
- Groll, Ärger, Empfindlichkeit,
- Gruppenmitgliedschaften,
- Auseinandersetzung über die Zuständigkeiten,
- Belohnungssysteme,
- Gesichtsverlust,
- Wettbewerb und knappe Ressourcen.

Konflikte werden zu solchen, wenn sie von starken Emotionen begleitet sind und diese mit der objektiven Sachlage des Problems versponnen werden. Konflikte spiegeln nicht die objektive Wirklichkeit, sondern befinden sich in den Köpfen und Gefühlen der Menschen, die miteinander streiten. Ist das Klima zwischen den Kontrahenten erst einmal in dieser Weise angespannt, geht es nur noch um Sieg oder Niederlage. Da bei der Verteidigung von Positionen mindestens eine Partei ins Hintertreffen gerät, ist der Unterlegene leicht geneigt, sich zu rächen. Er richtet seinen Unmut nicht auf die mißliche Situation, in die er geraten ist, sondern drückt sie direkt oder auf Umwegen gegenüber dem Menschen aus, mit dem er dies alles verbindet. Dann wird die Färbung des Konfliktes noch emotionaler. Früher geschätzte Eigenschaften erfahren eine Verkehrung ins Gegenteil. In dem einstmals gemochten, geachteten oder geliebten Menschen werden nur noch negativ besetzte Eigenschaften wahrgenommen und bekämpft. Das führt zu Mißverständnissen und kann zur Folge haben, daß aus sachlichen Erklärungen der Gegenpartei unzutreffende Folgerungen abgeleitet werden, die dann als Belege für die (angeblich schändlichen) Absichten und Vorsätze der Gegenseite betrachtet werden. Wenn sich der „Verlierer" nicht in der Lage fühlt, sich zu wehren, wird der Unmut nicht gegenüber dem als überlegen empfundenen Partner geäußert, sondern an Schwächeren ausgetragen (in Anlehnung an: *Roger Fisher, William Ury, Bruce Patton,* Das Harvard-Konzept, Campus Verlag, New York 1993)

Konfliktverlauf

Konflikte haben die Tendenz, zu eskalieren. In Anlehnung an ein Neun-Stufen-Modell von Glasl (*F. Glasl,* a.a.O.) möchten wir die Eskalation von Konflikten und die notwendigen Interventionen aufzeigen:

- In der ersten Stufe dieses Phasenmodells wird versucht, durch Kooperationsbemühungen von beiden Seiten den Konflikt beizulegen. Dabei kann es zu Reibungen und Spannungen kommen, aber die Zusammenarbeit und das gemeinsame Handeln wird nicht grundsätzlich infrage gestellt.

- Konnte diese Phase nicht konstruktiv beendet werden, kann in Stufe zwei eine Polarisierung erfolgen. Egoistische Standpunkte und die Reizbarkeit nehmen zu. In dieser Phase sollten die kooperativen und die konkurrierenden Verhaltensweisen benannt und versucht werden, gemeinsame Ziele neu zu betonen.
- Gelingt dies nicht, so eskaliert der Konflikt in Stufe drei durch Provokation und den Versuch beider Seiten, die eigenen Ziele zu fördern und die des „Gegners“ zu blockieren. Soll der Konflikt nicht noch weiter eskalieren, ist eine Intervention dringend erforderlich. Inzwischen projizieren die Konfliktparteien Verhaltensweisen auf das Gegenüber, die dringend bewußt gemacht werden müssen, damit wieder Gemeinsamkeiten erarbeitet werden können.
- Ist auch dies nicht möglich, beginnen die Konfliktparteien in Stufe vier, an einer einvernehmlichen Lösung zu zweifeln. Es geht jetzt nur noch um Sieg oder Niederlage. Bei Außenstehenden wird nach Unterstützung gesucht und die eigene Handlungsweise gerechtfertigt. Hier scheint die Intervention eines neutralen Dritten fast unerläßlich, um weiteren Schaden zu verhindern. Sind die Konfliktparteien nicht mehr zu Zugeständnissen bereit, um noch Einigung über das Sachproblem zu erlangen, ist ein gezieltes Konfliktbewältigungsprogramm nach dem Muster im Kapitel Psychologisches Konfliktmanagement unerläßlich.
- Denn sonst kommt es in Stufe fünf zum Kampf mit möglichem Gesichtsverlust. Da kein Vertrauen mehr vorhanden ist, kommt es zu Retourkutschen, Rache, Schlägen unterhalb der Gürtellinie. Nebenkriegsschauplätze werden eröffnet. Wer hier konfliktregelnd eingreifen will, muß schon über viel Feingefühl und Kompetenz verfügen und vor allem darauf achten, daß eine Vermittlung ohne weitere Demütigungen und Identitätsverluste vonstatten geht.
- In Phase sechs, so es denn soweit kommt, geht es gar nicht mehr um das Sachproblem, es werden nur noch Drohgebärden ausgetauscht. Wenn die Konfliktparteien sich nicht hier schon auf Dauer trennen, kommt es in Stufe sieben zu systematischen Zerstörungsschlägen, in Stufe acht zu einem Nervenkrieg, und in Stufe neun droht die totale Vernichtung auch um den Preis der Selbstvernichtung.

Es zeigt sich also, daß mit zunehmender Eskalation die Tendenz besteht, das ursprüngliche Streitthema aus den Augen zu verlieren und den Konflikt immer mehr zu „personalisieren“. Dabei stehen den Kontrahenten zwei mögliche Positionen zur Verfügung, die unterschiedlich stark ausgelebt werden: die des Konfliktvermeiders und die des Siegers. Konfliktvermeider machen Zugeständnisse und bekommen dann oft das bittere Gefühl, ausgenutzt zu werden. Sie werden zum Opfer. Die logische Konsequenz daraus wäre eigentlich, nicht immer nachzugeben, sondern eigene Wünsche angemessen zu vertreten. Da Konfliktvermeider dies meist nur sehr schwer können, nehmen sie unbewußt eine Umdeutung der Werte vor, so daß das Nicht-Können zur Überlegenheit führt in dem Sinne, daß sie verzichtsbereit, friedfertig und demütig, eben moralisch überlegen sind. Bei Menschen, die Konflikte aggressiv austragen, um Sieger zu werden oder zu bleiben, können die (oft unbewußt) zugrundeliegenden Motive sein: Überlegenheit, gewinnen wollen, recht behalten wollen, usw. Das führt zu einem Prozeß des Feilschens um Positionen. Dann wird die ganze Aufmerksamkeit auf die Verteidigung von Positionen verwendet, und es ist nicht mehr möglich, zu den dahinterliegenden Problemen vorzudringen. Bei einem Streit um Positionen ist die harte und aggressive Linie einer nachgiebig-weichen bei weitem überlegen.

Dem Individualpsychologen *Horst Gröner* verdanken wir ein Schaubild über den Ablauf von Konflikten (*Michael Titze/Horst Gröner*, Was bin ich für ein Mensch?, a.a.O., S. 226), das wir in Teilbereichen ergänzt haben.

Das Schaubild geht von der Voraussetzung aus, daß ein Konflikt entsteht, wenn ein Mensch daran gehindert wird, sein gestecktes Ziel zu erreichen. Der dadurch entstehende Gefühlszustand wird als Frustration bezeichnet und löst bei dem in seiner Zielerreichung Gehinderten ein Ohnmachtsgefühl aus. Verfügt der Betreffende über ein gewisses Maß an Frustrationstoleranz, wird er sich vielleicht mit einem Kompromiß zufriedengeben oder sein Ziel in eines umformulieren, das erreichbar ist. Hat er allerdings häufig die Erfahrung gemacht, daß seine Ziele durchkreuzt wurden und er selbst bei einer Umformulierung keinen Erfolg hatte, wird er resignieren. Verfügt der Betreffende über keine oder wenig Frustrationstoleranz, kann die Frustration zur Aggression führen.

Der Konfliktablauf im Überblick

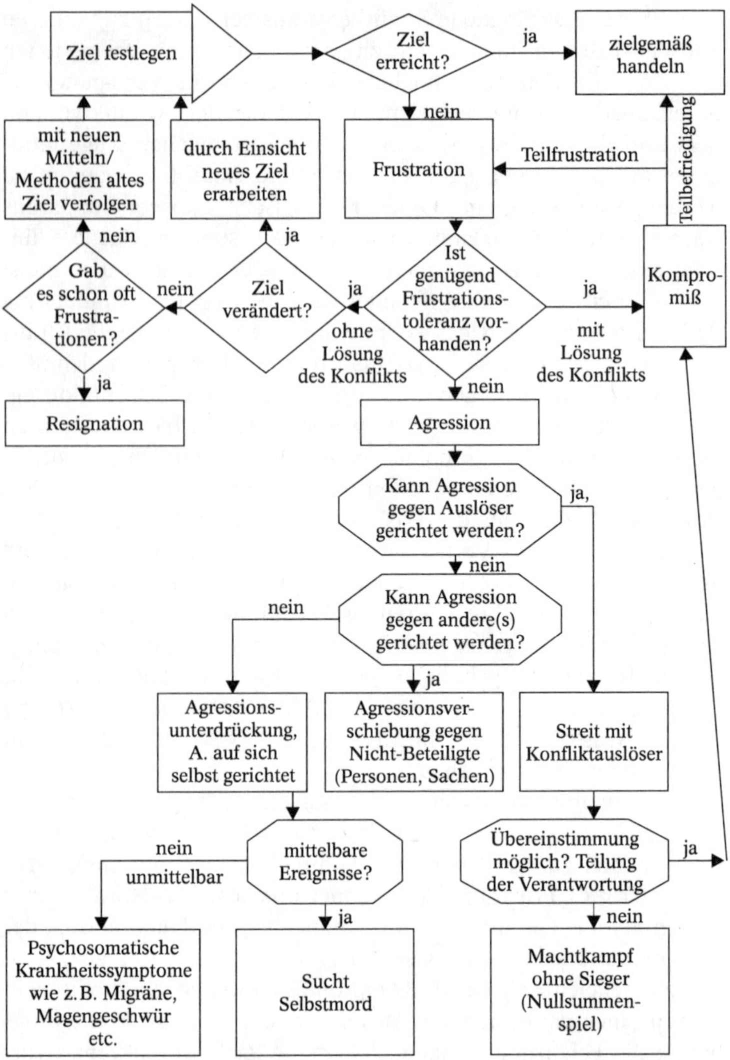

Schaubild 14: Konfliktablauf im Überblick

(*Quelle:* in Anlehnung an M. Titze/H. Gröner, Was bin ich für ein Mensch, Freiburg 1989, S. 226)

Ist eine Auseinandersetzung zwischen dem Aggressor mit dem Auslöser der Frustration möglich, finden die Konfliktbeteiligten vielleicht zu einem tragfähigen Kompromiß unter Teilung der Verantwortung, oder die beiden geraten in einen Machtkampf ohne Sieger (Nullsummenspiel). Andernfalls endet die Aggression in einer Aggressionsverschiebung gegen Dritte (meist Schwächere) oder führt zur Autoaggression.

Welchen Weg der Konfliktablauf nimmt, ist von der Charakterstruktur der Konfliktbeteiligten abhängig (beispielsweise dem Ausprägungsgrad der Frustrationstoleranz, der Neigung zur Resignation, der Aggressionsbereitschaft, usw.).

Wir wollen die oben skizzierten Möglichkeiten des Konfliktablaufs durch ein einfaches Beispiel verdeutlichen. Angenommen, ein kleiner Junge erhält Geld und will sich ein Eis dafür kaufen. Als er beim Eisstand ankommt, ist das Eis alle (Frustration). Bei genügender Frustrationstoleranz wird er sich vielleicht entscheiden, Bonbons zu kaufen (Kompromiß) oder zu einem anderen Eishändler zu gehen (Zielveränderung). Sind seine Bedürfnisse schon oft unbefriedigt geblieben oder Ziele durchkreuzt worden, wird er vielleicht mit hängendem Kopf nachhause gehen, überzeugt, daß er doch nicht kriegt, was er haben will (Resignation).

Ohne Frustrationstoleranz wird er den Eisverkäufer wütend beschimpfen (Aggression). Vielleicht zeigt dieser Verständnis für die Enttäuschung des Jungen und bietet an, daß er morgen ein Eis extra für ihn aufheben wird (Kompromiß). Wenn er aber sauer wird und seinerseits den Jungen beschimpft, daß dieser so frech ist, kommt es zu einem Machtkampf ohne Lösung. Wenn sich der Eisverkäufer aber der Auseinandersetzung entzieht, tritt der Junge vielleicht vor Wut gegen den Eiswagen, oder er geht nachhause und prügelt den Hund (Aggressionsverschiebung). Für den Aspekt der Autoagression gibt dieses kleine Beispiel allein keinen Anlaß, aber in der Summe vieler Ereignisse, bei denen Aggressionen heruntergeschluckt wurden, vielleicht, weil solche Äußerungen hart bestraft wurden, ist sie sehr wohl denkbar.

Titze/Gröner ziehen folgendes Resümee aus dem Konfliktablauf:

Das Wissen um die eigene Charakterstruktur ermöglicht durchaus nicht immer eine Konfliktvermeidung, aber man könnte aus der Kenntnis der Konfliktabläufe in einem Konflikt versuchen:

- die Belastbarkeit und damit die Frustrationstoleranz zu erhöhen, indem die in der Charakterstruktur liegenden Stärken genutzt und auch nachrangige Verhaltensmuster angewendet werden;
- bei vorhandener Frustrationstoleranz über die eigenen Ziele nachzudenken, negative Anteile zurückzudrängen, positive Anteile wirksamer werden zu lassen;
- bei aufkommender Aggression mit dem Auslöser des Konfliktes über die auslösenden Momente zu sprechen, d.h. die jeweiligen Anteile am Konflikt bewußt zu machen. Auf diese Weise könnten zumindest diese Ursachen für ein anderes Mal vermieden werden. Wer sich seiner Stärken und Schwächen bewußt ist, wird Konflikte konstruktiver ausleben und andere miterleben lassen *Titze/Gröner*, a.a.O., S. 225).

Wir wollen das Kapitel über den Konfliktverlauf mit einem eigenen Modell abschließen, zum einen wegen der fehlenden einheitlichen Betrachtung in der Konflikttheorie, zum anderen, weil wir eine Grundlage brauchen, auf der das später folgende Kapitel Psychologisches Konfliktmanagement aufbauen kann. Wir haben dabei nicht den Anspruch, Konflikte erschöpfend zu begründen, aber den Vorteil, daß aus der psychoanalytischen Praxis ein so profunder Kenntnisstand über Konfliktverläufe besteht, daß uns ein eigenes Modell gerechtfertigt erscheint. Das Modell bezieht die Streitgegenstände und die Erscheinungsformen der Auseinandersetzung mit ein und ermöglicht es, später im praktischen Umgang mit Konflikten auch die Persönlichkeitsanteile zu berücksichtigen, beispielsweise zu erarbeiten, inwieweit die eigene Persönlichkeitsstruktur bedingt, daß ein Machtkampf geführt wird, usw.

Wir haben vier Schaubilder vorbereitet, anhand derer wir das Konfliktmodell aufbauen wollen. Wir sind bei den sog. Scheinkonflikten bereits auf Meinungsverschiedenheiten eingegangen. Meinungsbildung ist ein Prozeß. Im Grundkurs in tiefenpsychologischer Menschenkenntnis und hier insbesondere in den Ausführungen über die kooperative Familienatmosphäre wird noch sehr deutlich werden, wie das Gewinnen eines Selbst-, Fremd- und Weltbildes vonstatten geht. Die Interaktion mit anderen Menschen sowie die Lebens- und Berufserfahrung haben diese Auffassungen im Verlaufe des Lebens ergänzt und/oder verändert.

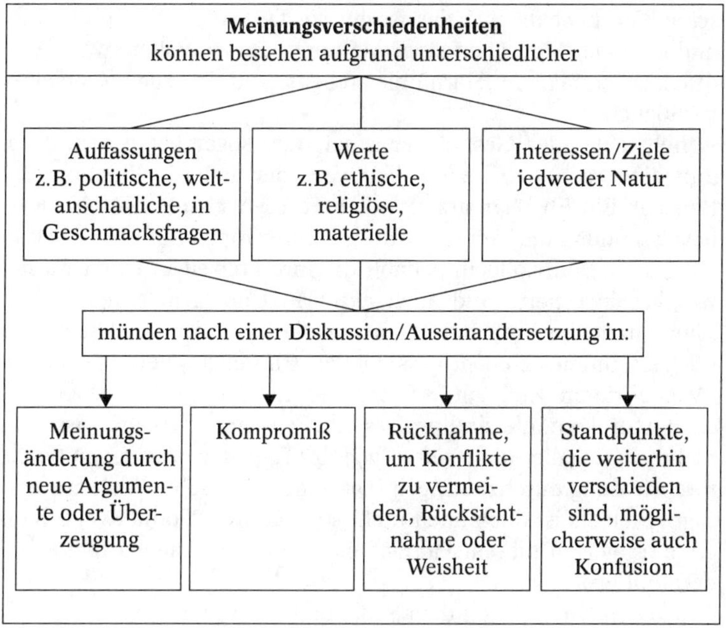

Schaubild 15: Scheinbare Konflikte: Meinungsverschiedenheiten

Es treffen zwei Menschen zusammen und beginnen zu diskutieren. Sie werden dabei auf Gemeinsamkeiten stoßen und unterschiedliche Auffassungen, Werte, Interessen und Ziele feststellen. Wird die Diskussion in einem wohlwollenden Gesprächsklima geführt, sind die Gesprächspartner in der Lage, auch unterschiedliche Standpunkte stehen zu lassen, sind sie kompromiß- und lernbereit, werden beide Seiten gewinnen. Sie gehen in dem Bewußtsein auseinander, ein anregendes Gespräch geführt zu haben. Dabei mögen sich die eigenen Standpunkte in Teilbereichen verändert haben, oder man traf sich sozusagen in der Mitte. Vielleicht hat einer oder beide Gesprächspartner aber auch festgestellt, daß ein Beharren auf dem eigenen Standpunkt zu Konflikten führen würde und/oder nimmt Rücksicht auf mögliche Empfindlichkeiten seines Gegenübers. Das ist dann kein Kleinbeigeben, sondern eher Weitsicht und Weisheit. Manche Standpunkte werden unterschiedlich bleiben, und das ist gut so. Denn der Wunsch, immer und mit allen Menschen einer Meinung sein zu wollen, wäre Ausdruck übermäßigen Harmoniestrebens und ist zudem objektiv unmöglich.

Stellt einer der Gesprächspartner oder sogar beide darauf ab, unbedingt recht haben zu wollen, verändert sich die Situation. Ein Beispiel: Ein Ehepaar sitzt vor dem Fernseher und sieht eine Karnevalssendung an. Gerade tritt eine Tanzgruppe auf. Die Ehefrau hat früher eine Kollegin gehabt, die ihre Freizeit in einen Karnevalsclub investierte und auch aktiv an Umzügen teilnahm. Der Mann fragt die Frau mit Blick auf die Tanzgruppe: „Die haben doch bestimmt einen professionellen Choreographen". Die Frau: „Meine frühere Kollegin hat aber gesagt..." Der Mann: „Doch, das sieht man doch, die sind professionell geschult..." Beide wissen es nicht genau. Aber die Ehefrau wie der Ehemann versuchen beide, ihre Meinung durchzubringen. Die Frau steigt schließlich aus und sagt: „Ach, es ist doch auch nicht so wichtig". Pikanterweise handelte es sich in diesem Fall gar nicht um eine Laiengruppe, sondern um Profis.

Wenden wir uns jetzt dem Schaubild 16 „Von der Meinungsverschiedenheit zum Konflikt" zu.

Daß Macht-, Überlegenheitheitsstreben und Rache einen Konflikt anheizen können, leuchtet sofort ein. Aber Verweigerung oder gar Nichtkönnen? Das möchten wir wieder an einem Beispiel deutlich machen. Eine Unternehmerin hatte einen weiblichen Lehrling eingestellt, die ihr bereits als wenig leistungsfähig avisiert worden war. Am Telefon war diese äußerst schüchtern und hörte sogar ganz auf zu sprechen, wenn ein Kunde dran war. Die Briefe, die sie schrieb, waren nicht zu gebrauchen, usw. Die Unternehmerin gab sich unendliche Mühe mit ihr. Sie übten Telefonieren, sie sprach die mißglückten Briefe mit ihr durch, usw. Schließlich mußte die junge Frau doch wieder entlassen werden. Sie zahlte zwar hohe Kriegskosten, aber sie blieb auch dieses Mal Siegerin, die Unternehmerin hatte kapituliert.

Geraten also durch Haltungen wie die oben zitierten die ursprünglichen Meinungsverschiedenheiten zum Konflikt, versuchen die nunmehr Kontrahenten, ihrem Gegenüber ihre Meinung aufzudrücken, das eigene Wertesystem auch für den anderen ver-

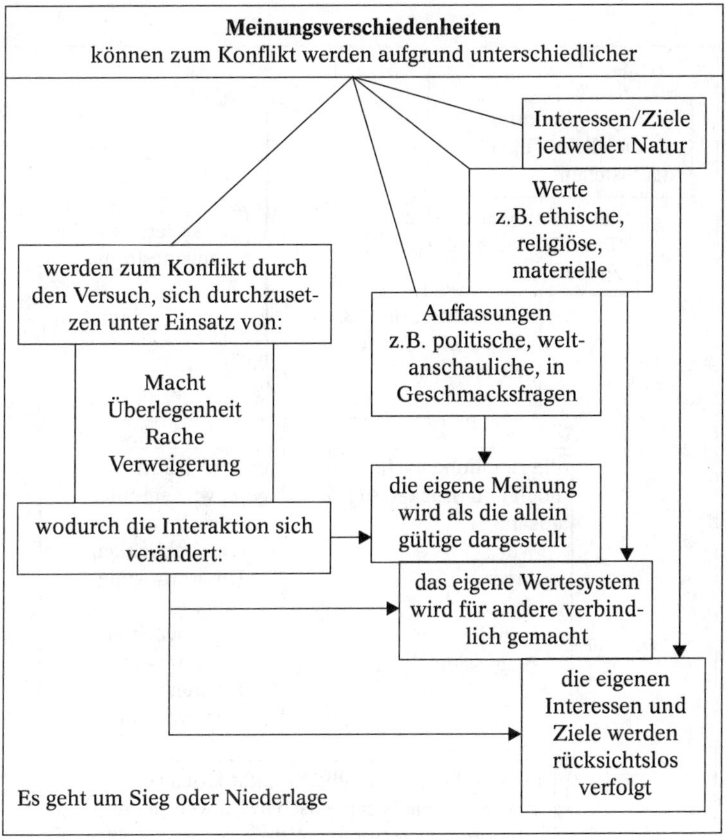

Schaubild 16: Von der Meinungsverschiedenheit zum Konflikt

bindlich zu machen und die eigenen Interessen und Ziele rücksichtslos zu verfolgen. Es geht ums Siegen und nicht mehr um die Inhalte, also die Sachebene. Von diesem Prozeß handelt das Schaubild 17 „Die Folgen eskalierender Konflikte“.

Der Kampf um Positionen emotionalisiert die Konfliktparteien. Wut und Ärger steigen hoch und finden Ausdruck in spitzen Bemerkungen und Ironie sowie Aggressionen, erkennbar an Überheblichkeit, der Unterdrückung Schwächerer, dem Beharren auf dem eigenen Standpunkt, Besserwisserei, beleidigtem Rückzug

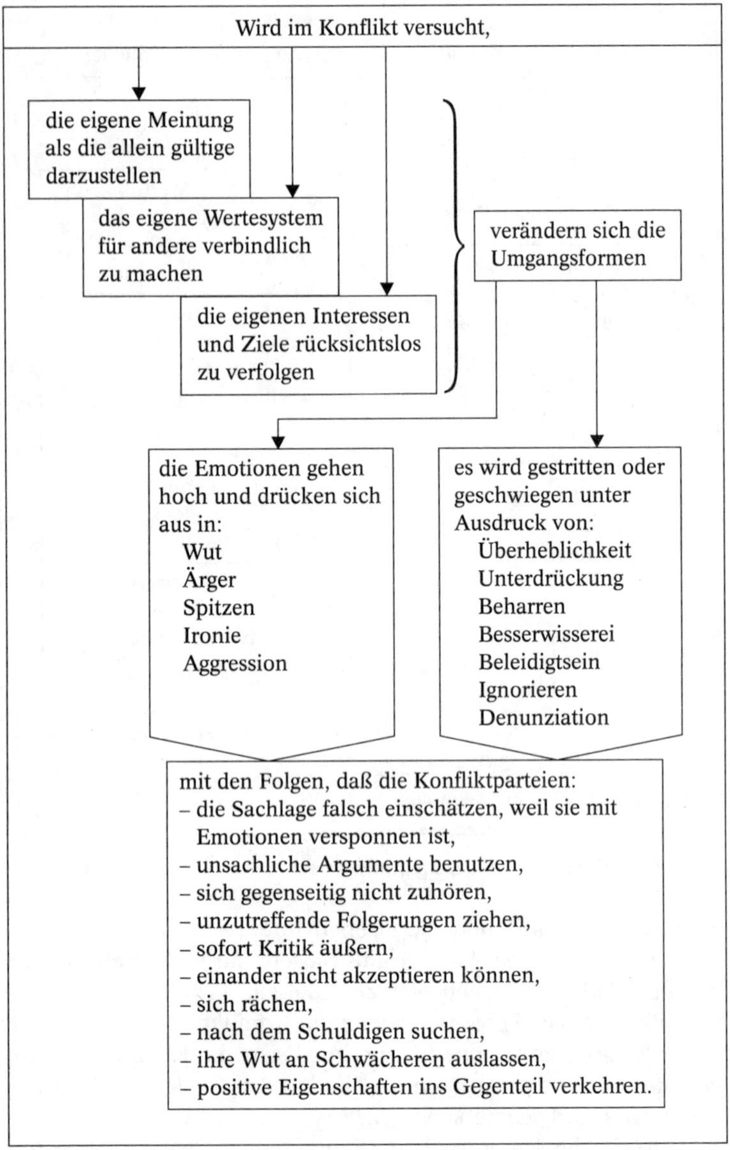

Schaubild 17: Die Folgen eskalierender Konflikte

und beredtem Anschweigen. Der andere wird wie Luft behandelt, und es wird versucht, bei Dritten Verbündete zu finden. Diesen werden dann alle Verfehlungen des nunmehr Konfliktgegners brühwarm offeriert und auch Dinge unterstellt, die so gar nicht stattgefunden haben, sie werden denunziert.

Der nunmehr eskalierte Konflikt hat Folgen: eskalierende Konflikte gehen mit Realitätsverlust einher, es ist nicht mehr möglich, die Sachlage richtig einzuschätzen, weil die Emotionen im Vordergrund stehen. Manchmal geht es gar nicht mehr um den ursprünglichen Sachverhalt, usw. Einen Aspekt dieser Folgen wollen wir genauer betrachten. Menschen, die sich nicht mehr mit Wohlwollen begegnen, nehmen ihr Gegenüber anders wahr als zuvor. Nicht nur wird das Augenmerk nicht mehr auf die angenehmen Seiten gelenkt, sondern auf diejenigen, die aufgrund der eigenen Vorstellungen ablehnenswert sind, die Eigenschaften selbst werden in ihr Gegenteil verkehrt. Nehmen wir an, da haben sich zwei Menschen ineinander verliebt. Der Mann sagt von der Frau, deren Liebe er zu gewinnen trachtet, daß er sie hinreißend findet, charmant und originell. Sie sei voller Ideen, unkonventionell und spontan. Die Frau wiederum ist hingerissen von der Zuverlässigkeit, Stetigkeit und Treue, sie findet ihn solide. Nun haben die beiden ein paar Jahre zusammengelebt, und ihre doch sehr verschiedenen Lebenshaltungen haben handfeste Konflikte heraufbeschworen. Wenn jetzt der Mann gebeten würde, seine Frau zu charakterisieren, würde er vielleicht sagen: „Sie hat dauernd neue Ideen im Kopf, aber nichts macht sie zuende. Ich hasse es, wenn sie sich nicht an Regeln hält, unpünktlich ist und sie immer gerade das tut, wozu sie Lust hat“. Und die Frau: „Er ist ja so langweilig, unflexibel und so schrecklich solide...“

Das hier beschriebene Phänomen ist im übrigen Begleiterscheinung des Vorurteils und der Fremdenfeindlichkeit. Auch hier werden Verhaltensweisen in ihr Gegenteil verkehrt, wobei in der Ingroup die gleichen Eigenschaften als positiv bewertet werden, die der Outgroup als negativ angelastet werden.

Im letzten Schaubild dieser Sequenz „Der Konfliktprozeß“ haben wir versucht, die oben beschriebenen Phänomene in einen Gesamtzusammenhang zu bringen.

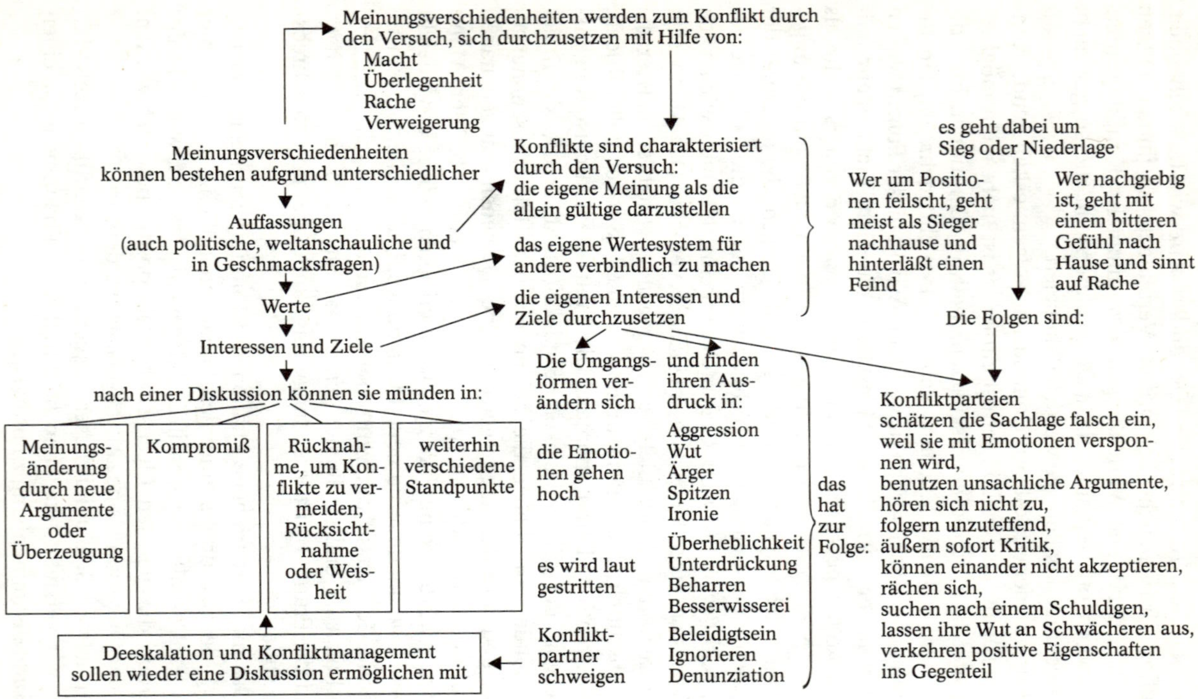

Schaubild 18: Der Konfliktprozeß

Neu aufgenommen ist hierin, daß über Deeskalation und Konfliktmanagement versucht werden soll, wieder zu einer Umgangsform zurückzufinden, in der es um das zu lösende Sachproblem geht bzw. es wieder möglich ist, ohne Waffen miteinander zu diskutieren, argumentieren, sich auseinanderzusetzen. Das wird in aller Regel nur möglich sein, wenn die Kontrahenten handlungsfähig werden und Ansatzpunkte finden, mit bestimmten Wesenszügen in ihrer Persönlichkeit anders umzugehen. Damit werden wir uns im Kapitel Psychologisches Konfliktmanagement ausführlich beschäftigen.

Konfliktbewältigung

Da der Konfliktbewältigung ein eigenes Kapitel Psychologisches Konfliktmanagement gewidmet ist, wollen wir hier einige Gedanken aus der Literatur aufgreifen. *Erika Regnet* macht den Vorschlag, bewußt den Terminus „Konfliktlösung“ zu vermeiden, weil damit leicht die Bedeutung von „endgültig“ und „ein für allemal“ verbunden sei. „Ein sozialer Konflikt wäre gelöst, wenn er nicht wiederkehrt und keine Ressentiments bei den Betroffenen hinterläßt“ (*Regnet* a.a.O., S. 45). Sie schlägt deshalb vor, von „Konfliktmanagement“ und „Konflikthandhabung“ zu sprechen, ein Gedanke, den wir gerne aufgreifen. Gleichwohl wäre es wünschenswert, daß das Konfliktmanagement in einer Konfliktlösung endet, damit sich die Kontrahenten wieder unbefangen begegnen können.

Wir wollen zunächst das Augenmerk auf die etwas milderen und leichter zu lösenden Interaktionsfelder lenken, auf die Situation, die in der Literatur als „Scheinkonflikt“ bezeichnet wird, weil er lediglich auf Mißverständnissen beruht, die ausgeräumt werden können. Auch das „Problemlösen“ bei dem sich die Betroffenen gemeinsam an der Suche nach einer Lösungsalternative beteiligen, birgt nicht jenen Zündstoff in sich, der den eigentlichen und erst recht den eskalierenden Konflikten eigen ist. Zu dem Umgang mit beiden geben wir Hinweise im Kapitel Psychologisches Konfliktmanagement.

Wünschenswert für den Umgang mit den im obigen Sinne „echten“ Konflikten ist das Vermeiden von:

1. Vorurteilen
2. Mißtrauen
3. Motiv-Unterstellungen
4. Kommunikationsbarrieren
5. Anreizen zur Machtmotivation
6. feindseligen Einstellungen und Aggressionen.

(*Bruno Rüttinger*, Konflikte in Organisationen, in: *C. Graf Hoyos*, u.a. [Hrsg.], a.a.O. S. 560f.)

Nach *Dahrendorfs* „liberalistischer Konfliktstrategie" (*Ralf Dahrendorf*, Zu einer Theorie des sozialen Konflikts, in: *W. Zapf* [Hrsg.], Theorien des sozialen Wandels, Köln 1970, S. 108ff.) werden drei Konfliktlösungsansätze vorgestellt, von denen die Konfliktregelung zu c) eindeutig den Vorzug erhält:

Merkmale: Konfliktstrategien		(*Dahrendorf* 1972)
a) Konflikt-unterdrückung	**b) Konfliktlösung**	**c) Konfliktregelung**
1. Leugnung von Konflikten	Anerkennung von Konflikten	Anerkennung von Konflikten
2. Behauptung der harmonischen Gesellschaft	Ziel der harmonischen Gesellschaft	Legitimation der konfliktbehafteten Gesellschaft
3. Konflikte werden als Störfaktor behandelt und möglichst ausgeschaltet	In jedem Konflikt gibt es Gut und Böse, Wahr und Falsch; der Konflikt wird bis zum Sieg des Guten verschärft	Konfliktparteien werden als gleichberechtigt anerkannt; Konflikt gilt als ständig zu regelnde Dauererscheinung; Spielregeln der Austragung im Vordergrund
4. Konsequenz: Gemeinschaftsideologie – Gefahr der revolutionären Entladung unterdrückter Konflikte	Konsequenz: Diktatur des und der „Guten"; Konfliktunterdrückung nach Durchsetzung der „Lösung"	Konsequenz: demokratisch-pluralistisches System; Kompromiß; Veränderung in „kleinen Schritten" (Reform)

Schaubild 19: Konfliktregelung nach *Dahrendorf*

(*Quelle:* Bosetzky/Heinrich, Mensch und Organisation, 4. Aufl. Köln 1989, S. 237)

In *Dahrendorfs* Modell ist jedoch die Konfliktlösung (b) mit ihrem Diktat der „besseren" Lösung nicht mehr als eine pseudodemokratische Konfliktunterdrückung und damit keine „echte" Konfliktlösung.

Nachfolgend möchten wir noch eine Reihe von Anregungen aufgreifen, die hauptsächlich dem Buch von *Roger Fisher, William Ury, Bruce Patton*, „Das Harvard-Konzept" entnommen und durch Hinweise aus dem Buch „Konflikte in Organisationen" (*Regnet*) ergänzt sind:

- Es ist günstig, ein Problem/einen Konflikt möglichst früh anzusprechen, wenn Ärger, Wut, Enttäuschung, Kränkungen, usw. noch nicht so groß sind, so daß noch sachlich verhandelt werden kann.
- Es kann davon ausgegangen werden, daß mindestens eine, vielleicht auch beide Seiten am Managen ihres Konfliktes interessiert sind und Einigung erzielen wollen, sonst käme es nicht zu einem Gespräch. Die Konfliktpartner haben demnach sowohl gegensätzliche als auch gemeinsame Interessen.
- Das Gespräch sollte eine wechselseitige Kommunikation sein mit dem Ziel, eine Übereinkunft zu erreichen.
- Je weiter fortgeschritten ein Konflikt ist, um so ausgeprägter geht es den Kontrahenten um Sieg oder Niederlage. Der Konflikt läßt sich aber nur handhaben, wenn angestrebt wird, daß beide Seiten Gewinner sind: Gewinner-Gewinner-Strategie.
- Der Konflikt ist zu einem solchen geworden, weil das ursprüngliche Problem mit Emotionen versponnen wurde. Eine Erörterung der Sachlage (und Problemlösung) ist demnach nur möglich, wenn sie von dem menschlichen Problem abgelöst betrachtet und behandelt wird.
- Die Konfliktparteien verfolgen in Auseinandersetzungen sowohl eigene Interessen als auch Positionen. Das Durchsetzenwollen von Positionen behindert die Konfliktlösung stark, weil dieses von irrationalen Motiven begleitet ist. Das Augenmerk sollte deshalb auf die zu verfolgenden Interessen und nicht auf die zu verteidigenden Positionen gelenkt werden.
- Unter Beachtung bestimmter Interaktionsregeln, die die gegenseitige Achtung der Kontrahenten aufrecht erhalten, kann in der

Sache ruhig hart verhandelt werden. Der Umgangston muß jedoch höflich und zuvorkommend bleiben.
- Die Übereinkunft, die dann schließlich getroffen wird, sollte vernünftig und effizient sein.
- Dazu sollten Gemeinsamkeiten gefunden und neu belebt werden.
- Nach Möglichkeit sollte die Interaktion der Konfliktpartner das Verhältnis zwischen den Parteien verbessern, mindestens aber nicht zerstören.
- Die Übereinkunft sollte deshalb einen fairen Kompromiß darstellen, in dem sich die Konfliktparteien wiederfinden können.

Zur Ergänzung verweisen wir auf die von *Berkel* (*Karl Berkel*, Konflikte in und zwischen Gruppen, in: L. von Rosenstiel, Führung von Mitarbeitern, a.a.O., S. 292f.) aufgestellten Regeln gemeinsamer kooperativer Konfliktbewältigung:
- mit leichten Punkten beginnen, die eine rasche Einigung zulassen;
- Zwei-Phasen-Abfolge:
- einen Rahmen festlegen, der einige wenige gemeinsam zu erreichende Ziele benennt,
- dann erst Details ausarbeiten (sich nicht sofort in Detailfragen verbeißen!),
- Trennung von Diskussion und Lösung (keine endlose Diskussion bis zur Einzellösung, sondern breite Diskussion des ganzen Spektrums, bis sich Möglichkeiten für Kompromisse oder Kompensationen erkennen lassen);
- Verhandlungsabfolge festlegen, so daß weder über alles gleichzeitig diskutiert wird noch konzessionsfähige Themen zu verschiedenen Zeiten angesprochen werden (Empfehlung: kein Element des Schlußergebnisses wird endgültig gebilligt, bevor nicht alle Punkte diskutiert worden sind. Damit ist es möglich, früher diskutierte Punkte mit den später diskutierten zu vergleichen);
- gegeneinander gerichtete Rollenkonflikte von Konfliktparteien vermeiden durch gesonderte Verhandlungsdelegationen beider Seiten, die Einigungsmöglichkeiten ausloten sollen;
- rationale Konfliktanalyse durch emotionale, aggressionsfreie Argumentation ergänzen, um die notwendige Betroffenheit zu erzeugen, die ggf. zum Einlenken zwingt;

- für eine entspannte Atmosphäre sorgen;
- als Moderator Rollentausch praktizieren, um Klarheit der Positionen und vor allem Verständnis für die Gegenseite zu erreichen.

Die obigen Hinweise können hilfreich für die Konfliktpartner selbst sein, aber auch dem sog. neutralen Dritten eine Hilfe beim Managen von Konflikten sein. Wenn Konflikte eskalieren, kann sich eine Führungskraft genötigt sehen, direktive Entscheidungen zu fällen, um Schlimmeres zu verhüten, notfalls Mitarbeiter durch andere zu ersetzen, wenn die Organisation unter einem eskalierenden Konflikt zu leiden hat. Pikanterweise lassen sich eskalierende und deeskalierende Vorgehensweisen auch strategisch einsetzen. Dann geht es allerdings nicht mehr um die Handhabung von Konflikten.

Das Handhaben von Konflikten setzt im Grunde – und das ist in den obigen Vorschlägen höchstens implizit angesprochen – Handlungsfähigkeit bei den Beteiligten voraus. Das Gefühl von Unterlegenheit bei dem „Verlierer", wenn es um Sieg oder Niederlage gegangen ist, ja, der dringende Wunsch, wieder Oberwasser zu bekommen, ist doch gespeist aus einem intensiven Gefühl der Machtlosigkeit und Handlungsunfähigkeit. Von dem Zeitpunkt an, zu dem die Konfliktparteien oder ein neutraler Dritter, der den Konflikt managen hilft, Handlungsalternativen erarbeitet oder aufgezeigt hat, verlieren Wut, Ärger, Verzweiflung usw. viel von ihrer Brisanz.

Wir möchten in diesem Zusammenhang gerne ein psychologisches Phänomen ansprechen, das ebenfalls deeskalierend wirken kann. Unterstellt, es hat Ärger oder einen Konflikt mit einem anderen Menschen oder einer Gruppe gegeben. Die/der Betroffene überlegt sich zu Hause, welche Haltung sie/er einnehmen will, eventuell auch, welche Konsequenzen erfolgen sollen, wenn ein bestimmtes Verhalten wiederholt auftaucht (meist hat es vorher schon einige Ermahnungen gegeben). In der Gewißheit, bei Wiederholung der unangenehmen Situation gewappnet zu sein, verändert sich die eigene Haltung. Das Gegenüber spürt das und hält sich zurück. Die meisten Menschen, deren Berufstätigkeit stark durch die Interaktion mit Kollegen, Mitarbeitern und Vorgesetzen geprägt ist, kennen solche Beispiele. Dieses Phänomen setzt dann auch Überlegungen bezüglich einer speziellen Konfliktform ingang, auf die wir jetzt unser Augenmerk richten wollen, auf das Mobbing, den Psychoterror am Arbeitsplatz. Hier scheint konflikthaftes Verhalten Willkür zu beinhalten. Aber gibt es auch Menschen, die als Täter oder Opfer besonders anfällig dafür sind?

Mobbing, Psychoterror am Arbeitsplatz

„Der Begriff Mobbing beschreibt kommunikative Handlungen, die gegen eine Person gerichtet sind (von einer oder mehreren anderen) und die sehr oft und über einen längeren Zeitraum hinaus vorkommen und damit die Beziehung zwischen Täter und Opfer kennzeichnen.

Krank wird man, wenn die Gehässigkeiten, die dummen ‚Scherze' oder die Gemeinheiten zur Routine werden." (*Leymann*, Mobbing, Rowohlt Taschenbuch Verlag Reinbek, 1993, S. 21) .

Sehr viele Berufstätige haben irgendwann in ihrem Berufsleben die unangenehme Erfahrung gemacht, gemobbt worden zu sein. Man geht von ca. 1,5 Millionen Fällen in Deutschland aus. Die Literatur ist voll von solchen Beispielen. In den letzten Jahren widmen sich auch zunehmend die Medien diesem Thema.

Wenn Mobbing erst ausgebrochen ist, scheint es so, als ginge es unter Auslassung mehrerer oder aller Eskalationsstufen von vornherein um die Vernichtung des Opfers. Das stimmt aber nicht. Mobbing entwickelt sich immer aus einem Konflikt. In einem Unternehmen, in dem Mobbing keinen Nährboden finden soll, müssen die Konflikte, die auftauchen, gemanagt werden. Und zwar dringend. Die Augen zu verschließen, hilft nicht. Denn bricht Mobbing erst einmal aus und es kümmert sich niemand darum, entsteht leicht daraus ein Flächenbrand. Ist es erst einmal so weit gekommen, ist der Mobbingverlauf nicht mehr leicht zu handhaben. Konnten sich die „Mobber" in ihrem Opfer festbeißen, handelt es sich in allererster Linie um einen Fehler der Führungsebene.

Zwei Elemente sind es wohl vor allem, die diesem Verhalten eine solche Wucht verleihen, daß Menschen davon krank werden, Selbstmordgedanken hegen oder sich sogar das Leben nehmen: das Erlebnis, abgelehnt und ausgegrenzt zu sein. Die Gemobbten werden verspottet, wobei die Angriffe meist unterhalb der Gürtellinie stattfinden.

Leymann hat in seiner Forschung keinerlei Hinweise gefunden, daß Mobber und Gemobbte besondere Persönlichkeitsmerkmale oder -defizite aufweisen. Gäbe es solche Anhaltspunkte, hätte es seiner Meinung nach eine bestimmte Anhäufung in den Untersuchungen geben müssen, was nicht der Fall war. Sobald sich jedoch eine bestimmte „Typologie der Handlungen" abzeichnete, sei auch erkennbar geworden, welches das mehr oder weniger bewußte Ziel des Psychoterros war: zu manipulieren. Dabei gerieten nicht etwa die Täter in das Blickfeld der Aufmerksamkeit, sondern die Opfer. Entsprechend ist das Untersuchungsmaterial über die Opfer außerordentlich umfangreich, das über die Täter gering. *Leymann* gesteht selbst, daß die Beweggründe der Mobber wenig bekannt sind. „Ehrlich gesagt, man weiß noch nicht viel darüber" (*Leymann,* a.a.O., S. 60). Wenn wir allerdings die beiden gängigen Rollen betrachten, die im Konflikt eingenommen werden, die des Siegers und die des Konfliktvermeiders, so dürften der/die Mobber die Rolle des Siegers innehaben und die Opfer eher die des Konfliktvermeiders. Mobbingopfer bestätigen auch immer wieder, daß es ihnen eher schwerfällt, sich zu wehren.

Entgegen der gängigen Praxis in der Literatur wollen wir das Hauptaugenmerk auf die „Mobber" richten. *Leymann* hat in einer Übersicht zusammengestellt, welches die typischen Handlungen sind.

Die in der Literatur beschriebenen Beispiele gehen immer davon aus, daß die Täter ihre Opfer bewußt schädigen. Das ist sicher auch oft der Fall. Wir möchten aber doch die These wagen, daß die Mobber sich über ihre wirklichen Motive oft nicht klar sind. Betrachtet man den Anlaß, der zu Mobbing führt (an welchem Verhalten des Opfers die Begründung aufgehängt ist) und die Handlungen im Mobbingprozeß, so kann man ganz offensichtlich nicht mehr von einer Angemessenheit der Mittel sprechen. Der Täter ist schon aus diesem Grunde gezwungen, die ganze Last der Verantwortung für sein Handeln auf das Opfer abzuwälzen und den Anteil, den er hineinträgt, zu leugnen. Die soziale Umwelt macht das ebenso. Den Gründen hierfür werden wir weiter unten nachgehen.

Die 45 Handlungen – was die „Mobber" tun

1. *Angriffe auf die Möglichkeiten, sich mitzuteilen:*
   - Der Vorgesetzte schränkt die Möglichkeiten ein, sich zu äußern.
   - Man wird ständig unterbrochen.
   - Kollegen schränken die Möglichkeiten ein, sich zu äußern.
   - Anschreien oder lautes Schimpfen.
   - Ständige Kritik an der Arbeit.
   - Ständige Kritik am Privatleben.
   - Telefonterror.
   - Mündliche Drohungen.
   - Schriftliche Drohungen.
   - Kontaktverweigerung durch abwertende Blicke oder Gesten.
   - Kontaktverweigerung durch Andeutungen, ohne daß man etwas direkt anspricht.
2. *Angriffe auf die sozialen Beziehungen:*
   - Man spricht nicht mehr mit dem/der Betroffenen.
   - Man läßt sich nicht ansprechen.
   - Versetzung in einen Raum weitab von den Kollegen.
   - Den Arbeitskollegen/innen wird verboten, den/die Betroffene/n anzusprechen.
   - Man wird „wie Luft" behandelt.
3. *Auswirkungen auf das soziale Ansehen:*
   - Hinter dem Rücken des Betroffenen wird schlecht über ihn gesprochen.
   - Man verbreitet Gerüchte.
   - Man macht jemanden lächerlich.
   - Man verdächtigt jemanden, psychisch krank zu sein.
   - Man will jemanden zu einer psychiatrischen Untersuchung zwingen.
   - Man macht sich über eine Behinderung lustig.
   - Man imitiert den Gang, die Stimme oder Gesten, um jemanden lächerlich zu machen.
   - Man greift die politische oder religiöse Einstellung an.
   - Man macht sich über das Privatleben lustig.
   - Man macht sich über die Nationalität lustig.
   - Man zwingt jemanden, Arbeiten auszuführen, die das Selbstbewußtsein verletzen.
   - Man beurteilt den Arbeitseinsatz in falscher oder kränkender Weise.
   - Man stellt die Entscheidungen des/der Betroffenen in Frage.
   - Man ruft ihm/ihr obszöne Schimpfworte oder andere entwürdigende Ausdrücke nach.
   - Sexuelle Annäherungen oder verbale sexuelle Angebote.

4. *Angriffe auf die Qualität der Berufs- und Lebenssituation:*
   - Man weist dem Betroffenen keine Arbeitsaufgaben zu.
   - Man nimmt ihm jede Beschäftigung am Arbeitsplatz, so daß er sich nicht einmal selbst Aufgaben ausdenken kann.
   - Man gibt ihm sinnlose Arbeitsaufgaben.
   - Man gibt ihm Aufgaben weit unter seinem eigentlichen Können.
   - Man gibt ihm ständig neue Aufgaben.
   - Man gibt ihm „kränkende“ Arbeitsaufgaben.
   - Man gibt dem Betroffenen Arbeitsaufgaben, die seine Qualifikation übersteigen, um ihn zu diskreditieren.
5. *Angriffe auf die Gesundheit:*
   - Zwang zu gesundheitsschädlichen Arbeiten.
   - Androhung körperlicher Gewalt.
   - Anwendung leichter Gewalt, zum Beispiel um jemandem einen „Denkzettel“ zu verpassen.
   - Körperliche Mißhandlung.
   - Man verursacht Kosten für den/die Betroffene, um ihm/ihr zu schaden.
   - Man richtet physischen Schaden im Heim oder am Arbeitsplatz des/der Betroffenen an.
   - Sexuelle Handgreiflichkeiten.

Schaubild 20: Die 45 Handlungen – was die „Mobber“ tun

(*Quelle:* H. Leymann, Mobbing, Reinbek 1993, S. 33f.)

Aus dieser Verleugnungstendenz resultiert auch, daß ein Gespräch zwischen Täter und Opfer in vielen Fällen nicht weiterbringt, weil die Frage des Opfers nach den Motiven des Täters in der ganz überwiegenden Zahl der Fälle nicht beantwortet wird. Ein Beispiel: Zwei Frauen hatten über lange Zeit erfolgreich zusammengearbeitet. Mehr noch, sie brachten einander viel Wohlwollen und Sympathie entgegen und gingen sehr kooperativ miteinander um. Marlies war Erika gegenüber zwar nicht vorgesetzt, hatte aber in der Zusammenarbeit aufgrund ihrer Ausbildung und vor allem in ihrem Selbstverständnis die Führungsrolle inne. Von dem Zeitpunkt an, als Erika ein berufsbegleitendes Zusatzstudium erfolgreich abgeschlossen hatte, begann es in der Zusammenarbeit zu kriseln. Die Kompetenzen und die Vorschläge von Erika wurden von Marlies abgetan und ihr Können zunehmend infrage gestellt und untergraben. Erika bemühte sich um mehrere Gespräche mit Marlies und sprach auch an, daß offenbar nach ihrem

Diplom eine Verunsicherung zwischen beiden entstanden und ein Konkurrenzkampf ausgebrochen sei. Marlies schüttelte jedesmal erstaunt den Kopf, sie spüre nichts von einem Konkurrenzkampf. Doch die Probleme nahmen zu. Marlies begann sich als Chefin aufzuspielen und vernichtete in dieser Eigenschaft Arbeitsprodukte von Erika. Wir wollen die Beschreibung des Mobbingprozesses, der immer weiter eskalierte, hier abbrechen, weil das Beispiel ja lediglich verdeutlichen sollte, wie stark die Grundlage von den Tätern verleugnet wird. Erwähnenswert ist noch, daß sich beide Jahre später, nachdem Erika eine lebensgefährliche Erkrankung überstanden hatte, noch einmal trafen, um zu klären, warum es zu dieser Eskalation hatte kommen können. Marlies faßte den Sachverhalt aus ihrer Sicht so zusammen: „Vielleicht wäre das nicht passiert, wenn ich stärker die Führung übernommen hätte".

Jürgen Hesse und *Hans Christian Schrader* stellen in ihrem Buch „Krieg im Büro" (a.a.O.) die Überlegung an, daß sich die Familiendynamik am Arbeitsplatz wiederholt. Vorgesetzte werden dabei leicht in die Positionen der Eltern gesetzt und die Interaktionsmuster, die im Umgang mit diesen erfolgreich waren, werden wiederholt. Die Kolleginnen und Kollegen geraten sehr leicht in Geschwisterrollen ihrer Ursprungsfamilie. „Erinnert Sie der Neue vielleicht an Ihren jüngeren Bruder, der immer alles besser konnte und Sie bei der Mutter ausbootete, weil er es gut drauf hatte, sich lieb Kind zu machen? Oder hat der neue Kollege etwas von Ihrem Vater, der Sie durch notorische Besserwisserei nervte? Vielleicht stört es Sie auch nur, daß ein Neuer die Rangordnung durcheinanderbringen könnte. Die Neueinstellung eines Mitarbeiters ist familienpsychologisch gesehen der Geburt eines Geschwisterkindes in der Ursprungsfamilie vergleichbar, ein Ereignis, das bei den älteren Geschwistern alles andere als nur Freude und eitel Sonnenschein auszulösen pflegt" (*Hesse/Schrader*, a.a.O., S. 127). Unsere später folgenden Ausführungen zur Geschwisterkonstellation mögen hier noch manches erhellen.

Erika wußte von der Familiendynamik von Marlies' Ursprungsfamilie nichts. Doch eins hat ihr zu denken gegeben. Als die älteste Tochter von Marlies begann, erwachsen zu werden und sich der Bevormundung der Mutter zu entziehen, wurde sie von dieser völlig ausgegrenzt bis hin zum endgüligen Bruch zwischen beiden.

Wir werden gerade dieser Seite, was die Täter bewogen haben mag, zu solchen zu werden, in dem Ende 1996 erscheinenden Buch zum Thema Motivation noch intensiver nachgehen und dort auch gezielte Hinweise für Vorgesetzte und Betroffene geben, mit welchen Schritten dem Mobbing begegnet werden kann. Bevor wir uns nun der Seite der Mobbing-Opfer zuwenden, wollen wir eine potentielle „Mobberin" zu Wort kommen lassen, die durch die mutige und rechtzeitige Intervention des potentiellen Opfers gerade noch vor Schlimmerem bewahrt wurde: „Ich arbeitete damals seit zwei Jahren im Stadtbüro einer Fluggesellschaft. Es wurde eine neue Kollegin eingestellt, die mir ziemlich bald herzlich unsympathisch war. Ich mied sie, so gut ich konnte. Meine Animosität war ganz wesentlich daraus gespeist, daß Susanne jedem, ob er es hören wollte oder nicht, auftischte, daß sie eigentlich als Stewardess hergekommen und sozusagen nur zur Überbrückung im Stadtbüro sei. Wie die bloß darauf kam? Wie die schon aussah! Kurz und gedrungen, mit plattem Hinterkopf, den eine Haartolle verdecken sollte – unmöglich. Oh, wie sie mir auf den Geist ging.

Es war wohl ein Vierteljahr vergangen, als sie mich ansprach und mich geradeheraus fragte, ob ich sie haßte – sie fühle sich so und begründete ihren Verdacht auch. Mir klappte die Kinnlade herunter. Aber da war auf einmal ein neues Gefühl. Es war Bewunderung, und zwar für den Mut, so einen gefährlichen Schritt zu wagen.

Ich habe dann lange nachgedacht. Und dann fiel es mir wie Schuppen von den Augen. Ich war selbst figürlich nicht so besonders gut weggekommen. Eigentlich wäre ich gerne Pilotin geworden, aber damals nahm man noch keine Frauen. Oder wenigstens Stewardess, oh, wie hatte ich davon geträumt. Und dann hatte ich den Traum eben realistischerweise begraben und war stattdessen ins Stadbüro einer Fluggesellschaft gegangen. Übrigens habe ich auch einen platten Hinterkopf...".

Wir möchten auf das in der Literatur zahlreich zu findende statistische Material hier verzichten und uns stattdessen dem Beginn und Verlauf des Mobbingprozesses zuwenden, der, wie oben ausgeführt, stets mit einem Konflikt beginnt, der dann zunehmend eskaliert. Im nachfolgenden Schaubild, das dem Buch von *Leymann* (Mobbing, a.a.O., S. 59) entnommen ist, ist so ein Verlauf aufgezeichnet.

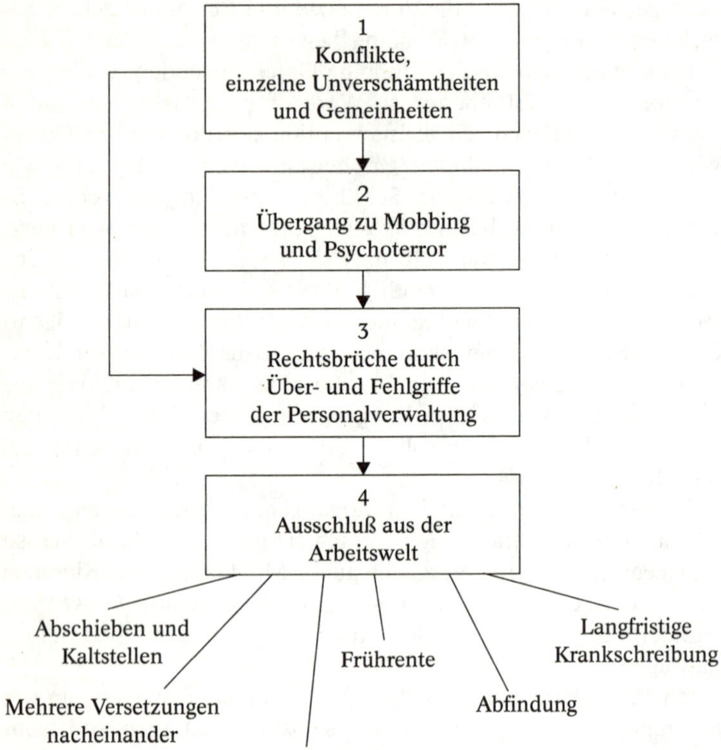

Schaubild 21: Ein Verlaufsmodell über die vier Phasen des Psychoterrors im Arbeitsleben

(*Quelle:* H. Leymann, Mobbing, Reinbek 1993, S. 59)

Die Folgen für die Mobbingopfer sind verheerend. Anfangs mögen sie wie in dem obigen Beispiel irgendeine Eigenart an sich haben, die auf Ablehnung stößt, oder einen Anteil zum Konflikt beigetragen haben. Einmal auf's Korn genommen, werden sie durch zunehmend eskalierende Handlungen von seiten der Täter sozusagen zum Mobbingopfer präpariert. Die psychische Verfassung wird immer schlechter. Ihr Selbstvertrauen wird gestört, Streß-Symptome stellen sich ein, nackte Existenzangst kommt auf. Immer mehr gerät das Opfer in ein Verteidigungsverhalten. Und immer deutlicher fällt diese Person auf. Zu diesem Zeitpunkt setzt noch ein weiteres verschärfendes Moment ein. Da solch ein Prozeß für das Opfer so gefährlich ist, führt die Ablehnungserfahrung zu zunehmendem Realitätsverlust und gerät ins Wahnhafte. Hinter jedem Busch lauert sinnbildlich Gefahr. Da macht ein Kollege vielleicht auch nur zufällig die Tür zu, oder andere stecken die Köpfe zusammen. Einmal hypersensibilisiert, wird jede Handlung vom Opfer in eine bestimmte Richtung interpretiert. Wenn das Opfer dann zusammenbricht, nur noch ein Schatten seiner selbst, dann zeigt es wirklich Verhaltensweisen, die den Beobachter verleiten könnten, sie für den Anlaß des Mobbing zu halten. Und das nährt den Mythos der Selbstverschuldung. Es muß also doch Menschen geben, die das Mobbing sozusagen auf sich ziehen, die Mobbingpersönlichkeit sozusagen. „Aber es gibt noch einen anderen, weit tiefer sitzenden Grund: Wenn wir annehmen, daß ein Mobbingverlauf, der in den Ruin führt, nur gewissen Persönlichkeitstypen vorbehalten ist, dann stärkt das unser Selbstvertrauen. Denn wo würde es hinführen, wenn wir plötzlich einsehen müßten, daß jeder, auch du und ich, auf diese Weise zugrunde gehen könnte?“ (*Leymann*, a.a.O., S. 143). Nun kommt das Mobbingopfer zu einem Psychologen, Psychotherapeuten, Arzt oder Sozialarbeiter, der helfen soll. Aber das Mobbingopfer ist doch ein Mensch, der um seine gesetzlich garantierten Bürgerrechte kämpft, um seine Menschenrechte, die brutal verletzt worden sind. Er lebt in großer Angst wegen der existentiellen Unsicherheit, weil seine beruflichen Fähigkeiten untergraben werden. Er ist zum Opfer geworden, weil dem zerstörerischen Prozeß von der Vorgesetztenebene nicht rechtzeitig Einhalt geboten wurde. Weil der Chef sich vielleicht sogar beteiligte. Hier kann man durch das Wühlen in der individuellen Vergangenheit nicht helfen. Wenn nun Psychologen und Sozialarbeiter erkennen müssen, daß sie mit ihren Methoden nicht weiterkommen, dann gesellen sie sich häufig zu den Anklagenden und halten es plötzlich für „erwiesen“, daß der Betreffende Charakterschwächen hat. Damit vertieft sich die Verzweiflung des Opfers. Es ist endgültig stigmatisiert.

Abstellen läßt sich Mobbing in der Regel nur, wenn eine dritte Instanz angerufen wird und eingreift. Wenn die Vorgesetzten erkennen, daß sie durch Wegsehen einem zerstörerischen Prozeß Vorschub geleistet haben, daß sie durch Unterlassungen Fehler begangen haben, sollten sie den ersten Schritt zum Konfliktmanagement tun, zu ihrem Fehler stehen, sich entschuldigen und für Abhilfe sorgen. Wir haben dieses Thema aufgegriffen, weil wir mit den im Kapitel Psychologisches Konfliktmanagement folgenden Hinweisen dazu beitragen möchten, daß Konflikte rechtzeitig angegangen werden. Menschen, die wissen, wie man Konflikte anpacken kann, müssen auch nicht wegsehen.

Grundkurs in tiefenpsychologischer Menschenkenntnis

Einführung

Das zentrale Anliegen dieses Buches ist es, Menschen in Führungspositionen, aber auch allen anderen, die im Berufsleben wie auch sonst den Umgang mit Menschen pflegen (sollen), psychologisches Wissen zu vermitteln, damit die aus Konkurrenzen, Mißverständnissen und Empfindlichkeiten resultierenden Konflikte gemanagt und Reibungsverluste minimiert oder vermieden werden können. Im Verlaufe der Persönlichkeitsentwicklung, Lebens- und Berufserfahrung entfalten sich viele Befähigungen, und es werden Eindrücke gesammelt, die als Menschenkenntnis bezeichnet werden. Schließlich ist jeder Mensch – was immer darunter verstanden wurde – *erzogen* worden und bringt einen reichen Erfahrungsschatz und Prägungen mit. Für gewöhnlich sind die Erfahrungen punktuell und haben eine bestimmte Färbung durch Gefühlseindrücke und Handlungsmöglichkeiten bekommen, die sie begleitet haben. Wir betrachten es als unsere Aufgabe, dieses Wissen zu systematisieren, menschliches Handeln und zwischenmenschliche Konflikte verstehbar zu machen und darauf aufbauend auch Lösungsschritte für den Umgang mit Problemen und Konflikten anzubieten.

Dem Gedanken, einem breiten Interessentenkreis Menschenkenntnis zu vermitteln, ist die von *Alfred Adler* (1870–1937) begründete individualpsychologische Schule bereits Anfang dieses Jahrhunderts gefolgt. Da die Individualpsychologie die Annahme der Vererbung seelischer Eigenart grundsätzlich ablehnt und stattdessen die Charakterzüge eines Menschen in einen sinnvollen Zusammenhang mit seiner Kindheits- und Jugendsituation bringt, bürdet sie damit den Erziehern eine größere Verantwortung auf. Diese Überlegungen haben *Adler* schon früh beschäftigt. Bereits 1904 setzte er sich in seinem Aufsatz „Der Arzt als Erzieher“ mit pädagogischen Problemen auseinander. Er wußte wohl, daß ein Kind zu erziehen zu den schwierigsten Aufgaben gehört, die sich einem Menschen stellen können, da sie Geduld, Einfühlungsvermögen in die kindlichen Bedürfnisse und Erlebniswelt, Liebe und echte Hingabe erfordert, um dem heranwachsenden Menschen beim Aufbau seiner Persönlichkeit zu helfen. Im Rahmen einer großangelegten Elternschulung – 1930 gab es etwa 30 individualpsychologische Erziehungsberatungsstellen in Wien – wollten *Adler* und seine Mitarbeiter den Eltern dazu verhelfen, selbst reifer, wissender und kontaktfähiger zu werden, damit Störquellen für die Persönlichkeitsentwicklung des Kindes verringert werden könnten und ein dem Kind adäquates Milieu zur Entfaltung seiner Kräfte und Möglichkeiten geschaffen würde. Erziehung wurde damit als Unterstützung und Hilfe durch die Eltern und Erzieher für das Kind verstanden, um diesem eine Entwicklung hin zu individueller und sozialer Selbständigkeit zu ermöglichen. Es war eine Absage an die gängigen Erziehungspraktiken von Dressur und begrenzenden Maßnahmen, die bestimmte Verhaltensweisen beim Kind unterbinden sollten.

„Damit wurde von der Individualpsychologie lange vor der in den 60er und 70er Jahren vehement geführten Erbe-Umwelt Diskussion eine interaktionstheoretische Position vertreten, die ein besonderes Gewicht auf die beiden Faktoren ‚Umwelt‘ und ‚Kraft der persönlichen Entscheidung‘ legt“ (Wörterbuch der Individualpsychologie, Reinhardt-Verlag München, 1985, S. 102). Die zukunftsträchtigen Ansätze der Individualpsychologie fielen nach 1933 in Deutschland dem Nationalsozialismus und 1934 in Österreich dem sogenannten Austrofaschismus zum Opfer, da mit diesen Strömungen deutlich autoritäre Maximen die Oberhand gewannen.

Wie weitsichtig *Alfred Adler* mit seinen Überlegungen über eine Persönlichkeitsentwicklung gewesen ist, bei der durch die Unterstützung des naturgegebenen Reifungsprozesses seelisch starke und glückliche Menschen heranwachsen, zeigt die entwicklungspsychologische Forschung der letzten zwanzig Jahre sehr deutlich. Es wird uns also nicht schwerfallen, *Adlers* Menschenbild mit der neueren Forschung zu verknüpfen. *Adlers* Gedanken bilden die Grundlage für die Beschreibung eines Reifungsprozesses, bei dem dem neugeborenen und heranwachsenden Kind nicht nur gestattet wird, sich entsprechend der ihm innewohnenden

Möglichkeiten zu entfalten und selbst Akteur beim Gestalten der Interaktion mit der sozialen Umwelt zu sein (*Adler* hat diese Fähigkeit schöpferische Kraft genannt), sondern beinhalten auch den Wunsch, daß die Eltern diesen Prozeß entwicklungsentsprechend unterstützen möchten. Gerade hierzu hat die neuere entwicklungspsychologische Forschung viel beigetragen, wie wir weiter unten zeigen werden. Darüberhinaus greifen wir aus der individualpsychologischen Theorie eine Reihe originärer Erkenntnisse und Gedanken auf, die wesentlich zum Verständnis des kindlichen Entwicklungsprozesses beigetragen haben und werden diese entsprechend benennen.

Wir wollen der besseren Übersichtlichkeit wegen eine zehn Punkte umfassende Arbeitshypothese über die frühkindliche Persönlichkeitsentwicklung formulieren, die Leitfaden für die nachfolgenden psychologischen Ausführungen sein soll. Wann immer möglich, werden wir in diesen die Aussagen durch entsprechende Literatur und Beispiele aus der Praxis belegen.

- Das neugeborene Kind kommt mit einer *konstitutionellen Ausstattung* auf die Welt, die sowohl *genetisch festgelegte Elemente* (Gestalt, Haarfarbe, Augenfarbe usw.) enthält als auch aus *Prägungen während der Schwangerschaft* besteht.
- *Der geistige und körperliche Entwicklungsprozeß* – beispielsweise Sitzen, Laufen, Wahrnehmung oder Spracherwerb – folgt einem *vorgeprägten Ablaufmuster*.
- Wie vollständig die *dem Menschen innewohnenden Möglichkeiten* sich entfalten können, *hängt von der Interaktion des Kindes mit der sozialen Umwelt und den Bedingungen der Umgebung ab*, in der das Kind aufwächst.
- *Damit das Kind sich zu dem entfalten kann, was es* z. B. durch den Gefühlsreichtum, das Bewußtsein von der eigenen Person oder die in der Interaktion erworbene Handlungsfähigkeit *als Menschen auszeichnet, braucht es die Unterstützung seines sozialen Umfelds*. Da das Kind bei seiner Geburt weder über ein Wissensrepertoire noch über Selbstbewußtsein oder Welterfahrung verfügt, noch nicht sprechen kann und sich die Fähigkeit zum Speichern von Gedächtnisinhalten erst allmählich entwickelt, hinterlassen die *frühen Erfahrungen besonders eindrückliche und prägende Spuren*.

- Eltern, die sowohl den Mut haben, *die naturgegebene Entwicklung geschehen zu lassen als sie auch aktiv zu unterstützen*, also nicht versuchen, das Kind nach ihren Vorstellungen zu formen, werden einen glücklichen und fähigen Menschen heranwachsen sehen. Eine *Persönlichkeitsentwicklung, bei der die dem Menschen innewohnenden Möglichkeiten zur Entfaltung kommen*, befähigt diesen sowohl zu einem Leben in partnerschaftlicher Verbundenheit und zum Gestalten mitmenschlicher Kontakte als auch zur Verwirklichung persönlicher Interessen, zu denen günstigenfalls auch der Beruf zählt. Zu einem solchen Leben gehören der Reiz des Neuen und die Freude am Wagnis ebenso, wie der Wunsch nach Dauer und verläßlicher Wiederkehr.
- Die Natur hat es so eingerichtet, daß *jede Entwicklungsphase mit der Bewältigung neuer Aufgaben Hand in Hand geht, dieser Prozeß kontinuierlich aufeinander aufbaut* und ein neuer Schritt ohne die vorangegangenen nicht denkbar wäre. Das Heranreifen jeder neuen Fähigkeit hat die ihr gemäße Zeit, so daß es unsinnig wäre, mit dem Kind etwas üben zu wollen, wofür es noch nicht reif ist.
- Negativ ausgedrückt bedeutet dies also, daß sich die *gesamte Entwicklung, vor allem die des Sozialverhaltens, verzögern* kann, wenn bestimmte Fertigkeiten hinter der naturgegebenen Entwicklung hinterherhinken.
- Ist die Entwicklung Belastungen unterworfen, wird *das Kind auf dem Wege der Kompensation* den Mangel zu bewältigen versuchen und dabei möglicherweise nicht nur zum Ausgleich des Mangels, sondern zu besonders ausgeprägten Befähigungen gelangen. Voraussetzung dafür ist, daß die Belastung noch als Herausforderung und nicht als Überforderung empfunden wird.
- Wird das Kind in seiner Perönlichkeitsentfaltung in einer Weise *gehemmt, daß es überfordert wird*, entstehen Überempfindlichkeiten. Unter Umständen können dann *bestimmte menschliche Impulse nicht mehr zur Entfaltung kommen* und die entsprechenden Lebensbereiche (beispielsweise Partnerschaft) nicht befriedigend gelebt werden.
- Einen Menschen *in der ganzen Breite seiner Persönlichkeit zu erfassen* ist demzufolge nur möglich, wenn die aus der Förde-

rung von Entfaltungsmöglichkeiten entstammende Lebensbewältigung, die aus der Kompensation von Belastungen resultierenden Fähigkeiten und die Defizite oder Überempfindlichkeiten betrachtet werden, die aus der Hemmung seiner Persönlichkeitsentfaltung resultieren. Eine solche Einschätzung spiegelt zwar auch grundsätzliche Aspekte der Persönlichkeit wider, kann aber immer nur eine auf den Moment der Untersuchung zutreffende Einschätzung sein. Denn solange ein Mensch lebendig ist, kann und sollte seine Entwicklung im Fluß bleiben.

Die konstitutionellen Faktoren

Wir möchten hier keine erneute Anlage-Umwelt-Diskussion ingangsetzen. Deshalb beschränken wir uns bei der Darlegung der an der Charakterentwicklung beteiligten Faktoren auf jene Elemente, die zweifelsfrei sind.

Die konstitutionellen Gegebenheiten, die bei der Geburt vorhanden sind, beinhalten hereditäre (vererbte) Faktoren ebenso, wie Prägungen, die während der Schwangerschaft erfolgen. Da das im Mutterleib heranwachsende Kind mit dem mütterlichen Organismus unmittelbar verbunden ist, partizipiert es in abgemilderter Form an allen Schwankungen, denen dieser unterworfen ist. Alle Reaktionen des vegetativen Nervensystems – beispielsweise die Hormonausschüttungen bei Streß – beeinflussen auch das sich entwickelnde Kind. Obwohl die Forschung im vorgeburtlichen Bereich naturgegebenermaßen schwierig ist, gilt es heute als gesichert, daß das Kind schon vor der Geburt sehen, hören, tasten, fühlen, schmecken und riechen kann. Beispielsweise wurde festgestellt, daß ein Neugeborenes besonders auf die Lieblingsmusik seiner Mutter reagierte, die diese während der Schwangerschaft oft gehört hatte. Experimentell angelegte Untersuchungen belegten, daß Säuglinge als Zeichen eines Wohlgefühls intensiver saugten, wenn die Mutter in der Muttersprache vorlas, als bei einer Fremdsprache oder gar fremden Person. Dem Neugeborenen sind also die Stimme, der Tonfall und die Satzmelodie vertraut, wenn seine Mutter spricht, und dies bedeutet Sicherheit.

Da die Sinneswahrnehmungen des im Mutterleib heranwachsenden Kindes so weit ausgebildet sind, wird geschlußfolgert, daß das noch ungeborene Kind auch seelische Eindrücke in sich aufnimmt (vgl. z.B. *Gross*, Was erlebt das Kind im Mutterleib? Herder Verlag Freiburg/Basel/Wien 1991 und *Krüll*, Die Geburt ist nicht der Anfang, Klett Cotta, Stuttgart 1992). So gesehen mag ein gutgelauntes und zufriedenes Baby eine Mutter haben, die ruhig, gelassen und mit Freude die Entwicklung ihres Kindes in ihrem Leib begleitet hatte, während vieles dafür spricht, daß eine Mutter, die durch persönliche oder äußere Umstände gehetzt, unruhig und nervös ist und sich überfordert fühlt, auch eher ein nervöses Kind bekommt.

Die körperliche und geistige Entwicklung des Menschen folgt einem genetisch festgelegten Programm. Die beiden holländischen Forscher *Hetty van de Rijt* und *Frans Plooij* haben bei ihren entwicklungspsychologischen Forschungen im Verlaufe der letzten zwanzig Jahre die Beziehung zwischen Eltern und Babys während der ersten vierzehn Lebensmonate untersucht. Sie haben dabei immer wieder bestätigt gefunden, daß bei aller Unterschiedlichkeit in der Vitalität und im Temperament alle Babys die gleiche Entwicklung durchlaufen. Für den geistigen Reifungsprozeß, der teilweise auch in Hirnstromveränderungen im EEG sichtbar gemacht worden ist, muß es ein festgelegtes Entwicklungsrepertoire geben. Ein z.B. zwei Wochen zu spät geborenes Kind beginnt mit dieser Entwicklung zwei Wochen früher, während ein z.B. vier Wochen zu früh geborenes Kind mit der entsprechenden Entwicklung vier Wochen später anfängt. Nach ihren Beobachtungen verläuft die Entwicklung in Sprüngen – wir werden darauf weiter unten noch genauer eingehen. Jeder Entwicklungssprung ist mit neuen Fertigkeiten verbunden, die aufeinander aufbauen. Bestimmte Dinge kann ein Kind erst erlernen, wenn der entsprechende Reifungsschritt vollzogen ist. Nicht entwicklungsgerechte, vorzeitige Leistungen zu provozieren, würde sich früher oder später ebenso rächen, wie die Behinderung der natürlichen Entfaltungsmöglichkeiten als beeinträchtigend empfunden werden kann. Die jeweils neu zu beobachtende Befähigung erlangt ihren vollen Reifegrad jedoch erst Wochen oder Monate, in einigen Fällen erst Jahre später.

Daß die körperliche Entwicklung wie „das Sitzen, Laufen und der Spracherwerb sich beim Kind nach einem genetisch vorprogrammierten Ablaufmuster" vollzieht (*Stern*, Tagebuch eines Babys, Piper Verlag München/Zürich, S. 137), ist weit geläufiger. Auch *Annemarie Dührssen* sagt über die Entwicklung der Motorik: „Doch kann es keinem Zweifel unterliegen, daß es einen angeborenen, gesetzmäßigen Entwicklungsrhythmus gibt, den zu durchbrechen auch den intensivsten Dressurübungen nicht gelingt" (*Dührssen*, Psychogene Erkrankungen bei Kindern und Jugendlichen, Verlag für Med. Psychologie im Verl. Vandenhoeck und Ruprecht, Göttingen 1978, S. 15).

Während der ersten Lebenswochen reagiert der Säugling in vielen Bereichen reflexhaft. Wenn das Erleben bewußter wird, bilden sich viele Reflexe zurück. Übrig bleiben dann vor allem körperliche Reflexe, die der Unversehrtheit des Menschen dienen, wie z. B. der Lidschlag zum Schutz des Auges oder das reflexhafte Zurückziehen z. B. der Hand, wenn man sich verletzt hat oder zu verletzen droht.

Unter die Anlagefaktoren wollen wir demnach sowohl die ererbten und die während der Schwangerschaft geprägten Elemente als auch das dem Menschen innewohnende Entwicklungsrepertoire als „Ausgangsmaterial" fassen, das unter dem Einfluß der Umwelt und dem aktiven Anteil des Kindes zu dem geformt wird, was wir unter Charakter verstehen. Dieses Zusammenwirken ist im nachfolgenden Schaubild 22 dargestellt.

Die Konstitution des Menschen ist für die hier angestellten Betrachtungen insoweit von Interesse, als sie zu einem Faktor bei seiner psychischen Entwicklung werden kann. Besondere Sensibilität, Lebendigkeit oder Passivität oder andere Eigenheiten können zu Voraussetzungen werden, die die seelische Befindlichkeit in der einen oder anderen Richtung mit formen. Bestimmte Merkmale können, insbesondere wenn sie aus dem Rahmen des Durchschnittlichen fallen, in den Mittelpunkt der Aufmerksamkeit des Betroffenen selbst und auch der sozialen Umwelt gelangen und damit für die Persönlichkeitsentwicklung bestimmenden Einfluß gewinnen. Dies gilt sowohl für Merkmale wie z.B. besondere Schönheit, geistige Beweglichkeit oder seelische Belastbarkeit als auch für seelische, geistige und körperliche Behinde-

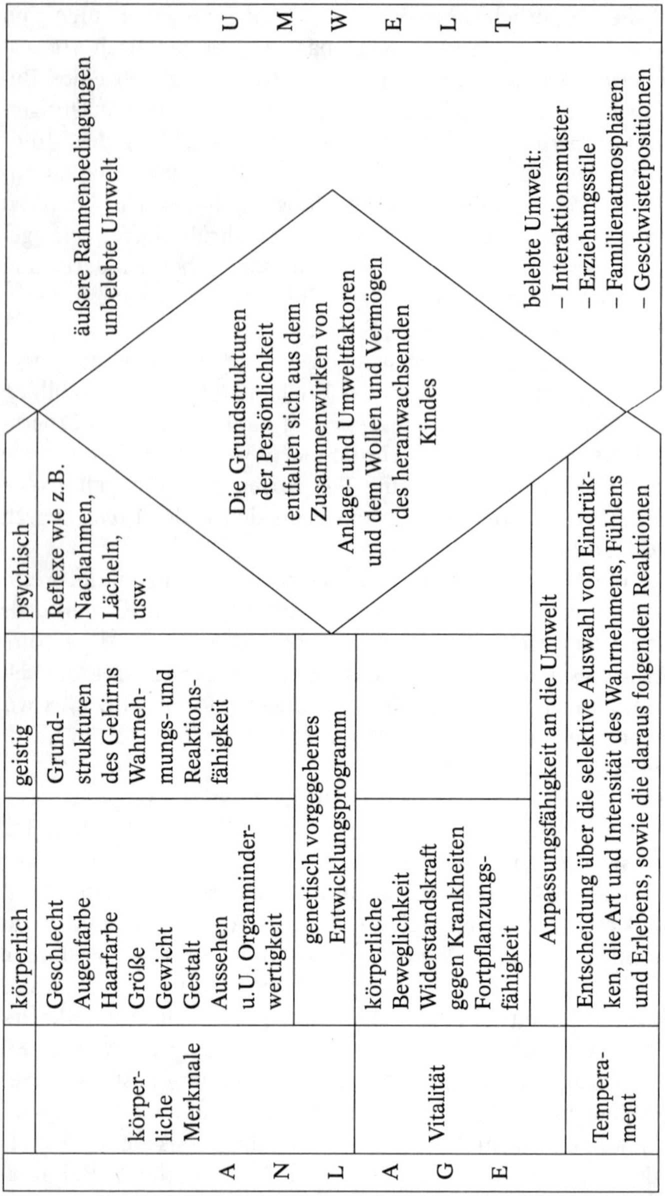

Schaubild 22: Die Entwicklung des Charakters im Zusammenwirken von Anlage und Umwelt und dem aktiven Gestalten des Kindes

rungen aller Art – im Schaubild als Organminderwertigkeit bezeichnet – usw.

Bei Kindern wie Erwachsenen läßt sich unter Umständen eine bevorzugte Ausbildung bestimmter Fähigkeiten feststellen, die dann als motorischer, visueller, akustischer und taktiler Typ bezeichnet werden. Es kann sich dabei um eine Bevorzugung oder – wie wir bei der Organminderwertigkeit noch sehen werden – Benachteiligung bei der Ausbildung bestimmter Organe oder des vegetativen Nervensystems handeln. Darüberhinaus spielen auch die Anpassungsleistung und das Temperament eine bestimmende Rolle.

Agile Menschen besitzen im Sinne einer ausgeprägten körperlichen Beweglichkeit oder auch geistigen Regsamkeit eine deutlich bessere Ausgangslage als passive, zurückhaltende oder gar geistig behinderte Kinder. Wie sich noch zeigen wird, sind die neugierigen, lebendigen und damit auch anstrengenden Kinder, die viel Ansprache und Aufmerksamkeit herausfordern, im späteren Leben geistig beweglicher, interessierter und oft auch begabter als die sog. pflegeleichten Kinder. Sie können, zumal bei entwicklungsentsprechender Unterstützung, die in ihnen ruhenden Möglichkeiten zur Entfaltung bringen. Ausgeprägte motorische Aktivität kann andererseits jedoch auch bedeuten, daß das Kind nervös ist, nicht stillsitzen kann und deshalb mit den Eltern in Konflikt gerät.

Die Vernetzung der Gehirnzellen

Frederic Vester macht in seinem Buch „Denken, Lernen, Vergessen" (dtv München, 1978, S. 31ff.) Ausführungen zu der Entwicklung des Gehirns nach der Geburt, die ein erhellendes Licht auf die Fähigkeiten und geistigen Entwicklungsmöglichkeiten des Kindes werfen.

Bis zur Geburt ist der größte Teil des menschlichen Gehirns herangereift. Die restlichen Zellen und ihre festen Verknüpfungen entstehen in der kurzen Periode der ersten Wochen und Monate nach der Geburt.

Wie auf dem nachfolgenden Schaubild 23 zu sehen ist, ist die Vernetzung der Gehirnzellen untereinander zum Zeitpunkt der Geburt noch gering. Die vorhandenen Verschaltungsmuster sind genetisch festgelegt.

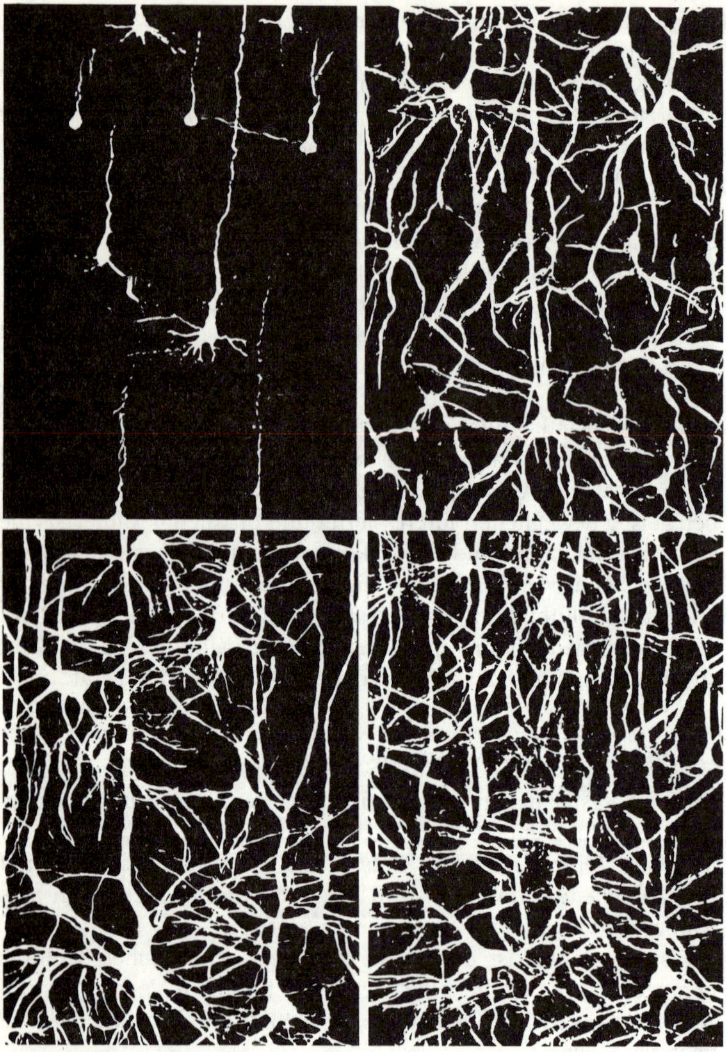

Schaubild 23: Abbildungen über Schnitte durch eine Partie der menschlichen Großhirnrinde zum Zeitpunkt der Geburt (1. Abbildung), im Alter von drei Monaten (2. Abbildung), fünfzehn Monaten (3. Abbildung) und drei Jahren (4. Abbildung). Man erkennt deutlich, daß sich die entscheidenden Veränderungen im Gehirn innerhalb der ersten drei Monate abspielen

(*Quelle:* F. Vester, Denken, Lernen, Vergessen, München, 1978)

Die Feinabstimmung bei der Vernetzung der Nervenfasern erfolgt erst durch Sinnesreize und Lernprozesse und wird in den Monaten nach der Geburt vollendet, „in denen sich die Gehirnzellen noch teilen und vermehren und in denen sie mit ihren faserartigen Fortsätzen gegenseitig Kontakt knüpfen. Und hier passiert etwas Einzigartiges, was wir im übrigen Körper des Menschen nicht kennen: Die Zellen wachsen je nach der vorhandenen Umwelt anders! Es ist dies die einzige Zeit, in der sich äußere Einflüsse, wie die Wahrnehmung durch das Auge, die Nase, den Geschmack, Hören und Fühlen, in der Ausbildung des Gehirns direkt niederschlagen können, das heißt in anatomischen Veränderungen, in festen Verknüpfungen zwischen den wachsenden Zellen" (*Vester*, a.a.O., S. 31). Daß anders als im übrigen Organismus danach keine Zellteilung im Gehirn mehr erfolgt, ist die Voraussetzung dafür, daß Menschen Gedächtnisinhalte speichern und Dinge lernen können. Denn wenn sich die Zellen des Gehirns genauso vermehren und entsprechend viele dafür absterben würden wie z.B. bei den Muskeln oder der Haut, ginge die gesamte in den absterbenden Zellen gespeicherte Information für immer verloren.

„Man schätzt, daß etwa ein Viertel aller Gene, das sind insgesamt 2 bis 3 Milliarden Basenpaare, zur Verfügung stehen, um die Entwicklung des menschlichen Gehirns zu programmieren, seine Plastizität zeitlebens zu erhalten und die Empfindlichkeit für äußere Reize zu steuern. In den Interaktionen zwischen Genen und den Einflüssen aus der Umgebung entstehen unsere Persönlichkeit, der Charakter, Begabungen und die Fähigkeit, belastende Situationen zu bewältigen oder zu erkranken" (*Gaby Miketta*, Netzwerk Mensch. Den Verbindungen von Körper und Seele auf der Spur, Rowohlt Taschenbuch Verlag, Reinbek 1994, S. 44). Selbst die späteren hormonellen Reaktionen werden durch die frühesten Gefühlseindrücke beeinflußt, wie wir anhand der Forschungen der Neuropsychoimmunologie später noch genauer ausführen werden.

Ein Siebenmonatskind – um die Bedeutung der Anpassungsleistung des Gehirns an die Umwelt des neugeborenen Kindes an einem besonderen Beispiel deutlich zu machen – muß noch etwa zwei Drittel der endgültigen Zahl der Gehirnzellen nach der Geburt aufbauen, das sind mehrere Millionen. Es läßt sich leicht nachvollziehen, daß dieser Prozeß nach der Geburt in einem anderen Milieu stattfindet als im Mutterleib. Ein Mensch, der die ersten Lebenswochen im Brutkasten zugebracht hat, stellt als Erwachsener womöglich fest, daß er ein ausgesprochen akustischer Typ ist, ein feines Gehör hat, das Gehörte besser behält als das Gelesene, aber auch extrem geräuschempfindlich ist. Dazu werden die räumliche Begrenzung durch den Brutkasten und die Krankenhausatmosphäre ganz andere Eindrücke vermittelt haben, als das innerhalb der Familie geschehen wäre (vgl. hierzu auch die Ausführungen zu den äußeren Rahmenbedingungen und der unbelebten Umwelt).

Die Organminderwertigkeit und ihre Kompensation

Adlers frühester Beitrag zu einer eigenständigen psychologischen Richtung knüpfte an biologische Gegebenheiten an. Den Begriff Organminderwertigkeit prägte er 1907 und meinte damit zunächst eine vererbte biologische Minderwertigkeit im Sinne einer Mißbildung oder funktionellen Schwäche. Er hing anfangs dem Gedanken an, daß sich neurotische Entwicklungen auf einen solchen Mangel zurückführen lassen müßten. Er bezog von Anfang an die Eigenart der Natur in seine Überlegungen mit ein, daß die Leistungsschwäche oder der Leistungsausfall eines minderwertigen Organs kompensiert wird, entweder durch Mehrleistung wie z.B. die Vergrößerung des Herzens bei einem Herzklappenfehler, oder bei paarig angelegten Organen die Übernahme durch das gesunde Organ wie z.B. bei den Nieren, oder durch ein Nachbarorgan wie z.B. der besonders ausgeprägte Tastsinn bei begrenzten visuellen Fähigkeiten. In späteren Überlegungen rückte *Adler* die sozialen Folgen wie Zurücksetzung, Verspottung usw. stärker in den Vordergrund.

Inzwischen ist die Grundlage für die Neigung des Organismus, Mangel zu kompensieren, bekannt. Wie aus dem nachfolgenden Schaubild 24 zu ersehen ist, befinden sich auf der Hirnrinde Areale, die die somato-sensorischen und die motorischen Bereiche des Organismus wie auf Landkarten repräsentieren. Jede Körperregion hat also ihren eigenen Abschnitt.

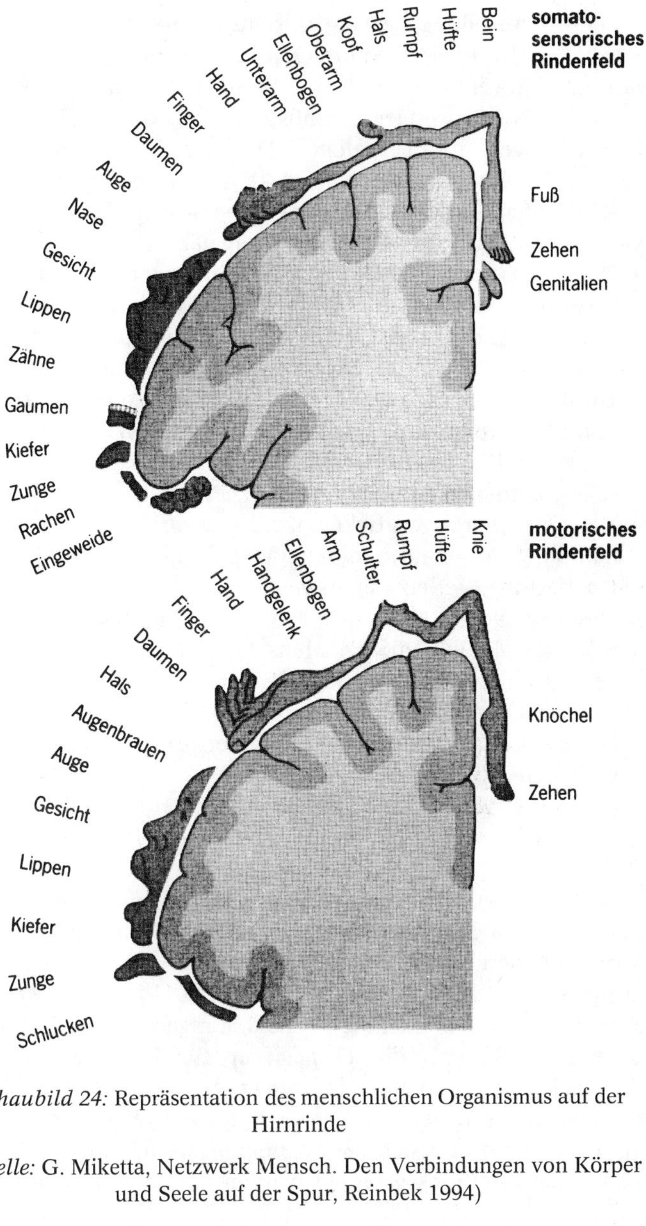

Schaubild 24: Repräsentation des menschlichen Organismus auf der Hirnrinde

(*Quelle:* G. Miketta, Netzwerk Mensch. Den Verbindungen von Körper und Seele auf der Spur, Reinbek 1994)

Diese Darstellung des Organismus ist nicht statisch, sondern macht die Veränderungen des Organismus mit. „Nach einer Fingeramputation vergrößert sich zum Beispiel im Gehirn die Repräsentation der Nachbarfinger. Sie müssen ja jetzt die Aufgaben des fehlenden Fingers mit übernehmen. Das zeigt, wie plastisch das Gehirn auf Veränderungen reagieren kann“ (*Miketta*, a.a.O., S. 41).

Eine differenzierte Betrachtung der Formen von Organminderwertigkeiten legt folgende Unterteilung nahe:

- Der Säugling wird mit einer Organminderwertigkeit geboren, die entweder eine ererbte Organschwäche darstellt, oder während der Schwangerschaft oder Geburt entstanden ist, aber auch Merkmale wie Mißbildungen, Häßlichkeit, abnorme Kleinheit, Größe, Magerkeit oder Dicke ausweisen kann. Anlagemäßig können Organe und Organsysteme bei einzelnen Individuen schwache Punkte darstellen, an denen krankmachende Einflüsse leichter angreifen können als an gesunden.
- Die Organminderwertigkeit wurde erworben infolge einer Infektion, Gewaltanwendung, Vergiftung, Ernährungsmangel, Überlastung, Verletzung, usw.
- Das geschädigte Organ wird als Schwachpunkt zum „Sprachrohr“ für Gefühle, die der Mensch nicht auszusprechen vermag oder die ihm gar nicht bewußt sind. Die Krankheit „bedient“ sich des Organs als Ausdrucksform.
- Organe können subjektiv als minderwertig erlebt werden, obwohl ihnen zunächst nichts Krankhaftes anhaftet. Solche subjektiven Organminderwertigkeiten können im Verlaufe der Jahre jedoch tatsächlich nachweisbare Schädigungen nach sich ziehen.

„Offenbar sind alle Ausdrucksformen von Organminderwertigkeit miteinander mischbar. So mag bei der Migräne eine Mischform aus hereditärer Anlage, Affektstau und sozialem Lernen vorliegen“ (*Rainer Schmidt* [Hrsg.], Die Individualpsychologie Alfred Adlers, Kohlhammer-Verlag Stuttgart, 1982, S. 136). Das bedeutet z.B., daß die Disposition zur Migräne als ererbter Schwachpunkt vorhanden sein mag. Menschen, die zu Migräne neigen, haben in der Regel große Schwierigkeiten, ihre Wünsche zu artikulieren und sich auseinanderzusetzen, so daß die Affekte nicht zum Ausdruck gebracht werden können. Die oder der Migränekranke kann aber auch im Verlaufe der Persönlichkeitsentwicklung die Erfahrung gemacht haben, daß Migräne von der Erfüllung von Aufgaben befreit und darauf unbewußt zur Entlastung zurückgreifen.

Es gibt zwei Möglichkeiten, auf die Organminderwertigkeit zu antworten. Dabei gelten dieselben Grundgesetze, wie sie bei der Verarbeitung aller psychischen Schwierigkeiten zu finden sind. Entweder der Betroffene läßt sich entmutigen, resigniert und versagt, oder er versucht seine Schwäche zu überwinden oder sogar durch eine ungewöhnliche Leistung überzukompensieren. Dabei muß die Überkompensation nicht unbedingt am Organ selbst erfolgen, sondern kann auch im psychischen Überbau stattfinden.

Angenommen, ein Mädchen – bei Frauen spielt das äußere Erscheinungsbild auch heute noch eine weit größere Rolle als bei Männern – wächst als die häßliche Schwester neben einer schönen auf. Die soziale Umwelt läßt sie in taktloser Weise den Unterschied spüren. Sie wird zunächst verschüchtert und überempfindlich, schließlich böse und mißgünstig. Sie könnte aber auch einen anderen Weg einschlagen, alsbald entdecken, daß sie der Schwester intellektuell überlegen ist und im Geistigen kompensieren, was die Natur versäumt hat, ihr mitzugeben. „Im günstigsten Fall geht diese mutige Kompensation über das Intellektuelle hinaus bis in die gefühlsmäßige Haltung der Umwelt gegenüber und äußert sich in ganz besonderer Güte und Menschenfreundschaft, der es das häßliche Mädchen schließlich zu danken hat, wenn es Liebe und Verehrung noch in weit reicherem Maße erntet als die Frau, die bloß schön ist und sonst nichts" (*Erwin Wexberg*, Individualpsychologie, S. Hirzel Verlag Stuttgart, 1974, S. 110).

In diesem Sinne muß herausragende Schönheit nicht unbedingt ein Geschenk der Natur sein. Besonders schöne Kinder, die frühzeitig bewundert und verhätschelt werden, wachsen unter der Illusion auf, daß sie im Leben alles geschenkt bekommen müßten. So tritt die „Prinzessin" mit ungeheuren Ansprüchen an das Leben heran und erlebt permanent Enttäuschungen. Beim männlichen Typus finden wir hier den Don Juan, „der Frauen nur liebt, wie Jäger das Wild lieben" (*Wexberg*, a.a.O., S. 110).

Was aus einer Organminderwertigkeit wird, hängt also davon ab, wie mutig oder verzagt der Betroffene selbst und wie verständnisvoll, verhätschelnd oder ablehnend die Umwelt darauf reagieren. „Bisher jedoch wurde der Mehrzahl der Kinder, die mit minderwertigen Organen oder unzureichend funktionierenden Drüsen zu Welt kamen, nicht die richtige Erziehung zuteil; man verstand ihre Schwierigkeiten nicht und so entwickelten sie nur für ihre eigene Person Interesse“ (*Adler* [1931] Wozu leben wir? Fischer Taschenbuch Verlag Frankfurt a.M., 1979, S. 22). Unter dem Begriff der mitleidsvollen Familienatmosphäre wird auf diesen Aspekt nochmals eingegangen.

Immer wieder weist *Adler* darauf hin, daß entwickelte Begabungen sehr häufig ihren Ursprung in der gelungenen Kompensation organischer Minderwertigkeiten haben. Gute Köche litten nach *Adler* häufig unter einer nachweisbaren Minderwertigkeit des Verdauungstraktes, begabte Redner und Schauspieler unter Degenerationszeichen des Mundes, Maler an Sehschwächen. Die Beispiele berühmter Tondichter mit Minderwertigkeiten des Ohres, wie Beethoven und Smetana, glänzender oder unterhaltsamer Redner mit frühzeitigen Schwierigkeiten der Sprachorgane wie Demosthenes oder Jürgen von Manger, bekannter Maler mit Augendefekten wie Manet und Lenbach, sowie Schriftsteller, deren ausschweifende Phantasie ebenfalls mit Defekten des Auges zusammentrafen wie Karl May und Jules Verne, lassen sich beliebig vermehren und zeigen offenkundig, daß eine Organminderwertigkeit sehr häufig geradezu der Impuls für künstlerische, körperliche – man denke an die Sprinterin Wilma Rudolph, die trotz (oder wegen?) einer Kinderlähmung bei Olympischen Spielen drei Goldmedaillen gewann – und andere Höchstleistungen sein kann. Wenn es zu solch einer Entwicklung kommt, muß die oder der Betreffende die vermeintlichen Einschränkungen als Herausforderung empfunden haben und mit einem „jetzt gerade“ an die Bewältigung ihrer/seiner Schwierigkeiten herangegangen sein. Aber selbstverständlich soll das nicht bedeuten, daß jeder Begabung eine Organminderwertigkeit zugrunde liegt.

Ausgehend von der Neigung des Organismus, Organminderwertigkeiten zu kompensieren, verfolgte *Adler* den Gedanken, daß eine solche Kompensationsleistung auch im seelischen Bereich stattfinden könnte. Er richtete sein Augenmerk dabei aber in erster Linie auf Überkompensationsleistungen, an denen die soziale Umwelt sich reibt wie das Macht- und Geltungsstreben. Den Ausdruck Minderwertigkeitsgefühl benutzte er erstmals drei Jahre nach den Ausführungen über die Organminderwertigkeit. Der Adler-Schüler *Rudolf Dreikurs* (1897–1972) stellt in diesem Zusammenhang fest, daß jeder Versuch, ein Minderwertigkeitsgefühl zu kompensieren, niemals zur Kompensation, sondern immer zur Überkompensation führt. Wir sind diesem Phänomen im Sinne eines Ringens um Überlegenheit bereits beim Konflikt begegnet. Ein Mensch, der angegriffen oder gekränkt wird, fühlt sich hilflos und unterlegen. Er wird intuitiv – wenn er nicht zu resigniert ist, um sich zu wehren – danach streben, sich für die Kränkung Genugtuung zu verschaffen. Erst wenn er selbst der Überlegene ist, ist für ihn die Welt wieder im Lot.

Wir möchten die Gedanken von *Adler* und *Dreikurs* noch einen Schritt weiterführen und im Vorgriff auf die späteren Ausführungen mit Ergebnissen aus der neueren Forschung belegen. *Hetty van de Rijt* und *Frans Plooij* haben bei ihren Untersuchungen festgestellt, daß immer dann, wenn sich bei der geistigen Reifung eines neugeborenen und heranwachsenden Kindes ein neuer Entwicklungssprung ankündigt, das Baby verunsichert und verstört ist, weil sich ihm eine neue Welt auftut, die es noch nicht kennt. Die Eltern bemerken diesen bevorstehenden Entwicklungssprung daran, daß das Baby viel mehr schreit, quengelt und unleidlich ist und dauernd bei der Mutter sein will, die für das Baby so etwas wie einen sicheren Hafen darstellt. Wenn der Entwicklungssprung geschafft ist, entdecken die Eltern, daß ihr Kind Fähigkeiten erworben hat, die vor dem Sprung nicht vorhanden waren. Für das Baby bedeutet so ein Entwicklungssprung Streß, d.h., das vegetative Nervensystem befindet sich im Alarmzustand. Vorausgesetzt, der Säugling bzw. das Kleinkind wird nicht überfordert, d.h. die Anforderung trägt noch den Charakter einer Herausforderung und die Eltern gehen liebevoll auf die Schwierigkeiten des Kindes ein und unterstützen es, so findet gerade in dieser Streßphase die Entwicklung statt.

Auch Erwachsene können eine Anforderung als Herausforderung erleben. Wenn sie die Herausforderung, die ja immer etwas Besonderes ist, meistern, hat der dabei ausgelöste Streß eine ausgesprochen angenehme Färbung, beflügelt, macht stolz und glücklich und regt zu neuen Taten an. Andererseits kann sich auch der Erwachsene von der Herausforderung überfordert fühlen, und dann wird das Herangehen an die zu bewältigende Aufgabe als das empfunden, was gewöhnlich als negativer Streßreiz bezeichnet wird. Die Reaktion des vegetativen Nervensystems ist in beiden Fällen ähnlich (der Organismus wird in die Lage versetzt, Höchstleistungen zu vollbringen), die psychische Befindlichkeit absolut entgegengesetzt. Das Zusammenspiel von Nerven, Hormonen und Immunsystem ist allerdings verschieden, denn während Phänomene wie (negativer) Streß, Trauer, Einsamkeit, Enttäuschungen, seelische Spannungen und depressive Verstimmungen die körpereigenen Abwehrkräfte schwächen, werden diese durch Freude, Erfolg, Zufriedenheit und Entspannung gestärkt.

Wir kehren nochmals zu dem Gedanken der Kompensation von Belastungen zurück. Im nachfolgenden Kapitel wollen wir uns mit den Entwicklungsmöglichkeiten des Kindes beschäftigen und vor allem damit, in welcher Weise Eltern und andere wichtige Bezugspersonen den naturgegebenen Reifungsprozeß angemessen unterstützen können, ohne das Kind zu über- oder zu unterfordern und auch aufzeigen, welche Befähigungen daraus erwachsen. Was aber ist, wenn die Bedingungen und die Möglichkeiten der Eltern eine solche Haltung nicht zulassen? Wie reagiert das Kind darauf? Nun, es wird vermutlich versuchen – und auch hier gilt wieder, solange die zu bewältigende Aufgabe nicht zur Überforderung wird – die Herausforderung zu meistern. Folgerichtig zu den obigen Ausführungen können auch dabei Fähigkeiten erwachsen, wie wir später sehen werden. Aber trotz der Fähigkeiten – das sei ausdrücklich betont – sind die Kompensationen eine Notlösung und können sich nicht an den Ergebnissen einer Entwicklung messen lassen, in der das Kind in seinem naturgegebenen Reifungsprozeß unterstützt wird.

Die Entwicklung der Grundstrukturen des Charakters

Wir folgen dem Gedanken der Tiefenpsychologie, daß die ersten sechs Lebensjahre, die Zeitspanne von der Geburt bis zum Schuleintritt, für die körperliche, geistige und vor allem auch seelische Entwicklung eines Menschen insgesamt und für das Formen seines Charakters von herausragender Bedeutung sind. Bedenkt man, daß

- das neugeborene und heranwachsende Kind in dieser Zeit sich selbst, die Menschen seines sozialen Umfeldes und die Welt erst kennenlernt,
- sich seinen eigenen Reim darauf macht und die Eindrücke nach eigenem Gutdünken beantwortet,
- Befähigungen zur Entfaltung kommen, die eine Grundlage für das ganze weitere Leben darstellen,

so haben die frühen Jahre durchaus prägenden Charakter. Dies wollen wir jedoch nicht im Sinne eines Festgelegtseins verstanden wissen. Ein Mensch ist weiterhin zur Vervollkommnung in der Hinsicht fähig, daß Talente weiter entfaltet, Fähigkeiten weiter ausgebaut, Defizite behoben oder Lücken in der Persönlichkeitsentwicklung geschlossen werden können. Erst am Ende eines Lebens kann gesagt werden, was aus dem betreffenden Menschen geworden ist. Von den erwähnten prägenden ersten sechs Lebensjahren handelt dieses Kapitel.

Im Hinblick auf die Umwelteinflüsse, die Anteil an der Persönlichkeitsentwicklung haben können, wollen wir das Schaubild 25 als Leitfaden benutzen und uns in der angegebenen Reihenfolge mit den äußeren Rahmenbedingungen, der unbelebten Umwelt und natürlich vor allem mit der Interaktion des Kindes mit der belebten Umwelt, also seinen Eltern, Geschwistern und anderen wichtigen Bezugspersonen beschäftigen.

Die äußeren Rahmenbedingungen

Der Einfluß der äußeren Gegebenheiten wie

- Krieg oder Frieden,
- Armut oder Reichtum,
- großzügige oder beengte Wohnverhältnisse,
- die Erfüllung beruflicher Vorstellungen oder Arbeitslosigkeit,
- eine körperlich gesunde Familie oder Krankheit
- Unversehrtheit oder körperliche und geistige Behinderung,

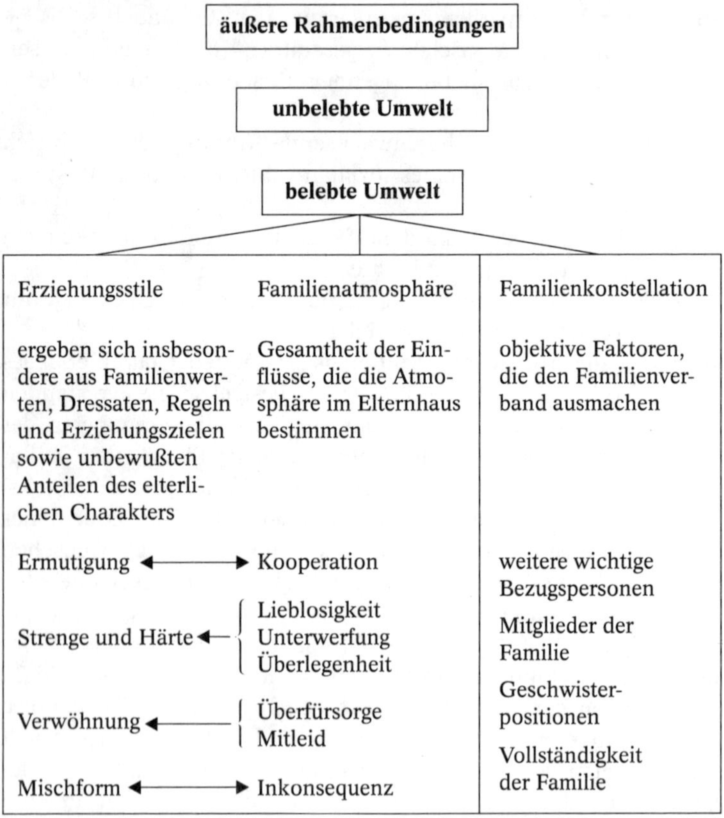

Schaubild 25: Umweltfaktoren, die Einfluß auf die Persönlichkeitsentwicklung des Menschen haben können

- Meinungsfreiheit oder Verfolgung aus ethischen, rassischen oder religiösen Gründen usw.

können eine starke Belastung für die seelische Entwicklung darstellen, sofern nicht positive Faktoren ein Gegengewicht bilden.

Es läßt sich beispielsweise gut nachvollziehen, daß ein Kriegskind, das häufig durch Fliegeralarm aus dem Schlaf gerissen wurde, das Mangel gelitten und Angst kennengelernt hat, weil der Vater an der Front war, andere Rahmenbedingungen hatte als ein Kind, das in gesicherten Verhältnissen, vielleicht im Überfluß aufwächst, sich wünschen darf, was es essen möchte, nachts durchschlafen kann und dessen Familie nicht um das Leben des Vaters bangen muß.

Über die Wirkungsweise dieser Fakten entscheiden nicht allein die objektiven Gegebenheiten, sondern wie sie wahrgenommen werden, welche Stimmung sie auslösen und mit welcher Haltung ihnen innerhalb der Familie begegnet wird. Daß auch unter belastenden Verhältnissen eine positive Entwicklung stattfinden kann, soll an einem Beispiel verdeutlicht werden.

Ein junger Mann hatte seine Kindheit und Jugend mit seinen Eltern in einem großen alten Haus verbracht, in dem er sich frei bewegen konnte. Aber durch die Arbeitslosigkeit des Vaters lebte die Familie in äußerst knappen Verhältnissen. Die Mutter wußte oft nicht, woher sie das Geld für das Essen nehmen sollte. Die ganze Familie trug die abgelegten Kleider, die sie von Freunden bekamen. Diese Familie hatte eine Menge Freunde, die oft kamen und gerne gaben, weil sie sich im Elternhaus des jungen Mannes wohlfühlten. Es gab viele alte, interessante Bücher. Der Junge wurde wie sein Vater zum Büchernarr und empfand es nicht als Verlust, daß er nur wenig Spielzeug hatte. Später ging es der Familie wirtschaftlich besser. Als Erwachsener von seiner Mutter gefragt, ob er denn wisse, daß die Familie früher bettelarm gewesen sei, mochte der junge Mann das nicht glauben. Im Gegenteil, die Klassenkameraden hatten ihn sogar beneidet, weil bei ihm zuhause „immer etwas los“ war.

Die unbelebte Umwelt

Wir meinen mit der unbelebten Umwelt die unmittelbare räumliche Umgebung des Säuglings und Kleinkindes, die Dinge, die es zu sehen, hören, fühlen, begreifen, erleben und wahrzunehmen gibt. Dabei sind nicht die einzelnen Gegenstände, die die Umgebung ausmachen, von Bedeutung. Vielmehr wirkt sich die Atmosphäre aus, die durch sie entsteht. Stellen wir uns zwei Extreme vor, im ersten Fall, daß ein Säugling, der ständig in einem kalten, kahlen, muffigen und abgedunkelten Zimmer liegt, in welches möglicherweise von der Straße her noch lauter Lärm eindringt, kaum in der Lage sein wird, diese Umwelt positiv wahrzunehmen.

Und daß im anderen Falle ein Kind, das in einem hellen, freundlichen, warmen, gut durchlüfteten, vielleicht auch sonnendurchfluteten Zimmer liegt und in einer ruhigen Umgebung aufwächst, die durch Spielzeug und andere Gegenstände sein Interesse wachruft, ein durchweg positives Weltbild entwickelt.

Die belebte Umwelt

Die belebte Umwelt trägt als Interaktionspartner des Kindes in weit höherem Maße als die zuvor genannten Elemente zu der Persönlichkeitsentwicklung des Kindes bei. Wir müssen das aus vielen Faktoren bestehende Wirkungsgefüge in einzelne Bestandteile zerlegen, um es nachvollziehbar und verständlich zu machen. Es bleibt der Leserin oder dem Leser überlassen, für die Betrachtung der eigenen Lebensgeschichte oder die anderer Personen die verschiedenen Bedingungsfaktoren zu einem individuellen Geflecht zusammenzufügen.

Wie bei allen Typisierungen ist es dabei notwendig, die Elemente besonders kontrastreich darzustellen, um das Wesentliche deutlich hervortreten zu lassen. Die Lebenswirklichkeit hält demgegenüber eine Bandbreite verschiedener Abstufungen und Mischformen als das „Normale" bereit.

Adler selbst und eine Reihe weiterer Individualpsychologen haben sich um Typologien bemüht, die in empirischen Untersuchungen Verwendung finden könnten. Während die von *Adler* formulierten Gemeinschaftsgefühl-Aktivitätstypen auch Raum für die Darstellung einer als gelungen zu bezeichnenden Persönlichkeitsentwicklung (sozial nützlicher Typ) lassen, haftet der wohl bekanntesten Typologie nach Prioritäten ein in sehr vielen Typologien zu findender Mangel an, daß lediglich ins Pathologische reichende Verhaltensweisen erfaßt werden können. In den zunächst von *Nira Kefir* 1971 angestellten Überlegungen zu diesem Prioritätenkonzept, das von *Schottky/Schoenacker* (Was bestimmt mein Leben? Rex-Verlag Luzern/Stuttgart, 1984) weiter ausgebaut wurde, werden unbewußte Ziele beschrieben, die in Überlegenheit, Kontrolle, Bequemlichkeit und Gefallenwollen zum Ausdruck kommen. Diese Modelle sind zudem empirisch wenig abgesichert (vgl. *Rosef Rogner*, Individualpsychologische

Typologien, in: Zeitschrift für Individualpsychologie, Heft 1/1982, S. 1-13). Bezüglich der Aspekte, die zur Lebensgestaltung eines Menschen gehören, hat die Individualpsychologie sehr klar umrissene Vorstellungen: die zu lösenden und zu gestaltenden Lebensaufgaben sind ein erfülltes Liebesleben in mitmenschlicher Nähe und Geborgenheit, Arbeit als Ausdruck des Wunsches zu leisten und erfolgreich zu sein und Gemeinschaft im Sinne von Freundschaftsbeziehungen, aber auch einer Übernahme von Verantwortung im sozialen (auch politischen) Leben überhaupt.

Die auf dem psychoanalytischen Phasenmodell aufbauenden Typologien, wie sie von *Harald Schultz-Hencke* (1892–1953), *Annemarie Dührssen* und *Fritz Riemann* (1902–1979) vertreten werden, tragen vor allem der Tatsache Rechnung, daß der körperliche, geistige und seelische Reifungsprozeß des Kindes und dessen Befindlichkeit in den einzelnen Phasen jeweils andere Bedürfnisse in den Vordergrund rückt, die für eine gedeihliche Entwicklung adäquat beantwortet werden müssen. Der Psychoanalytiker *Fritz Riemann* betrachtet die Handlungen und Haltungen, die Grundstimmung und das Gefühlserleben auf dem Hintergrund von vier Grundimpulsen, von denen jeweils zwei polare Gegensätze sind. Das eine Gegensatzpaar läßt sich beschreiben als Streben nach Dauer und, entgegengesetzt, als Streben nach Wandlung. Das andere Gegensatzpaar beinhaltet Selbstbehauptung und Selbsthingabe. Diese vier Strebungen sollte der Mensch als polare Impulse leben. So gehören der Zauber des Neuen, der Reiz des Unbekannten und die Freude am Wagnis ebenso zu unserem Leben wie der Wunsch nach Dauer und verläßlicher Wiederkehr des Gewohnten und Vertrauten. Menschen möchten sowohl ihren persönlichen Interessen leben dürfen als auch in partnerschaftlicher Verbundenheit und bezogen auf mitmenschliche Kontakte ihr Leben gestalten. Dieses Modell bietet einen sehr guten Hintergrund auch für die Beschreibung der Folgen, wenn der naturgegebene Reifungsprozeß gehemmt wird und dadurch einzelne oder mehrere Lebensbereiche nicht angemessen gelebt werden können. Wir werden uns in unseren späteren Ausführungen an dieses Konzept anlehnen.

Zunächst soll das Augenmerk auf die bewußten und unbewußten Erziehungsziele der Eltern und anderer wichtiger Bezugspersonen gerichtet werden, die in bestimmten Handlungen und Haltungen dem Kind gegenüber ihren Ausdruck finden und damit auch die Atmosphäre, das Familienklima bestimmten.

Familienatmosphäre und Erziehungsstil

Das eigentlich Atmosphärische innerhalb der Familie, also eine mehrheitlich heitere oder bedrückte Stimmung, distanzierte zwischenmenschliche Kontakte oder solche voller Wärme, möglicherweise selbst auferlegte starre Grenzen oder großzügige Freiheit usw. tragen in ganz besonderer Weise zu dem Bild bei, das sich der neue Erdenbürger vom Leben und von der Welt macht. Das ist bei den äußeren Rahmenbedingungen ja schon kurz angeklungen. *Dreikurs* hat für diese Gesamtheit der Einflüsse den Ausdruck „Familienatmosphäre" geprägt.

Während im ersten Lebensabschnitt das gefühlshafte Erleben durch vorrangig nonverbale Einflüsse und das Atmosphärische mitgeprägt wird, spielen im Verlaufe der weiteren Entwicklung zunehmend die verbalen Einflüsse und damit auch die Vermittlung der Familienwerte, und möglicherweise Dressate und Regeln, kurz, die Erziehungsziele, jene Elemente, die sich unter dem Begriff „Erziehungsstil" zusammenfassen lassen, eine Rolle. In den Erziehungsstil fließen vor allem auch der Charakter, die Lebensbewältigungsstrategien und die Vorbildwirkung der Erzieher mit ein, die von einer Vielzahl personaler, gesellschaftlich-sozialer und kultureller Bezüge und Werte begleitet sind. Obwohl die meisten Eltern eine bestimmte Vorstellung von den Zielen ihres Erziehungswirkens haben, beeinflussen sie doch stärker mit ihrer Persönlichkeit als mit ihren noch so wohlgemeinten Vorsätzen. In der Interaktion mit ihren Kindern können längst bewältigt geglaubte Gefühlsregungen wie z.B. Wut-, Neid-, Eifersuchts- oder Zukurzgekommenheitsgefühle lebendig werden, wodurch den Eltern Reaktionen unterlaufen können, die sie bewußt gar nicht zeigen wollten. Hierzu später mehr.

Die Erziehungsstile lassen sich zunächst in zwei Kategorien gliedern, in den die Persönlichkeitsentwicklung fördernden Erziehungsstil, den wir der individualpsychologischen Terminologie folgend den Erziehungsstil der Ermutigung nennen, und den der Entmutigung. Dem Erziehungsstil der Ermutigung, den wir unter dem Begriff der kooperativen Familienatmosphäre beschreiben, wollen wir den seiner Bedeutung entsprechenden Raum geben. Ein besonderes Schwergewicht sollen dabei die Entstehungsbedingungen jener Persönlichkeitsmerkmale haben, die wir unter dem Begriff der sozialen Kompetenz dargestellt haben. Für die Thematik dieses Buches ist die Frage besonders interessant, wie denn Konfliktfähigkeit heranreift. Den sog. entmutigenden Erziehungsstilen ist das dann folgende Kapitel gewidmet. Hierzu gehören Strenge und Härte und Verwöhnung. Der Erziehungsstil der Vernachlässigung ist so vorherrschend durch Strenge und Härte geprägt, daß wir ihn diesem zurechnen wollen und unter der Familienatmosphäre der Lieblosigkeit darstellen werden.

Der Erziehungsstil der Ermutigung

Wenden wir uns jetzt dem so schwierig zu verwirklichenden Kapitel einer fördernden Erziehung zu. Ermutigung in der Realität zu leben ist mehr, als nur schädigende Einflüsse zu unterlassen. Es ist eine aktive Haltung, die Eltern und Erzieher dem Kind sowie später Partner, Freunde, Kollegen, Vorgesetzte usw. dem erwachsenen Menschen entgegenbringen, wenn sie ihn fördern wollen. Ermutigung heißt, sein Gegenüber zu bejahen und zu unterstützen, ihm Vertrauen in seine Person und sein Vermögen entgegenzubringen und damit sein Selbstvertrauen zu stärken. Es bedeutet, sich nicht einzumischen, wenn das Kind (der Erwachsene) eigene Lösungen finden oder Risiken tragen kann, aber einzugreifen, um es (ihn) vor Schaden zu bewahren. Es heißt also, Orientierung zu geben und die Realität aufzuzeigen, notwendige Korrekturen maßvoll zu gestalten und Ziele so zu formulieren, daß sie erreichbar sind. Eine solche Interaktion zu leben ist sicher nicht einfach. Auf der anderen Seite ruht die Verantwortung für eine solche Form des Umgangs ja nicht allein auf den Schultern der Eltern und der anderen Bezugspersonen. Denn das Kind gestaltet die Interaktion auf seine Weise mit. Ja, es scheint, als hätte die Natur es so eingerichtet, daß das neugeborene und heranwachsende

Kind die Behandlung geradezu herausfordert, derer es für ein gedeihliches Wachsen bedarf. Sind wir nicht hingerissen, wenn der Säugling uns mit seinen großen Augen ansieht, schmelzen wir nicht dahin, wenn er lächelt? Wir bewundern seine Ausdauer bei den ersten Versuchen, sich aus eigener Kraft fortzubewegen, jubeln über den ersten Schritt, das erste Wort...

Wir wollen die dem Erziehungsstil der Ermutigung zuzurechnende Familienatmosphäre als kooperativ bezeichnen, weil dieser Ausdruck am besten das Zusammenwirken des neugeborenen und heranwachsenden Kindes mit seiner sozialen Umwelt deutlich macht.

Die kooperative Familienatmosphäre

In Anlehnung an das Phasenmodell der Psychoanalyse und die später noch ausführlicher zu behandelnde entwicklungspsychologische und psychoanalytische Literatur von *Hetty van de Rijt* und *Frans Plooij, Judith S. Kestenberg* und *Janet Kestenberg-Amighi, Daniel Stern, Annemarie Dührssen, Rudolf Dreikurs* und *Loren Grey, Jane Nelson* sowie *Michael Titze* und *Horst Gröner* wollen wir die frühkindliche Entwicklung unter vier aufeinander aufbauenden und einander bedingenden Entwicklungsschwerpunkten betrachten. Die Psychoanalyse setzt die Zeiträume der vier Phasen so fest, daß sie die erste Phase auf die ersten Lebensmonate bezieht und die zweite Phase zu dem Zeitpunkt beginnen läßt, zu dem davon ausgegangen wird, daß der Säugling ein Bewußtsein von der eigenen Person erlangt hat (5.-7. Monat). Die zweite Phase wird bis etwa zum zweiten Lebensjahr gerechnet, die dritte bis zum vierten und die vierte bis zum sechsten Lebensjahr. Die Bearbeitung der oben aufgeführten Literatur hat ein viel stärkeres Ineinanderfließen dieser vier Entwicklungszeiträume ergeben und läßt auch die Vermutung aufkommen, daß der Bewußtwerdungsprozeß des Säuglings von der eigenen Person ein allmählicher ist. Diese Sichtweise versuchen wir in dem nachfolgenden Schaubild 26 darzustellen.

Im Vorgriff auf die Ausführungen weiter unten möchten wir zur Erläuterung des Schaubildes 26 festhalten, daß die ersten Lebens-

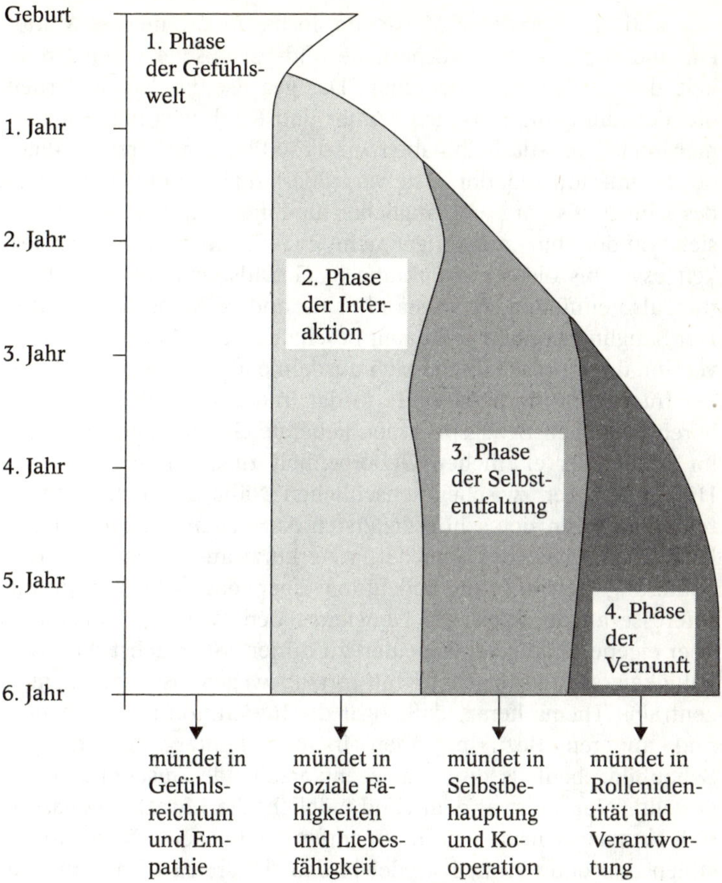

Schaubild 26: Die Phasen der frühkindlichen Persönlichkeits-Entwicklung, Erläuterung im Text

wochen des Neugeborenen durch ein gefühlshaftes Wahrnehmen und Erleben geprägt sind. Wir haben diese Phase deshalb verkürzt die Phase der Gefühlswelt genannt. Der Säugling unterscheidet hauptsächlich zwischen Lust- und Unlustgefühlen und möchte vor allem satt, warm und trocken sein und sich geborgen fühlen. Aber schon in den ersten Lebenswochen tritt das Kind bewußter in die

Interaktion mit anderen Menschen, insbesondere mit der Mutter, ein und beginnt seine körperliche und psychische Eigenständigkeit zunehmend wahrzunehmen. Das gegenseitige Kennenlernen, die Verständigung zwischen Mutter und Kind wird nicht nur immer intensiver – deshalb haben wir diese Phase verkürzt die Phase der Interaktion genannt –, sie vergrößert zugleich die Gefühlswelt des Kindes. Es wird empfänglicher für Eindrücke von außen, läßt sich von den ihm entgegengebrachten Gefühlen emotional anstekken usw., bis diese Entwicklung in Gefühlsreichtum und Empathie, also einfühlendes Verständnis für andere Menschen mündet. Der Säugling ist noch voll damit beschäftigt, die Mutter für sich zu vereinnahmen (deshalb die sich ausdehnende Kurve in der Phase der Interaktion im Schaubild), in der Interaktion mit ihr und anderen wichtigen Bezugspersonen liebende Gefühle und Sicherheit im Schutz der elterlichen Geborgenheit zu gewinnen, kurz, der Höhepunkt der zwischenmenschlichen Nähe ist noch nicht erreicht, da regen sich schon die ersten Anzeichen des eigenen Willens. Diese Phase der – wiederum verkürzt ausgedrückt – Selbstentfaltung gewinnt an Bedeutung über das sich erweiternde Interesse an der Welt, die Neugierde, den Wunsch, zunehmend über eigene Belange entscheiden zu dürfen. Sie wächst durch die Fähigkeit, sich aus eigener Kraft fortzubewegen, usw. zu einem so zentralen Thema heran, daß sogar die Interaktion mit der Mutter und anderen Bezugspersonen in den Hintergrund tritt (im Schaubild ebenfalls durch eine entsprechende Ausdehnung dargestellt). Nur so ist es dem Kind möglich, die Mutter loszulassen, sich ein paar Schritte von ihr zu entfernen, um seine Neugierde zu stillen und dann schnell wieder in den sicheren Hafen zurückzukehren. Zugleich verändert sich auch die Interaktion mit der sozialen Umwelt und die Gefühlswelt entfaltet sich zu weiterem Reichtum. Eine gelungene Interaktion mündet u.a. in Liebesfähigkeit und einen angenehmen Umgang mit anderen Menschen. Eine gelungene Selbstentfaltung ermöglicht es einem Menschen beispielsweise, sowohl zu kooperieren als auch sich zu behaupten. Es ist sicher bereits deutlich geworden, daß die Entwicklung kontinuierlich aufeinander aufbaut und sich gegenseitig bedingt und ein Entwicklungsschritt ohne die vorangegangenen nicht vorstellbar ist. „Hinkt auch nur eine einzige dieser Fertigkeiten hinter der

Entwicklung des Ganzen her, so verzögert sich vermutlich allein dadurch die Entwicklung des gesamten Sozialverhaltens." (*Stern*, a.a.O., S. 61) So ist auch die vierte Phase ohne die vorangegangenen nicht denkbar. Wir haben sie verkürzt die Phase der Vernunft genannt. In ihr geht es für das Kind darum, die kindliche Fantasiewelt allmählich zugunsten der Realität aufzugeben, seine Rolle – auch die Geschlechtsrolle – zu finden und zu akzeptieren und in die Übernahme von Verantwortung hineinzuwachsen. Die Schwerpunkte der einzelnen Phasen haben wir durch die infolge der Persönlichkeitsreifung neu hinzugetretenen Fähigkeiten charakterisiert. Dabei gehen die einzelnen Phasen ineinander über und bereits vorhandene Persönlichkeitsmerkmale bleiben lebendig, auch wenn in den einzelnen Phasen jeweils andere Elemente in den Brennpunkt des Interesses rücken. Und zwar bei allen Beteiligten, sowohl beim Kind als auch bei den Menschen des sozialen Umfeldes. Beispielsweise werden die Eltern und andere wichtige Bezugspersonen in jener Zeit, in der das Kind die Sprache erwirbt, sich entzückt über jedes neue Wort äußern und die Fähigkeit zu Laufen bereits als etwas Selbstverständliches betrachten. Die im Verlaufe der ersten sechs Lebensjahre sich entfaltenden Persönlichkeitsmerkmale statten den Menschen für das künftige Leben mit Befähigungen aus, die ihn in einer spezifischen Weise charakterisieren.

Die Altersangaben in dem Schaubild sollen nicht als allzu festgelegt betrachtet werden, da jedes Kind bei der Verwirklichung seines in ihm angelegten Entwicklungsrepertoires sein eigenes Tempo hat. Wir möchten jedoch daran erinnern, daß jedes Entwicklungsstadium seine Zeit hat und vor einem entsprechenden Reifungssprung ein Kind auch durch noch so viel Üben eine Befähigung vor der Zeit nicht erwerben kann.

Um zu der für das Anliegen dieses Buches so bedeutsamen Erkenntnis zu gelangen, unter welchen Bedingungen die Persönlichkeitsentwicklung des Kindes so verläuft, daß es zu einem Menschen heranwächst,

- der anderen Menschen vertraut, ohne vertrauensselig zu sein,
- eine optimistische Grundstimmung hat und sich dennoch mit den Ungereimtheiten dieser Welt auseinandersetzt,
- der Menschen mag, auch sich selbst, aber nicht kritiklos ist,

- der liebesfähig ist und dabei geben und nehmen kann,
- der soziale Fertigkeiten besitzt, ohne zum seelischen Mülleimer zu werden,
- der weiß, wer er ist und sich behaupten kann, aber auch bereit ist, zu kooperieren und sich anzupassen,
- der Verantwortung tragen kann und für seine Fehler einsteht,
- der wißbegierig ist und dessen Interessen über seine eigene Person hinausgehen
- und der Rollenidentität besitzt,

muß zunächst detaillierter betrachtet werden, wie sich das dem Menschen innewohnende Entwicklungsrepertoire naturgegeben vollzieht. Wir begleiten also das Kind bei seiner Reise in eine neue, unbekannte Welt (eine Reise, die es am Anfang nicht einmal bei vollem Bewußtsein erlebt), unter den Aspekten seiner psychosozialen, geistigen und körperlichen Entwicklung. Dabei ist natürlich auch zu klären – das ist ja das eigentliche Anliegen dieses Kapitels – in welcher Weise Eltern und andere wichtige Bezugspersonen die Entwicklung fördernd begleiten können.

Bei der Geburt tritt der Mensch in eine neue, unbekannte Welt ein. Stellen wir uns vor, wir wären als Erwachsene urplötzlich in ein fremdes Land versetzt worden, in dem wir die Menschen, die Sprache, die Sitten und Gebräuche usw. nicht kennen. Wahrscheinlich wäre uns ängstlich-beklommen zumute, aber wir wären auch neugierig, diese neue, unbekannte Welt zu erforschen. Dabei würden wir vermutlich nach Elementen Ausschau halten, die uns irgendwie vertraut sind. Schon wenn ein Mensch aus dieser für uns noch unbekannten Welt uns anlächelte, würden wir uns vertraut und ein wenig geborgen fühlen.

Die Entwicklungsphasen vom Säugling zum Schulkind

Das Neugeborene, das wir jetzt auf seiner Reise in eine noch unbekannte Welt begleiten wollen, kann sehen (etwa 20 cm weit), hören, riechen, schmecken (Geschmacksunterschiede wahrnehmen), fühlen (z. B. Temperaturunterschiede) und tasten. Sein Anknüpfungspunkt ist natürlich in erster Linie die Mutter, sie erkennt es an der Stimme, dem Herzschlag und am Geruch. Aber noch erlebt es die Welt als eine Art Suppe, die sich aber durchaus verändert, weil sie immer wieder anders angereichert wird. Weil das Nervensystem bereits so ausgebildet ist, daß die Intensität des Lichts, eines Geräusches, einer Berührung usw. bestimmt werden können, kommen ganz unterschiedliche Eindrücke an. Was und wieviel der Säugling dabei an sich heranläßt und was er von sich fernhält, entscheidet er selbst, er würzt sich sozusagen seine eigene Suppe.

Nach den Erfahrungen von *Hetty van de Rijt* und *Frans X. Plooij* (Oje, ich wachse!, Mosaik Verlag, München 1994) verläuft die geistige Entwicklung des Kindes in Sprüngen und zwar etwa in der 5., 8., 12., 19., 26., 37., 46. und 55 Woche. Die Entwicklung geht danach selbstverständlich weiter. Die beiden holländischen Forscher haben die mentalen Sprünge bis zur 55. Woche untersucht. Sie beschreiben auch die körperliche Entwicklung, die aber nicht mit den geistigen Entwicklungssprüngen parallel geht, und die Vielzahl der Klippen, die so ein Reifungsprozeß mit sich bringt. Sie deuten auch die psychischen Folgen bei dem Versuch der Bewältigung dieser Klippen an. Vor allem aber geben sie ganz konkrete Hinweise, wie das Kind entsprechend den jeweils neuen Fähigkeiten nach einem Entwicklungssprung angemessen gefördert werden kann, ohne überfordert zu werden.

Ein besonders einfühlsames Modell des psychischen Entwicklungsprozesses legt *Daniel N. Stern* (Tagebuch eines Babys, a.a.O.) dar, mit dessen Hilfe wir vor allem die für die Belange dieses Buches wichtigen psychosozialen Entwicklungsschritte deutlich machen können.

Obwohl sie als Psychonalytikerinnen *Freud*scher Ausrichtung die Entwicklung des Kindes als eine in erster Linie psychosexuelle betrachten, liefern auch *Judith S. Kestenberg* und *Janet Kestenberg-Amighi* sehr wertvolle Hinweise für einen Umgang mit dem neugeborenen und heranwachsenden Kind, der vor allem der Stärkung des Selbstbewußtseins und der Selbständigkeit dient und ebenfalls außerordentlichen Wert auf das Fördern des naturgegebenen Entwicklungsprozesses legt (Kinder zeigen, was sie brauchen, Herder Verlag Freiburg 1993). Diesen Forschern, die ausnahmslos mehr als zwanzig Jahre im ganz konkreten Umgang mit Säuglingen und Kleinkindern Erfahrungen gesammelt haben, verdanken wir neben anderen Autoren vor allem die nachfolgenden Ausführungen, die wir selbst in einen Gesamtzusammenhang gebracht haben.

Die wohl faszinierendste Erkenntnis aus der Zusammenstellung der psychosozialen, geistigen und körperlichen Entwicklung ist, daß sich ein Entwicklungssprung in allen drei Bereichen in den neu hinzugewonnenen Befähigungen durch den gleichen Reifungsschritt auswirkt. Wenn der Säugling beispielsweise nach dem Sprung in der 12. Woche erstmals fließende Übergänge wahrnehmen und schaffen kann und die vorher eher abgehackten Bewegungen weich und fließend werden, läßt er sich zugleich von Gefühlen anstecken, die ihm entgegenfließen. Die Parallelität werden wir durch kursiv geschriebene Hervorhebungen deutlich machen. Dieses Zusammenspiel ist ein sehr eindrucksvoller Beleg dafür, daß Menschen im geistigen, seelischen und körperlichen Bereich eine Einheit darstellen. Eine noch junge Wissenschaft, die Psychoneuroimmunologie, beschäftigt sich mit dem Nachweis der engen Verknüpfung des Gehirns mit dem Immunsystem und den Körperdrüsen und Hormonen und betrachtet seelische Prozesse als einen Teil dieses Zusammenspiels und der Kommunikation des Organismus mit der Umwelt (vgl. auch das Kapitel Zwischen Genen und Umwelt, Neues zu einem alten Streitthema).

Wir folgen zunächst der Einteilung von *Hetty van die Rijt* und *Frans X. Plooij* (Oje, ich wachse! a.a.O.) und führen die entsprechende Gliederung in größeren Zeitabständen weiter. Wir beginnen jeweils mit der psychosozialen Entwicklung, die auch den größten Raum einnimmt, da sie für unsere Betrachtung die wichtigere ist. Es wird zudem deutlich, daß jede neue Befähigung auf den vorangegangenen aufbaut und ohne diese nicht denkbar ist. Wir rücken dabei den Säugling/das Kleinkind in den Mittelpunkt des Interesses. Wir erachten es zum Verständnis des Geschehens als ausreichend, die Darstellung im wesentlichen auf Fakten zu reduzieren.

Die Entwicklung um die 5. Woche und danach

Der Säugling lebt in einer Welt von Gefühlen, er lächelt, wenn er angenehm stimuliert und sein Zärtlichkeitsbedürfnis erfüllt wird und gibt bei Lustgefühlen Freudenlaute von sich. Er quengelt, brüllt oder kreischt bei Unlustgefühlen, will seine Unpäßlichkeiten behoben wissen und ersehnt Körperkontakt zur Lösung der Spannung. Das Lächeln ist noch reflexhaft. Obwohl bei diesem Entwicklungssprung die geistige Ebene noch nicht betroffen ist, erwacht bereits das Interesse an der Welt. Für das Bild, das sich das Baby von der Welt macht, ist von großer Bedeutung, daß sich bis über die 26. Woche hinaus das Leben des Babys auf der Horizontalebene abspielt. Reflexe stehen auch im körperlichen Bereich noch im Vordergrund, z.B. der Greifreflex, Saugreflex, usw.

Die Entwicklung um die 8. Woche und danach

Die Mutter und das Kind beschäftigen sich intensiv miteinander: Sie führen „Gespräche" unter vier Augen und verständigen sich über Blickkontakt und Mimik. Die Fähigkeit, einen anderen Menschen wortlos zu verstehen, nimmt hier sicherlich ihren Anfang. Verliebte machen viel Gebrauch vom Blickkontakt. Sie sehen den geliebten Menschen an, erforschen seine Augen und sein Gesicht und ahnen, was in ihm vorgeht. Die Parallelität zu unserem Verhalten, wenn wir uns als Erwachsene verlieben, ist eindrucksvoll. Ist doch im Zusammenspiel zwischen Mutter und Kind dieses miteinander vertraut werden, das gegenseitige Erforschen all jener Elemente, die während der Schwangerschaft noch nicht erfahrbar waren wie z.B. das Aussehen, die körperliche Gestalt usw. und die dabei entstehenden Gefühle der Anfang der Liebe. Wie gut Mutter und Kind bereits miteinander kooperieren können, zeigt sich auch beim Stillen.

Die geistige Entwicklung des Babys bewirkt, daß die Reflexe sich zurückbilden, weil Bewegungen und Eindrücke bewußter werden. Das Baby kann den Kopf nun einem Geräusch zuwenden. Im Bereich seines Gesichtsfeldes und der Reichweite seines Armes macht es feste Muster aus, z.B. seine Hände und Füße und spielt ausgiebig mit ihnen. Diese Wahrnehmung fester Muster ist die Voraussetzung für das Greifen. Die körperliche Entwicklung erlaubt es dem Kind, den Kopf zu heben, hochzuhalten und zu drehen. Es kann sich in der Bauchlage aufstützen und nach Gegenständen greifen. Die Bewegungen sind jedoch noch hölzern und staksig.

Die Entwicklung um die 12. Woche und danach

Das Baby kann seine Befindlichkeit nun deutlicher machen, weil ihm mehr Formen des Ausdrucks zur Verfügung stehen. Es ist auch empfänglicher für Eindrücke von außen und läßt sich *von den Gefühlen, die ihm entgegenfließen, emotional anstecken.*

Auch als Erwachsene sind wir weiterhin empfänglich für emotionale Ansteckung. Wer z. B. einen Tag mit einem Menschen verbracht hat, der unglücklich ist, wird danach nicht beschwingt nach Hause gehen können. Diese emotionale Ansteckung ist mehr als nur eine Imitation, da die Seelenlage eines anderen Menschen gewissermaßen in das eigene Ich eindringt, wo es ein Einfühlen, ein gefühlsmäßiges Verstehen hervorruft. Offenbar löst die Wahrnehmung einer bestimmten Stimmung bei einem anderen Menschen im Zusammenspiel von Reaktionen im geistigen und hormonellen Bereich und im Immunsystem in der eigenen Person ganz ähnliche Abläufe aus, solange man sich nicht gegen diese emotionale Ansteckung wehrt. Im Verlaufe der Persönlichkeitsentwicklung wird daraus Empathie, also ein einfühlendes Verständnis für andere Menschen.

Der Säugling versucht, sich Dingen zu nähern und sich seine Umgebung liebevoll anzueignen. Dies ist möglich, weil die innige Beziehung mit der Mutter, von der es im Nahkontakt zunehmend besser einschätzen kann, welche Reaktion es in welcher Situation erwarten darf, Sicherheit bedeutet. Das setzt natürlich eine gewisse Kontinuität im Verhalten der Mutter voraus. Diese Fähigkeit, Nahkontakt mit einer Bezugsperson aufrecht zu erhalten, eine intensive Nähe mit einem anderen Menschen zu erleben, ist für unser noch so junges Kind eine fundamentale Errungenschaft. *Daniel Stern* nimmt sogar an, daß die Gestaltung des Nahkontaktes in dieser Zeit mit über die Frage entscheidet, wieviel Nähe ein Mensch später haben möchte und aushalten kann. Der soziale Reifungsprozeß wird auch dadurch deutlich, daß sich das Baby nun schon etwa eine halbe Stunde lang alleine beschäftigen kann.

Nach dem Entwicklungssprung in der 12. Woche kann das Baby wie Erwachsene sehen. Der geistige Entwicklungssprung bewirkt, daß es erstmals einen *fließenden Übergang* von einer Haltung in eine andere, einen Ton in einen anderen, usw. wahrnehmen und selbst machen kann. Diese Entwicklung zeigt sich auch im Bereich der körperlichen Reifung. Die Bewegungen werden *weich und fließend*, das Baby kann Dinge halten, die Kopfbewegungen kontrollieren, sich in *einer fließenden Bewegung* von einer Seite auf die andere drehen – z.B. von der Seitenlage auf den Rücken rollen – und erstmals feste Nahrung schlucken.

Die Entwicklung um die 19. Woche und danach

Das Baby entwickelt ein enormes Interesse an der Umwelt und ist ein großartiger Beobachter. Es erkennt den Sinn des Gesprochenen *an den auf- und abschwellenden Tönen der Satzmelodie, der Höhe der Stimmlage und der Mimik und Gestik* und versteht einzelne Wörter. Lange bevor das Kind also ganze Sätze begreift oder gar selbst sprechen kann, entfaltet sich als Kommunikationsmittel eine ganz besondere Fähigkeit: aufgrund der Stimmlage, der Satzmelodie, Betonung, Mimik, Gestik und Körperhaltung eine Aussage erfassen zu können. Nach dem Spracherwerb und im Erwachsenenleben tritt diese Fähigkeit stark in den Hintergrund und muß im Rahmen einer bewußten Kommunikation erst wieder geübt werden (vgl. das Kapitel über Kommunikation).

Wir müssen also Abschied nehmen von der Vorstellung, daß ein kleines Kind noch nicht begreift, was um es herum vorgeht und daß es das Gesprochene noch nicht versteht. Die inzwischen berühmte französische Psychoanalytikerin *Caroline Eliacheff*, die mit den vernachlässigten oder sogar mißhandelten Säuglingen von inhaftierten oder psychisch kranken Frauen spricht, hat damit viel Erfolg. Ganz allmählich, nach vielen, vielen Behandlungen, in denen sie Botschaften der Zuwendung und Zuneigung an den Säugling gesandt hat, beginnt dieser erstmals den in sich gekehrten Blick zu lösen und auf sie zu richten, usw. (*Barbara Supp*, Dich gibt es, du mußt lernen, daß du existierst, Der Spiegel, 13/1994, S. 102ff.).

Folgerichtig spielt die Welt der zwischenmenschlichen Kontakte, die wechselseitige Interaktion mit anderen Menschen, *in der Gefühle hin und herfließen*, nach dem Entwicklungssprung in der 19. Woche eine große Rolle. Noch eine andere Seite beginnt sich zu regen, das Baby möchte Dinge, die es selbst betreffen (wie beispielsweise das Essen) schon selbst bestimmen. Seine Wünsche drückt es durch Brabbeln und Körpersprache aus.

Die geistige Entwicklung korrespondiert damit. Das Baby kann Ereignisse wahrnehmen und schaffen, und zwar eine *Abfolge fließender Übergänge*. Es liebt Kuckuck- und Versteckspiele, forscht und untersucht vor allem die Mutter ganz genau. Es ist dabei u.U. grob und muß erst lernen, vorsichtig zu sein. Das *Wahrnehmen fließender Übergänge* ermöglicht noch einen anderen Entwicklungsschritt. Das Kind kann nun auch seine körperliche Existenz als von seiner Mutter getrennt erleben. Es beginnt sowohl seine eigenen Grenzen zu spüren als auch die seiner Mutter. Stellen wir uns drei von mehreren möglichen, nicht veränderlichen Elementen einer Armbewegung vor. Das erste ist der Entschluß, den Arm zu bewegen. Das zweite ist dann die Ausführung der geplanten Bewegung und das dritte Element besteht darin, daß das Kind die Bewegung seines Armes sieht. Bewegt dagegen die Mutter ihren Arm, dann sieht das Kind zwar die Bewegung, aber es erlebt weder den Entschluß noch die muskuläre Rückkopplung.

Die *Abfolge fließender Übergänge* im körperlichen Bereich findet seinen Ausdruck am deutlichsten durch die ersten Krabbelversuche des Kindes, die ohne diese neue Errungenschaft nicht zu leisten sind. Dazu gehört, daß es gezielt greifen, Dinge von einer Hand in die andere legen oder wegwerfen kann. Vom Wegwerfen macht es regen Gebrauch, will den Gegenstand dann aber sofort wiederhaben.

Die Entwicklung um die 26. Woche und danach

Der eigene Wille des – nun kann man schon sagen – Kleinkindes wird ausgeprägter. Es macht um diese Zeit die *ersten Stehversuche*, die auf der psychosozialen Ebene auch zum Ausdruck bringen, daß das Kind *einen eigenen Standpunkt* einzunehmen versucht. Damit verändert sich die Perspektive total. Infolge des geistigen Reifungsschrittes, *Zusammenhänge wahrzunehmen*, wird der Drang, herauszufinden, *wie Dinge zusammenhängen*, so groß, daß das Kind bereit ist, Mutters Schoß zu verlassen, um auf Forschungsreise zu gehen. Ohne diese Neugierde würde das Kleinkind wohl gar nicht das Risiko eingehen, sich von der Mutter als sicherem Hort zu entfernen. Umgekehrt kann es die Mutter jetzt auch besser gehen lassen, weil es durch das *Wahrnehmen von Zusammenhängen* inzwischen weiß, daß die Mutter nicht endgültig verschwindet, wenn sie das Zimmer verläßt. Die Distanz, die das Kind zur Mutter einzulegen imstande ist, bewirkt, daß das Kind allmählich beginnt, sich *selbst* abzustillen, da es sich um der Befriedigung seiner Neugierde willen, von der Mutterbrust trennen muß.

Wie schon erwähnt, nimmt das Kleinkind *Zusammenhänge wahr*: eine Sache verursacht eine andere, gehört zusammen wie Wort und Tat. Das muß natürlich ausprobiert werden, das Kind wirft gerne Dinge um oder läßt sie fallen, kurz, es untersucht alles. Das *Wahrnehmen von Zusammenhängen* macht es auch möglich, daß das Kind kurze Sätze verstehen kann.

Die ersten Stehversuche bringen das Kind in die Lateral- oder Türebene. Die Voraussetzung dafür ist, daß das Kind jetzt in der Lage ist, *Bewegungen aufeinander abzustimmen*, sich hochzuziehen, zu stehen, das Gleichgewicht zu halten, usw. Die ersten Zähne kommen und das Kind übt, sie zu gebrauchen. Auch hier wird wieder deutlich, wie passend die Natur alle Elemente aufeinander abgestimmt hat und wie die psychische Haltung damit korrespondiert: den eigenen Willen durchsetzen – Zähne zeigen.

Die Entwicklung um die 37. Woche und danach

Der Entwicklungssprung um die 37. Woche hat eine besondere Qualität. Durch die Welt der Kategorien weiß das Kind nun auch, daß es ein Wesen so wie andere Menschen ist, wodurch es die Familienmitglieder differenzieren, sie imitieren und auch in deren Rollen schlüpfen kann. Damit kann es auch manipulieren, weil es *Eigenschaften nicht nur klassifizieren (Kategorien), sondern wie Erwachsene gezielt einsetzen* kann. Um seinen Willen durchzusetzen, hat es außer Quengeln nun noch eine andere Taktik: besonders lieb sein. Konflikte mit anderen Familienmitgliedern gehören von jetzt an zum Lebensalltag. Diese trennenden Erlebnisse sind nur zu verkraften, wenn die Mutter nach wie vor ein sicherer Hafen ist. Wenn das Kind eine Situation noch nicht ausreichend einschätzen kann, sieht es seine Mutter an und orientiert sich an deren Reaktion.

Es kann *Kategorien wahrnehmen und schaffen* und die Welt in Gruppen einteilen. Ein Pferd ist beispielsweise ein Pferd, ob es nun z.B. auf einem Bild, in der Natur oder in Ton zu sehen ist. *Die Denkvorgänge ähneln jetzt denen der Erwachsenen.*

Im Hinblick auf die geistige Entwicklung bis etwa zur 37. Woche lohnt es sich, sich Gedanken über den Bewußtwerdungsprozeß des Kindes, das sich nach der Geburt für eine Weile noch eins mit der Mutter und der Welt fühlt, zu machen. Dieser scheint sich demnach wohl nicht abrupt, sondern allmählich und, wie auch die übrige Entwicklung, aufeinander aufbauend zu vollziehen: angefangen über das gegenseitige Erforschen, um all jene Elemente am anderen kennenzulernen, die im vorgeburtlichen Bereich noch nicht erfahrbar waren, über das bewußte Wahrnehmen des körperlichen Getrenntseins bis zum Erfassen auch der geistigen und psychischen Individualität, ein Mensch wie alle anderen zu sein.

Im körperlichen Bereich nimmt die Sicherheit beim Sitzen, Stehen und Krabbeln beträchtlich zu, wodurch auch die ersten Schritte möglich werden. Das Kind beginnt nun, die Sattigalebene einzunehmen, sich also wie ein vorwärtsrollendes Rad fortzubewegen. *Es begibt sich in den dreidimensionalen Raum.* Dies ist von der körperlichen Seite her die Voraussetzung dafür, daß das Kind die Welt *wie Erwachsene wahrnehmen* kann. Inzwischen nimmt das Kind feste Nahrung zu sich und stillt sich ab. Das soll tatsächlich so verstanden werden, daß das Kind sich selbst abstillt, wenn die Zeit reif dafür ist und die Mutter nicht ihrerseits aktiv diesen Prozeß zu steuern versucht hat.

Die Entwicklung um die 46. Woche und danach

Das Kind will nun zunehmend über seine eigenen Belange entscheiden – *weil es durch die Welt der Reihenfolgen nun viele Dinge selbst tun kann* - und widersetzt sich der Einmischung durch andere. Es probiert in der Interaktion mit anderen Menschen aus, wie weit es gehen kann. Es beginnt zu entdecken, daß es Absichten und Gefühle mit anderen Menschen teilen kann, kurz, *es handelt bewußter*. Teilen können spielt eine große Rolle. Einerseits bietet es seiner Mutter von seinem Essen an, andererseits wacht es eifersüchtig darüber, daß die Mutter möglichst niemand anderem Aufmerksamkeit schenkt (das ist übrigens die frühestmögliche naturgegebene Zeit, zu der ein Geschwisterkind in die Familie gelangen kann). Wenn es nach außen expandiert, kehrt es zwischendurch immer wieder zur Mutter zurück, um in ihrer Nähe aufzutanken.

Es ist in der Lage, *Reihenfolgen wahrzunehmen und zu schaffen* beispielsweise einen Schlüssel vom Tisch nehmen und in ein Schloß stecken. Die Handlungen werden damit konstruktiver, *bewußter*. Menschen, Dinge, Tiere werden benannt und mit einem Wort oder Geräusch in Verbindung gebracht.

Das Laufen wird als Ausdruck der geistigen Entwicklung *gezielter und bewußter* und dadurch geschickter: es läuft hinter einem Ball her, zielt und schießt ihn fort, es prüft, ob es innerhalb der Anzahl von Schritten, die es schon bewältigen kann, sein Ziel erreichen kann, bevor es losläuft.

Die Entwicklung um die 55. Woche und danach

Es ist nun ein Kind, das in die Welt hinausläuft. Das Schmusen mit Kuscheltieren, Tüchern und anderen Objekten (die mitgenommen werden können) soll die Trennung von der Mutter erleichtern. Für das nun gut einjährige Kind gehört zu den neu heranreifenden sozialen Fähigkeiten die Entdeckung, daß es eine private Gedankenwelt hat, also Inhalte, die anderen verborgen bleiben, solange es nicht versucht, sie mitzuteilen. Es gibt aber auch noch eine andere neue Erfahrung, nämlich daß es möglich ist, die eigene Gedankenwelt mit einer anderen Person zu teilen. Diese Entdeckung der Intersubjektivität stellt einen enormen Entwicklungsschritt dar. Von nun an wird das Kind voraussichtlich bis an sein Lebensende menschliche Handlungen zumindest teilweise anhand ihrer psychischen Hintergründe deuten. Es beginnt, die Bedeutung hinter dem offiziellen Wort, der bewußten

Handlung wahrzunehmen. Angenommen, ein kleines Mädchen ist ganz hingerissen von einem Spielzeugtraktor. Wenn die Mutter es aber lieber mit „Mädchenspielzeug" spielen sieht, wird sich deren Begeisterung bei dem Traktor in Grenzen halten. Das kleine Mädchen wird sich also auf das verlegen, was mehr Begeisterung bei der Mutter auslöst. Solche mangelnde Übereinstimmung kann für das Kind zunächst durchaus verwirrend sein. Darüberhinaus kann es zu Mißverständnissen mit anderen Menschen kommen, weil es deren Äußerungen wortwörtlich nimmt. Was es nicht versteht, ergänzt es durch eigene Vorstellungen. Fehler in der Intersubjektivität führen zu Wahrnehmungsverzerrungen, die bei dem irritierten Kind leicht zu Wutanfällen führen können. Zugleich möchte das Kind kooperieren und überall helfen.

Daniel Stern hat in seinem „Tagebuch eines Babys" ein sehr einfühlsames Beispiel für dieses Teilen von Gefühlswelten zwischen Mutter und Kind aufgezeichnet: Ein einjähriger Junge, der in diesem Buch Joey heißt, ist mit seiner Mutter nachhause zurückgekehrt. Er beginnt sofort, nach seinem Lieblingsspielzeug, einem Plüschtier, zu suchen, das unter einer Decke verborgen ist. Joey findet es. Er hält es triumphierend hoch und sieht seine Mutter begeistert an. Sein Gesicht öffnet sich immer weiter, die Augen werden größer, der Mund öffnet sich zu einem strahlenden Lächeln. Joey hält seiner Mutter das Plüschtier entgegen, um zu zeigen, was er gefunden hat, aber viel mehr noch, um zu zeigen, was er dabei empfindet. Und er erreicht seine Mutter; das Gefühl gehört jetzt beiden. Seine Gesichtszüge kehren wieder zu ihrem normalen Ausdruck zurück. Die Mutter sagt darauf: „JaaaAAaa!", wobei sie die Tonhöhe erst ansteigen und dann wieder abschwellen läßt. Der kleine Junge weiß, daß sie ihn verstanden hat und spielt zufrieden weiter.

Im geistigen Bereich eröffnet sich dem Kind die Welt *der Programme*, sowohl beim Wahrnehmen als auch beim Durchführen. Es weiß z.B. wie Wäsche gewaschen, Geschirr gespült, der Tisch gedeckt wird, usw. Es kann und will nicht nur mithelfen, sondern weiß auch, daß nicht immer alles in der gleichen Reihenfolge geschehen muß. Es experimentiert und geht auch eigene Wege. Es füttert z.B. seine Puppen oder Tiere und imitiert sein eigenes Eßprogramm, usw.

Im körperlichen Bereich gewinnt es weiter an Sicherheit und körperlicher Geschicklichkeit, z.B. beim Laufen oder selber Essen.

Die Entwicklung um den 18. Monat und danach

Das Kind möchte gelobt werden für alles, was es schon kann. Wenn die Bezugspersonen z.B. etwas, das es gefunden hat, beachten, wächst der Wert der Fundsache in den Augen des Kindes und es ist stolz auf sein Können. Wenn das Kind Freiräume hat, Dinge auszuprobieren, z.B. alleine essen darf, hat das Handeln Folgen, z.B. Kleckern. Oder Spielen hat Unordnung zur Folge. Das Kind möchte und kann sich an der Behebung der Folgen beteiligen, z.B. selbst sein Gesicht mit einem Tuch abwischen oder Bauklötze in einen Kasten räumen. Wenn man das Kind kooperieren läßt, ist es sanft und liebenswürdig. Dem Kind erschließt sich allmählich die Welt der Wörter, der Symbole und des Nachdenkens über sich selbst. Die Kommunikation erhält dadurch eine neue Qualität, die das Verstehen über Blicke, das Einfühlen in die Gefühlswelt des anderen und das Erkennen von Inhalten über Mimik, Gestik und Satzmelodie ergänzt.

Mit der Welt der Wörter entfaltet sich nicht nur eine neue Ebene der Kommunikation, das Kind kann nun auch Dinge im Geiste erstehen lassen, die niemals eintreten werden, seine Fantasie gebrauchen. Durch Sprache kann das Denken von Gefühlen abgetrennt werden. Inhalte aus der Vergangenheit, Gegenwart und Zukunft können miteinander verknüpft werden.

Im körperlichen Bereich reifen die vorhandenen Fähigkeiten weiter aus. Als Vorläufer der Sauberkeitserziehung übt das Anderthalbjährige das Wegwerfen. Auch das oben erwähnte Üben, sich das Gesicht abzuwischen (eine Stelle, an der das Kind sich nicht selbst sieht), ist eine Übung für die Sauberkeitserziehung.

Die Entwicklung um das zweite Lebensjahr und danach

Das Kind steht mit beiden Beinen fest auf der Erde, strebt nach Unabhängigkeit, ist neugierig und eroberungsfreudig und versucht, seinen Willen durchzusetzen. Damit gerät es mit den Eltern und anderen wichtigen Bezugspersonen in Konflikt. Es möchte aber auch kooperieren und mithelfen und sich in die Regeln des Zusammenlebens einfügen, *auch, weil es ihm zunehmend besser gelingt, seine Emotionen zu kontrollieren und zu beherrschen.* Es ersehnt natürlich die Zustimmung und Anerkennung für diese Leistungen. Es ist verschmust und kann sich seine Streicheleinheiten aktiv holen.

Auf der geistigen Ebene sucht es nach Erklärungen, wie Dinge funktionieren und Lebewesen sich verhalten. Es *versteht die Regeln des Zusammenlebens.* Die Seiten der Realität, zu denen es noch keinen Zugang hat, füllt es mit Schöpfungen seiner Fantasie aus, die es dann für real hält.

Um dies deutlich zu machen und auch, um zu zeigen, wie stark Sprache das Denken vom Fühlen abtrennen kann, soll nochmals ein Beispiel aus *Sterns* „Tagebuch eines Babys“ angeführt werden. Joey ist in seinem Zimmer und wartet auf seine Mutter, die jeden Augenblick kommen will, um ihm beim Anziehen zu helfen. Er entdeckt den Sonnenschein auf der Wand und auf dem Fußboden. Die Sonne auf dem Fußboden ist wie ein See, leuchtend und schön und tief. Er ist wie eine warme Decke. Joey läßt sich auf die Hände und Knie nieder. Er sieht das Licht an. Er berührt es mit der Hand. Er beugt sich hinunter und berührt das Licht mit den Lippen.

In diesem Moment kommt seine Mutter und sieht ihn. Sie ist überrascht und etwas angeekelt. Sie ruft: „Joey, was tust du da? Laß das sein!“ Joey hält abrupt inne. Er starrt seine Mutter an und blickt dann wieder auf das Sonnenlicht. „Aber das ist doch mein See, mein ganz besonderer Lichtsee!“ denkt er. Die Mutter hat an seinem Gesicht gesehen, daß sie einen Fehler gemacht hat. Und sie reagiert, wie wir Erwachsenen es so oft tun. Sie fängt an zu erklären: „Das ist doch nur Sonnenschein, mein Schatz. Den darf man nur anschauen. Es ist doch nur Licht auf dem Fußboden. Den Sonnenschein kann man doch nicht essen! Er ist schmutzig.“

„Den darf man nur anschauen!“ kommt ihre Erklärung bei Joey an. „Aber ich habe ihn doch gehört und ich habe ihn auch gefühlt!“ Als die Mutter mit ihren Erklärungen aufhört, liegen überall Scherben. Der Lichtsee ist zu etwas Schmutzigem auf dem Fußboden geworden.

Bei der körperlichen Entwicklung ermöglicht die *Kontrolle über die entsprechenden Körperfunktionen* den Beginn der Sauberkeitserziehung. Das Kind kann festhalten und loslassen, im Bereich der Darmkontrolle, wie auch sonst. Analog zu dieser Entwicklung kann es nun auch sorgfältiger essen.

Die Entwicklung um zweieinhalb Jahre und danach

Mädchen wie Jungen identifizieren sich mit der Mutter. Das Kind ist in dieser Zeit meist *hingebungsvoll,* freundlich und einfühlsam und kann dadurch *Kompromisse* schließen. Es interessiert sich zunehmend für's Kinderkriegen und ist von Babys fasziniert.

Im geistigen Bereich kann das Kind entsprechend dem Wertesystem und den Regeln der Eltern zwischen richtig und falsch, gut und böse, usw. unterscheiden. Es spricht in zusammenhängenden Sätzen. Dann wieder gibt es sich der magischen Kraft der Fantasie hin. *Das Kind gleitet oft unbemerkt von der Wirklichkeit zur Fantasie und umgekehrt.*

Es kann jetzt nicht nur laufen, sondern auch anhalten und hat dabei ein *fließendes und hingebungsvolles Bewegungsbild. Anhalten und Laufen lassen* sind die Voraussetzung für die Kontrolle über den Harnfluß und das Trockenwerden. Der babyhafte Körper wandelt sich zur Mädchen- oder Jungenfigur.

Die Entwicklung um das dritte Lebensjahr und danach

Diese Zeit ist durch unvorhersehbare *Stimmungsschwankungen* geprägt, weil das Kind zunehmend versucht, seine *Ich- Identität* zu finden. Das Kind projiziert seine eigenen Gefühle nach außen und versucht sich nach der Devise „Angriff ist die beste Verteidigung“ mit der Umwelt auseinanderzusetzen.

Der Wissensdurst ist kaum zu stillen. Das Kind hat großes Interesse daran herauszufinden, wie Vergangenheit und Gegenwart zusammenhängen und greift auch schon in die Zukunft. Das Kind stellt mit seinen intelligenten Fragen die Eltern manchmal vor Probleme. Im sogenannten Trotzalter entsteht die Fähigkeit, den *Gedankenstrom aktiv zu führen* und auf Ziele einzustellen und *freiheitlich zu steuern.* Die Sprache reift weiter aus.

Im körperlichen Bereich nimmt es *die ersten Regungen kindlicher Sexualität* wahr. Die Körpermotorik reift endgültig aus.

Die Entwicklung um dreieinhalb Jahre und danach

Kinderfreundschaften werden wichtiger als Mutter und Vater. Das Kind verhält sich expansiv, will die Welt erobern, identifiziert – und zwar Jungen und Mädchen – sich stärker mit dem Vater und den Qualitäten, die den Männern zugeschrieben werden: Anführer sein, herumkommandieren, stark sein, usw. Mädchen orientieren sich dabei mehr auf die Sprache, Jungen mehr auf ihre Motorik.

Die Entwicklung zwischen dem vierten und sechsten Lebensjahr

Das Finden einer stabilen Geschlechtsidentität steht im Vordergrund, wobei die *Identifikation* am Anfang zwischen Mutter und Vater hin- und herschwankt. Folgerichtig wechseln friedliche Zeiten mit stürmischen, Liebe mit Haß, Aktivität mit Passivität, usw. ab. Das Kind kritisiert andere, neigt zum Petzen, während es das eigene Verhalten als über alle Zweifel erhaben darstellt. Daraus resultiert auch, daß es in seinen Beurteilungen zwischen Extremen hin- und herschwankt: Schwarz/Weiß-Denken.

Der geistige Reifungsprozeß ist soweit fortgeschritten, daß das Kind seine eigene Geschichte erzählen kann. Das Märchenalter klingt aus, die Realtät tritt ins Leben. Die *Identifikation mit erwachsenen Werten* befähigt das Kind allmählich zum richtigen Urteil. Die Denkvollzüge werden rationaler.

Um das vierte bis fünfte Lebensjahr nehmen Kinder die ersten Vorläufer der in der Pubertät mächtig einsetzenden sexuellen Reifung wahr. Dies sind möglicherweise spontane Funktionsabläufe oder rühren von direkter Berührung her.

Um das sechste Lebensjahr und danach

Das Kind ist beherrschter und zielgerichteter. Jungen identifizieren sich in gereifter Weise mit dem Vater, Mädchen mit der Mutter. Gleichaltrige werden zunehmend wichtiger, wie auch sonst die umgebende Welt ungehindert in Besitz genommen wird.

Im geistigen Bereich sind die ersten Abstraktionsleistungen möglich. Die zunehmenden Gedächtnisbefähigungen vor allem zum langfristigen Erwerb von Inhalten bereichern die ganzheitliche Wahrnehmung des Kindes.

Im körperlichen Bereich liegt eine geläufig verfügbare Motorik gebrauchsfertig vor.

Möglichkeiten der aktiven Unterstützung des kindlichen Entwicklungsprozesses

In der vorangegangenen Beschreibung der kindlichen Entwicklung, vor allem der psychosozialen, sind viele Aspekte der Frage, wie sich ein Mensch zu einer seelisch starken Persönlichkeit entwickelt, schon beantwortet. Aus den Erkenntnissen ragt mit Sicherheit heraus, wie früh sich die Grundlage herausbildet für Fähigkeiten, die in den Bereich der sozialen Kompetenz einfließen und die vor allem Bestandteil dessen sind, was wir als Menschenkenntnis bezeichnen: sich von Gefühlen berühren und emotional anstecken zu lassen, das Gegenüber wortlos zu verstehen, wahrzunehmen, welche Botschaften außerhalb des gesprochenen Wortes durch die Betonung, Satzmelodie, Mimik und Gestik vermittelt werden, die Erfahrung, daß Gefühle mit einem andern Menschen geteilt oder auch geheim gehalten werden können, bis hin zu der Fähigkeit, sich mit Hilfe der Sprache differenziert auszudrücken. Dabei schiebt die Sprache die vorangegangenen Kommunikationsmittel ein Stück in den Hintergrund.

Wir wollen jetzt Überlegungen darüber anstellen, in welcher Weise die Eltern und andere wichtige Bezugspersonen diesen natürlichen Reifungsprozeß aktiv und angemessen unterstützen können:

Es ist weithin bekannt, daß es wichtig ist, dem Kind durch Geborgenheit und Vertrautes einen sicheren Hafen anzubieten, damit es (Ur-)Vertrauen fassen kann. Dabei kann schon ganz früh in den unkomplizierten Zeiten herausgefunden werden, welche Vorlieben das Kind beim Körperkontakt, Schmusen und Knuddeln hat, welche Bilder und Mobiles, die in seinem Gesichtskreis aufgehängt sind, oder Spiele ihm am liebsten sind, damit diese Elemente in schwierigen Zeiten als Tröster zur Verfügung stehen. Ein Baby möchte viel Ansprache haben, weil es Stimmen liebt und sich dadurch auch besser orientieren kann.

In den Phasen der Reifungssprünge, wenn das Baby unleidlich und quengelig ist und dauernd bei der Mutter sein will, sollen die Bedürfnisse des Kindes nach Nähe, Geborgenheit, Körperkontakt usw. wann immer möglich erfüllt werden. Wenn die Eltern um die Entwicklungssprünge und die Begleiterscheinungen wissen, können sie auch Verständnis für die Befindlichkeit ihres Kindes zeigen. Mehr noch, jenes Gefühl, das wir Liebe nennen, wächst allmählich zunächst in der Interaktion mit der Mutter und dann auch mit den anderen Menschen des sozialen Umfelds heran. Das Kind braucht Liebe und Zuneigung, „damit es in die Lage kommt, einen Menschen `in sein Herz zu schließen`. Das Bild der Mutter und ihres Wesens prägt sich dem Kinde zugleich als sein erster Eindruck vom Menschen, vom Menschlichen überhaupt, ein. Ob es hier erstmals Zuneigung oder Ablehnung erfährt, sich als geliebt oder ungeliebt erlebt, hängt davon ab, wie die Mutter es anblickt, anfaßt, behandelt und mit ihm umgeht, wobei die Sensibilität und Beeindruckbarkeit des Kindes schon auf feinste Eindrücke reagiert“ (*Fritz Riemann*, Grundformen der Angst, Ernst Reinhardt-Verlag München, 1979, S. 76). Das Gefühl, geliebt zu sein und dabei selbst Zuneigung zu den Menschen zu verspüren, die diese Gefühle entgegenbringen, ist die Voraussetzung für ein positives Selbstbewußtsein, Fremd- und Weltbild. Hieraus ergibt sich, daß es unsinnig und grausam wäre, das Kind schreien zu lassen, damit es sich das Schreien abgewöhnt. Für das Kind erwüchse daraus das Gefühl, in dieser Welt ja doch nichts ausrichten zu können. **Aber**: Es wäre Verwöhnung, jede Spur von Unlust sofort beiseite zu räumen. *Judith Kestenberg* (Kinder zeigen, was sie brauchen, a.a.O., S. 45) verdanken wir die Anregung, daß das Kind, wenn es bei jedem Schreien sofort aufgenommen wird, lernt, daß es nur in den Armen eines Erwachsenen Erlösung von seinem Unbehagen erlangen kann. Natürlich muß die Ursache des Schreiens gefunden und behoben werden. Wenn das Kind aber geweint hat, weil ihm z.B. der Kontakt mit der Mutter gefehlt hat, wird es oft reichen, dem Kind über den Rücken zu streichen oder leicht zu klopfen, um es zu beruhigen, damit es wieder einschlafen kann.

Das Kind erwirbt auch dadurch Selbstbewußtsein, daß es Dinge alleine schaffen kann, in diesem Falle Unlustgefühlen nicht hilflos ausgeliefert zu sein. Dies gilt schon für das kleine Baby und gewinnt zunehmend an Bedeutung, je älter das Kind wird.

Nach einem Entwicklungssprung können die neu hinzugekommenen Befähigungen durch passende Anregungen unterstützt werden. Hierzu verweisen wir auf das Buch von *van de Rijt* und *Plooij* (Oje, ich wachse! a.a.O.), das eine Fülle von gezielten Anregungen gibt. Wir möchten dabei nochmals daran erinnern, daß jede Entwicklung ihre Zeit hat, und daß es darauf ankommt, das Kind zwar anzuregen, aber nicht zu überfordern. Man kann sich dabei durchaus vom Kind leiten lassen, weil selbst ein Säugling zeigt, wenn es ihm zuviel wird, indem er den Blick oder den Kopf abwendet. Andererseits haben die beiden Forscher festgestellt, daß besonders lebendige und damit anstrengende Kinder in ihrer geistigen Entwicklung durch die Ansprache, die sie dauernd herausfordern, den „pflegeleichten" gegenüber geistig reger und intelligenter (vgl. auch das Kapitel über die Vernetzung der Gehirnstrukturen) sind. So gesehen brauchen die leichter zu handhabenden Kinder mehr aktive Unterstützung und Anregung. Vielleicht wäre ein Umdenkungsprozeß bezüglich des derzeitigen Erziehungsideals vonnöten, gilt doch ein ruhiges, gehorsames, sittsames Kind in den Augen vieler Menschen als das besser erzogene.

Zu den für die Eltern wohl schwierigsten Aufgaben gehört das Nichteinmischen, wann immer das Kind eine Chance hat, Dinge selbst zu tun und Lösungen dafür zu finden, oder sie u.U. auch falsch zu tun. Z. B. hatte ein Baby im Krabbelalter die Erfahrung gemacht, daß die Türschwellen, die an einer Seite eine Metallschiene hatten, ihm beim Drüberkrabbeln weh taten. Es übte so lange, bis es ihm gelang, sich so weit auf die Arme und Beine abzustützen, daß es drübersteigen konnte. Hätten die Eltern es beispielsweise jedesmal über die Schwelle gehoben, wäre es nicht zu dieser klugen Lösung gekommen.

Wie aus der ausführlichen Entwicklungsbeschreibung zu sehen war, widersetzt sich das Kind schon im zarten Alter von 46 Wochen der Einmischung durch andere. Damit muß das Kind auch Fehler machen dürfen und die Chance erhalten, aus ihnen zu lernen. Das Nichteinmischen läßt sich so einfach beschreiben und ist für die Eltern doch so unendlich schwer durchzuhalten.

Wir wollen dieses Nichteinmischen an einem kleinen Beispiel deutlich machen, das auch dann noch wirksam werden kann, wenn es bereits so etwas wie einen Machtkampf gibt: Eine Mutter ist mit ihrem dreijährigen Sohn auf dem Weg zum Zirkus. Es hat gerade aufgehört zu regnen. Auf dem Bürgersteig haben sich wunderschöne Pfützen gebildet, die auf den kleinen Jungen eine magische Anziehungskraft haben. Fritz, so wollen wir den kleinen Jungen nennen, rennt darauf zu. Und seine Mutter? Stürme toben in ihrem Inneren. Sie will „Halt" rufen, wie schon hundertmal zuvor. Sie will ihr Kind darauf hinweisen, daß es nasse Füße bekommt, wenn es in die Pfütze springt. Das weiß Fritz natürlich, denn er hat es ja schon hundertmal gehört. Er rechnet auch damit, daß die Mutter wieder versuchen wird, die Folgen seines geplanten Handelns zu verhindern. Er weiß auch, daß es wieder einen Klaps geben wird, wenn er es gerade noch geschafft hat, in die Pfütze zu springen, bevor die Mutter ihn erwischt.

Aber dieses Mal wird die Mutter sich nicht einmischen...

Die natürliche Folge von Fritz' Sprung in die Pfütze ist, daß er nasse Füße und Schuhe bekommt. Eine logische Folge – keine Strafe – davon ist, daß die Mutter zu Fritz sagt: „Schade, daß wir nicht in den Zirkus gehen können, weil du nasse Füße hast", und daß sie selbstverständlich, vielleicht sogar ohne Vergeltungswünsche mit Fritz nachhause gehen kann.

Hier sind zwei Haltungen angesprochen, natürliche und logische Folgen, die aus den individualpsychologischen Vorstellungen über den Umgang mit Kindern stammen und von *Rudolf Dreikurs/Loren Grey* (Kinder lernen aus Folgen, a.a.O.) und *Jane Nelsen* (Kinder brauchen Ordnung, a.a.O.) vertreten werden: natürliche und logische Folgen. Menschliches Handeln hat immer Folgen. Wenn die Handlung erfolgreich war, anerkennen wir sie im günstigsten Fall und reden nicht mehr darüber. Wenn aber etwas schief gelaufen ist, es z.B. Scherben gegeben hat oder Kränkungen oder wie im obigen Beispiel nasse Füße ...?

Erziehung wird oft so verstanden, daß Eltern nicht wagen, dem Kind eine Probier- und Lernphase zuzugestehen, weil sie unangenehme Folgen verhindern möchten und zwar auch bei kleinen

Dingen wie danebengekleckertem Essen oder dem abgerissenen Bein der Puppe (weil das Kind wissen wollte, was drin ist). Sie warnen. Wenn das Kind es dennoch tut und etwas in die Hose geht, hat das oft Strafe zur Folge. Ein Kind kann sich aber viel besser zurechtfinden, wenn ihm vermittelt wird, welche Wirkung seine Handlung hat, als wenn es für eine Handlung bestraft wird. Im ersten Fall wird es sozial geschickt, im zweiten werden seine Methoden, die Eltern hereinzulegen, immer raffinierter.

Um keine Mißverständnisse aufkommen zu lassen. Eltern müssen eingreifen, wenn dem Kind Gefahr droht, da das Kind Gefahren und die Konsequenzen seines Handelns erst einschätzen lernen muß. Wie das Modell aussehen könnte, erleben alle Eltern, wenn sie ihr Kind beim Laufenlernen unterstützen: Entzückt über die Fortschritte ihres Kindes begleiten sie alle Versuche, sich hochzuziehen, zu stehen, einen Schritt zu wagen usw. mit viel *Lob und Anerkennung*. Sie *ermuntern* das Kind es noch einmal zu versuchen und geben Hilfestellung, wenn die kleine Tochter oder der Sohn zum hundertsten Male umgefallen sind. Sie *trauen ihrem Kind viel zu, bewundern* die Ausdauer und Zähigkeit ihres Kindes und bieten ihm bei den ersten Gehversuchen eine *hilfreiche Hand*. Sie beobachten genau, wann es möglich ist, das Kind zunächst über eine kurze Distanz alleine laufen zu lassen, *erweitern* die Strecke allmählich *entsprechend den wachsenden Fähigkeiten* des Kindes, animieren es, noch einen Schritt weiter zu versuchen und *greifen schützend* ein, wenn es für das Kind gefährlich wird. Vielleicht ist diese Haltung bei der Entwicklung der körperlichen Fähigkeiten auch deshalb leichter zu verwirklichen, weil allen Eltern klar ist, daß diese Aufgaben nur vom Kind geleistet und es dabei allenfalls unterstützt werden kann. Bei anderen Lern- und Expansionsversuchen, zumal, wenn dabei etwas zu Bruch gehen kann, glauben viele Eltern, es nicht nur besser machen zu können als ihre Kinder – was am Anfang ja auch stimmt – sondern ihren Kindern die Tätigkeiten, bei denen sie helfen wollen, auch nicht zumuten zu dürfen.

Kinder möchten aber kooperieren und mithelfen. Welch ein Jammer wäre es, dieses Bedürfnis durch Äußerungen wie: „Ach laß man, ich mach das schon“, zu unterbinden. Eltern, die die Geduld aufbringen, dem Kind etwas zu zeigen und es üben zu lassen, werden sich später nicht beklagen müssen, daß sie immer alles alleine machen müssen und die Kinder so bequem sind. Bei der Beschreibung der Entwicklung um den 18. Monat ist z.B. die Anregung erwähnt, das Kind bei der Beseitigung der Folgen seines Handelns zu beteiligen (und das sind ganz „ungefährliche" Beispiele). Wenn man das Kind mitmachen läßt, wird es klug und geschickt. Der Prozeß ist am Anfang oft mühsam und langwierig. Aber er zahlt sich nicht nur für das Kind aus, weil es all seine Möglichkeiten entfalten kann, es zahlt sich auch für die Eltern aus, weil das Kind immer mehr Selbständigkeit gewinnt und die Eltern sich weniger kümmern müssen. Es ist zwecklos, eine verantwortliche Haltung bei den Kindern einzufordern, wenn Eltern sich nicht trauen, ihren Kindern die Verantwortung auch zu geben.

Jetzt ist noch die Frage offen, wie Eltern und Kinder gemeinsam mit ihren unvermeidlichen Konflikten umgehen. Zunächst wollen wir dabei betrachten, welche Konflikte vermeidbar sind, weil sie aus mangelnder Kenntnis und/oder Mißverständnissen resultieren.

Wie erwähnt, gewinnt das Kind Sicherheit und Vertrauen durch die Wiederkehr des Bekannten und Vertrauten. Das bezieht sich auf die räumliche Umgebung ebenso, wie auf das sichere Kommen der Mutter und das anderer wichtiger Bezugspersonen, wenn das Kind sie braucht. Hier wollen wir das Augenmerk noch auf einen anderen wichtigen Aspekt lenken, der Kontinuität erfordert. Wenn das Kind nach dem Entwicklungssprung um die 12. Woche von da an in der Lage ist, im Nahkontakt einzuschätzen, welche Reaktionen der Mutter (und anderer wichtiger Menschen) es in welcher Situation erwarten kann und verunsichert und irritiert ist, wenn die Reaktion gänzlich von der Erwartung abweicht, kann eine eindeutige Haltung diese Irritationen beseitigen und Kontinuität im Verhalten neue Verunsicherungen vermeiden helfen.

Im Zusammenhang mit dem Entwicklungssprung um die 55. Woche haben wir erwähnt, daß es zu Mißverständnissen kommen kann, weil das Kind Äußerungen wortwörtlich nimmt. „Ich könnte sie umbringen" z.B. signalisiert für das Kind nicht den momentanen Ärger, der zu dieser Äußerung geführt hat, sondern wirkliche Gefahr und löst Ängste aus. Das gesprochene Wort und die es begleitende Haltung sollten also deckungsgleich sein. Wenn eine Mutter beispielsweise mit entschuldigendem Lächeln zu ihrem Kind sagt, daß sie jetzt aber ganz böse sei, sendet sie zwei verschiedene Botschaften. Bei solchen Brüchen in der Intersubjektivität kann man davon ausgehen, daß das Kind allmählich auch lernen wird, zwei parallele Botschaften zu verarbeiten. Es wird aber höchstwahrscheinlich die schwer zu korrigierende Meinung entwickeln, daß man den Erwachsenen nicht trauen kann.

Noch ein Wort zum Erlernen der Sprache selbst. Es ist nicht nötig, fehlerhaft ausgesprochene Worte des Kindes zu korrigieren, wenn die Erwachsenen unbeirrbar die richtigen Worte benutzen. All diese Beispiele münden im Grunde ein in die Vorbildhaltung, die die Eltern dem Kind zeigen und an der es sich orientieren kann, denn das Kind lernt viel auf dem Wege der Imitation und Identifikation. Aber nicht alles. Eltern, die ihre Kinder zu selbständigen Menschen heranwachsen lassen möchten, sollten sich die Mühe machen, dem Kind Dinge zu zeigen und es üben zu lassen, bevor sie erwarten, daß es etwas Bestimmtes kann.

Und wenn es nun trotzdem zum Konflikt kommt,

- weil das Kind ausprobiert, wie weit es gehen kann,
- weil das Kind trotzt,
- weil das Kind in einer Phase ist, in der es Angriff für die beste Form der Verteidigung hält,
- weil Eltern wie Kinder Stimmungsschwankungen haben,
- weil Eltern und Kinder manchmal in verschiedenen Welten leben,
- weil einer den anderen zu manipulieren versucht,
- weil Eltern oder Kinder den jeweils anderen kritisiert und dabei die ganze Person infrage gestellt haben,
- weil die Eltern sich total überfordert fühlen,
- weil die Kinder lieber andere Eltern hätten usw.

dann gelten die gleichen Regeln wie bei der Konfliktlösung im Erwachsenenleben:

Wenn die Konfliktpartner zu aufgebracht sind, um ein Problem sachlich zu lösen, sollten sie eine Abkühlungsphase einlegen. Die Mutter (Vater, Bruder usw.) könnten z. B. sagen: „Du, wir sind jetzt beide sehr aufgebracht. Ich bitte dich, in dein Zimmer zu gehen und etwas zu tun, das dir wieder eine bessere Stimmung bringt. Ich mache das jetzt auch. Wenn es uns dann wieder besser geht, können wir über unser Problem sprechen." In solch einer Situation befinden sich Eltern und Kinder auf der gleichen Stufe. Und beide müssen sich an der Konfliktlösung beteiligen und nicht einer dem anderen die Lösung überstülpen.

Wenn sich Erwachsene und Kinder dann zusammensetzen, um den Konflikt zu lösen, klappt das nur, wenn beide Seiten voreinander Achtung haben. Als erstes gilt es den Streitpunkt zu klären. Denn der Streitpunkt ist selbstverständlich nicht der ganze Konflikt (wie im Kapitel über Konflikte beschrieben). Er ist zu einem Konflikt geworden, weil die Beteiligten sich zuvor gegenseitig den Rang abgelaufen, Macht ausgeübt, sich gerächt oder gedemütigt haben. Konflikte können nur durch Übereinkunft gelöst werden. Dies setzt voraus, daß jeder bereit ist, zu dem Anteil zu stehen, den er selbst in den Konflikt hineingetragen hat. Wenn die Konfliktparteien darüber nachzudenken beginnen, was sie selbst tun können, um den Konflikt zu lösen, statt alles vom Gegenüber zu verlangen, ist der Konflikt einer Lösung nahe. Die Konfliktlösung wird dann gelingen, wenn alle Konfliktbeteiligten an dem Lösungsprozeß mitwirken.

Wenn die Eltern Korrekturen am Verhalten des Kindes für notwendig halten, sollten diese sich dann auch tatsächlich auf die Handlung und nicht auf das Kind als ganze Person beziehen. Ein Fehler ist ein Fehler und weder gut noch schlecht, unterliegt also an sich keiner Bewertung. Er sollte dazu dienen, herauszufinden, wie man es richtiger machen kann. Wenn es Eltern gelingt, einen Fehler in dieser Weise aufzufassen, können die Eltern dem Kind dabei helfen, einen Fehler zu beheben und gemeinsam Überlegungen anstellen, ob und wie Ähnliches künftig vermieden werden kann. Aber selbst, wenn es dann nochmals schiefgeht, ist das kein Drama. Menschen müssen auch probieren und üben dürfen. Am Ende wird das Kind um eine Bewältigungsstrategie reicher und klüger geworden sein. Vor allem aber hat es die Erfahrung gemacht, selbst handlungsfähig zu sein.

Wenn sich Eltern und Kinder in einem Machtkampf befinden, wird eine einvernehmliche Lösung nach dem obigen Muster zunächst nicht möglich sein. In solch einer Situation sind tatsächlich die Eltern als diejenigen mit der größeren Weitsicht aufgerufen, zu handeln. Leider ist die Neigung weit verbreitet, stattdessen zu reden und zu ermahnen. Was wir mit dem Handeln meinen, möchten wir an zwei kleinen Beispielen deutlich machen, die dem Buch „Kinder lernen aus Folgen“ von *Dreikurs/Grey* entnommen sind. Eine Mutter verabredet mit ihrem dreijährigen Sohn, der draußen spielen möchte, daß er auf dem Bürgersteig bleibt, weil in der Straße auch Autos fahren. Nach einer Weile beobachtet sie, daß ihr Sohn sich von den anderen Kindern doch hat verlocken lassen, auf der Straße zu spielen. In einem solchen Falle kann die Mutter nicht auf logische Folgen warten, die das Kind lehren, daß es einen Unfall erleidet. Sie muß handeln. Sie holt das Kind ins Haus und sagt: „Ich sehe, daß du es noch nicht schaffst, auf dem Bürgersteig zu bleiben. Ich möchte, daß du erst einmal drinnen spielst. Wenn du glaubst, daß du es schaffst, auf dem Bürgersteig zu bleiben, kannst du es wieder versuchen.“ Hier ist das Handeln der Mutter mit einem Angebot an den Sohn verknüpft, jederzeit erneut zu versuchen, sich verabredungsgemäß zu verhalten. Ein zweites Beispiel: Eltern wollen mit ihren vier und sechs Jahre alten Kindern im Restaurant essen. Sie fragen die Kinder, ob sie auch im Restaurant essen wollen. Sie wollen natürlich. Die Eltern fragen, ob die Kinder sich zutrauen, solange am Tisch sitzen zu bleiben und sich mit den mitgenommenen Malsachen zu beschäftigen, bis die Familie wieder geht. Natürlich schaffen sie das, sagen die Kinder. Was ist, wenn sie es nicht schaffen? Es wird verabredet, daß die Familie, wenn die Kinder zu unruhig werden, nachhause gehen, egal, ob das Essen schon da ist, oder nicht. Wenn die Kinder dann doch rumhampeln, ist allerdings Konsequenz vonnöten. Die Familie muß nachhause gehen. In beiden Fällen wird der Erfolg nicht lange auf sich warten lassen. Der kleine Junge wird auf dem Bürgersteig bleiben und die Kinder werden es schaffen, am Tisch zu bleiben. Die Schwierigkeit liegt bei den Eltern, sich eindeutig zu verhalten. Die Kinder geben einen Machtkampf auf, wenn sie keinen Mitspieler mehr haben. Er ist dann ja auch zwecklos.

Abschließend wollen wir in einer Übersicht – ohne Anspruch auf Vollständigkeit – die wichtigsten Elemente der Persönlichkeitsentfaltung und die sie fördernden Bedingungen aufzeigen. Die Übersichten können auch zum Nachschlagen benutzt werden, wenn nicht der Text herangezogen werden soll. Besonderes Augenmerk wird dabei auf die dritte Phase und hier dem Thema unseres Buches entsprechend auf die Voraussetzungen für die Entwicklung von Konfliktfähigkeit gerichtet. Wir möchten nochmals darauf hinweisen, daß wir bei dieser Aufstellung nur jeweils jene Elemente hervorgehoben haben, die in den einzelnen Phasen im Zentrum stehen und daß in jeder jeweils folgenden Phase die vorangegangenen Persönlichkeitsmerkmale selbstverständlich weiterhin von Bedeutung sind.

1. Phase

Fähigkeit	Unterstützung durch:
Urvertrauen:	die Befriedigung des Zärtlichkeitsbedürfnisses und nach Nähe und Körperkontakt, gerade in Zeiten der Verunsicherung, Hilfe bei Irritationen, Liebe und Zuneigung, Befriedigung des Bedürfnisses nach körperlicher Versorgung und Pflege, Sicherheit und Geborgenheit, die verläßliche Wiederkehr des Bekannten und Vertrauten, auch der räumlichen Umgebung;
Selbstvertrauen:	Zutrauen in die Fähigkeiten des Kindes, bejahen des Kindes und Ausdruck der Begeisterung über sein Dasein, spürenlassen, daß das Kind ein liebenswerter Mensch ist, Hilfe beim Finden eigener Lösungen bei Unlustgefühlen;
Kommunikationsfähigkeit:	Ansprache, „Gespräche" unter vier Augen, wortloses Verstehen, gegenseitiges Erforschen und Kennenlernen, positive emotionale Ansteckung;
Interesse:	fördern der Beschäftigung des Kindes mit sich und Menschen und Gegenständen innerhalb seines Gesichtsfeldes;
geistige Beweglichkeit:	Unterstützung der neuen Fähigkeiten nach einem Entwicklungssprung durch geeignete Anregungen, aber auch Rückzugs- und Erholungsmöglichkeiten, um alles Neue zu verarbeiten;
Geschicklichkeit:	nichteinmischen bei eigenen Lösungsversuchen.

2. Phase

Fähigkeit	Unterstützung durch:
Selbstbewußtsein:	Vertrauen, daß das Kind sich seinen Möglichkeiten entsprechend entwickeln wird, Bewundern der enormen Fortschritte, Unterstützung der neuen Fertigkeiten;
Liebesfähigkeit, Erleben intensiver Nähe, positives Selbst-, Fremd- und Weltbild:	bejahen des Kindes, zeigen, daß es ein liebenswerter Mensch ist, Empathie, Nähe, Zärtlichkeit und Körperkontakt, liebevollen Umgang, einen sicheren Hafen, vor allem in der Person der Mutter, Geborgenheit;
optimistische Grundstimmung:	fördern der Erfahrungen des Kindes, daß es selbst etwas bewirken kann, Verläßlichkeit;
Kommunikationsfähigkeit:	Situationen, in denen Blickkontakt, emotionale Ansteckung und Einfühlungsvermögen gefördert werden, loben und Bestätigung der Fähigkeit des Kindes, Worte anhand der auf- und abschwellenden Satzmelodie, Stimmlage, Mimik und Gestik zu begreifen, eindeutiges Sprechen, das Kind nimmt alles wortwörtlich, Erwachsenensprache;
Kooperationsfähigkeit:	das Herstellen von Bedingungen, die den Wunsch des Kindes, Dinge selbst zu machen, wie z.B. selbst zu essen, unterstützen (z.B. Plastikplane unter dem Kinderstuhl), gestatten, Dinge auszuprobieren und auch Fehler zu machen, gemeinsames Beheben der Folgen;
Identität:	ernstnehmen des aufkommenden eigenen Willens in dem Sinne, daß das Kind als eigenständige Persönlichkeit geachtet wird; d.h. jedoch nicht, diesen jederzeit zu erfüllen oder sich manipulieren zu lassen, loben der aufkommenden Fähigkeit zur Imitation und der Fähigkeit, in andere Rollen schlüpfen, eindeutiges Verhalten, um dem Kind zu erleichtern, sich in Situationen, die es noch nicht einschätzen kann, an Erwachsenen zu orientieren;

Konfliktfähigkeit:	Hilfe bei den ersten aufkommenden Konflikten, die das Kind bewältigen kann, wenn es sich der Mutter (anderer wichtiger Bezugspersonen) als sicherem Hafen gewiß ist;
Interesse:	stillen des wachsenden Forschungsdrangs, fördern der Expeditionswünsche, wodurch auch das Abstillen ermöglicht wird;
geistige Beweglichkeit:	wiederum Unterstützung der neuen Fähigkeiten nach einem Reifungssprung durch passende Anregungen ohne zu überfordern;
Geschicklichkeit:	ausnutzen des intuitiven Bedürfnisses der Eltern, die körperlichen Expansionsbedürfnisse des Kindes durch Ermutigung, Lob und Anerkennung, Vertrauen in die Fähigkeiten des Kindes, Bewunderung, Hilfe, Erweiterung der Aufgaben und Schutz bei Gefahr zu unterstützen.

3. Phase

Fähigkeit:	Unterstützung durch:
Ich-Identität:	vorleben der Haltungen, die das Kind erwerben soll, ernstnehmen des Kindes als Partner, zulassen einer privaten Gedankenwelt, ohne in das Kind einzudringen;
Kooperationsfähigkeit:	eine positive Einstellung zu Fehlern, Hilfe, wenn etwas schief gegangen ist, gemeinsames Herausfinden, woran es gelegen hat, gemeinsames Beheben des Schadens, Überlegungen, wie der Fehler künftig vermieden werden kann, Training der Geschicklichkeit durch zeigen und erklären, wie Dinge zusammenhängen, Probierphasen und Üben, Ermutigung, Lob und Anerkennung für gelungene Leistungen;
Kommunikationsfähigkeit:	Aufmerksamkeit, wenn das Kind seine Gedanken mit anderen teilen möchte, Signale, daß die Gedanken verstanden wurden, eine korrekte Sprechweise, um dem Kind den Weg in die Welt der Wörter zu erleichtern;
Menschenkenntnis:	eindeutiges Verhalten, damit das Kind bei seiner wachsenden Fähigkeit, die psychischen Hinter-

	gründe menschlicher Handlungen zu erfassen, also in der Intersubjektivität, keine vermeidbaren Fehler macht und um zu verhindern, daß Fehlinterpretationen Teil seines Menschen- und Weltbilds werden;
Konfliktfähigkeit:	verstehbare Regeln und Grenzen, Konsequenz, nichteinmischen bei Konflikten des Kindes mit anderen, solange der Konflikt geregelt werden kann, Berücksichtigung, daß das Kind noch stark in einer Fantasiewelt lebt, die wie Realität ist, klares Formulieren anstehender Aufgaben und Einladung, mitzumachen, damit der Überstieg in die Erwachsenenwelt erleichtert wird, handeln, nicht diskutieren, wenn das Kind sich verweigert, dabei logische Folgen wirken lassen, abwarten mit der Sauberkeitserziehung, bis das Kind festhalten und loslassen kann, ebenso mit dem Trockenwerden, bis das Kind loslaufen und anhalten kann, Entscheidung des Kindes über die Eßmenge, damit der Eßtisch nicht zur Arena wird; für das Beheben von Machtkämpfen gelten die Regeln von Deeskalation und Konfliktmanagement: Abkühlungsphase, Trennen des sachlichen Problems vom emotionalen, Übernahme der Verantwortung für den eigenen Konfliktanteil, gemeinsame Lösungsvorschläge, gemeinsame Entscheidung, Korrekturen auf die Handlung, nicht auf den Menschen beziehen;
Interesse:	stillen der Neugierde und des Wissensdurstes, beantworten der unverblümten, intelligenten Fragen des Kindes;
geistige Beweglichkeit:	ernstnehmen von scheinbaren Märchen und Lügengeschichten, denn das Kind füllt Lücken, die es noch nicht versteht, mit Fantasien, und hält sie für bare Münze, Raum für eigene Lösungen von Problemen und Aufgaben, ohne Fehler zu bewerten; sie sind ein Anlaß, aus ihnen zu lernen und klug zu werden;
Geschicklichkeit:	eingreifen bei Gefahren, ohne eigene Lösungen zu behindern, erneutes Raumgeben für noch-

	malige Versuche, selbst Verantwortung zu übernehmen, fördern des Expansionsbedürfnisses, indem geeignete Freiräume geschaffen werden.

4. Phase

Fähigkeit:	Unterstützung durch:
Ich-Identität:	neue Rechte und Pflichten, überzeugende Vorbilder, Eltern, die gerne erwachsen sind;
Realitätssinn:	Verlockung, die Wunsch- und Fantasiewelt teilweise aufzugeben, weil neue Möglichkeiten aus der Erwachsenenwelt angeboten werden;
Geschlechtsidentität:	vorleben einer eindeutigen Rolle als Frau oder Mann, Unterstützung der Identifikation mit der eigenen Geschlechtsrolle, Gespräche über eventuell verunsichernde sexuelle Gefühlsregungen;
Verantwortungsbewußtsein:	fördern auch außerfamiliärer Freundschaften, Übergabe von Verantwortung und erneute Angebote, wenn es nicht geklappt hat; Teilhabe am familiären Interaktionsgeschehen, ernstnehmen von Vorschlägen.

Zwischen Genen und Umwelt, Neues zu einem alten Streitthema

Die vorangegangenen Ausführungen stellen zweifellos das Ideal einer möglichen Umgangsform von Eltern und Kindern, ja von allen Familienmitgliedern untereinander dar. Man könnte ins Schwärmen geraten bei der Vorstellung, die Mehrheit der Menschen hätte Gelegenheit, sich den in ihnen ruhenden Möglichkeiten entsprechend zu mutigen, klugen, ich-starken, kooperativen und konfliktfähigen Menschen zu entwickeln, um nur einige der Eigenschaften zu nennen. So mag es auch *Alfred Adler* gegangen sein, als er den Gedanken vom Gemeinschaftsgefühl formulierte und der Hoffnung Ausdruck gab, die Menschheit möge sich in Richtung auf mehr Gemeinschaftsgefühl hin entwickeln. Die idealistischen Vorstellungen *Adlers* erlitten mit Aufkommen des Nationalsozialismus und Austrofaschismus einen herben Schlag.

Adler war als Jude ja selbst unmittelbar betroffen und mußte emigrieren.

Aber wir sehen uns auch heute wieder einer zunehmenden Tendenz gegenüber, Intelligenz und Charaktereigenschaften als genetisch festgelegte Größen zu betrachten. Die Genforschung hat der Vorstellung neue Hoffnung gegeben, nun endlich auf den Chromosomen entsprechende Hinweise finden zu können. *Richard Herrnstein* (ein Harvard-Psychologe, der kürzlich verstorben ist) und *Charles Murray* (Politologe) haben ein 845- Seiten-Buch über Intelligenz geschrieben, das ganz Amerika bewegt: „Die Glockenkurve". Sie rechnen darin vor, daß Intelligenz vor allem eine Frage der Gene sei. Die Autoren teilen die Gesellschaft in eine Gruppe von begabten Glückskindern und in eine Gruppe minderbegabter Habenichtse ein, deren Zukunft so dunkel wie ihre Hautfarbe sei. Aber auch der Erziehungswissenschaftler *Seymour Itzkoff* hält es für erwiesen, daß die Dummen in Amerika längst den Sieg davongetragen haben, weil sie sich schneller vermehren. In den Medien ist dieser Biologismus en vogue. Da werden soziale Massenphänomene wie Obdachlosigkeit, Armut, Kriminalität oder Drogenabhängigkeit als Produkt fehlgeschalteter Gene angesehen und der drohende Verfall des Erbgutes, mit entsprechenden Auswirkungen auf Charakter und Verhalten beklagt. Nach Aussage der beiden Autoren *Jörg Albrecht* und *Sabine Rückert* (Das natürliche Schicksal, Die Zeit, 4. November 1994, S. 17ff.) brauchen solche Medienereignisse nie lange, um den Weg über den Atlantik nach Deutschland zu finden. Und das hat natürlich erhebliche Konsequenzen für die Erziehung.

Warum solches Gedankengut jetzt wieder eine solche Konjunktur hat, haben wir in dem Kapitel über den Wertewandel darzustellen versucht. Eine Sichtweise von der menschlichen Persönlichkeitsentwicklung wie die unter der kooperativen Familienatmosphäre beschriebene müßte die Verantwortlichen (Politiker, den Klerus, Lehrer, Erzieher, Sozialwissenschaftler, usw.) in Aufruhr bringen und Schritte zu gerechteren Chancen aller Bürger unternehmen lassen, während der Vererbungsgedanke sie ruhig schlafen läßt. Was können sie denn tun, wenn es von den Genen abhängig ist, ob ein Mensch im Erfolg oder Elend lebt? Dann kann man nur mit *Seymour Itzkoff* eine Art nationales Notstandsprogramm fordern: Schluß mit dem Liberalismus, Streichung der Sozialprogramme, härtere Auslese an den Hochschulen und strengere Einwanderungsbestimmungen für „genschwache" Rassen.

Wir möchten allerdings nicht unerwähnt lassen, daß es selbst durch die Gentechnik und die dadurch eröffneten neuen Forschungsmethoden bis heute nicht gelungen ist, auf den Chromosomen Spuren bestimmter Persönlichkeitsphänomene zu entdekken. Alle zeitweilig bejubelten Forschungsergebnisse z.B. für die genetische Ursache der manischen Depression, die Entdeckung eines Alkoholismus-Gens, usw. mußten zurückgenommen werden, weil sie genauerer Prüfung nicht standgehalten haben. Auch *Benno Müller-Hill*, Professor für Genetik an der Universität zu Köln, wendet sich vehement gegen die Tendenz, Gewalttätigkeit für natürlich zu erklären und damit Menschen von der Verantwortung für das eigene Tun zu befreien. Diese Haltung zerstöre Moral, Recht und Religion. „Dieses Verfahren, so verführerisch es für viele heutige Wissenschaftler wieder sein mag, führt als Religionsersatz unweigerlich zum Bösen (*Müller-Hill*, Humangenetik der Gewalttätigkeit, Natur und Wirtschaft, 30. 3. 1994 S. 4).

Aber auch für die Eltern ist es eine Frage der Übernahme von Verantwortung für ihr erzieherisches Wirken. Auch sie entlastet der Gedanke, daß der Charakter ihrer Kinder als festgefügtes Element von den Genen abhängt. Die Mutter eines bereits erwachsenen Sohnes war mutig genug sich einzugestehen, daß sie es besser aushalten könne, wenn sie von der Vererbung von Charaktereigenschaften ausgehe, da ihr zweiter Sohn völlig aus der Art geschlagen sei. Während die übrige Familie (Eltern und ältester Sohn) sehr sozial eingestellt seien, sei der zweite Sohn so stark materiell ausgerichtet, daß er z.B. seine Berufsentscheidung davon abhängig gemacht habe, in welchem Beruf er am meisten verdienen könne. Auf den Einwand, daß in diesem Falle der Vererbungsgedanke doch nicht stimmen könne, da beide Elternteile sozial eingestellt seien, verwies die Mutter auf ein Familienmitglied aus einer früheren Generation. Im Kapitel über die Geschwisterpositionen wird sich aufklären, warum der zweite Sohn einen so anderen Weg (zur Erlangung von wenn auch negativer Aufmerksamkeit) eingeschlagen hat.

Wir möchten nachfolgend einen Gedankenansatz skizzieren, der geeignet ist, daß Eltern sich mit all jenen Ungereimtheiten versöhnen können, die ihnen bei der Erziehung ihrer Kinder unterlaufen sind oder noch unterlaufen werden und der trotzdem Raum läßt, die Verantwortung zu übernehmen, und zwar, ohne sich mit Schuldgefühlen zu plagen. Ganz sicher haben alle Eltern bestimmte Vorstellungen, wie sie die Interaktion mit ihren Kindern gestalten wollen. Auf der einen Seite haben sie am eigenen Leibe – manchmal im wahrsten Sinne des Wortes – erlebt, was es heißt, erzogen zu werden. Diese Erfahrung macht sie einerseits sicher, wie sie mit ihren eigenen Kindern umzugehen haben und läßt sie andererseits feste Vorsätze fassen, welche (so haben sie es empfunden) Fehler ihrer eigenen Eltern sie ganz bestimmt nicht wiederholen wollen. Vielleicht nehmen sie sich vor, ihre eigenen Kinder weder zu schlagen noch mit Schweigen zu bestrafen. Denn das, so ist es ihnen auch als Erwachsenen noch eindrücklich in Erinnerung, das hat zu weh getan.

Doch dann hat sich ganz leise, beinahe unbemerkt, ein Machtkampf eingeschlichen. Da steht der Knirps – wutentbrannt – und schreit das ganze Haus zusammen. „So ein Trotzausbruch“, schießt es dem Vater durch den Kopf, „wurde zuhause nicht geduldet. Da hat es was gesetzt, und nicht zu knapp. Ich weiß es noch genau, wie ohnmächtig und gedemütigt ich mich gefühlt hab’. Da hab’ ich mir geschworen, wenn ich groß bin...“

Der Vater blickt entgeistert auf den tobenden kleinen Sohn. Und wieder fühlt er Ohnmacht in sich aufsteigen, und Wut. Noch eh’er sich’s versieht, rutscht ihm die Hand aus...

Dem Phänomen, daß Eltern anders handeln als sie es beabsichtigt haben, wollen wir jetzt genauer nachgehen. Die schon erwähnte Psychoneuroimmunologie, die ihren Anfang als Wissenschaft erst vor ca. 20 Jahren nahm, untersucht im Sinne einer interdisziplinären Forschung, an der Psychiater, Psychologen, Hormonforscher, Gehirnexperten und Immunologen beteiligt sind, das Zusammenwirken von Nervensystem, Hormon- und Immunsystem. Dieses Zusammenwirken bedeutet im Regelfall, daß der Organismus immer wieder versucht, durch Selbstregulation ein homöostatisches Gleichgewicht herzustellen. Es geht den Forschern darum, ein einheitliches System zu schaffen, das das

Zusammenwirken von Körper und Seele, Organismus und Umwelt verstehbar macht. Sie sind bezüglich der Ergebnisse ihrer Forschung noch sehr vorsichtig. Es herrscht jedoch Einigkeit darüber, daß die Voraussetzung für Gesundheit das störungsfreie Zusammenspiel von Nerven, Hormonen und Immunsystem ist, also die gelungene oder gestörte Interaktion zwischen den Systemen über Gesundheit oder Krankheit entscheidet. Läßt sich dann der gegenseitige Informationsaustausch zwischen den Systemen auch für den Heilungsprozeß einer Krankheit nutzen? Entscheidet die Lebenshaltung ganz allgemein und die Haltung bei einer schon existierenden Krankheit im besonderen über den Krankheits- oder Gesundungsverlauf? Die Psychoneuroimmunologen haben viele solcher Beispiele kennengelernt.

Es ist bekannt, daß Streß, Trauer, Einsamkeit, Enttäuschungen, seelische Spannungen und depressive Verstimmungen die körpereigenen Abwehrkräfte schwächen, während Freude, Zufriedenheit, Entspannung, usw. sie stärken. Das bedeutet, daß die seelische und körperliche Befindlichkeit voneinander abhängen. Jenes Element, das als Psyche bezeichnet wird, ist Teil des Zusammenspiels von Botschaften aus dem Gehirn, aus Bewußtseinsprozessen und dem Hormon- und Immunsystem. Wenn man erklären will, „wie Gefühle, Erwartungen, Streß, Trauer und Glück die Abwehrkräfte des Körpers beeinflussen und umgekehrt die Vorgänge im Immunsystem unser psychisches Befinden, kommt man nicht umhin, zu verstehen, wie wir überhaupt denken und fühlen“ *Miketta,* a.a.O., S. 35).

Unser Gefühlsleben entsteht weitgehend in den Nervenfasern des limbischen Systems des Gehirns (Amygdala und Hippocampus sind Ansammlungen von Nervenzellen, die in besonderem Maße für Emotionen verantwortlich sind). In den Arealen des limbischen Systems entstehen Wut, Angst, Freude, und ein Teil des Gedächtnisses hat hier seinen Ursprung. Das Bewußtsein entsteht, soweit man weiß, in den aktiven Arealen des Hirnstamms, der eng mit dem Stirnbereich der Hirnrinde verkabelt ist.

Die Hormone sind Signalstoffe und erfüllen je nach Zusammensetzung andere Aufgaben. Sie sind sowohl Botenstoffe im Gehirn, also im neuralen Kommunikationssystem, erfüllen aber auch eigenständig Aufgaben. Gebildet werden die Substanzen nicht nur in den Nervenzellen, sondern auch im Darm oder von Zellen des Immunsystems. Besonderes Augenmerk wird in den letzten Jahren auf die Neuropeptide als neu entdeckte Hormongruppe gerichtet, von deren genauerer Untersuchung sich die Forscher Einblick in die Steuerungsmechanismen unserer Emotionen und unseres Verhaltens erhoffen. Das Immunsystem wiederum scheint so eine Art sechster Sinn des Nervensystems zu sein. Es registriert all das, was wir nicht sehen, fühlen, hören, riechen, schmecken oder mit dem Gleichgewichtssinn erfassen können, nämlich Bakterien, Viren, Pilze, Würmer, Krebszellen, und reagiert darauf mit der Produktion von Botenstoffen, die eben auch das Gehirn versteht. Es sendet also nicht nur das Nervensystem Signale an das Immunsystem, sondern auch umgekehrt. „Der Informationstransport ist sogar zwischen zwei Individuen möglich. Das Immunsystem des einen Menschen kann auch die Gefühle und die Hormonproduktion eines anderen beeinflussen. Diese Schlußfolgerung zieht *Roman Ferstl* vom Psychologischen Institut der Universität Kiel. Er entdeckte eine enge Kopplung zwischen dem Immunsystem und dem jedem Menschen eigenen Körpergeruch“ (*Miketta,* a.a.O., S. 148). In bezug auf die emotionale Ansteckung möchten wir nochmals auf die Ausführungen im Kapitel über die kooperative Familienatmosphäre hinweisen.

Diese sehr vereinfacht dargestellten Zusammenhänge – zur Vertiefung möchten wir das Buch „Netzwerk Mensch, Den Verbindungen von Körper und Seele auf der Spur“ von *Gaby Miketta* empfehlen – sollen genügen, um uns Gedanken darüber zu machen, wie seelische Prozesse im Menschen ablaufen und wie es zu dem oben geschilderten Phänomen kommen kann, daß Eltern ihre Kinder strafen, ablehnen, oder in anderer Weise schlecht behandeln, auch wenn sie es gar nicht wollten.

Unter Psychologen, Psychotherapeuten und Psychoanalytikern ist es heute unumstritten, daß die Prägungen während der Persönlichkeitsentwicklung in aller Regel (bis auf traumatisierende Erfahrungen) nicht aus einzelnen Erlebnissen resultieren, sondern jene Elemente Spuren hinterlassen, die häufig, sozusagen als zum Lebensalltag gehörig stattfinden. Wir möchten hier die Hypothese aufstellen, daß Ereignisse, die die Aufmerksamkeit eines Individuums erwecken und geeignet sind, bestimmte Abläufe im Zusammenspiel von Nerven, Hormonen und Immunsystem in Gang zu setzen, je nach der beeindruckenden Situation unterschiedliche Ablaufmuster aktivieren. Kommen wir nochmals zur emotionalen Ansteckung zurück. Nehmen wir an, ein Mensch blickt uns in die Augen, sein Gesicht öffnet sich zu einem strahlenden Lächeln, wir spüren seine Liebe und Zuneigung. Nehmen wir weiter an, wir sind so ein Glückspilz, dem diese liebevolle Begegnung oft zuteil wurde...

Nehmen wir ein anderes, viel erforschtes Beispiel, bei dem die Abläufe im Organismus sehr weitgehend untersucht sind, eine Streßsituation, und zwar eine Notfallsituation. Wir haben uns aus Zeitnot entschlossen, eine breite Autostraße außerhalb des Ampelbereichs zu überqueren. Als wir schon losgelaufen sind, sehen wir ein Auto heranbrausen. Die Natur hat es so eingerichtet, daß in einem solchen Falle das Zusammenspiel von Nerven, Hormonen und Immunsystem in einer Weise in Gang gesetzt wird, daß über die Ausschüttung von Hormonen, Eiweißen und Fetten und einer Regulation des vegetativen Nervensystems, das bestimmte Reaktionsfolgen verstärkt und andere drosselt, der Mensch sich mit einem gewaltigen Sprung – zu dem er im Normalfall nie fähig wäre – vor dem heranrasenden Auto rettet. Nur der Vollständigkeit halber wollen wir noch erwähnen, daß dieses gleiche Reaktionsmuster für alle Formen von Streß, soweit er als Überforderung erlebt wird, bereitsteht (vgl. auch das Kapitel über Organminderwertigkeit).

Angenommen, der Organismus hat für ganz unterschiedliche Erlebnisse die jeweils passenden Reaktionsmuster bereit. Bei Liebe, Freude, Glück, Erfolg, Zufriedenheit, usw. solche, die das Immunsystem positiv stimulieren, bei Streß, Trauer, Enttäuschungen, Überforderung, usw. solche, die das Immunsystem schwächen. Dieser Überlegung folgen ja auch die Psychoneuroimmunologen. Fast unausweichlich lassen solche Überlegungen noch weitere Vermutungen aufkommen. Ist es vorstellbar, daß sich solche Reaktionsmuster bereits vor der Geburt, im Mutterleib bilden, weil in abgeschwächter Form die Gefühlszustände mit dem dazugehörigen Zusammenspiel von Nerven, Hormonen und Immunsystem auch bei dem noch ungeborenen Kind ankommen? Solche Überlegungen werfen auch ein erhellendes Licht auf die konstitutionelle Ausgangslage eines Menschen, nicht im Sinne von Vererbung, sondern eher im Sinne einer Prägung auf bestimmte Ablaufmuster.

Es würde nicht zum Tenor unseres Buches passen, wollten wir daraus die Forderung aufstellen, daß das menschliche Leben belastungsfrei sein müsse. Nein, der Mensch braucht auch Herausforderungen, denen er sich stellen und die er bewältigen kann. Ja, erfolgreich bewältigte Herausforderungen, so haben die Psychoneuroimmunologen herausgefunden, stärken das Immunsystem ebenfalls. Das heißt, es gehört zur Normalität des Lebens, daß in ihm liebevoller Umgang ebenso vorkommt, wie Ungerechtigkeit, Erfolg genauso, wie Mißerfolg, usw. Dieses Auf und Ab setzt nicht das Regelwerk außer Kraft, über das der Organismus immer wieder in ein homöostatisches Gleichgewicht zurückfindet.

Erst wenn Belastungen sich so häufen, daß sie zu einem Bestandteil des Lebensalltags werden und ähnlich wie bei Dauerstreß – bei dem das vegetative Gleichgewicht gestört wird und nicht mehr in die Normallage zurückgelangen kann – das homöostatische Gleichgewicht zwischen Nerven, Hormonen und Immunsystem aus den Fugen gerät, dann wird der Mensch offenbar krank.

Wir wollen mit unseren Überlegungen noch einen Schritt weitergehen, wobei wir uns auf noch ungesichertes Terrain begeben und die Ausführungen als Denkanstoß betrachtet wissen wollen. Aus dem autogenen Training wissen wir, daß die Übungen, die Einfluß auf das vegetative Nervensystem nehmen, zunehmend besser und schneller ablaufen, je kontinuierlicher geübt wird. Die Voraussetzung ist, daß immer die gleichen Formeln und diese immer in der gleichen Reihenfolge benutzt werden. Dann schleifen sich die Reaktionen ein und es kommt zu Generalisierungen, das bedeutet, daß nach einer Weile (individuell unterschiedlich) z. B. die Arme auch warm werden, wenn sie schwer sind, usw.

Jetzt gehen wir gedanklich noch einmal in die Kindheit zurück. Stellen wir uns drei exemplarische Situationen vor: Karin wächst in einer Atmosphäre auf, in der sie probieren kann, eigene Lösungen für die Aufgaben zu finden, die ihr junges Leben ihr stellt. Sie meistert sie und hat Erfolg. Katharina wird alles abgenommen, die Mutter denkt, spricht und handelt für sie. Und Brigitte soll ein ruhiges, sittsames, folgsames Mädchen werden und wird für alle Expansionsversuche bestraft. Welche Ablaufmuster mögen sich da jeweils einschleifen?

Karin, Katharina und Brigitte werden erwachsen und selber Mutter. Während Karin ihre freiheitlichen Erfahrungen dazu nutzt, ihren Kindern ebenfalls Freiräume zum Ausprobieren zu geben, wird in Katharina das lähmende Gefühl des „ich kann nichts machen“ der Verwöhnten lebendig werden und bei Brigitte unter Umständen die hilflose Wut aktiviert, die in ihr aufgestiegen war, wenn sie geschlagen wurde. Das ist kein intellektueller Vorgang. Wenn die obigen Überlegungen richtig sind, fühlt der Erwachsene sich geradewegs in die Kindheit zurückversetzt mit der ganzen Wucht der alten Gefühle. Und wer hat eine solche Situation als Erwachsener nicht schon erlebt? Da fühlt sich ein Mensch abgelehnt und ist vielleicht auch wirklich abgelehnt worden, und auf einmal sind die ganzen alten Gefühle wieder da, als er der Mutter nie etwas recht machen konnte und sie ihn immer wieder kritisierte und erklärte, daß sie so ein Kind nicht liebhaben könne . . .

Kehren wir noch einmal zu dem Vater mit dem tobenden kleinen Sohn zurück. Er war geschlagen worden, wenn er trotzte. Er hatte ohnmächtige Wut verspürt. Und als sein kleiner Junge tobt, sind all die alten Gefühle wieder da, die er beim Strafen empfunden hatte. Und neue Ohnmachtsgefühle noch dazu, denn in dieser Situation ist wiederum nicht er Sieger, sondern der kleine Sohn. Und ohne sein Verhalten in andere Bahnen lenken zu können, handelt er. Er handelt, wie er es selbst kennengelernt hat. Er schlägt den Sohn. Jetzt ist er Sieger und fühlt sich entweder miserabel oder rechtfertigt sein Handeln vor sich und anderen.

Wir haben diesen Ablauf deshalb aufgebaut, weil wir einen Erklärungsansatz dafür versuchen wollten, warum Eltern im Umgang mit ihren Kindern manchmal anders handeln als sie es beabsichtigt hatten. Diese Überlegungen wären unvollständig und auch nicht fair, wenn wir den Eindruck erwecken würden, daß negative frühkindliche Erfahrungen zwangsläufig und immer zu solchen Reaktionen führen müßten. Denn der erwachsener werdende Mensch sammelt im Verlaufe seines Lebens noch viele andere Erfahrungen, wird (hoffentlich) handlungsfähiger und weiser.

Nehmen wir an, er hat auch das gemacht, was als emotional korrigierende Erfahrungen bezeichnet wird. Das abgelehnte Kind hat als Erwachsener vielleicht kompensatorisch mit seiner Berufswahl Bereiche geschaffen, in denen sie oder er viel Anerkennung bekommt, natürlich auch aufgrund eigener Leistungen. Sie/er hat die als negativ erlebten Erfahrungen in der Kindheit als Herausforderung angenommen, selbst aktiv zu werden und ein Gegengewicht zu schaffen. Emotional korrigierende Erfahrungen können natürlich auch durch das Zutun der sozialen Umwelt ermöglicht werden. Der einstmals abgelehnte Mensch gewinnt vielleicht die Liebe eines zugewandten Partners, usw. In beiden Fällen, wenn wir die obigen Ausführungen für wahrscheinlich halten, schleifen sich andere Reaktionsmuster ein, denen im eigenen Seelenleben ein bestimmter Platz zukommt, die vielleicht oft aktiviert werden. Und dennoch kann es passieren, daß in einer Situation der Ablehnung die alten Gefühle aus der Kindheit wieder mobilisiert werden.

Es soll dabei nicht verheimlicht werden, daß Menschen oft die Tendenz haben, sich unbewußt alte Erfahrungen wiederzuholen. Sie gehen mit einer bestimmten Erwartungshaltung ins Leben hinaus (bei der Entwicklung in der zweiten Phase als Grundstimmung bezeichnet), z.B. – um auf der obigen Linie zu bleiben – mit der Erwartung, daß man sie ja doch ablehnen werde. Mit schlafwandlerischer Sicherheit wenden sie sich (den frühen Erfahrungen der Interaktion entsprechend) an einen Menschen, der viel zu sehr in eigene Probleme verstrickt ist, um sich zugewandt zu verhalten. Oder es läuft jemand selbst mit einem so ablehnenden Gesichtsausdruck herum, daß niemand etwas von ihm wissen will. Man bezeichnet dieses Phänomen als sich selbst erfüllende Prophezeiung. Daß eine negative Erwartungshaltung dann auch negative Resultate zeitigt, hat zu einem Umkehrschluß geführt, dem positiven Denken, der leider zu einem Schlagwort verkommen ist. Es würde einen Sinn machen, selbst aktiv für Gegengewichte (die positive Reaktionsmuster auslösen) zu sorgen, wo immer ein Mensch an Grenzen stößt.

Es lohnt sich also, zur Vermeidung unnötiger Härten für das künftige Leben, die Interaktion mit den eigenen Kindern bewußter zu gestalten. Wenn Eltern mit ihren Kindern dann aber wirklich anders, demokratischer, umgehen, bringt ihnen das jedoch oft nicht nur keine Anerkennung ein, sondern die Kritik der sozialen Umwelt, die glaubt, genau zu wissen, wie mit einem trotzigen, quengelnden oder aufsässigen Kind umzugehen wäre. Warum Menschen oft so krampfhaft an konservativen Erziehungsmodellen festhalten und demokratische Umgangsformen zwischen Eltern und Kindern verurteilen, hat einen ganz spezifischen psychischen Hintergrund, den wir im Zusammenhang mit der autoritären Erziehung genauer erläutern. Soviel sei hier gesagt, die Kritiker mußten die eigene harte Erziehung gutheißen, um sie überhaupt aushalten zu können, vom Fachterminus her bezeichnet man dieses Phänomen als Identifikation mit dem Aggressor. Und deshalb *muß* die Behandlung, die der Mensch selbst erfahren hat, doch richtig sein!

Ein ganz alltägliches Beispiel mag dies wiederum illustrieren. Eine Mutter steht mit ihrem ca. vierjährigen Sohn im Supermarkt in der Schlange vor der Kasse. Der Sohn hampelt am Einkaufswagen herum und quengelt, daß er Kartoffelchips haben möchte. „Gut", sagt die Mutter, „du kriegst Kartoffelchips, aber dann hör auf, an dem Einkaufswagen herumzuhampeln". Der Junge hampelt weiter. Die Mutter warnt, wenn er nicht aufhöre, lege sie die Chips zurück. Der Junge hört nicht auf, die Mutter handelt konsequent. Da fängt der Jungen an zu brüllen: „Dann bekomme ich ein Eis!" Die Mutter schüttelt den Kopf. Der Junge schreit lauter. Da mischt sich ein älterer Mann ein: „Warte nur, bis der Papa kommt!" Eine Verkäuferin: „Der Papa ist doch kein Buhmann!" Der ältere Herr nähert sich drohend dem Jungen. Die Mutter an ihn gerichtet: „Bitte lassen Sie ihn in Ruhe." Der Junge genießt die Aufmerksamkeit, die ihm zuteil wird. Er schreit lauter. Die Mutter läßt sich nicht beirren, schiebt den Einkaufswagen zur Kasse, packt aus, zahlt, packt die Einkaufstasche ein und verläßt ganz ruhig den Supermarkt. Der ältere Mann zischt zwischen den Zähnen: „Amerikanische Erziehung!" Eine Kundin vor der Kasse zu dem älteren Mann: „Was hätten Sie denn gemacht, verhauen, nicht?" Die Stimmung heizt sich auf. Vorwürfe gehen hin und her. Schließlich sagt eine andere Kundin: „Was ist denn los, die Mutter hat es doch gut gemacht, sie ist ruhig und konsequent geblieben!" Ein Aufatmen geht durch die Konfliktparteien. Ja, die Mutter hat es gut gemacht. Diese ist längst auf dem Weg nachhause und der Junge hat längst aufgehört zu brüllen.

Der Erziehungsstil der Strenge und Härte

Es bleibt uns nicht erspart, von dem leider viel umfangreicheren Spektrum erzieherischer Störungsmöglichkeiten zu berichten. Es geht uns dabei vor allem darum, ein auf die unterschiedlichen Erziehungspraktiken bezogenes einfühlendes Verständnis dafür zu entwickeln, warum Eltern entgegen ihren einstmals gefaßten Vorsätzen ihre Kinder strafen, schlagen oder gar quälen. Denn wir können mit Sicherheit davon ausgehen, daß Eltern nicht Kinder in die Welt setzen, um sie schlecht zu behandeln. Wir zeigen dabei auch die möglichen Auswirkungen auf die kindliche Entwicklung auf, und wir beschreiben, inwieweit das Kind aktive Gestaltungsmöglichkeiten zur Verbesserung seiner Lage hat, oder eben nicht.

In der Interaktion mit den Menschen unseres sozialen Umfeldes, ob im Privatleben oder im Beruf, berühren uns bestimmte Haltungen und Regungen angenehm, wir fühlen uns angezogen, oder bewundern sie vielleicht auch wegen bestimmter Befähigungen, Schönheit, Liebenswürdigkeit usw. In Konflikte geraten werden wir am ehesten mit Gefühlsäußerungen und Verhaltensweisen von Menschen, die auf dem Boden der entmutigenden Erziehungsstile entstanden sind, mit ihren Überempfindlichkeiten. Im Umgang mit der eigenen Person verhält es sich ja nicht anders. Damit wir später unsere Absicht verwirklichen können, ganz gezielte Hinweise für die Bewältigung von Konflikten zu geben und dabei persönlichkeitsorientierte Wege zur Lösung von Problemen aufzuzeigen, wollen wir zunächst ein Verständnis dafür erwecken, wie es zu solchen Überempfindlichkeiten kommen kann.

Zu den Erziehungsstilen der Entmutigung gehören Strenge und Härte und Verwöhnung. Der Erziehungsstil der Vernachlässigung ist so vorherrschend durch Strenge und Härte geprägt, daß wir ihn diesem zurechnen wollen und unter der Familienatmosphäre der Lieblosigkeit beschreiben.

Bei der Darstellung der weniger gut gelungenen Erziehungsversuche benutzen wir ein Typenkonzept, das sich zur Verdeutlichung auf extreme Ausprägungen erzieherischer Interventionen bezieht. In der Realität finden sich alle denkbaren Mischungen und Abstufungen. Darüberhinaus wächst ein Mensch nicht in einem einheitlichen Familienklima auf, Mischformen sind sozusagen die Normalität. Zu dieser Normalität gehören selbstverständlich auch jene Elemente, die wir unter dem ermutigenden Erziehungsstil beschrieben haben.

Das Anliegen, zu dem Erziehungsstil der Strenge und Härte ein Gegengewicht zu bilden, kann leicht zu einer Gratwanderung zwischen demokratischen Ansätzen und Verwöhnung werden, wie dies bei der Laissez-faire-Bewegung der Fall war. Eine andere Mischform, eine Familienatmosphäre, bei der die psychischen Wechselbäder zwischen Strenge und Härte und Verwöhnung der Grundbestandteil sind, ist die inkonsequente Familienatmosphäre, die wir ebenfalls beschreiben. Die Erziehungsstile lassen sich nur unvollständig verstehen, wenn sie losgelöst von den Kultur- und Gesellschaftsbedingungen betrachtet werden, in denen sie wirksam werden. In einer Gesellschaft, in der Werte wie Ordnung, Sauberkeit, Pünktlichkeit, Zuverlässigkeit und Gehorsam zum Selbstzweck erhoben werden und eine ausdrückliche Bevorzugung gegenüber dem Wunsch genießen, die Entfaltungsmöglichkeiten der Kinder zu fördern und ihnen dabei zu helfen, sich zu selbständigen und eigenverantwortlichen Menschen zu entwikkeln, werden überwiegend autoritäre Erziehungsmaximen zu finden sein. Zunehmend sind Werte wie Geld, Besitz, Erfolg und Macht in den Vordergrund gerückt, die eine materielle Einstellung begünstigen.

Die Tradierung autoritären Verhaltens

Der Nationalsozialismus hat uns in geradezu erschreckender Weise vor Augen geführt, wie Menschen mit ausgeprägt autoritärem Verhalten in einem faschistischen Regime nach oben geschwemmt und in Positionen gehievt wurden, die auszufüllen sie ohne den Machtapparat hinter sich nicht imstande gewesen wären.

Das bedeutet, daß ein großer Teil der Bevölkerung unter den Erziehungsmaximen von gnadenloser Strenge und Härte, körperlicher Züchtigung und seelischem Liebesentzug bis hin zu Grausamkeiten zu ichschwachen, subalternen Menschen herangewachsen sein mußte, die durch willfährige Unterwerfung unter die Mächtigen die selbst erlittenen Unbilden an Schwächere weitergaben.

Zunächst soll der Frage nachgegangen werden, wodurch autoritäres Verhalten in der zwischenmenschlichen Interaktion sichtbar wird: autoritäre Menschen lassen keinen Widerspruch gelten, verlangen unbedingten Gehorsam, unterdrücken Schwächere, behaupten, immer recht zu haben, usw. Von außen betrachtet scheinen solche Verhaltensweisen den autoritären Menschen groß und mächtig zu machen. Sie jagen all den Menschen, die sich unterlegen fühlen, Angst und Schrecken ein. Erst wenn Vermutungen über das Lebensgefühl eines solchen Menschen angestellt werden, kommen Zweifel darüber auf, ob das Selbstwertgefühl mit dem äußeren Erscheinungsbild und Auftreten korrespondiert. Und richtig, das oben beschriebene Verhalten hat eine Kehrseite. Die Wucht des Auftretens soll ein selbstunsicheres, von tiefen Selbstzweifeln geplagtes Ich schützen, Selbstzweifeln, die so grundsätzlicher Natur sind, daß schon der Hauch einer Kritik von außen nicht zugelassen werden kann und deshalb mit pharisäischer Selbstgerechtigkeit beantwortet wird. Während autoritäre Menschen Schwächere unterdrücken, kuschen sie vor all denjenigen, die stärker oder mächtiger sind oder scheinen. Dieses als konformistisch bezeichnete Verhalten findet seinen Ausdruck darin, daß der Mensch sich akribisch genau an Regeln und Gesetze hält, sich unterwürfig verhält, sich unterlegen fühlt, sich stark absichert, usw. Um aus dieser Unterlegenheitsposition heraus wieder Macht zu gewinnen, lehnt sich der autoritäre Mensch an die Macht an, gewinnt Sicherheit, indem er sich aufs genaueste an Regeln und Gesetze hält und macht diese auch für alle anderen Menschen verbindlich. Beispielsweise von Amts wegen ausgestattet mit bestimmten Machtbefugnissen – vielleicht auch noch weithin sichtbar durch eine Uniform dokumentiert – verfolgt und ahndet er jedweden Verstoß. Je rigider das politische Klima, umso zahlreicher werden Menschen mit den hier beschriebenen Persönlichkeitsmerkmalen an Einfluß gewinnen, bis hin zum totalitären Staat.

Wie stark sich auch im kleinen das oben beschriebene Verhalten im Alltagsleben widerspiegelt, soll an einem von dem Gehalt der Machtausübung her eher belanglosen Beispiel erläutert werden. Ein Schaffner kontrolliert auf einer Zugfahrt von Berlin nach Rostock die Fahrkarten. Bei der Fahrkarte einer älteren Dame stutzt er. Diese ist entgegen der Reiseabsicht des Fahrgastes ausgestellt, nämlich von Rostock nach Berlin und zurück. Der Schaffner erklärt der Reisenden in zwar freundlicher Weise, aber doch mit unverkennbar drohendem Unterton, daß sie keinen gültigen Fahrausweis besitze. Eigentlich müsse er DM 60,00 erhöhtes Beförderungsentgelt erheben. Die ältere Dame ist ziemlich verstört. In diesem Augenblick macht der Schaffner unter Verweis auf seine Kompetenzen ein scheinbar großzügiges Angebot: er sei bereit, der Reisenden eine neue, gültige Fahrkarte zu verkaufen. Diese koste dann auch nicht mehr, als wenn sie sie am Schalter gelöst hätte. Sie müsse dann in Rostock die falsche Fahrkarte reklamieren und sich das Geld wiedergeben lassen. Neben der älteren Dame sitzt eine Reisende mittleren Alters, die in freundlichem, aber bestimmten Ton fragt, ob es denn nicht möglich sei, daß der Schaffner der Dame eine korrekt ausgestellte Fahrkarte gebe und die falsch ausgestellte einbehalte. Damit würde der älteren Dame doch allerhand Aufwand und Lauferei erspart. Der Schaffner zeigt eine ganz unerwartete Reaktion. Er rennt ohne ein weiteres Wort weg. Daraufhin laufen zwei weitere Reisende hinter ihm her, die nun Angst bekommen haben, ebenfalls einen ungültigen Fahrausweis zu besitzen, wenn dieser nicht abgestempelt sei. Sie kehren nach kurzer Zeit befriedigt über ihre abgestempelten Fahrkarten zurück und setzen sich wieder. Nach etwa einer halben Stunde kommt auch der Schaffner zurück. Er erklärt mit Blick auf die Reisende, die er offenbar für eine Amtsperson hält: „Ich habe mich noch einmal rückversichert, meine Vorgehensweise ist korrekt!" Die ältere Dame kauft also eine neue Fahrkarte.

In Schaubild 27 sind unter dem Begriff des Autoritarismus eine Reihe von Verhaltensweisen (keineswegs erschöpfend) aufgeführt, die die aktive Haltung autoritär strukturierter Menschen dokumentieren. Unter dem Begriff des Konformismus finden sich die dazugehörigen, eher passiven Verhaltensweisen. Es ist auch schon angedeutet, auf welchem Hintergrund das beschriebene autoritäre und konformistische Verhalten sich entwickeln kann.

Das Drama eines autoritären Menschen ist, daß er selbst durch eine Erziehung von Zwang, Gehorsam und Gewalt gegangen ist. Dabei vollzog er einen seelischen Kraftakt, der für ihn selbst unbewußt geblieben ist, der aber sein ganzes Leben prägen kann. Eine solche Entwicklung wollen wir nun plastisch werden lassen.

Im vorangegangenen Kapitel ist sicher ausreichend deutlich geworden, wie sehr das neugeborene und heranwachsende Kind sich auf dem Wege der Identifikation und Imitation in dieser Welt zu orientieren versucht und daß es schon als kleines Kind die Seelenlage eines anderen Menschen in sich aufnehmen und auch in andere Rollen schlüpfen kann. Dabei lernt es die Menschen seines sozialen Umfeldes lieben oder fürchten, oder manchmal auch beides. In Versuch und Irrtum baut das Kind Erfolgreiches aus, Erfolgloses läßt es fallen.

Nun zu dem Beispiel. Es wächst ein kleiner Junge, den wir Hans nennen wollen, in einer Familie mit einem strengen, oft auch unkontrolliert aggressiven Vater heran, vor dem sich selbst die Mutter und die zwei Jahre ältere Schwester fürchten, weil sie ihn häufig als unberechenbar erleben. Bei den Wutausbrüchen des Vaters duckt sich die ganze Familie, und sie ist bestrebt, seinen Wünschen so schnell wie möglich nachzukommen. Diese vermeintliche Macht des Vaters beeindruckt den Sohn tief. So groß, stark und mächtig möchte er eines Tages auch sein. Doch schon mehrere Male hat er Schiffbruch mit dem Versuch erlitten, sich in gleicher Weise durchzusetzen. Wenn er nämlich so herumtobte wie der Vater, zuckten die übrigen Familienmitglieder keineswegs zusammen. Vielmehr schalten sie ihn frech und aufsässig und schlugen ihn. Aus der Sicht der Eltern ist ihr Sohn schwierig und längst nicht so angepaßt wie die Tochter. Also wird er bei jeder Äußerung von Unmut bestraft.

Hans, wie die meisten Kinder in einer solchen Situation, ist seelisch nicht stark genug, um einen erbitterten Machtkampf über Jahre hinweg auszutragen. Er gibt seinen Kampf auf. Die strenge Erziehung scheint zu fruchten. Würde er lediglich zähneknirschend klein beigeben und innerlich voller Widerspruch bleiben, würde er unmäßig leiden. So beginnt er, sich noch stärker mit dem

Merkmale autoritären Verhaltens

Autoritarismus	**Zu diesem Verhalten führt die**	**Konformismus**
verhalten sich menschenfeindlich	lieblose Familienatmosphäre	fühlen sich bedroht
unterdrücken Schwächere zeigen sich unduldsam fordern widerspruchslosen Gehorsam	autoritäre Familienatmosphäre	lehnen sich an die Macht an verhalten sich unterwürfig parieren aufs Wort
pochen auf das Einhalten von Regeln hegen Vorurteile gegen alles Fremde denken in Schwarzweißkategorien	repressive Familienatmosphäre	unterwerfen sich Regeln glorifizieren die Ingroup es fehlt an Selbsterkenntnis
wollen unangreifbar erscheinen	streitende Familienatmosphäre	fühlen sich unterlegen

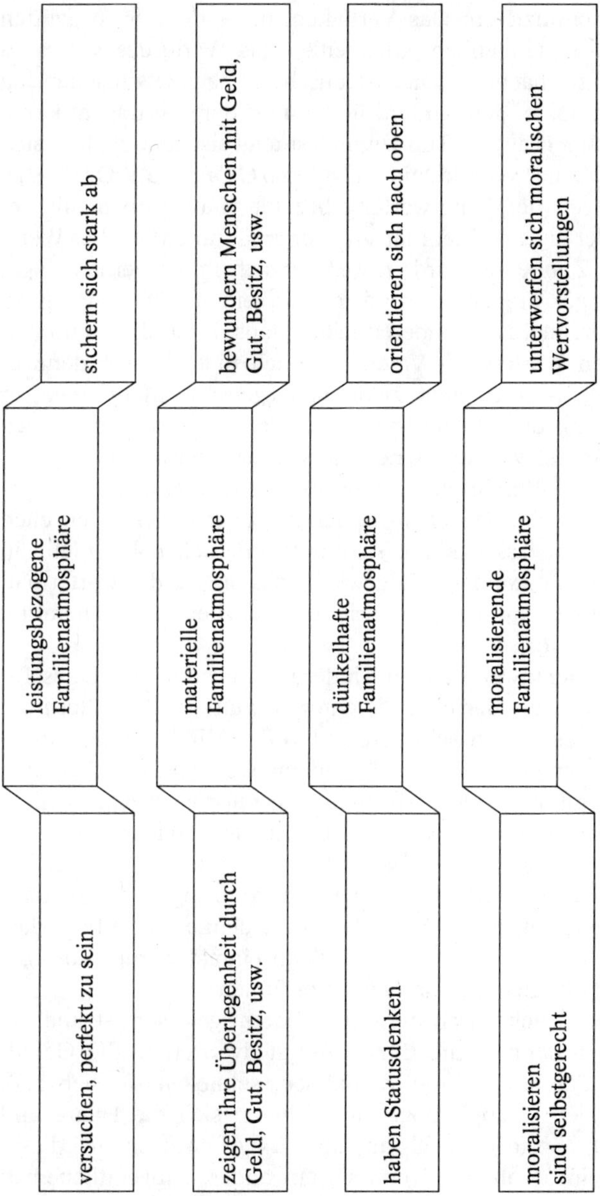

Schaubild 27: Merkmale autoritären Verhaltens

Vater zu identifizieren. Das Verhalten, unter dem er so gelitten hat, beginnt er allmählich gutzuheißen, die Werte des Vaters zu den seinen zu machen. „Dies ist unschwer nachzuvollziehen, da der Unterdrückte den Unterdrücker nur dann ertragen kann, wenn er sich mit dessen Tun zumindest teilweise identifiziert, sich diesen also zum Vorbild nimmt“ (*Titze/Gröner*, a.a.O., S. 91). Diesen Prozeß der Unterwerfung bezahlt Hans jedoch mit der Preisgabe der eigenen Identität. Aber er erhält in zweifacher Weise Entlastung. Zum einen wird er, wenn er sich „brav“ verhält, sogar gelobt. Als gut dressiertes Kind gibt er seinen Eltern Anlaß zu Stolz und Freude. Zum anderen leidet Hans durch die Identifikation mit den Werten des Vaters innerlich nicht länger, denn er befindet sich jetzt ja nicht mehr im Gegensatz. Mehr noch, er tröstet sich mit der Vorstellung: „Wenn ich mal groß bin, bin ich genauso mächtig wie mein Vater und alle kuschen vor mir.“

Welch herbe Enttäuschung muß es für den erwachsener werdenden Hans sein, daß er im Extremfall zwar andere Menschen vor sich zittern lassen kann, sich aber innerlich dabei nicht im entferntesten so grandios fühlt, wie er das als Kind erwartet hat. Auf diese Weise kann sich autoritäres Verhalten von Generation zu Generation fortsetzen.

Wenn die heranwachsenden Kinder und Jugendlichen eines Tages entdecken, daß der oder die autoritär auftretenden Eltern(teile) in ihrem Innersten schwach und voller Minderwertigkeitsgefühle sind, kommt es oft zu nicht endenwollenden Machtkämpfen mit Streit und Zank. Die Machtkämpfe müssen durchaus nicht immer aktiv ausgetragen werden. Auch passiver Widerstand kann die Eltern in Rage versetzen, wie z. B. daß „vergessen“ wurde, den Rasen zu mähen, den Mülleimer herunter zu bringen, die Schularbeiten zu machen, usw. Mit echter Sorge denken die Eltern darüber nach, was aus ihren Kindern denn einmal werden soll. Sie sind es jetzt, die sich hilf- und machtlos fühlen.

Wenn der Druck durch die Eltern extrem gewesen ist und die Jugendlichen glauben, die Eltern und stellvertretend die Gesellschaft das Fürchten lehren zu müssen, schließen sie sich z. B. rechtsradikalen Gruppierungen an, scheren sich die Haare und ziehen sich Springerstiefel an und umgeben sich in dieser „Uniform“, insbesondere, wenn sie mit anderen Jugendlichen in

Gruppen auftreten, mit einer Aura, die Gewalt ausstrahlt und Angst einflößt. Es wirkt dann, als wären die Erziehungsvorstellungen der Eltern bis ins Groteske überinterpretiert worden.

Der oben beschriebene „unfreiwillige" Weg zu autoritärem Verhalten bildet die Grundlage zum Verständnis unterschiedlicher Spielarten oder auch Schwerpunkte im Erziehungsgeschehen. Wenn ein oder beide Elternteile sich autoritär verhalten, ist die Interaktion mit ihren Kindern so gut wie immer durch mehrere der nachfolgend geschilderten Umgangsformen geprägt. Wir heben also jeweils die spezifischen Merkmale hervor und zeichnen diese besonders kräftig, damit sie sehr deutlich werden.

Dem Erziehungsstil der Strenge und Härte können folgende Familienatmosphären zugeordnet werden:

1. Die Familienatmosphäre der Lieblosigkeit
2. Die Familienatmosphäre der Unterwerfung
   a) die autoritäre Atmosphäre
   b) die repressive Atmosphäre
   c) die Streitatmosphäre
3. Die Familienatmosphäre der Überlegenheit
   a) die leistungsbezogene Atmosphäre
   b) die dünkelhafte Atmosphäre
   c) die materialistische Atmosphäre
   d) die moralische Atmosphäre

Zu 1.: Die Familienatmosphäre der Lieblosigkeit

Kein Mensch wird Kinder in die Welt setzen in der Absicht, sie abzulehnen oder gar zu hassen. Wenn wir aber bedenken, daß jenes schöne Gefühl, das wir Liebe nennen, das ein positives Selbst-, Fremd- und Weltbild zur Entfaltung bringt, in der Interaktion mit den bedeutsamen Menschen des sozialen Umfeldes heranwächst, dann können wir davon ausgehen, daß lieblose Eltern selbst wenig Wärme und Geborgenheit kennengelernt haben. Sie können kein Verständnis für die kindlichen Bedürfnisse aufbringen, es fehlt ihnen an Empathie. Die Kinder sollen funktionieren und möglichst wenig Arbeit und Mühe bereiten.

Wenn dann zu dieser Ausgangslage noch belastende Faktoren hinzukommen, beispielsweise,

- daß die Eltern sich bei der Verwirklichung eigener Lebensziele wie z.B. beruflichen Karrierewünschen durch die Kinder behindert fühlen und/oder sich materielle Wünsche nicht erfüllen können,
- daß Eltern erwarten, daß die Kinder stellvertretend Leistungen erbringen, die sie selbst nicht geschafft haben und von ihren Kindern enttäuscht sind, wenn diese es nicht vermögen,
- daß ein Paar aus materiellen Gründen und/oder „wegen der Kinder" in einer zerrütteten Ehe verbleibt,
- daß ein Elternteil im Kind Wesenszüge des inzwischen ungeliebten Partners wiedererkennt und diese bekämpft,
- oder daß auf dem Wege der Projektion im Kind eigene, nicht akzeptierte Persönlichkeitsanteile abgelehnt werden usw.,

werden Kinder leicht zum Sündenbock. Unbewußt oder sogar offenkundig werden die Kinder für alles Negative verantwortlich gemacht.

In einem anderen Rahmen kommt der Aspekt der Lieblosigkeit zum Tragen, dann nämlich, wenn Kinder außerhalb ihrer Herkunftsfamilie in Heimen aufwachsen müssen. Die überforderten Erzieher können vielleicht die körperlichen Bedürfnisse noch angemessen befriedigen, die Sehnsucht nach Nähe und Zuwendung aber nur selten stillen. Der häufige Wechsel der Bezugspersonen verschärft die Situation noch. Wir verweisen in diesem Zusammenhang auf die Arbeiten von *René Spitz,* der die Hospitalismusschäden an Heimkindern untersucht und eindrucksvoll beschrieben hat (*René A. Spitz*, Vom Säugling zum Kleinkind, Klett-Cotta Verlag Stuttgart, 1980).

Ein ungeliebtes Kind fühlt sich permanent zurückgesetzt und nimmt die Welt, in der zu leben es gezwungen ist – wie *Adler* es ausgedrückt hat – so wahr, als befände es sich im Feindesland.
Es bleibt ihm wenig Spielraum, die Situation durch eigenes Zutun zu verbessern. Wenn es versucht, sich durch Weglaufen der unguten Behandlung wenigstens körperlich zu entziehen, verschlechtert es seine Lage dadurch eher noch. Abgelehnte und gehaßte Kinder können nicht lieben. Mit großer Wahrscheinlichkeit werden sie immer nervöser, beginnen selber zu hassen, werden mißtrauisch und verschlagen und alsbald tatsächlich zu Sorgenkindern. Damit geraten sie in einen Teufelskreis, denn ihr Verhalten

gibt jetzt wirklich Anlaß zu Kritik. Im Extremfall werden sie straffällig oder setzen sogar dem ungeliebten Leben ein Ende.

Zu 2.: Die Familienatmosphäre der Unterwerfung

Bei der Atmosphäre der Unterwerfung ist der Machtkampf bzw. die Machtausübung das hervorstechende Merkmal. Zwischen der autoritären, der repressiven und der Streitatmosphäre gibt es allerdings markante Unterschiede, so daß wir sie getrennt behandeln wollen.

a) Die autoritäre Atmosphäre

Wie sich autoritäres Verhalten tradiert, wurde oben bereits beschrieben. Das hervorstechende Merkmal der autoritären Familienatmosphäre ist, daß der/die Erzieher keinen Widerspruch dulden oder sogar gewalttätig und grausam sind. Es geht um die Ausübung von Macht bis hin zur Herrschsucht. Der Erziehungsstil ist geprägt durch Zwang und die häufige Verwendung von Tadel, Kritik und Aggression oder körperlicher Züchtigung, wenn die Kinder nicht absoluten Gehorsam leisten. Das *unbewußte* Ziel des Erziehers ist seine Selbsterhöhung unter Herabsetzung des Kindes oder anderer Menschen, die als schwächer empfunden werden. Er entlastet sich, indem er die selbst erlittenen Grausamkeiten an Schwächere weitergibt, die sich ihrerseits nicht wehren können.

Autoritarismus untergräbt alle Selbständigkeit. Er erzieht zu Unsicherheit, Konflikt- und Verantwortungsscheu bis hin zu passiver Unterwerfung, macht die Menschen schüchtern und gehemmt. Angst und Streß finden ihren Ausdruck in verkrampftem Auftreten, manchmal auch in Tics.

Kinder, die sich dem elterlichen Willen beugen, können sich damit sogar gewisse Freiräume schaffen. Solange sie brav und damit gut und richtig sind, erhalten sie sogar Anerkennung. Da sie in ihren expansiven Bestrebungen jedoch aufs äußerste eingeschränkt werden und alle Unmutsäußerungen unterbleiben müssen, leben sie mit ihren unterdrückten Aggressionen oft wie auf einem Pulverfaß. Wie oft haben Bekannte und Nachbarn eines Menschen, dessen angestauter Haß sich in einer Straftat entlud, gesagt: „Aber er (sie) ist doch so ein netter, lieber, hilfsbereiter Mensch!"

Es gibt noch einen anderen Weg der Entlastung. Eine Mutter und/oder ein Vater, die sich sonst eher autoritär verhalten, werden meist weich und milde, wenn es dem Kind schlecht geht, es krank ist oder Angst hat. Wir haben gesagt, daß autoritäre Menschen im Grunde ihres Herzens hilflos sind. Sie werden häufig rührselig, wenn die für gewöhnlich unterdrückten Gefühle sichtbar werden. Die Eltern, die Schuldgefühle in sich aufsteigen fühlen, sofern sie das Schlechtergehen des Kindes in einen Zusammenhang mit ihrer harten Behandlung bringen, sitzen besorgt an dessen Bett, lesen ihm etwas vor oder kochen ihm sein Leibgericht. Niemals sonst geht es dem Kind so gut, wie wenn es krank ist.

Aktive Kinder, denen ein gewisses Quantum an Mut erhalten geblieben ist, werden im günstigsten Fall zu Strebern. Viel wahrscheinlicher ist es leider, daß sie Gefühle von Haß, Rache und Mißtrauen entwickeln. Sobald sie das Verhalten ihrer Unterdrükker als Schwäche identifiziert haben, werden sie mit diesen durch Trotz und Aggressionen in einen Machtkampf eintreten.

b) Die repressive Atmosphäre

In einer durch repressive Haltungen bestimmten Familienatmosphäre sind die Eltern überwiegend nicht in der Lage, ihrem Kind Freiräume zu gestatten, um die Welt zu erkunden und selber Lösungen zu finden, also allmählich Zugang zu den Folgen des eigenen Handelns zu bekommen. Stattdessen werden Regeln, Ge- und Verbote willkürlich aufgestellt, oft ohne daß sie das Kind in einen Sinnzusammenhang bringen kann. „Man tut das nicht!" ist ein ganz einfaches Beispiel.

Die Grundlage der Regelhaftigkeit der Eltern bilden frühe eigene Erfahrungen, daß Menschen in ihrer Individualität als unberechenbar erlebt wurden und das eigene Verhalten so oft der Kritik ausgesetzt war, daß nur ganz klare Regeln Halt und Orientierung geben können. Dazu reduzieren in dieser Weise verunsicherte Menschen in einem unbewußten seelischen Akt die komplizierte Welt mit ihrem Variantenreichtum und die noch komplizierteren

Menschen in ihr auf ganz einfache Schwarzweißkategorien. Wenn alle Zwischentöne entfallen, ist es ganz leicht, zwischen gut und böse, richtig und falsch, normal und unnormal usw. zu unterscheiden. Diese Regeln werden dann auch für alle anderen, insbesondere die eigenen Kinder, verbindlich gemacht. Rigide Eltern sind der festen Überzeugung, am besten zu wissen, was für ihre Kinder gut ist.

Der repressive Erziehungsstil ist also geprägt durch Lenkung und Kontrolle. So werden „mit den besten Absichten" schon Säuglinge und Kleinkinder an Ordnung und Sauberkeit gewöhnt (z. B. durch festgelegte Essenszeiten, bei denen der Säugling nicht dann etwas bekommt, wenn er Hunger hat, sondern wenn er „dran" ist, sowie durch rigide Sauberkeitserziehung usw.). Wenn es z. B. der Mutter an Einfühlungsvermögen dafür mangelt, daß das Stillen von Hunger und andere Körperfunktionen nach den Gesetzen des Kindes ablaufen sollten, wieviel weniger wird sie dessen seelische Bedürfnisse erspüren können.

Doch macht die Einflußnahme nicht bei den Körperfunktionen halt. So werden die Kinder nicht nur gezwungen, „die Regeln und Gebote zu befolgen, welche sich auf das formale Zusammenleben beziehen, vielmehr nehmen die repressiven Bezugspersonen darüber hinaus auch bestimmenden Einfluß auf alle Bereiche ihres ‚privaten Interesses', also auch auf Meinungen, Ansichten, Anschauungen und Wünsche, sowie Freizeitbeschäftigungen, Hobbies, Freundschaften usw. Repressive Bezugspersonen versuchen demnach in der umfassendsten Weise Einfluß zu nehmen auf das Handeln, Denken und Fühlen der ihnen anvertrauten Kinder. Die repressive Atmosphäre kennt daher keinerlei Freizügigkeit und Nachgiebigkeit" (*Michael Titze*, Lebensziel und Lebensstil, Pfeiffer Verlag München, 1979, S. 103).

Lassen die innerlich wie äußerlich gänzlich vereinnahmten Kinder sich den Druck gefallen, müssen sie, wie bei der autoritären Atmosphäre, auf dem Wege der Identifikation Regeln und Gebote zu ihrer eigenen Lebensmaxime erheben und sich zu zwanghaften Menschen entwickeln.

Oder aber sie ziehen sich innerlich immer mehr zurück, verschließen sich vor den Eltern und der Umwelt und flüchten sich kompensatorisch in Tagträume und Fantasien, in denen sie nicht nur Überlegenheit erträumen, sondern auch den sonst unterdrückten hilflosen Haß ausleben können.

c) Die Streitatmosphäre

Bei der Streitatmosphäre geht es um den Versuch der Unterwerfung, um einen Machtkampf, den in diesem Falle die *Eltern* untereinander austragen. Ihre Meinungsbildung ist aufgrund eigener Erfahrungen geprägt durch die Überzeugung, daß es nichts Schrecklicheres in der Welt gibt, als unterlegen zu sein. Der Machtkampf und das Streben nach Überlegenheit scheinen für die Daseinsbewältigung unerläßlich. Aus dem eigenen Minderwertigkeitsgefühl heraus empfinden Mutter und Vater beide ihr Gegenüber permanent als überlegen, und sie strampeln, um wieder die Oberhand zu gewinnen. Dadurch entsteht ein sehr unharmonisches Familienklima, bei dem die Eltern von den Kindern als dominant und übermächtig erlebt werden.

Zank und Streit unter den Eltern, begleitet von Nörgeln und gegenseitigen Sticheleien wären allein schon eine arge Belastung für die Kinder. Erschwert wird die Situation für diese aber durch den Versuch der Eltern, in den Kindern jeweils Verbündete gegen den anderen Elternteil zu finden. Dadurch geraten die Kinder in einen unlösbaren Konflikt. „Denn sich mit der Mutter zu verbünden ist zwar in deren Augen *richtig*, bedeutet aber, sich den Vater zum Feinde zu machen, weil man dann seiner Meinung nach *falsch* handelt; sich aber andererseits mit dem Vater gegen die Mutter zu verbünden, wäre zwar aus der Sicht des Vaters *richtig*, würde von der Mutter aber als *falsch* beurteilt werden usw." (*Titze*, a.a.O., S. 109).

Die Kinder können anstellen, was sie wollen, sie sind immer verkehrt. Ohne eigenes Zutun sind sie Mitspieler in einem Machtkampf, der ihnen jede Orientierung raubt. Dabei ist bisher noch unberücksichtigt geblieben, daß die Sympathien oder ablehnenden Gefühle für Mutter oder Vater ja durchaus nicht gleich verteilt sein müssen. So kann es vorkommen, daß sich das Kind z.B. unter dem Druck der Gegebenheiten mit der Mutter verbündet, während es sich eigentlich zum Vater hingezogen fühlt, der es aber gerade wegen dieser Entscheidung ablehnt.

In den meisten Fällen bleibt dem Kind nichts anderes übrig, als sich innerlich in die Isolation zu begeben, sich von Mutter *und* Vater zurückzuziehen und ein eigenes, möglichst von allen Menschen unabhängiges Leben zu führen.

Zu 3. Die Familienatmosphäre der Überlegenheit

Überlegenheit spielt, wie wir bereits bei den zuvor beschriebenen Familienatmosphären gesehen haben, bei dem Erziehungsstil der Strenge und Härte immer eine Rolle. Bei der Atmosphäre der Überlegenheit jedoch steht das Gebot, besser als alle anderen sein zu müssen, im Vordergrund. Zwischen der leistungsbezogenen, dünkelhaften, materialistischen und moralisierenden Atmosphäre gibt es unterschiedliche Schwerpunkte, so daß wir sie wiederum getrennt betrachten wollen.

a) Die leistungsbezogene Atmosphäre

Können, Fleiß, Zuverlässigkeit und Freude an der Arbeit sind wahrhaftig keine Eigenschaften, die es zu kritisieren gilt. Ganz im Gegenteil. Wer seine Begabungen und Möglichkeiten durch seinen Beruf zur Entfaltung bringen kann und gerne arbeitet, hat allen Grund, sich glücklich zu schätzen. Auch scheint es im Wesen des Menschen zu liegen, daß er nach Erfolg und Vervollkommnung strebt.

Gerät der Arbeitsplatz jedoch zur Arena eines beständigen Ringens um Vorrangstellungen und Überlegenheit, um damit Minderwertigkeitsgefühle zu kompensieren und um z.B. auf andere Menschen von vermeintlich geringerem Format herabsehen zu können, ist das leistungsbezogene Familienklima schädlich. Hier spielt das gesellschaftliche Wertesystem eine große Rolle. Hochindustrialisierte und hochtechnisierte Nationen verdanken ihren „Fortschritt“ ausgeprägtem Leistungs- und Konkurrenzstreben und erzeugen dieses zugleich. Erfolgreich im Beruf zu sein ist häufig mit hohem Einkommen verknüpft, das wiederum den Erwerb von Statussymbolen – Auto, Haus, Swimmingpool, Schmuck, Pelze und eine aufwendige Lebensführung – ermöglicht. Insbesondere die Angehörigen der Mittel- und Oberschicht, für die ein gesellschaftlicher Aufstieg im Bereich ihrer Möglichkeiten liegt, setzen sich unter Leistungsdruck und geben diesen an ihre Kinder weiter.

Kinder, die nur für ihre Leistungen und nicht um ihrer selbst willen gelobt, aber nicht geliebt werden, können kein Selbstvertrauen entwickeln. Paradoxerweise müssen sie jedoch, um dem Überlegenheitsstreben der Eltern Genüge zu tun, möglichst überdurchschnittlich sein. Sie können das nur, indem sie die Werte der Eltern zu den eigenen machen, das Leistungsideal der Eltern akzeptieren und aus sich heraus ehrgeizig und strebsam sind. Dabei entwickeln sich meist altkluge und frühreife Kinder, die, wenn sie zudem noch besonders talentiert und/oder hübsch sind, leicht zum Vehikel des Überlegenheitsstrebens der Eltern werden.

Mutlose Kinder leben in der ständigen Angst, die Erwartungen nicht erfüllen zu können und zu versagen. Die Angst ist berechtigt, denn bei Versagen wäre die Kritik der Eltern vernichtend. Bei diesen Kindern treten „gehäuft psychosomatische Probleme auf. Kopfschmerz, Magenbeschwerden, Hauterkrankungen und dergleichen mehr gehören nun einerseits zu den Begleiterscheinungen eines überehrgeizigen Wettbewerbs, andererseits können derartige Symptome aber auch eine wichtige Entlastung herbeiführen. Denn kranke Kinder können in der Regel mit Nachsicht rechnen. Ihre ehrgeizigen Eltern gewähren ihnen gleichsam Krankenschonung, so daß sich eine etwaige Leistungsschwäche ganz zwanglos entschuldigen läßt" (*Titze/Gröner*, a.a.O., S. 98).

Manchmal erlangen Kinder ehrgeiziger Eltern auch Entlastung durch Nicht-Können. Gegenüber passivem Trotz wie Trödeln, Langsamkeit, keine Lust haben, Aufgaben vergessen, usw. sind die Eltern viel machtloser als gegenüber offener Auflehnung, die sie mit Druck beantworten können. Der übersteigerte Leistungsdruck bewirkt oft das Gegenteil der elterlichen Intention, die Aussteiger- und „Null-Bock"- Mentalität sind ein Beleg dafür.

b) Die dünkelhafte Atmosphäre

Bei der leistungsbezogenen Atmosphäre ist schon angeklungen, daß die Früchte der Arbeit auch dazu dienen, anderen Menschen gegenüber überlegen zu sein. Überheblichkeit und Angeberei müssen aber durchaus nicht immer auf selbst erbrachter Leistung beruhen. Man kann sich auch auf Errungenschaften etwas einbilden, die den Eltern oder weit früheren Generationen zuzuschreiben sind wie Reichtum, Herkunft, Titel usw. Auch hervorragende Schönheit oder besondere Begabungen können so ein Anlaß sein.

Zentrales Merkmal dünkelhafter Menschen ist ihr Kampf um den sozialen Aufstieg, der zuweilen mit allen Mitteln betrieben wird. Solange dieses Ringen für die Umwelt noch sichtbar ist, werden die Streber eher belächelt. Denn während die psychologischen Hintergründe für menschliches Verhalten in anderen Fällen oft schwerer zu durchschauen sind, ist es geradezu eine Volksweisheit, daß Menschen, die die Nase hoch tragen, ein unterentwickeltes Selbstwertgefühl haben. Wenn es den Aufsteigern aber gelungen ist, nur noch „in den besten Kreisen" zu verkehren und das dazugehörige aufwendige Leben zu führen, werden sie bewundert und hofiert und so die Grundlage des Standesdünkels am Leben erhalten. Meist hat sich jedoch ihr soziales Bezugsfeld dabei verändert (vgl. auch das Kapitel Der Aufsteiger/Karrierist).

Wie bei der leistungsbezogenen Atmosphäre werden die Kinder zuweilen „auf dem Weg nach oben" eingesetzt. „Wenn sie noch sehr klein sind, sollen sie möglichst niedlich sein, aber auch schon so klug, daß sie jedem Regisseur, der Darsteller für Kinderrollen sucht, sofort auffallen müßten. Wenn sie dann eingeschult worden sind, sollen sie die Klassenbesten werden und nach Möglichkeit eine Klasse überspringen. Selbst im Freizeitbereich sollen die Kinder das Ansehen der Familie erhöhen: sie sollen Mitglieder von renommierten Clubs werden, Freunde und Freundinnen aus den ‚besten Familien der Stadt' haben und natürlich sportlich so stark sein, daß sie zumindest in der Lokalpresse mit ihren diversen Siegen Erwähnung finden" (*Titze*, a.a.O., S. 112).

Macht das Kind sich die dünkelhafte Haltung der Eltern zu eigen, gerät es in einen Teufelskreis. Gleichaltrige und Klassenkameraden können Angeberei nicht leiden und machen keinen Hehl daraus. Beklagt sich das Kind bei seinen Eltern, daß es links liegen gelassen oder sogar gehänselt wird, haben die Eltern keinen anderen „Trost", als ihm aufzuzeigen, daß es doch etwas Besseres sei.

Offenbar ist der kompensatorische Effekt eines dünkelhaften Verhaltens für Kinder leichter zu durchschauen und bietet für das

Kind mehr Raum für eigene Entscheidungen. Denn wenn nicht noch übertriebene Verwöhnung (s.u.) im Spiel ist, sondern die Kinder kräftig genug sind, die Vorstellungen der Eltern abzuschütteln, haben sie durchaus eine Chance, ihre Möglichkeiten und Begabungen zur Entfaltung zu bringen, ohne das Theaterstück der Eltern mitzuspielen.

c) Die materialistische Atmosphäre

Bei der materialistischen Atmosphäre bleibt das persönliche Wohlergehen der Familienmitglieder weit hinter der Bedeutung zurück, die der Besitz handfester materieller Güter zu haben scheint. Es ist gar nicht so selten, daß materialistisch ausgerichtete Eltern selbst Not gelitten und dies als extrem unangenehm empfunden haben. Deshalb wollen sie ihren Kindern eine solche Erfahrung ersparen. Sie versuchen ihre Fürsorge dadurch zum Ausdruck zu bringen, daß es den Kindern einmal besser gehen soll. Dafür opfern sie im eigenen Selbstverständnis ihre ganze Kraft und verlieren mehr und mehr aus den Augen, daß sie selbst es sind, die es besser haben wollen. Denn sie haben einen großen Nachholbedarf. Wenn sie ihre Vorstellungen realisieren wollen, bleibt ihnen wenig Zeit und Kraft, sich um die Kinder zu kümmern. Perfektionistisch, wie sie sind, wollen sie aber doch gute Eltern sein. So entstehen Schuldgefühle, die nur zu beschwichtigen sind, indem materialistische Werte idealisiert werden und den Kindern für die entgangene Zeit und Liebe viel angeboten wird. Der Kreis schließt sich in der Erwartungshaltung der Eltern an die Kinder, daß diese dankbar sein und es würdigen sollen, daß so viel für sie getan wird.

Die Kinder sind aber gar nicht imstande, die erwartete Dankbarkeit zu zeigen. Sie hätten doch Wärme, Liebe und Zuwendung gewollt, anstatt mit Geschenken abgespeist zu werden. So kommt es aus beiderseitiger tiefer Enttäuschung leicht zum Bruch mit Zukurzgekommenheitsgefühlen auf beiden Seiten.

Sind die Kinder stark auf die Eltern angewiesen und zu entmutigt, um eine Trennung zu vollziehen, bleibt ihnen nur übrig, sich auf dem Wege der Identifikation das Denken und Handeln nach dem Kosten-Nutzen-Prinzip zu eigen zu machen. Als Erwachsene werden sie dann vermutlich diese Sicht vom Leben in die eigene Familie hineintragen.

d) Die moralisierende Atmosphäre

Nicht alle Menschen befinden sich auf der Sieger-Seite des Lebens. Wenn sie sich deshalb unterlegen und zukurzgekommen fühlen, nagt dies an ihrem Selbstwertgefühl und sie ringen darum, wieder Oberwasser zu bekommen. Und auf welchem Wege kann ein Mensch zur Selbsterhöhung gelangen, wenn die Verhältnisse, z.B. Armut, Gebrechen, Unvermögen usw. ihn nicht hochkommen lassen oder er gescheitert ist? Er kann die anderen Menschen, die Umstände, das „Schicksal" verantwortlich machen und sich vom Leben schlecht behandelt fühlen.

Der Zukurzgekommene wird, handlungsunfähig wie er ist oder zu sein scheint, zum Märtyrer und selbstgerechten Menschen. Ohne daß es von dem Betreffenden wahrgenommen worden wäre, hat eine Umdeutung der Werte stattgefunden:

- Nicht Erreichtes wurde zum freiwilligen Verzicht;
- Verlust zur gewollten Opferbereitschaft;
- körperliche und andere Leiden zum mit Edelmut getragenen Los.

Während alle anderen Menschen wirklich oder nur scheinbar das Leben in vollen Zügen genießen und deshalb verurteilt werden müssen, ist der Märtyrer in seinem Selbstverständnis allein aufopfernd und verzichtsbereit und damit moralisch höherstehend. All die unguten Gefühle, die unter dem Deckmantel der Moral verborgen werden sollen, werden offenbar, wenn es etwas zu verteilen gibt. Das kann der Anspruch auf das größte Stück Kuchen ebenso sein, wie erbitterte Erbstreitigkeiten, usw. Nein, Menschenfreundschaft verbirgt sich hinter der moralisierenden Familienatmosphäre nicht.

Diese Haltung wurde und wird durch religiöse Weltanschauungen stark begünstigt. Insbesondere die christliche Lehre hat die Mentalität der Bescheidenheit, Demut und des Verzichts stark geprägt, wobei die Großkirchen in den Zwiespalt gerieten, daß ihr Verhältnis zu Macht und Reichtum nicht von der gleichen Haltung beseelt war. „Die ‚abendländische Zivilisation' ist bis auf den heutigen Tag tief im Christentum verwurzelt, welches seinerseits eine ausgeprägte ‚Ideologie des Leidens' hervorgebracht hat" (*Titze*, a.a.O., S. 102).

Kinder, die in einer moralisierenden Atmosphäre aufwachsen, müssen sich erst einmal klein, erniedrigt, wie ein Wurm vorkommen. Für sie ist die Welt trostlos und leer. Wenn sie nicht aufbegehren, sondern ihr Los geduldig tragen, wird auch ihnen eines Tages die Gnade moralischer Überlegenheit zuteil.

Die Laissez-faire-Bewegung, eine Gratwanderung zwischen demokratischem und verwöhnendem Erziehungsstil

Die oben beschriebenen Erziehungspraktiken bereiten Unbehagen und lassen den Wunsch aufkommen, sie abzuschütteln, ihnen etwas entgegenzusetzen. Von diesem Gefühl wurden in den sechziger und siebziger Jahren breite Teile der Bevölkerung erfaßt.

Die gegenläufigen Bestrebungen zum Erziehungsstil der Strenge und Härte entwickelten sich zunächst im Verlaufe der Studentenbewegung als Laissez-faire-Stil. Zwischen etwa 1960 und 1970 erlangte die Bewegung in verschiedenen europäischen Ländern Bedeutung als ein Protest der Studentinnen und Studenten gegen die miserablen Studienbedingungen, bald aber gegen politische und soziale Verhältnisse schlechthin. Es war aber auch das Auflehnen der Nachkriegsgeneration gegen die Autorität an sich und insbesondere gegen die tradierten Privilegien der Professoren.

In der Bundesrepublik waren die Proteste stark mitgetragen durch die zunächst am Otto-Suhr-Institut (Politikwissenschaften) Berlin begonnene historische Aufarbeitung der damals jüngsten Vergangenheit. Das Entsetzen über die Folgen autoritärer Erziehung ließ den Ruf nach einem repressionsfreien Familienklima laut werden, das auch außerhalb der Studentenkreise als wünschenswerte Erziehungsform Anklang fand.

Der wohl berühmteste Vertreter der antiautoritären Erziehung ist *A. S. Neill*, der bereits 1924 in Summerhill in Suffolk/England eine Internatsschule gründete, in der Problemkinder – später auch aus gutsituierten Elternhäusern – in einer repressionsfreien Atmosphäre aufwachsen konnten. Ziel war die freie emotionale Entfaltung des Kindes, die es ermöglichen sollte, den Erforschungsdrang, die Fähigkeiten und Möglichkeiten des Kindes nicht zu hemmen sondern zu fördern und es dadurch in die Lage zu versetzen, freiwillig und mit Freude seinen Beitrag zu leisten. Es wurde also ein demokratischer Erziehungsstil angestrebt, der in weiten Teilen auch gelang.

Dieses Konzept wurde deshalb oft mißverstanden, weil die unter Druck aufgewachsenen Kinder in der freizügigen Atmosphäre Summerhills zunächst ihren Aggressionen freien Lauf ließen, Scheiben einwarfen, Schulkameraden verprügelten oder Dinge zerstörten. Auf solche Ausbrüche erfolgte nicht Strafe, wohl aber wurde das Kind mit den Konsequenzen seines Handelns konfrontiert, beispielsweise besprochen, in welcher Form es sich an den Kosten der Reparatur für die zerbrochene Scheibe beteiligen oder einem von ihm verletzten Kind etwas Liebevolles entgegenbringen könnte.

Es war von vornherein klar, daß es zur Führung einer solchen Schule einer starken und selbstbewußten Persönlichkeit wie *Neill* bedurfte, der die Kinder liebte. Nach seinem Tode 1973 verlor Summerhill zwar an Bedeutung, wird aber noch heute von seiner Tochter weitergeführt. Aus dieser Internatsschule sind einige hundert glückliche Kinder hervorgegangen, die zu zufriedenen Erwachsenen wurden und durch die Anregungen und Entfaltungsmöglichkeiten im musischen Bereich in ungewöhnlich großer Zahl künstlerische Berufe ergriffen. Auch als Lehrer und Erzieher gaben etliche der Summerhill-Schüler die eigenen positiven Erfahrungen weiter.

Auch im innerfamiliären Bereich hat die antiautoritäre Erziehung durchaus dazu beigetragen, angstfreie, selbstbewußte und oft auch begabte Kinder heranwachsen zu lassen. Die Familienangehörigen und Freunde solcher Familien, die ein wachsames, zuweilen auch argwöhnisches Auge auf dieses Experiment hatten, stellten dann oft mit Befriedigung fest, daß aus der Laissez-faire-Erziehung zwar sehr aufgeweckte Kinder hervorgegangen waren, daß diese aber kein Benehmen hatten. So hatte in deren Entwicklung wohl jenes Element gefehlt, den Kindern Zugang zu den Konsequenzen ihres Handelns zu ermöglichen. Diese Eltern hatten sich das hohe Ziel gesetzt, die Kinder nicht zu schlagen oder psychisch unter Druck zu setzen, sondern ihnen positive Identifikationsobjekte zu sein und mit ihnen Dinge auszudiskutieren, statt zu verfügen.

Während in der autoritären Erziehung das Kind gezwungen wird und sich rückhaltlos dem Willen der Eltern und Erzieher zu beugen hat, ist bei größtmöglicher Freizügigkeit für die Kinder die Gefahr groß, daß die Eltern zum Diener ihres Nachwuchses werden oder die Kinder den Eltern auf der Nase herumtanzen. Die fehlende Orientierung durch inkonsequentes Verhalten der Eltern läßt bei einer mißlungenen antiautoritären Erziehung die Kinder zu nervigen, unkooperativen Menschen werden, die alles haben wollen und Wutausbrüche bekommen, wenn die Eltern es ihnen ausnahmsweise verweigern. An die Stelle einer freien Persönlichkeitsentfaltung ist in solchen Fällen Gewährenlassen mit deutlichen Zügen der Verwöhnung getreten.

Der Erziehungsstil der Verwöhnung

Die Verwöhnung scheint nach den Entbehrungen, die die Eltern und Großeltern infolge zweier Weltkriege erlitten hatten, in den letzten Jahren mehr und mehr an Bedeutung zu gewinnen. Dennoch hat dieser Erziehungsstil auch früher eine besondere Rolle gespielt. *Adler* konstatierte bereits 1933 in „Der Sinn des Lebens“, daß sie das größte Übel von allen sei. Denn Verwöhnung schwächt Menschen im Kern ihrer Persönlichkeit. Verzärtelte Kinder haben in aller Regel keine aktiv-aggressiven Methoden der Existenzsicherung entwickeln können (vgl. *Titze*, a.a.O., S. 114).

Dem Erziehungsstil der Verwöhnung können folgende Familienatmosphären zugeordnet werden:
a) Die überfürsorgliche Familienatmosphäre
b) Die mitleidsvolle Familienatmosphäre

a) Die überfürsorgliche Atmosphäre

Verzärtelte Kinder wachsen in einem Treibhausklima auf. Sie stehen unter der ständigen Obhut überbesorgter Erzieher, die in dauernder Hingabe für sie da sind und ihnen von klein auf vermitteln, daß sie eine Ausnahmestellung im Leben einnehmen. Alles Unangenehme wird von den Kindern ferngehalten, auch weil die Eltern ihrem Nachwuchs nichts zutrauen, weder, daß er etwas leisten könnte, noch Unpäßlichkeiten auszuhalten imstande wäre. Materielle Wünsche und Geltungsansprüche werden kritiklos und ohne Gegenleistung erfüllt, so daß das Kind weder verzichten, noch sich anstrengen, noch für irgendetwas Verantwortung übernehmen muß.

Wie bei der materialistischen Atmosphäre haben verwöhnende Eltern oft die Härten des Lebens deutlich kennengelernt und Entbehrungen gelitten und möchten unter allen Umständen den Kindern diese Erlebnisse ersparen. Obwohl viele verzärtelnde Eltern glauben, sie verwöhnten ihre Kinder aus überfließender Liebe, ist das Gegenteil der Fall, es geschieht aus Angst vor Liebesverlust. Die Verwöhnung „maskiert sich als ‚übergroße Liebe‘, steckt aber meist voller Ansprüche an das Kind, das den verwöhnenden Erzieher nie verlassen soll“ (*Josef Rattner*, Alfred Adler, Rowohlt Taschenbuch Verlag Reinbek, 1972, S. 99). Besonders anfällig sind ängstliche Eltern, die verhindern möchten, daß dem Kind etwas passiert oder sie es gar verlieren könnten, bzw. unerfahrene Erzieher, denen das Neugeborene allzu zart und zerbrechlich vorkommt, wie auch sehr junge und unreife Eltern, für die das Kind eher ein Spielzeug denn ein Mensch ist. Manchmal ist auch eine enttäuschte Liebe der Grund dafür, das Kind mit all den Gefühlen und Sehnsüchten zu überhäufen, die eigentlich dem erwachsenen Partner gegolten hätten.

Das bedeutet, daß die verzärtelten Kinder in der entscheidenden Phase ihres Lebenstrainings nur passiv abwarten konnten und jeder Elan so oft durch Ermahnungen, Einschränkungen und Ängste der Eltern gebremst wurde, bis er erlahmte. Diese Hemmungen werden allmählich Teil des eigenen Lebensrepertoires, so daß jede Spontanhandlung schließlich als etwas Schuldhaftes erlebt wird.

Das hat zwei Konsequenzen. Verwöhnte lernen nie die eigenen Fähigkeiten, das Ausmaß der eigenen Kräfte kennen und haben dadurch ein ausgeprägtes Unzulänglichkeitsgefühl. Zugleich überschätzen sie die Schwierigkeiten und Gefahren des Lebens, stehen in völliger Unentschlossenheit am Ufer, während andere Menschen sich den Wellen und Stürmen anvertrauen. Obwohl sie ängstlich vor dem lebendigen Leben zurückschrecken, beneiden sie die anderen, die leben, lieben und haben – und sie haben nichts. Kompensatorisch flüchten sich verzärtelte Menschen vermehrt in Tagträume, in denen sie Helden sein können, ohne den Gefahren des Lebens wirklich ausgesetzt zu sein.

Eines Tages reift in den Eltern vielleicht doch die Idee heran, das Kind auch einmal in der Obhut anderer oder für einen Abend allein zu lassen. Wenn ein einfacher oder heftiger Protest des Kindes die Eltern nicht umstimmt, wird das Kind andere Wege finden. „Beispielsweise öffnen sich dem Kind die Türen ins elterliche Schlafzimmer, das in der bedrohlichen und einsamen Nacht allein Geborgenheit und Sicherheit bietet, immer dann, wenn das Kind ‚Bauchweh', ‚Halsschmerzen' usw., vor allem aber auch dann, wenn es *Angst* hat" (*Titze* a.a.O., S. 115). Wie leicht wird nach einem solchen Training ein verzärtelter Mensch (unbewußt) in die Krankheit flüchten, wenn ihm „das Leben auf den Leib rückt und von ihm Leistungen und Lösungen fordert, die zu geben er nicht imstande ist oder zu sein glaubt" (*Josef Rattner*, Verwöhnung und Neurose, Werner Classen Verlag Zürich, 1968, S. 23). So, als wollte er damit sagen: „Wenn ich so krank bin, dürft ihr von mir nichts verlangen!"

Es gibt drei bedeutende Anlässe, die das Weltgefüge von Kindern, die in einer überfürsorglichen Atmosphäre herangewachsen sind, aus den Angeln heben können:

- Es sind keine dienstbaren Geister da oder sie weigern sich, die Verwöhnung fortzusetzen.
- Frühere Privilegien werden entzogen.
- Der Verwöhnte wird mit der rauhen Wirklichkeit konfrontiert.

Kinder aus einer überfürsorglichen Atmosphäre erleben also häufig eine Anpassungskrise, wenn sie mit der fremden, kalten und rauhen Welt außerhalb des Elternhauses konfrontiert werden. Die ersten Begegnungen mit Kindern auf der Straße, mit denen sie spielen wollen oder sollen, der Eintritt in Kindergarten oder Schule usw. sind einschneidende Erfahrungen. Denn plötzlich erleben diese Kinder, die immer im Mittelpunkt gestanden haben, daß sie eine oder einer unter vielen sind. Die anderen Kinder hänseln sie womöglich wegen ihrer Verweichlichung. Das ruft die

Eltern auf den Plan, die sich schützend vor ihre Kinder stellen, wodurch sich die Situation für die Verwöhnten noch verschlimmert.

Wer durch eine solche Schule gegangen ist, braucht zur Erfüllung eigener Bedürfnisse und zur Bewältigung seiner Lebensaufgaben immer dienstbare Geister, die das Ersehnte herbeischaffen. Also wird der Verwöhnte sein Leben lang auf der Suche nach Menschen sein, die die Rolle seiner engen Bezugspersonen aus der Kindheit übernehmen. Zuweilen entwickeln Verwöhnte eine charmante, ja betörende Art, die Menschen in ihrer Umgebung zu veranlassen, in die Fußstapfen der Eltern zu treten. Diese charmante Seite resultiert aus dem hohen Maß an Aufmerksamkeit, die dem verwöhnten Kind zuteil geworden ist. So findet sich auch fast immer jemand, der sich darauf einläßt; oft übernimmt der Partner oder die Partnerin diese Rolle.

Es gibt leider auch weniger charmante verwöhnte Zeitgenossen. Es sind die herrschsüchtigen, ichhaften, bequemen, unersättlichen Menschen mit ihrem Haben-, Genießen- und Geltenwollen, die andere nach ihrer Pfeife tanzen lassen, wenn ihre Position ihnen diese Haltung erlaubt.

Aber nur in extremen Fällen ist die Entmutigung so groß, daß es zur Ausbildung neurotischer oder psychosomatischer Symptome kommt. Sofern ein relativ positives Selbstbild entwickelt werden konnte – was bei dem Überangebot an Zuwendung sehr wohl möglich ist – kann die Tendenz Verwöhnter, besondere Vergünstigungen für sich zu fordern, durchaus mit ausgesprochener Einsatzbereitschaft – z. B. im Berufsleben – und Erfolg gekoppelt sein.

b) Die mitleidsvolle Familienatmosphäre

Stellt sich heraus, daß das Neugeborene an einer angeborenen Organminderwertigkeit oder sonstigen körperlichen oder geistigen Behinderung leidet oder beim Heranwachsen infolge eines Unfalls, einer Infektionskrankheit oder verbrecherischer Gewalteinwirkung in seiner normalen Entwicklung beeinträchtigt wird, ist die Neigung seiner engsten Bezugspersonen groß, es zu verhätscheln. Sie trauen ihm dann viel weniger zu, als es selbst mit dieser Einschränkung zu bewältigen imstande wäre. Die Eltern versuchen kompensatorisch, es ihrem Zögling so leicht wie möglich zu machen. Denn schon rein äußerlich sind Behinderte andersartig, auffällig und stigmatisiert. Ihr Anblick löst in ihrer sozialen Umwelt Bedauern, Bestürzung und auch Hilflosigkeit aus. Diese Gefühle lassen gerade die wohlmeinenden Erwachsenen mitleiden und bedauern. Sie möchten etwas gegen die Ungerechtigkeit dieses „Schicksals" tun.

Die Aufmerksamkeit, die behinderten Kindern durch die Verwöhnung zuteil wird, ist eine Negativzuwendung. Sie müssen erleben, daß sie Zuwendung nicht um ihrer selbst willen erhalten, sondern weil sie anders und – wie sie spüren – offenbar weniger wert sind als andere Menschen. Kinder, die zusätzlich zu ihrer Behinderung auch noch verwöhnt werden, mit allen oben unter der überfürsorglichen Familienatmosphäre beschriebenen Nachteilen, entwickeln ein Selbstbild von einem schwachen, andersartigen, häßlichen Menschen, während die gesunden anderen stark, strahlend und überlegen erlebt werden.

Aber gerade behinderte Kinder sind besonders dringend darauf angewiesen, daß sie bei der Entfaltung ihrer Möglichkeiten und Fähigkeiten soviel Unterstützung wie möglich erhalten. Sofern sie mit ihrer Behinderung im Kreise „normaler" Menschen aufwachsen, wollen sie nicht anders behandelt werden, als ihre gesunden Geschwister oder Spielkameraden.

Zuweilen finden sich mutige, aktive Kinder unter den Behinderten, die sich weigern, sich bemitleiden und verwöhnen zu lassen. Sie versuchen, den Nachteil aktiv auszugleichen. Sie trotzen der Ungunst ihrer Lebenssituation. Kompensatorisch versuchen sie, die Mängel auszugleichen oder sogar – überkompensatorisch, wie wir bei der Auswirkung von Organminderwertigkeiten gesehen haben – gerade im Bereich ihrer Einschränkungen besondere Leistungen zu vollbringen.

Mischform: Die inkonsequente Familienatmosphäre

Die inkonsequente Atmosphäre ist – wenn wir sie so deutlich zeichnen wollen wie die vorangegangenen – in hohem Maße schädigend für ein neugeborenes und heranwachsendes Kind. Sein Wunsch, dazuzugehören und Anerkennung zu finden, wird das eine Mal beantwortet und dann wieder zurückgewiesen, ohne daß das Kind die Handlung seiner Bezugsperson in einen Zusammenhang mit dem eigenen Verhalten zu bringen vermöchte. Scheinbar ohne erkennbaren Grund schlägt oder liebkost z.B. die Mutter das Kind, für das die Welt dadurch chaotisch und unberechenbar ist.

Eine Bezugsperson, die sich ihrem Kind gegenüber in so extremer Weise verhält, leidet unter einer schweren psychischen Störung. Natürlich bekommt ein Mensch, der mit den eigenen Affekten nicht umgehen kann und Wut, Zorn und Rache an einem Säugling oder Kleinkind ausläßt, massive Schuldgefühle und gerät mit dem Bild von sich als Mutter oder Vater in Konflikt. Die Folge ist, daß das Kind unmittelbar nach der heftigen Intervention mit Zuwendung überhäuft und verwöhnt wird. Augenblicke später nervt das immer nervöser werdende Kind die hypersensible Bezugsperson, und die emotionalen Heiß-Kalt-Duschen beginnen erneut.

Kindern, die in einem solchen Klima aufwachsen, wird es nicht gelingen, „die enge Bezugsperson bezüglich von negativen oder positiven Merkmalen in einer definitiven Weise zu typisieren, da in dieser Atmosphäre die eindeutige Bestimmbarkeit nicht möglich ist und konsistente Bewertungsmodalitäten nicht bestehen. In diesem Zusammenhang kann das Falsche sowohl *falsch* als auch *richtig* sein und das Richtige sowohl *richtig* als auch *falsch*. Das menschliche Grundbedürfnis nach Überschaubarkeit, Geordnetheit, nach festen Regeln und Orientierungspunkten, nach Leitlinien und Richtschnüren erfährt hier, wo alles ungeordnet, paradox und ‚verrückt' ist, keine Erfüllung" (*Titze*, a.a O., S. 118). Dieses Familienklima ist der Nährboden tiefer Mut- und Orientierungslosigkeit und kann die Grundlage neurotischer und psychotischer Erkrankungen bilden.

Inkonsequentes Verhalten gibt es in weit milderer Form wohl in den allermeisten Familien, indem z.B. die Mutter sowohl streng ist als auch verwöhnt oder die Eltern unterschiedliche Positionen vertreten. Dann mag z.B. die Mutter versuchen, das autoritäre Verhalten des Vaters durch besondere Milde und Verwöhnung auszugleichen. In diesem Falle können die Kinder die Oberhand gewinnen und die Eltern gegeneinander ausspielen, um eigene Vorteile daraus zu gewinnen.

Die oben beschriebenen Familienatmosphären und Erziehungsstile finden sich in unterschiedlicher Ausprägung und Mischung, und zwar sowohl fördernde als auch beeinträchtigende Elemente, in jeder Lebensgeschichte wieder. Als Gedankenstütze möchten wir die besonders hervorstechenden Merkmale der beschriebenen Familienatmosphären nochmals herausstellen:

- Bei der Familienatmosphäre der *Lieblosigkeit* wird das Kind aus den verschiedensten Gründen abgelehnt.
- Bei der *autoritären* Familienatmosphäre wird absoluter Gehorsam verlangt, die Unterwerfung der Schwächeren dient der Selbsterhöhung des Unterdrückers.
- Bei der *repressiven* Familienatmosphäre wird auf das Einhalten von Regeln gepocht bis hin zur Einflußnahme in alle Lebensbereiche.
- Bei der *Streitatmosphäre* befinden sich die Eltern im Machtkampf miteinander und versuchen wechselweise, die Kinder auf ihre Seite zu ziehen.
- Bei der *leistungsbezogenen* Familienatmosphäre gilt Anerkennung nicht der Person, sondern wird nur für überragende Leistung gezollt. Bei Versagen ist die Kritik niederschmetternd.
- Bei der *materialistischen* Familienatmosphäre haben die Eltern den Eindruck, sich für die Kinder aufzuopfern und erwarten Dankbarkeit. Die Kinder fühlen sich abgespeist und können nicht dankbar sein.
- Bei der *moralisierenden* Familienatmosphäre scheinen Opferbereitschaft, Verzicht und das Ertragen von Leiden moralische Überlegenheit zu ermöglichen.
- Bei der *überfürsorglichen* Atmosphäre wird das Kind in Watte gepackt und in seiner Entfaltung gehemmt.
- Bei der *mitleidsvollen* Familienatmosphäre erfolgt die Zuwendung als Mitleid, nicht um des Kindes willen.
- Bei der *inkonsequenten* Familienatmosphäre wechseln extreme Strenge und Härte und Verwöhnung miteinander ab und erzeugen Orientierungslosigkeit.

Wir überlassen es der Leserin und dem Leser, die Elemente ihres ganz persönlichen Beziehungsgeflechts zu einem individuellen Ganzen zusammenzustellen.

Die Familienkonstellation unter besonderer Berücksichtigung der Geschwisterpositionen

Wir haben vom Wirken der Eltern und Erzieher bei der Persönlichkeitsentwicklung des Menschen gesprochen und aufgezeigt, wie der Zögling dazu kommt, in der Interaktion mit diesen eine bestimmte Lebenshaltung und ein individuelles Selbst-, Fremd- und Weltbild zu entwickeln. Aber es wirken – natürlich – noch andere Personen und Einflußfaktoren bei der Persönlichkeitsentwicklung mit.

Die Gesamtheit der interfamiliären Interaktionsmuster ist unter dem Begriff der Familienkonstellation zusammengefaßt, „und es gehört zu einer der originellsten Leistungen *Adlers* erkannt zu haben, um welch bedeutsames psychologisches Problem es sich dabei handelt“ (*Titze*, a.a.O., S. 121).

Für die meisten dieser Aspekte – mit Ausnahme der Geschwisterpositionen – genügt die Erwähnung, daß sie die Entwicklung mitbestimmen, ohne auf die Wirkungsweise im Detail einzugehen. Für eine weitergehende Lektüre sei hierzu z.B. auf das Buch „Individualpsychologie“ von *Erwin Wexberg* sowie auf *Walter Toman* (Familienkonstellationen, Beck Verlag München, 1991) verwiesen.

Die Elemente der Familienkonstellation beziehen sich

- auf die in den Familienverband integrierten Familienmitglieder wie Eltern, Geschwister, Großeltern, Tanten, Onkel usw. unter der Berücksichtigung von deren markanten Persönlichkeitsdaten;
- auf die Vollständigkeit der Familie oder die Besonderheit, wenn ein Elternteil gestorben, die Eltern geschieden oder nicht verheiratet sind, Stiefeltern oder gar eine Ersatzfamilie die Entwicklung des Kindes prägen;
- auf weitere wichtige Bezugspersonen neben den Eltern und deren möglicherweise kritische oder verwöhnende Haltung gegenüber dem Kind.

Von herausragender Bedeutung ist in diesem Kontext die Stellung des Kindes in der Geschwisterreihe, die nachfolgend ausführlich behandelt werden soll.

Die Geschwisterpositionen

Adler legte 1918 zum ersten Mal seinen Standpunkt über die Bedeutung der Geschwisterpositionen dar. „Es wurde bereits öfters erwähnt, daß es für die Beurteilung eines Menschen wichtig ist, die Situation zu kennen, in der er aufgewachsen ist. Eine Situation besonderer Art ist nun in der Stellung gelegen, die ein Kind in der Reihe seiner Geschwister einnimmt. Auch nach diesem Gesichtspunkt können wir die Menschen einteilen und sind, wenn wir über genügend Erfahrung verfügen, imstande zu erkennen, ob jemand ein Erstgeborener, der Einzige, der Jüngste usw. ist" (*Alfred Adler* [1927], Menschenkenntnis, Fischer Taschenbuch Verlag, Frankfurt a.M., S. 138).

Es ist üblich, fünf grundlegende Stellungen innerhalb einer Geschwisterreihe zu unterscheiden:

- das Einzelkind,
- das Älteste,
- das Zweite,
- das Mittlere und
- das Jüngste.

Alle weiteren werden als Variationen, Kombinationen oder Abwandlungen dieser fünf Stellungen angesehen. Ein Kind kann sich für mehrere Jahre in einer bestimmten Stellung befinden und dann durch die Geburt eines weiteren Geschwisters in eine andere gelangen (z.B. kann ein Einzelkind zum Ältesten, ein Jüngstes zum Mittleren werden oder ein Mittleres in die Position des Jüngsten zurückgelangen, falls das bisher Jüngste stirbt).

Vieles ist für die Kinder in ihrem Zuhause gleich. Doch hinterlassen nicht die gleichen Faktoren den stärksten und damit prägendsten Eindruck bei allen Kindern.

Jedes Kind versucht, im Kreise des Familienverbandes seinen Platz zu erlangen und zu behaupten. Dabei möchten alle Kinder die Liebe und Anerkennung der Eltern am liebsten ganz für sich und nicht gezwungen sein, zu teilen. Kinder reagieren empfindlich, wenn die Eltern noch etwas anderes zu tun haben. Dies gilt insbesondere, wenn die Eltern sich mit den Geschwistern beschäftigen. Es kann also Rivalität im Kampf um die Gunst der

Eltern entstehen. Dabei wird der Wettbewerb am ehesten zwischen denjenigen Kindern ausgetragen, die unmittelbar aufeinanderfolgen. Wird ein Geschwister vorgezogen, erwächst dem anderen zwangsläufig ein Nachteil daraus. Auch andere Faktoren, wie Größe, Schönheit, Kraft des einen können Schatten auf das andere Geschwister werfen. Verzärtelung auf der einen oder hervorragende Anerkennung auf der anderen Seite hinterlassen ihre Spuren.

Die Eltern greifen gewöhnlich in den Wettstreit ein, z.B. indem sie die jeweilige Rolle der Kinder verstärken. Sie bieten den Kindern auch durch die eigene Persönlichkeit Leitlinien. Manchmal strebt eines der Kinder der Mutter, ein anderes dem Vater nach.

Das erstgeborene Kind

Schwangerschaft und Geburt des ersten Kindes, das Ereignis also, das aus dem Paar Vater und Mutter macht, ist in den Augen der jungen Eltern fast immer einzigartig. Der Jubel ist groß beim Erscheinen des neuen Erdenbürgers. Aus allen Teilen des Landes reisen die Verwandten an, um den Neuankömmling zu begrüßen und zu verwöhnen. Die Mittelpunktstellung ist besonders ausgeprägt, wenn dieses erstgeborene Kind zugleich das erste Enkelkind oder als Junge der „Stammhalter" der Familie und Träger ihrer Tradition ist.

Für den weiteren Lebensweg des Kindes ist von Bedeutung, ob diese exponierte Stellung erhalten bleibt oder ob noch andere Geschwister folgen.

Das Einzelkind

Das Einzelkind verbleibt meist im Mittelpunkt der Aufmerksamkeit. Zufrieden registriert es die Beachtung und nimmt die Verwöhnung, die die Eltern und die Verwandtschaft ihm angedeihen lassen, ganz selbstverständlich und als festen Bestandteil seiner ersten Fremd- und Welterfahrung hin. Es dauert nicht lange, bis es herausgefunden hat, wie es insbesondere die Mutter in seinen Dienst nehmen und zur Befriedigung seiner Bedürfnisse einspannen kann, „ob es nun durch Charme, Niedlichkeit, Klugheit oder durch verschiedene Schwächen, wie Unbeholfenheit oder

Ungehorsam, möglich erscheint" (*Rudolf Dreikurs*, Grundbegriffe der Individualpsychologie, Ernst Klett Verlag Stuttgart, 1969, S. 88).

Zuweilen bemühen sich gerade diejenigen Eltern, die sich entscheiden, nur ein Kind zu bekommen, dieses nach wissenschaftlich erprobten Erkenntnissen der Pädagogik zu erziehen. Während sich bei einer größeren Geschwisterschar die Einflüsse und Erziehungspraktiken der Eltern verteilen, ist das Einzelkind diesen uneingeschränkt ausgesetzt.

Welchen Verlauf die Entwicklung im Einzelfall nimmt, hängt ganz wesentlich von der Einflußnahme der Eltern als den wichtigsten Interaktionspartnern ab. Eltern, die ihr einziges Kind frühzeitig als gleichwertigen Partner anerkennen und ihm altersgemäße Rechte und Pflichten einräumen, also eine kooperative Familienatmosphäre zu schaffen vermögen, begünstigen eine Entwicklung aktiver weltzugewandter Verhaltensweisen. Diesen Einzelkindern fällt das Hineinwachsen in die Erwachsenenwelt dann auch besonders leicht.

Als Heranwachsende und Erwachsene führen sie Auseinandersetzungen sachlich und mit dem Wunsch, zu einer Lösung zu gelangen. Sie werden in der Regel keine Schwierigkeiten mit dem Schulstoff haben und im Beruf gut vorankommen.

Bei ausgeprägter Verwöhnung und Verzärtelung ist das Persönlichkeitsgefühl auf Schwäche eingestellt. Das Kind lebt in ständiger Angst vor der Auflösung der symbiotischen Beziehung mit der Mutter und den Anforderungen des realen Lebens. Wenn es allerdings gelingt, so stellt *Dreikurs* fest, die Mutter von *ihrer* Abhängigkeit vom Kind zu befreien und ihre Dienstleistungen zu beenden, kann ein unselbständiges Kind mit einem Schlage selbständig werden. Bei verwöhnten Kindern kann die Konfrontation mit Gleichaltrigen wie z.B. im Kindergarten oder beim ersten Schultag zu einer argen Prüfung werden. Plötzlich steht das Einzelkind nicht mehr im Brennpunkt des Interesses und muß die Aufmerksamkeit mit anderen Kindern teilen. Während es die Interaktion mit Erwachsenen in vielfältiger Weise geübt hat und sich dadurch zu ihnen auch viel stärker als zu Gleichaltrigen hingezogen fühlt, läßt das mangelnde Training die Angst vor der Konkurrenz mit anderen Kindern in Unermeßliche wachsen.

Das Älteste

Das erstgeborene Kind mit seiner Mittelpunktstellung und besonderen Beachtung avanciert eines Tages zum Ältesten. Denn da taucht, plötzlich und unerwartet, ein Geschwister auf und stößt es von seinem Thron der Einmaligkeit. Die Liebe und Aufmerksamkeit, die es bisher erfahren hat, richtet sich nun an das Geschwisterkind. Dieser Akt, den *Adler* mit dem Ausdruck „Entthronung" sehr plastisch umschrieben hat, kann für das erstgeborene Kind eine schwere Erschütterung bedeuten. Das Ausmaß dieser Erschütterung wird von vier Faktoren maßgeblich beeinflußt.

- Wird das Erstgeborene nicht auf das neue Kind vorbereitet, das es ja tatsächlich eines guten Teils der Beachtung, Liebe und Wertschätzung beraubt, fühlt es sich wie aus dem Paradies verstoßen. Wenn andererseits „die Eltern dem Erstgeborenen die Möglichkeit gegeben haben, sich ihrer Liebe sicher zu fühlen und wenn sie ihn vor allem auf die Ankunft eines Geschwisters vorbereitet, ihn zur Kooperation in Sorge um das Kind erzogen haben, pflegt die Krisis ohne krankhafte Erscheinungen vorüberzugehen" (*Adler*, [1933], a. a. O., S. 140).
- Je mehr das erstgeborene Kind vor der Geburt des Geschwisters verwöhnt und verzärtelt wurde, umso deutlicher wird es den Verlust seiner Einmaligkeit beklagen. „Sobald nämlich ein Kind glaubt, daß man es nicht genügend liebe, benimmt es sich so, daß seine Störungen es den Eltern wirklich schwer machen, ihm ihre Liebe zu zeigen. Im Gegenteil, das Kind wird die Eltern zu einem Verhalten herausfordern, das ihm seine Annahme, nicht geliebt zu sein, nur noch verstärkt" (*Dreikurs*, a. a. O., S. 90).
- Das Entthronungserlebnis trifft ein Kind im Alter von ca. ein bis drei Jahren am stärksten. Bei größerem Abstand verkraftet das erstgeborene Kind die Veränderung in aller Regel besser.
- Die Interaktion zwischen den Eltern und nunmehr beiden Kindern bestimmt den weiteren Verlauf der Entthronungssituation des älteren Geschwisters. Wenn dieses nicht links liegengelassen wird und nach dauernden Entmutigungen in Resignation verfallen ist, wird es die neue Situation als Herausforderung empfinden und um seine Position kämpfen.

Nehmen wir zunächst den günstigsten Fall, daß die Eltern es verstehen, das Älteste zu ermutigen und es mit altersentsprechenden Aufgaben zu betrauen. Dann söhnt sich das Erstgeborene meist rasch mit der neuen Lage aus und freundet sich damit an, nun die oder der Große zu sein. Es ahnt alsbald, daß ihm die Zuwendung und Anerkennung der Eltern dann am sichersten ist, wenn es sich den Vorstellungen der Eltern entsprechend entwikkelt. So wächst es erfreulich rasch zu geistiger Reife heran und in die Rolle des vorbildlichen Kindes hinein und identifiziert sich stark, entweder mit dem Elternteil, der in der Ehe die Führung hat, oder mit demjenigen, der ihm gefühlsmäßig nähersteht. Weniger gefallen wird dem Ältesten, daß es, von den Eltern zum Miterzieher und zur Aufsichtsperson gemacht, ewig ein kleines Mädchen oder einen Bruder im Schlepptau hat oder womöglich eine ganze Geschwisterschar. Aber mit der steigenden Familiengröße wächst die Bedeutung des Ältesten wieder zu einer exponierten Stellung heran und die alte Position ist – mit anderen Inhalten als zuvor – zurückerobert.

In solcher Weise geförderte Älteste nehmen als Kinder und Erwachsene Rücksicht auf die Wünsche und Bedürfnisse ihrer Umwelt, fühlen sich für das Wohl ihrer Geschwister und anderer nahestehender Menschen verantwortlich und neigen dazu, andere zu beschützen. Sie entwickeln Ordnungsliebe, Pflichtgefühl und Organisationstalent und sind in der Lage, Verantwortung zu tragen. Älteste sind im allgemeinen eher konservative Menschen, vermutlich vor allem aus zwei Gründen:

- weil die vorherrschende psychische Leistung ein Akt der Anpassung war,
- weil sie Veränderungen nicht lieben, denn die wichtigste Veränderung in ihrem Leben, die Geburt eines Geschwisters, brachte zumindest am Anfang nur Nachteile.

Ganz anders gestaltet sich die Situation, wenn das Älteste links liegengelassen oder gar abgelehnt wird. Dann empfindet es das nachrückende Geschwister als existentielle Bedrohung. Eifersüchtig beäugt es jede Handreichung, die der kleinen Schwester oder dem Bruder zuteil wird und würde das Geschwister am liebsten auf dem schnellsten Wege wieder los. Ausgeprägte Zukurzgekommenheitsgefühle haben hier ihren Ursprung.

In einer eher autoritären Familienatmosphäre wird sich das Älteste mit demjenigen identifizieren, der in der Familie die Macht hat, z.B. mit dem autoritären Vater. Die wirklich oder auch nur vermeintlich üble Behandlung durch die Eltern wird dann an das oder die jüngeren Geschwister weitergegeben. Diese Menschen führen auch im Erwachsenenleben einen unausgesetzten Kampf um bedrohte Positionen.

Die in einer regelhaften Atmosphäre aufgewachsenen Ältesten neigen dazu, die Wichtigkeit von Regeln und Gesetzen zu übertreiben. Sie sind die Besserwisser, „die ständig an anderen herumnörgeln, jeden kleinen Fehler bemerken und rügen und sich eine Art Richteramt über die ganze Welt anmaßen" (*Wexberg*, a.a.O., S. 153).

Und die verwöhnten und damit entmutigten Kinder schließlich trauern ewig den „goldenen" Zeiten vor der Geburt des Geschwisters nach und fühlen sich aus dem Paradies vertrieben. Scheinbar bleibt ihnen nichts anderes übrig, als den Rückzug von der Front des Lebens anzutreten und der Gegenwart und Zukunft mit einer pessimistischen Erwartungshaltung zu begegnen.

Das Zweite

Das zweitgeborene Kind findet eine völlig andere Situation vor als das erste. Die Position der Einmaligkeit lernt es gar nicht erst kennen, denn da ist schon jemand, mit dem es die Zuwendung und Aufmerksamkeit der Eltern von Anfang an teilen muß. Auch für die Eltern ist alles viel selbstverständlicher. Beim ersten Kind haben sie die Erfahrung gemacht, daß ein Neugeborenes gar nicht so zerbrechlich und empfindlich ist, wie sie angenommen hatten. Sie trauen dem Zweiten mehr zu und verwöhnen es daher auch weniger.

Die Beachtung der Mutter und des Vaters aber braucht der neue Erdenbürger genauso wie das Erste. Das älteste Kind sieht gerade dadurch seine Position bedroht und setzt alles daran, nicht ins Hintertreffen zu geraten. „Für das zweite Kind sind aber die Möglichkeiten der Auswahl schon eingeschränkt, weil es bei dem Versuch, sein Persönlichkeitsideal in derselben Richtung zu suchen wie das ältere, auf dessen gefährliche Konkurrenz stößt." (*Wexberg*, a.a.O., S. 157).

Da hat es also einen Schrittmacher vor sich, der ihm allein durch den Altersabstand immer ein paar Nasenlängen voraus ist. Als sagte sich das Zweite unbewußt: „Das wollen wir doch mal sehen!“, findet es mit schlafwandlerischer Sicherheit die Stellen heraus, an denen das Erstgeborene Schwächen zeigt. Es übt und übt und siehe da, die hocherfreuten Eltern loben und anerkennen es, daß es dieses und jenes besser als das ältere Geschwister kann, obwohl es doch jünger ist.

Wenn man der Literatur glauben darf, gibt es so gut wie keine entmutigten Zweitgeborenen. Es sei denn, sie würden ausnahmsweise sehr verwöhnt, beispielweise, weil es sich um den ersehnten „Stammhalter“ oder „die kleine Prinzessin“ handelt.

Durch das starke Aufeinanderbezogensein und die Konkurrenz um die Gunst der Eltern ist die Verschiedenheit der beiden ersten Kinder am augenfälligsten. Wenn die Eltern das Älteste auch nach der Geburt des Zweiten nicht aus dem Auge verlieren, so daß dieses sich auch nicht genötigt sieht, den Neuankömmling beiseite zu drücken, befindet sich das zweite Kind tatsächlich in einer besonders günstigen Geschwisterposition. Es wird angeregt, sich anzustrengen und zu üben. Dabei kann es alles viel gelassener nehmen, denn es hat ja keine angestammten Rechte zu verlieren, aber alles zu gewinnen. Deshalb sind Zweite oft sehr charmante Mitmenschen. Ihr sozialer Akt ist nicht Anpassung sondern Durchsetzung, so daß sie sich selten zu konservativen Menschen entwickeln. Sie haben ihren eigenen Kopf und gehen zuweilen raffinierte Wege, um ihn auch durchzusetzen. Daß sie von Anfang an eine Schwester oder einen Bruder haben, lehrt sie aber auch Kooperation und sich auf andere Menschen einzustellen.

In einer Familienatmosphäre der Überlegenheit allerdings, die ja auch einen Konkurrenzkampf unter den Familienmitgliedern hervorruft, ist zu erwarten, daß das Zweite zuweilen auch mit nicht so lauteren Mitteln versucht, das ältere Geschwister bloßzustellen und seine Schwächen auszunutzen. Neidisch schielt es auf die Vorrechte des Erstgeborenen, ist aufmüpfig und revolutionär. „Die Stimmung des Zweiten ist dem Neid der besitzlosen Klassen vergleichbar, mit der vorherrschenden Stimmung des Zurückgesetztseins“ (*Adler* [1927], a.a.O., S. 142).

Als Erwachsene können Zweite dann nur selten die strenge Führung anderer ertragen oder sich den Gedanken ewiger Gesetze vertraut machen. Zuviel davon haben sie in der Kindheit kennengelernt. Sie sind immer geneigt „daran zu glauben, ob richtig oder falsch, das sei dahingestellt, daß es in der Welt keine Macht gibt, die nicht gestürzt werden kann“ (*Adler*, Problems of Neurosis, zit. nach *Ansbacher*, Alfred Adlers Individualpsychologie, S. 351).

Falls noch ein weiteres Geschwister folgt, geraten Zweitgeborene in eine weniger günstige Situation. Die Entthronung verkraften sie in aller Regel besser als die Ältesten, da sie nie deren exponierte Stellung hatten.

Das Mittlere

Das mittlere Kind kommt schlecht weg. Das ist allein schon daran ablesbar, daß ihm in der Literatur nur wenige Zeilen gewidmet werden, wenn es überhaupt Erwähnung findet.

Die Interaktion mit den Geschwistern gestaltet sich schwieriger als in anderen Positionen. Das mittlere Kind ist vor der Geburt des nachrückenden Geschwisters in der Position des Zweiten gewesen und befindet sich vermutlich in einem Konkurrenzkampf mit dem Ältesten. Das erstgeborene Kind kann sich nun dem Dritten ganz entspannt zuwenden, da von ihm viel weniger Gefahr droht als von dem unmittelbar nachfolgenden Geschwister. So kommt es fast wie selbstverständlich zu einem Bündnis zwischen dem ältesten und dem dritten Kind gegen das sogenannte Sandwichkind. Zudem besitzt das Mittlere weder die Rechte des Ältesten, noch genießt es länger die Vorzüge des Jüngsten. „Es befindet sich dann in der Spannung zwischen progressiv und regressiv gerichteten Entwicklungen“ (Wörterbuch der Individualpsychologie, a.a.O., S. 179). Obendrein muß es ja auch noch mit der Entthronung fertig werden.

Was bleibt zu tun?

Ein mutiges, aktives Kind, das ohnehin alles daransetzte, das ältere Geschwister zu überholen, wird sich vielleicht durchsetzen können und unter den Geschwistern die Führung übernehmen.

Diese Kinder entwickeln dann durch den „Zwei-Fronten-Krieg" eine große Beweglichkeit und einen hohen Grad an Aktivität.

Werden sie mit der veränderten Situation nicht gut fertig, weil die Eltern versäumen, sie zu unterstützen, fühlen sie sich ungerecht behandelt und durch das Bündnis der beiden anderen Geschwister ausgestoßen.

Das Jüngste

Jüngste, insbesondere wenn sie Nachzügler sind, vermitteln ihren Eltern das erhebende Gefühl, noch jung genug zum Kinderkriegen zu sein. Die Eltern danken es ihnen mit besonderer Aufmerksamkeit und Fürsorge. Das „Nesthäkchen", das den anderen Kindern, die ihren Platz im Familienverband gefunden haben, kaum noch gefährlich werden kann, wird auch von den größeren Geschwistern durchaus liebevoll behandelt und verwöhnt. Nicht selten übernehmen ältere Geschwister Elternfunktionen.

Das hat Vorzüge und Nachteile. Zunächst das Positive. Jüngste genießen häufig Privilegien, wie sie Erstgeborene haben, sind aber, da sie in eine gut ausgebildete soziale Umgebung hineinwachsen, im sozialen Umgang viel geschickter. Vor allem aber müssen sie nicht um ihre Vorrangstellung bangen, denn da kommt kein Geschwister nach, das sie von ihrem Thron katapultiert.

Es macht einen großen Unterschied, ob das zugleich Jüngste das zweite oder dritte Kind oder das letzte in einer noch größeren Geschwisterschar ist. Insbesondere in einer Zwei-Kinder-Familie wird das Jüngste deutliche Züge des Zweitgeborenen tragen und seine Position zum Ansporn nehmen und zum Schnelläufer werden. Pfiffig und mit viel Charme, vielleicht auch als besonders niedliches Kind, weiß es sich bei entsprechender Resonanz von Seiten der Eltern in Szene zu setzen und vieles zu erreichen, was den älteren Geschwistern noch verwehrt blieb. Da es, um seine Position zu sichern, ganz neue Wege gehen muß, ist es kreativ oder sogar innovativ bis revolutionär. Viele gute, neue Gedanken gehen gerade von erfolgreichen Jüngsten aus.

In dem breit gefächerten sozialen Kontext einer großen Geschwisterschar entwickelt das Jüngste gesunden Menschenverstand und lernt in der Interaktion mit Eltern und Geschwistern den Umgang mit ganz unterschiedlichen Charakteren kennen und mit ihnen auszukommen.

Und nun das Negative. Wieder ist es die Verwöhnung, die jüngsten Kindern den Lebensmut raubt. Insbesondere spätgeborene Jüngste, die wie Einzige unter lauter (fast) Erwachsenen aufwachsen, werden verzärtelt und zuviel betreut. „Die natürliche Folge ist Unselbständigkeit, Feigheit und ein Anlehnungsbedürfnis, das immer geneigt ist, die Hilfsbereitschaft der anderen als selbstverständlich in Anspruch zu nehmen und zu mißbrauchen. Es fällt ihnen schwer, auf die Nestwärme des Familiendaseins zu verzichten, der gefürchtete Augenblick, wo es gilt, im Leben auf eigenen Füßen zu stehen, eigene Verantwortung zu tragen, wird immer wieder hinausgeschoben. Ein großes Maß persönlicher Liebenswürdigkeit, das solchen Menschen oft eigen ist, macht aus ihnen jenen Typus von hoffnungslos Untüchtigen, denen man nicht gram sein kann und denen eine mit Verachtung gemischte Sympathie entgegengebracht wird“ (*Wexberg*, a.a.O., S. 155). Da diese Menschen wenig Gelegenheit zum Üben hatten, können sie ihre eigenen Möglichkeiten nicht richtig einschätzen. Sie unternehmen *eine* große Anstrengung, und wenn sie beim ersten Ansturm nicht gelingt, bricht ihr Engagement zusammen. Da ihnen die Erfahrung verwehrt blieb, daß Fertigkeiten durch kontinuierliches Bemühen entstehen, haben sie panische Angst, daß etwas beim ersten Versuch mißlingt, denn das bedeutet das Scheitern an sich.

Andere Geschwisterpositionen

Die oben beschriebenen Geschwisterpositionen sind die markantesten. In Familien, die mehr als drei Kinder haben, pflegen sich Untergruppen zu bilden. Beispielsweise können die ersten drei Kinder im Sinne von ältestem, mittlerem und jüngstem Kind aufeinander bezogen sein und zwei weitere Kinder entwickeln sich wie das Älteste und das Zweite. In welcher Konstellation die Geschwister zueinanderfinden, hängt auch von ihrem Altersabstand ab.

Auf einige Besonderheiten soll noch eingegangen werden. Unter Zwillingspaaren, selbst eineiigen, ist bei aller äußeren Ähnlichkeit die Geschwisterposition des Ältesten und des Zweiten dann gegeben, wenn sie sich in Konkurrenz befinden.

Ein einziger Junge unter lauter Mädchen sieht sich, da der Vater meist außer Haus ist, einer weiblichen Übermacht gegenüber. Er gerät in Gefahr, sich in den Hintergrund gedrängt zu fühlen und kann sich des Privilegs, das Männer in unserer Kultur genießen, nicht recht bewußt werden. Also kommt er zu dem für ihn logischen Schluß, daß die männliche Stellung die schwächere ist. Diese Situation wird am ehesten eintreten, wenn der Junge spät in der Geschwisterreihe geboren wird. Ist er dagegen z.B. der Älteste, mag er vielleicht in eine ausgesprochene Beschützerrolle hineinwachsen.

Ein einzelnes Mädchen unter lauter Jungen könnte geneigt sein, mit den Brüdern mitzuhalten und sich mutig, lausbübisch, kumpelhaft zu entwickeln. Oder sie nimmt die Konstellation zum Anlaß, besonders feminine Eigenschaften auszubilden.

Die Stellung in der Geschwisterreihe ist also, genau wie die in der Interaktion mit den Eltern gemachten Erfahrungen, wesentliches Element des Selbstbewußtseins und der Fremdtypisierungen. Das Kind erwirbt im Umgang mit seinen Geschwistern das Geschick, gerade mit diesem oder jenem Menschen umgehen zu können, sei es nun eher in Kooperation oder in Konkurrenz. Die Geschwisterposition ist neben dem Erziehungsstil und der Familienatmosphäre prägend für die Haltung, mit der der Mensch dem Leben entgegentritt. Insbesondere Wexberg weist immer wieder darauf hin, „daß der Mensch bei den scheinbar zufälligen Schicksalsfügungen immer seine Hand im Spiel hat und immer wieder jene Situationen geflissentlich herbeiführt, auf die er eingespielt ist" (*Wexberg*, a.a.O., S. 151).

Die Auswirkungen einer gestörten Interaktion im Sinne von Charaktertypologien in den Entwicklungsphasen vom Säugling zum Schulkind

Wir kommen jetzt zum Kernstück unserer psychologischen Ausführungen. Wir wollen betrachten, welche Auswirkungen es haben kann, wenn die Interaktion zwischen den Eltern und anderen wichtigen Bezugspersonen und dem neugeborenen und heranwachsenden Kind ausgeprägten Störungen unterworfen ist, die Interaktion also durch viele Elemente der zuvor beschriebenen Erziehungsstile der Strenge und Härte und Verwöhnung geprägt war. Dieser Teil ist deshalb von so großer Bedeutung, weil es für die nachfolgenden Konfliktlösungsansätze von Belang ist,

- welche Persönlichkeitsanteile der Konfliktpartner maßgeblich an der Entstehung eines Konfliktes beteiligt sind und
- wie mit solchen Überempfindlichkeiten gezielt umgegangen werden kann.

Sind einzelne oder alle Phasen der Persönlichkeitsentwicklung des Kindes Belastungen ausgesetzt, können sich Überempfindlichkeiten und markante Haltungen herausbilden, die je nach dem Schweregrad der Störungen bis hin zu seelischen Erkrankungen reichen können. Solche Befindlichkeiten werden als schizoide, depressive, zwanghafte und hysterische Persönlichkeitsanteile beschrieben. In der seelischen Erkrankung treten Ängste und Vermeidungshaltungen usw. am deutlichsten hervor. Folgerichtig wurden diese Typologien aus der Neurosenlehre gewonnen. Von Extremfällen einmal abgesehen, gibt es in jeder Persönlichkeitsentwicklung positive, weniger günstige oder mit Belastungen verlaufende Elemente. Aber selbst der unter stärksten Einschränkungen aufgewachsene Mensch muß auch Positives kennengelernt und/oder einen ausgeprägten Überlebenswillen besessen haben. Dementsprechend, das möchten wir hier noch einmal betonen und werden dazu später auch noch ausführlich Stellung nehmen, kann man einem Menschen in der Einschätzung seiner Persönlichkeit nur gerecht werden, wenn er in der gesamten Breite seiner Stärken und Grenzen, Fähigkeiten und Unzulänglichkeiten, Liebenswürdigkeiten und ablehnenden Haltungen erfaßt wird.

Der Psychoanalytiker *Fritz Riemann* hat die menschlichen Handlungen und Haltungen, die Grundstimmung und das Gefühlserleben auf dem Hintergrund von vier Grundimpulsen betrachtet, von denen jeweils zwei polare Gegensätze sind. Das eine Gegensatzpaar läßt sich beschreiben als Streben nach Dauer und, entgegengesetzt, als Streben nach Wandlung. Das andere Gegensatzpaar beinhaltet Selbstbehauptung und Selbsthingabe.

Diese vier Strebungen sollte der Mensch als polare Impulse leben. So gehören der Zauber des Neuen, der Reiz des Unbekannten und die Freude am Wagnis ebenso zu unserem Leben, wie der Wunsch nach Dauer und verläßlicher Wiederkehr des Gewohnten und Vertrauten. Menschen möchten sowohl ihren persönlichen Interessen leben dürfen als auch in partnerschaftlicher Verbundenheit und bezogen auf mitmenschliche Kontakte ihr Leben gestalten.

Ist die Persönlichkeitsentwicklung Störungen unterworfen, kann es zur Verabsolutierung eines dieser Grundimpulse kommen, z. B. als ausgeprägtes Unabhängigkeitsstreben bei gleichzeitiger Vermeidung der entgegengesetzten Strebung, z. B. aus Angst vor Selbsthingabe. Dieses überdeutliche Ausleben eines dieser Grundimpulse unter der Vermeidung des angstbesetzten Gegenimpulses läßt bestimmte Lebensbewältigungsstrategien entstehen, die als Charaktertypologien beschrieben werden. Menschen, die sich ganz auf die eigene Person zurückziehen und nach Autarkie streben, entwickeln schizoide Strukturanteile. Die weitgehende Selbstaufgabe gehört zum depressiv strukturierten Menschen. Derjenige, der das Unveränderliche anstrebt, wird als zwanghaft geprägt bezeichnet und derjenige schließlich, der in beständigem Wandel begriffen ist und sich nicht festlegen möchte, als hysterisch strukturierte Persönlichkeit. Das Verabsolutieren einer dieser Strebungen würde dann zur Krankheit, wenn z. B. der Wunsch nach Unabhängigkeit eines schizoid strukturierten Menschen so ausgeprägt würde, daß er sich aus allen menschlichen Bindungen löste.

Wegen dieser Möglichkeit des Verabsolutierens eines Grundimpulses werden diese Typisierungen in der Literatur als „Extremtypen" beschrieben. Es ist jedoch selten und dann wie gesagt Zeichen seelischer Erkrankung, daß eine Seite unter weitgehendem Ausschluß der anderen Impulse überwertig gelebt wird. Die meisten Menschen vereinigen unterschiedliche (sowohl sympathische, lebensbejahende, mutige als auch empfindliche, vermeidende, schwierige) Merkmale in individueller Ausprägung und Intensität in ihrem Charakter.

Bei den nachfolgenden Ausführungen geht es uns also um die Darstellung der überwertigen, einseitigen Ausbildung spezifischer Charakterstrukturen. Wir blenden bei der Beschreibung also die anderen Persönlichkeitsanteile bewußt aus.

Entwicklungsstörungen, die zur Ausbildung schizoider Strukturanteile führen können

Konstitutionell entgegenkommend (vgl. Ausführungen zu den konstitutionellen Faktoren und im Kapitel Zwischen Genen und Umwelt, Neues zu einem alten Streitthema) ist eine zart-sensible Anlage bei seelischer Empfindsamkeit und Verwundbarkeit.

Die Störungsmöglichkeiten in dieser ersten Phase, in der das Neugeborene sich selbst, die anderen Menschen und die Welt erst noch erfahren und begreifen muß, sind der Mangel an liebender Zuwendung und Versorgung oder ein Reizüberangebot, oder – noch gravierender – beides zugleich. „Für die beginnende Orientierung des Kleinstkindes ist es unerläßlich, daß seine Umgebung eine gewisse Stabilität aufweist, wodurch sie ihm allmählich vertraut wird, so daß es Vertrauen zu ihr fassen kann – Vertrautwerden ist die Basis des Vertrauenkönnens. Ein zu häufiger Wechsel der Bezugspersonen, ein Zuviel an Wechsel der Umgebung und an Sinneseindrücken, kann von ihm nicht verarbeitet werden..." (*Riemann*, a.a.O., S. 38). Auch die Familienatmosphäre der Lieblosigkeit und die Streitatmosphäre, die beide einen Rückzug des Kindes begünstigen, fördern die Entwicklung schizoider Wesenszüge.

Spitz belegt in Untersuchungen an Heimkindern, die in den ersten Lebenswochen zu lange von der Mutter getrennt waren, schwere, irreparable Schäden selbst bei solchen Kindern, die körperlich einwandfrei versorgt wurden. Er nimmt auch zu den feindseligen Müttern Stellung, die sich von ihren Schuldgefühlen durch eine Unmenge Spielzeug für das Kind loszukaufen versuchten. „Es ergab sich von selbst, daß die Kinder mit unbelebten Gegenständen höchst vertraut waren und sehr gut mit ihnen umgehen konnten. Aber im sozialen Bereich der Persönlichkeit wies ihr Entwicklungsprofil einen auffallenden Rückstand auf – in Übereinstimmung mit der Art von mitmenschlichen Beziehungen, die ihnen die Eltern zu bieten hatten" (*Spitz*, a.a.O., S. 278).

Wenn wir bedenken, daß die Handlungsspielräume zur Bewältigung von Unlustgefühlen bei einem neugeborenen Kind noch nicht entwickelt sind, es also die ganze Wucht von Hunger und Durst und anderen Unpäßlichkeiten verspürt, werden die dadurch ausgelösten Gefühle am ehesten Unruhe, Ärger, Wut, Panik und Aggression sein, wenn der Säugling häufig die Erfahrung machen muß, daß niemand kommt, wenn er in Not ist. Wenn die Umwelt und die Menschen in ihr von dem Säugling als zu laut, zu hart, zu reizüberflutend wahrgenommen werden oder übergriffige Bezugspersonen seine natürlichen Grenzen, sein Bedürfnis nach Rückzug mißachten, muß er die Distanz zwischen sich und der Reizquelle vergrößern, damit die Eindrücke schwächer werden. Der innere Rückzug tritt an die Stelle von körperlicher Distanz, denn er kann sich ja noch nicht aus eigener Kraft fortbewegen und vor der Überlastung fliehen.

Sowohl im Falle häufiger Versagung der Erfüllung von Bedürfnissen körperlicher und seelischer Art als auch bei Reizüberflutung wird der Säugling im Übermaß von quälenden Gefühlen bis hin zur Verzweiflung überschwemmt. Er wird bis zur Erschöpfung schreien und, wenn niemand kommt, sich in seiner Not innerlich zurückziehen. Er wird zunehmend nervöser, dünnhäutig und empfindlich, bis schließlich auch nichtigere Anlässe die geballte Wucht der Gefühle auslösen. Und diese Dünnhäutigkeit kann Weichen für sein ganzes Leben stellen.

Es läßt sich nun gut verstehen, daß das Streben eines in dieser Weise geprägten Menschen als Versuch der Bewältigung des früh empfundenen Ausgeliefertseins dahin gehen wird, so unabhängig und autark wie möglich zu werden. Wenn er auf niemanden angewiesen ist, niemanden braucht und niemandem verpflichtet ist, kann er von seinen Mitmenschen auch nicht enttäuscht werden. Er hält sich fern von ihnen, läßt sie unter keinen Umständen zu nahe kommen, denn sie könnten wie die frühen Bezugspersonen die persönlichen Grenzen mißachten und in sein Innerstes einbrechen. Von der Seite der Angst her gesehen hat der heranwachsende und erwachsene Mensch, der dann als schizoid strukturiert bezeichnet wird, Angst vor Nähe und Hingabe. Als Schutzhaltung vermeidet er persönlich-nahe Kontakte. Kommt ihm – trotz seiner fernen, kühlen und distanzierten Haltung – einmal ein Mensch zu nahe, wehrt er sich schroff und aggressiv.

Das Vermeiden der vertrauten Nähe sowie die Angst vor dem Du, vor der Hingabe, isoliert den distanzierten Menschen mehr und mehr und läßt ihn einsam werden. Dadurch weiß er zu wenig von seinen Mitmenschen, und es entstehen Unsicherheiten im Umgang mit ihnen. Was in anderen Menschen vorgeht, erfährt man, wenn überhaupt, ja nur in der vertrauten Nähe und liebenden Zuwendung. So ist ein Mensch, der innerlich auf Abstand gegangen ist, mehr und mehr auf Vermutungen und Wähnen angewiesen und hat große Schwierigkeiten zu unterscheiden, ob seine Wahrnehmung Einbildung, Projektion oder Wirklichkeit ist.

Nicht als fester Vorsatz, sondern eher unbewußt unternehmen Menschen in einer solchen Situation den Versuch, den oben skizzierten Mangel zu kompensieren. An die Stelle eines intuitiven Einfühlungsvermögens, das der Orientierung im Umgang mit anderen Menschen dienen könnte, treten Rationalität, Intellektualität und Analysefähigkeit. Während das Gefühlsleben zurückbleibt, ist es für diese Menschen charakteristisch, daß sie oft eine überdurchschnittliche Intelligenz entwickeln. Wir haben hier eine Kompensationsleistung, die eine deutliche Parallelität zur Kompensation im körperlichen Bereich aufweist. Fällt ein Bereich durch Behinderung weg, wird er durch einen anderen kompensiert. „Solche Menschen können zu außerordentlichen Leistungen kommen durch ihre Fähigkeit zu abstrakt-theoretischem Denken, zur Sachlichkeit, Objektivität, Beobachtungsgabe und Ungebundenheit“ (*Friedrich Seibt*, a.a.O., S. 48).

Welche Fähigkeiten aus den Kompensationsversuchen (also dem Versuch, den Mangel im Sinne einer Herausforderung zu überwinden, vgl. auch das Kapitel über Organminderwertigkeit), also dem Unabhängigkeitsstreben und der Ausrichtung auf die Intellektualität, resultieren, wollen wir in einer Übersicht stichpunktartig darstellen:

Das Unabhängigkeitsstreben kann die Grundlage für die Befähigung sein:

- zu führen,
- zu diskutieren,
- sich auseinanderzusetzen,
- mutig zu sein,
- eigenständige Entscheidungen zu fällen,
- Zivilcourage zu zeigen,
- gegensätzliche Standpunkte zu vertreten,
- Einzelkämpfer zu sein,
- sich für das eigene Leben verantwortlich zu fühlen.

Die Rationalität, Intellektualität und Analysefähigkeit können die Grundlage für die Befähigung sein:

- kritisch und unbestechlich zu denken,
- scharf zu beobachten,
- gut zu analysieren,
- abstrakt zu denken,
- Wesentliches von Unwesentlichem zu trennen,
- Dinge auf den Punkt zu bringen,
- ein interessanter Gesprächspartner zu sein,
- ein guter Redner zu sein,
- Menschen zutreffend zu analysieren.

Es sind Menschen, an die man sich am ehesten wenden würde, wenn man einen fachlichen Rat haben möchte.

Wir möchten nun die Überempfindlichkeiten von Menschen betrachten, die im Übermaß Unlustgefühlen und damit Gefühlen von Verunsicherung, Ärger, Panik, Wut und Aggression ausgesetzt waren. Wir wollen dabei die Aggression als die auf andere Menschen gerichtete Ausdrucksform der innerlich wahrgenommenen unguten Gefühle ansehen. Wir haben es bei der nachfolgenden Schilderung also nicht mehr mit den Resultaten von Kompensationsversuchen zu tun, sondern mit schizoiden Persönlichkeitsanteilen, mit jenen Seiten menschlichen Fühlens und Handelns, die für die Betroffenen selbst und natürlich auch für ihre Interaktionspartner, ihre soziale Umwelt, unangenehm sein können. **Das**

Lebensgefühl in dieser Weise geprägter Menschen ist, als ob sie sich permanent im Feindesland befänden.

Wir möchte die Spezifika schizoider Strukturanteile unter drei Aspekten beleuchten: im Bereich der Aggression, im Rahmen von Liebe und sozialen Beziehungen und darauf bezogen, welchen Berufen sich schizoid geprägte Menschen zugeneigt fühlen.

Die Aggression spielt als Persönlichkeitsanteil eine herausragende Rolle. Sie ist einmal in des Wortes ursprünglicher Bedeutung zu verstehen, als ein Herangehen, eine Form von Kontaktaufnahme, da dies die einzige Möglichkeit ist, Zuneigung zu äußern, ohne daß die Gefahr besteht, daß das Gegenüber zu nahe rückt. Dieses Frozzeln und Sticheln hat Ähnlichkeit mit den noch ungelenken Versuchen Jugendlicher, Kontakt mit dem anderen Geschlecht aufzunehmen. Aber die Aggression kann eine verletzende Schärfe annehmen, bis hin zum Zynismus. Nun sollte man annehmen, daß Menschen, die selbst sehr dünnhäutig sind und empfindlich wie Mimosen, besonders vorsichtig mit verletzenden Äußerungen anderen Menschen gegenüber sind. Die Aggressiven selbst nehmen jedoch ihre Äußerungen längst nicht so extrem wahr, wie ihre soziale Umwelt. Das liegt an der mangelnden Kenntnis über das Gefühlsleben anderer Menschen und Unsicherheit in der Einschätzung von Gefühlsäußerungen. Die meisten Menschen ziehen sich jedoch zurück, wenn sie gekränkt werden. Und so erlebt der ohnehin schon sehr verunsicherte Mensch, der sich aufgrund seiner frühen Selbst-, Fremd- und Welterfahrung selbst nur schwer lieben kann, daß die Menschen sich tatsächlich von ihm zurückziehen und ihn ablehnen.

Dem schizoid strukturierten Menschen werden entsprechend jene Entwicklungsschritte zum Problem, bei denen es um mitmenschlichen Kontakt bis hin zur partnerschaftlichen Bindung geht. Solche Hürden können der Eintritt in den Kindergarten, die Schule, die Annäherung an das andere Geschlecht, das Sicheinfügen in den Kollegenkreis usw. sein. Die vorsichtige Zurückhaltung schizoid geprägter Menschen bedeutet aber nicht, daß sie sich nicht auch dazugehörig fühlen möchten. Im Gegenteil, durch die Angst vor Nähe ist die Hingabesehnsucht besonders groß, denn hier fehlt ja die Erfüllung. Am ehesten fühlt der Zurückhaltende sich in Menschengruppen wohl, zu denen er sich irgendwie dazugehörig fühlen kann, ohne daß ihm der Einzelne zu nahe kommt. Es gehört viel Geduld und Verständnis dazu, hinter der Fassade der Überlegenheit, der Aggressionen und des Zynismus die hilflose Angst und Wut zu erkennen und diesen Menschen anzunehmen oder gar zu lieben.

Dabei ist es durchaus nicht so, daß sich niemand in schizoid strukturierte Menschen verlieben würde. Befragt man z.B. eine Frau, die sich in einen Mann mit deutlich schizoiden Wesenszügen verliebt hat, wovon sie sich denn angezogen fühle, wird sie z.B. ihre Bewunderung über die Klugheit und Redegewandtheit äußern und hinzufügen, daß sie sich von diesem Mann so sehr verstanden fühle. Das ist kein Widerspruch zu dem mangelnden Einfühlungsvermögen in andere Menschen. Wir müssen dieses Verstandenfühlen tatsächlich im Sinne einer Verstandesleistung entsprechend der Analysefähigkeit, Intellektualität und Rationalität auffassen.

Aber eine beginnende Liebesbeziehung verbleibt ja nicht im Stadium der Verliebtheit und Schwärmerei. In der Liebe kommen Menschen sich seelisch wie körperlich sehr nahe. Hier muß der um Unabhängigkeit ringende Mensch sich gefährdet fühlen. Aus seinem Lebensgefühl heraus empfindet er die Bindung als Zwang. So kommt es eher zu unverbindlichen, leicht zu lösenden, rein sexuellen Beziehungen, bei denen der Partner oder die Partnerin öfters wechselt. Einerseits voller Sehnsucht nach Nähe und Geborgenheit, bekommen schizoid geprägte Menschen dann doch Angst vor der eigenen Courage, wenn es an die Legalisierung der Beziehung geht. „Zusammenfassend können wir sagen, daß der schizoide Mensch ... es wohl am schwersten hat, seine Liebesfähigkeit zu entwickeln. Er ist ungemein empfindlich gegen alles, was seine Freiheit und Unabhängigkeit einzuschränken droht; er ist in der Gefühlsäußerung karg und am dankbarsten, wenn ihm der Partner eine unaufdringliche Zuneigung, ein Stück Heimat und Geborgenheit gibt. Wer ihn zu nehmen versteht, kann mit seiner tiefen Zuneigung rechnen, die er nur nicht recht zeigen und zugeben kann" (*Riemann*, a.a.O., S. 30).

Die Vorlieben schizoid geprägter Menschen bei der Berufswahl passen zu den Persönlichkeitsmerkmalen. Entsprechend der intellektuellen Leistungsfähigkeit und dem Einzelkämpfertum werden wir sie am ehesten in Berufen mit theoretisch-abstrakten Aufgabenstellungen finden, als Naturwissenschaftler, Astronomen, Physiker, Mathematiker, Ingenieure, Ärzte, Forscher, Kritiker, Satiriker, Karikaturisten. Während es ihnen ausgesprochen schwerfällt, auf gleichberechtigter Ebene mit anderen Menschen kooperativ zusammenzuarbeiten, können schizoid strukturierte Menschen durchaus erfolgreich solche Führungspositionen bekleiden, in denen ihre fachliche und persönliche Vorrangstellung außer Frage steht und sie ihre Fähigkeiten sinnvoll einsetzen können. Sie neigen allerdings dazu, andere Menschen mit theoretischen Ausführungen mundtot zu machen. Interessanterweise äußern aber gerade Menschen mit ausgeprägt schizoiden Persönlichkeitsanteilen häufig den Wunsch, sich im beruflichen Bereich sozial zu engagieren. Nach den obigen Ausführungen ist dieses Anliegen durchaus zu verstehen. Es bietet die Möglichkeit, Kontakt zu Menschen zu haben, ohne daß er gleich persönlich wird und hebt einen solchen Menschen von vornherein in eine den jeweiligen Klienten gegenüber überlegene Position. Nur glücklich werden schizoid geprägte Menschen in sozialen Berufen in aller Regel nicht.

Wir wollen die obigen Ausführungen wiederum in einer Übersicht zusammenfassen. Dabei stellen wir die Überempfindlichkeiten, die im Sinne schizoider Persönlichkeitsanteile aus Störungen der frühkindlichen Entwicklung während der ersten Entwicklungsphase resultieren können, wiederum in drei Bereichen dar:

Übersicht über Wesensmerkmale, die schizoid geprägten Menschen eigen sind

im Aggressionsbereich

wird das eigene Gefühlserleben geprägt durch die Neigung

- empfindlich wie Mimosen zu sein,
- sich schnell abgelehnt zu fühlen,
- sich ungeborgen zu fühlen,
- ganz auf sich bezogen zu leben,
- mißtrauisch zu sein,
- sich dauernd getestet zu fühlen,
- eigene Aggressionen in ihrer Wirkung auf andere zu unterschätzen

und führt zu dem Verhalten
- bei kleinster Gefahr oder Enttäuschung feindselig zu reagieren,
- andere Menschen zu testen und ihre Schwächen zu kritisieren,
- spitze bis zynische Bemerkungen zu machen,
- abstrakte und weitschweifige Reden zu führen,
- andere durch intellektuelle Überlegenheit klein zu machen;

auf andere wirken diese Menschen leicht
- arrogant, als ob sie Spaß an ihren Aggressionen hätten,
- unnahbar, als ob sie einen Schutzkreis um sich aufgebaut hätten,
- überlegen, als könnten sie dahinter ihre Unsicherheit verbergen;

im Bereich von Liebe und sozialen Beziehungen

wird das eigene Gefühlsleben geprägt durch die Neigung,
- Angst vor Nähe und Hingabe zu haben,
- sich eingeengt zu fühlen und Bindung als Zwang zu erleben,
- Zuneigung als Bedrängen zu empfinden,
- Scheu vor positiver Zuwendung zu haben,
- sich schnell abgelehnt zu fühlen,
- sich isoliert zu fühlen und es oft auch zu sein,
- sich und andere Menschen emotional nur schwer erfassen zu können,
- Gefühle nur schwer äußern zu können,
- sich nur schwer in andere Menschen einfühlen zu können,
- sich ungeborgen zu fühlen,
- eine große Sehnsucht nach Liebe und Geborgenheit zu haben

und führt zu dem Verhalten,
- sich andere Menschen vom Leib zu halten,
- zwischenmenschliche Beziehungen zu versachlichen,
- anstatt mit Gefühlsäußerungen mit Aggressionen zu werben,
- eher unverbindliche Beziehungen einzugehen,
- die Legalisierung einer Beziehung zu scheuen,
- Beziehungen abzubrechen, sobald sie enger werden,
- öfter den Partner zu wechseln,
- eine von Gefühlen losgelöste „reine" Erkenntnis anzustreben,
- unter allen Umständen der Handelnde, nicht der Erduldende zu sein;

auf andere wirken diese Menschen leicht
- fern, kühl und distanziert, als könnten sie dadurch ihre Kontaktunsicherheit verbergen,
- zuweilen absonderlich, als ob sie Zweifel hätten, daß man sie lieben könnte,
- peinlich berührt, wenn ihnen Zeichen der Zuneigung entgegengebracht werden,
- verständnisvoll, was aber nicht auf Einfühlung, sondern einer Verstandesleistung beruht;

im Arbeitsbereich

- wenden sie sich exakten Wissenschaften zu,
- neigen sie zu theoretisch-abstrakten Gebieten,
- bevorzugen sie Berufe ohne *nahen* zwischenmenschlichen Kontakt,
- suchen sie die von subjektiven Gefühlen ungetrübte verläßliche Erkenntnis,
- haben sie Schwierigkeiten, gleichberechtigt im Team zu arbeiten,
- fühlen sie sich oft von helfenden Berufen angezogen, denen sie aber selten gewachsen sind,
- kann ihnen der Beruf zum Job geraten, mit dem sie eben ihren Unterhalt verdienen.

Entwicklungsstörungen, die zur Ausbildung depressiver Strukturanteile führen können

Zu den Faktoren, die eine depressive Persönlichkeitsentwicklung als Ausgangssituation begünstigen, gehören als konstitutionelle Voraussetzungen eine gemüthaft-gefühlswarme Anlage und eine gewisse Schwerblütigkeit.

Mit der beginnenden Identität in der zweiten Phase liegen die Störungsmöglichkeiten, die zur Ausbildung depressiver Strukturanteile beitragen, insbesondere in zwei möglichen Fehlhaltungen, in der Verwöhnung sowie in der Versagung der Erfüllung von Bedürfnissen. Gemeinsam an dieser scheinbar gegensätzlichen Behandlung ist das intensive Gefühl der Abhängigkeit. In bezug auf die Versagung der Erfüllung von Bedürfnissen müssen wir hier eine Differenzierung vornehmen. In der ersten Phase, in der Zeit also, als der Säugling sich noch eins mit der Mutter und der Welt fühlte, nahm er die Wucht der Unlustgefühle wahr, wenn er nicht versorgt wurde. In der zweiten Phase aber, in der das kleine Kind sich als ein eigenständiges Individuum erlebt, nimmt es darüberhinaus seine Abhängigkeit wahr. Wenn es jetzt vor Hunger, Durst oder aufgrund anderer Unpäßlichkeiten schreit und niemand kommt, entwickelt sich bei häufiger Wiederholung das Grundgefühl, daß es in dieser Welt nichts bewirken kann – Resignation also. Wie bei der Atmosphäre der Lieblosigkeit beschrieben, ist die wichtigste Bezugsperson in solchen Fällen häufig karg und wenig mütterlich, in der Kindheit selbst liebesmäßig zukurzgekommen und besitzt kein Einfühlungsvermögen in die Bedürfnisse des Kindes.

Auch starre Schemata, nach denen wie bei der repressiven Familienatmosphäre das Kind gestillt, gefüttert, zu Reinlichkeit und Ordnung erzogen wird, ohne daß seine eigenen Bedürfnisse berücksichtigt werden, bedeuten für das Kind, daß es keine eigene Identität entwickeln kann. Es wird überfordert, weil von ihm Anpassungsleistungen erwartet werden, die seinem Entwicklungsstand nicht entsprechen. Schließlich nimmt es resignierend die Welt hin, wie sie ist und stellt sich darauf ein, daß von dieser offenbar nicht mehr zu erwarten ist. „Dieses Gefühl tritt besonders leicht auf, wenn das Kind erfährt, daß es potentielle Befriedigungsmöglichkeiten gibt, nur es selbst bekommt sie nicht, z.B. weil Geschwister vorgezogen werden" (*Seibt*, a.a.O., S. 50).

Die Verwöhnung, in der das Kind mit Zärtlichkeit überschüttet, ihm nichts an gesunden und notwendigen Verzichten zugemutet wird, es sich nicht erproben und entfalten kann, abhängig und am liebsten klein bleiben soll, wurde mit seinen Folgen unter der Familienatmosphäre der Verzärtelung beschrieben. Gluckenhafte Mütter, die über jede Regung ihres Kindes wachen, reagieren oft gekränkt oder sogar mit Tränen, wenn das Kind dann doch eigene Impulse und Affekte zeigt. „Es geht solchen Müttern vor allem darum, selbst geliebt zu werden, und sie versuchen daher, das Kind klein und abhängig zu halten" (*Seibt*, a.a.O., S. 50). So entsteht das Lebensgrundgefühl vieler Depressiver. Es ist eine weitgehende Hoffnungslosigkeit; sie können nicht an die Zukunft glauben. Das Gefühl der Aussichtslosigkeit beherrscht sie, sie sind nur stark im Ertragen und Verzichten.

Und wieder wird das Kind, der heranwachsende und erwachsene Mensch versuchen, den früh erfahrenen Mangel zu kompensieren. Als müßten sie ihre Existenzberechtigung jeden Tag neu unter Beweis stellen, neigen depressiv strukturierte Menschen dazu, sich durch aufopfernde Einsatzbereitschaft zu verausgaben. Sie sind für andere da, sind gute Zuhörer und beziehen andere Menschen in ihr Denken und Fühlen mit ein. Zu ihren größten Stärken gehört die Hingabe- und Opferbereitschaft und die Fähigkeit, auch Schweres mit anderen Menschen, vor allem dem/der Partner(in) zu teilen. Sie werden von ihrer sozialen Umwelt als zugewandt, einfühlsam und warmherzig empfunden. In ausgeprägter Identifikation liegt der zweite Weg, mit den Auswirkungen der Abhängigkeit fertig zu werden. Es ist, als machte der depressiv strukturierte Mensch aus der vereinnahmenden Haltung des verwöhnenden Elternteils eine Tugend und richtete sich ganz nach diesem Menschen aus. Diese Fähigkeit ist natürlich auch die Voraussetzung für die anderen oben beschriebenen Haltungen. Allerdings neigen depressiv geprägte Menschen dazu, mit anderen mitzuleiden.

Wieder wollen wir die Befähigungen, die aus dem kompensatorischen Versuch der Überwindung von Belastungen resultieren können, stichpunktartig aufführen:

Die Identifikationsfähigkeit kann die Grundlage für die Befähigung sein:

- andere Menschen glücklich zu machen,
- mehr an andere als an sich zu denken,
- auszuharren,
- viel Verständnis für andere Menschen aufzubringen,
- sich Menschen und Dingen selbstvergessen zuzuwenden,
- Menschen intuitiv in ihrem Wesen zu erfassen,
- kooperativ zu sein,
- friedfertig zu sein,
- eigene Bedürfnisse hinter denen anderer zurückzustellen,
- andere Menschen zu brauchen,
- selbst gebraucht werden zu wollen,
- dem Du so nahe wie möglich zu sein.

Die Einsatzbereitschaft kann die Grundlage für die Befähigung sein:

- dazusein, wenn sie gebraucht werden (auch Überstunden),
- sich für die Belange anderer mehr als für eigene einzusetzen,
- viel zu geben,
- fast jeder Bitte nachzukommen,
- viel zu tragen, auch Schweres zu teilen,
- Kompetenz zu erwerben,
- bedingt Verantwortung zu tragen.

Es sind Menschen, an die man sich am ehesten wendet, wenn man getröstet werden möchte.

Wenn wir uns jetzt den Überempfindlichkeiten zuwenden, die aus der Verwöhnung und der Versagung der Erfüllung von Bedürfnissen resultieren können, müssen wir die oben beschriebene Situation nur schärfer zeichnen. Wenn die Einsatzbereitschaft zur Aufopferung, die Hingabe zur Verlustangst, der gute Zuhörer zum seelischen Mülleimer für andere Menschen wird, dann haben wir es mit ausgeprägten depressiven Strukturanteilen zu tun. Bei starker Verwöhnung, so haben wir es in der verzärtelnden Familienatmosphäre beschrieben, braucht die/der Verwöhnte immer andere Menschen, die für sie/ihn das Leben gestalten. Es wäre ein Drama, wenn ein seiner eigenen Handlungsfähigkeit beraubter Mensch plötzlich allein dastünde. Das Anklammern an einen anderen Menschen bedeutet für den in Abhängigkeit aufgewachsenen Menschen also Sicherheit. Die ständig drohende Verlustangst, die in ihren verschiedenen Ausformungen als Angst vor isolierender Distanz, vor Trennung, Ungeborgenheit und Einsamkeit, vor dem Verlassenwerden, in einem Wort als die Angst vor der Individuation deutlich wird, läßt sich auch beschwichtigen, wenn ein nahestehender Mensch zum Trabanten des depressiv geprägten Menschen wird. Mit der Abhängigkeit wird die Verlustangst jedoch nicht geringer; sie steigert sich im Gegenteil. Dadurch kann der depressiv strukturierte Mensch keine Kritik am Partner zulassen, denn das würde ja etwas Trennendes bedeuten. Er neigt dazu, Menschen zu verharmlosen, ihre Schwächen zu entschuldigen und ihre dunklen Seiten zu übersehen. Er vermeidet Auseinandersetzungen „um des lieben Friedens willen" und ist ständig in Gefahr, ausgenutzt zu werden. **Das Abhängigkeitsgefühl ist es, das bei depressiv strukturierten Menschen am stärksten das Lebensgefühl prägt.**

Auch hier begegnen wir dem Phänomen, daß im Bereich der größten Lücke – dem Nehmen und für sich Fordern – die Sehnsucht am größten ist. Beim Menschen mit deutlich depressiven Strukturanteilen ist es der Wunsch, etwas zu bekommen, die Erwartungshaltung, daß die soziale Umwelt sich für die eigenen Belange genauso einsetzen möge, wie der Betreffende selbst es tut und zwar ohne, daß er darum bitten muß. Wie schön wäre doch die Welt, wenn die anderen Menschen einem die Wünsche von der Augen ablesen würden. Während die auf diese Weise permanent Zukurzgekommenen nicht aufhören, sich für andere aufzureiben, können sie sich nur sehr schwer aufraffen, für die eigenen

Belange aktiv zu werden. Das liegt wohl auch daran, daß für diese Aktivitäten keine Anerkennung und Gegenleistungen zu erwarten sind. *Schultz-Hencke* hat diesen Zusammenhang unter dem Begriffspaar Bequemlichkeit und Riesenansprüche (Der gehemmte Mensch, Georg Thieme Verlag Stuttgart, 1978, S. 73 ff.) beschrieben.

Weil sie so große Mühe haben zu fordern und sich vom Leben etwas zu nehmen, werden altruistische Tugenden wie Bescheidenheit, Verzichtsbereitschaft, Friedfertigkeit, Selbstlosigkeit, Mitgefühl und Mitleid zur Ideologie erhoben. Wie bei der moralisierenden Familienatmosphäre muß dann aus der Not eine Tugend gemacht und die Gehemmtheit zu einem Wert, zu einer Ideologie der Bescheidenheit und Anspruchslosigkeit erhoben werden. So wenigstens ist Trost in moralischer Überlegenheit zu gewinnen.

Wir wollen die Lebenshaltung depressiv strukturierter Menschen nun wieder unter den Aspekten der Aggression, in den sozialen Kontakten und der Liebe und den Berufsneigungen betrachten.

Die in Abhängigkeit aufgewachsenen Menschen haben größte Schwierigkeiten im Umgang mit Aggressionen und Affekten, und zwar aus Angst vor Liebesverlust. Sie können doch nicht aggressiv sein, sich behaupten und durchsetzen, wenn die Gefahr droht, daß der Adressat sich dann abwendet. Um den Gefühlen von Enttäuschung, Gekränktsein, usw. ausweichen zu können, werden die Auslöser verharmlost (es war ja nicht so gemeint) und Dulden und Friedfertigkeit zum Wert erhoben. Wegen dieser Neigung, Kränkungen oder Ablehnung herunterzuspielen und sich nicht zu wehren, aber auch eigene Wünsche und Bedürfnisse nicht zu äußern, türmt sich ein immer höher werdender Berg unausgesprochener Affekte auf. Dann bedarf es nur noch des berühmten Tropfens, der das Faß zum Überlaufen bringt, und die Aggressionen entladen sich mit einer Wucht, die mit dem vergleichsweise nichtigen Anlaß nicht in Einklang zu bringen ist. Die soziale Umwelt ist entsetzt, während der Mensch, der sich – in der eigenen Vorstellung – so hat gehen lassen, Schuldgefühle bekommt. Dann paßt er sich besonders an, setzt sich besonders ein, um den Fauxpas wieder gutzumachen und gerät damit in einen Teufelskreis. „Ebenfalls unbewußt bleiben die Aggressionen, in der vielleicht häufigsten Form depressiver Aggression: im Jammern, Klagen,

Lamentieren“ (*Riemann*, a.a.O., S. 72). Wenn die Aggressionen keinen Weg nach draußen finden, kommen sie zunächst als Selbstmitleid zum Ausdruck und können sich schließlich gegen die eigene Person richten, wie es am extremsten beim Selbstmord der Fall ist.

In Liebesbeziehungen überwiegt bei ausgeprägt depressiv strukturierten Menschen die Verlustangst; in diesen Fällen kommt es zu den schwierigeren, den im eigentlichen Sinne depressiven Partnerbeziehungen. Das kann einmal bedeuten, daß der eine Partner ganz im anderen aufgeht, durch ihn lebt, denkt und fühlt wie er, ihm jeden Wunsch von den Augen abliest, usw., wodurch die Verlustangst gefährliche Ausmaße annehmen kann. Die andere Form ist die erpresserische Liebe, bei der sich hinter der Fassade der Überbesorgtheit Herrschsucht verbirgt. Bei drohendem Verlust wird dann unter Umständen (unbewußt) als letztes Mittel die Krankheit eingesetzt und die Beziehung kann auf diese Weise ein tragisches Ende nehmen.

„In einem positiven Sinne leistungsfähig sind Menschen mit depressiver Charakterstruktur in bestimmten Berufen (vor allem sozialer Art) durch ihre Einfühlungs- (Identifizierungs-) und Kontaktfähigkeit, ihre Hilfsbereitschaft, ihren geringen Egoismus und ihre Anpassungsbereitschaft an schwierige Bedingungen“ (*Seibt*, a.a.O., S. 54). Da diese Menschen zu ausgeprägter Identifikation fähig sind, können sie sich auch im Arbeitsleben, mit der Aufgabe, die sie übernommen haben und auch mit dem Unternehmen, für das sie tätig sind, stark identifizieren und sich über diesen Weg auch gut in ihrem Arbeitsgebiet Kompetenz erwerben. Sie tragen Verantwortung, solange sie sich sicher fühlen, alleingelassen sind sie schnell überfordert.

Wir wollen die obigen Ausführungen wiederum mit einer Übersicht abschließen:

Übersicht über Wesensmerkmale, die depressiv geprägten Menschen eigen sind

im Aggressionsbereich

wird das eigene Gefühlserleben geprägt durch die Neigung,

- doch nichts ändern oder ausrichten zu können,
- Widerspruch als Ablehnung zu erleben,

- Auseinandersetzungen, Spannungen und Konflikte als unerträglich zu empfinden,
- die Folgen eigener Fehler zu überschätzen,
- alles zu schwer zu nehmen,
- Riesenerwartungen an andere zu haben, die kaum erfüllt werden,
- sich zukurzgekommen und ungerecht behandelt zu fühlen,
- sich moralisch überlegen zu fühlen

und führt zu dem Verhalten,

- sich um des lieben Friedens willen nicht zu wehren,
- nicht „Nein" sagen zu können,
- die Schuld immer zuerst bei sich zu suchen,
- Aggressionen durch Jammern und Klagen auszudrücken,
- mit leidend-anklagendem Gesichtsausdruck durch die Welt zu laufen,
- an ihrem Leiden festzuhalten und nichts verändern zu wollen, bis hin zu erpresserischem Verhalten,
- sich übermäßig anzupassen,
- sich dauernd zuviel aufzuhalsen,
- durch Okkupation aller Aufgabenbereiche Macht auszuüben,
- Saure-Trauben-Politik zu betreiben,
- wenn das „Faß zum Überlaufen" kommt, zu explodieren;

auf andere wirken diese Menschen

- friedfertig, als wäre alles Gegensätzliche verharmlost worden,
- zugewandt, als wäre die Bereitschaft, anderen zuzuhören, unerschöpflich,
- moralisch überlegen, als Ausdruck ihrer Verzichtsbereitschaft;

im Bereich von Liebe und sozialen Beziehungen

wird das eigene Gefühlserleben geprägt durch die Neigung,

- zu glauben, ohne den anderen nicht sein zu können,
- Verlustängste zu haben,
- die Liebe für das Wichtigste im Leben zu halten,
- Schuldgefühle zu bekommen,
- zu nachgiebig zu sein und zu verwöhnen

und führt zu dem Verhalten,

- in völliger Identifikation durch andere zu leben,
- Partnerschaft und Liebe vor alle anderen Lebensaufgaben zu stellen,
- andere zu umklammern und dadurch zum Trabanten zu machen,
- auf Trennung mit Panik zu reagieren,
- sich zu überfordern und ausnutzen zulassen,
- ein immer dienstbarer Geist zu sein,
- zum seelischen Mülleimer zu werden,
- die eigenen Belange zu vernachlässigen,
- zu erwarten, daß andere auch soviel geben wie man selbst,

- durch Essen, Trinken, Rauchen usw. die Zukurzgekommenheitsgefühle zu besänftigten,
- neidisch auf Menschen zu sein, die sich vom Leben etwas nehmen können,
- sich Aufgaben abnehmen zu lassen,
- bequem zu sein und Riesenerwartungen zu hegen;

auf andere wirken diese Menschen

- überbemüht, als müßten sie ihre Existenzberechtigung jeden Tag neu beweisen,
- zugewandt, so daß man sich ihnen bedingungslos anvertrauen kann,
- beschützenswert, so daß sie eine Bemutterung oder Bevaterung unbewußt herausforderns oder
- dominant, so daß sie selbst bemuttern oder bevatern;

im Arbeitsbereich

- wenden sie sich Berufen mit sozialer Komponente zu,
- identifizieren sie sich stark mit der übernommenen Aufgabe,
- fassen sie den Beruf als Berufung auf,
- können sie gut kooperativ im Team arbeiten,
- neigen sie dazu, eigene Fehler zu überschätzen,
- und die eigene Leistungsfähigkeit zu unterschätzen
- sich zuviel aufbürden zu lassen,
- aber auch zuviel Arbeit auf sich zu ziehen,
- sich unentbehrlich zu machen.

Entwicklungsstörungen, die zur Ausbildung zwanghafter Strukturanteile führen können

Eine zwanghafte Persönlichkeitsentwicklung wird begünstigt, wenn das Kind mit ausgeprägter Vitalität und motorisch expansiv auf die Welt kommt und damit auf viele Einschränkungen trifft. Expansive, unruhige Kinder ecken dann öfters an und werden viel ermahnt. Aber auch anlagemäßige Behäbigkeit und mangelnde Lebendigkeit können als Ausgangslage eine Rolle spielen.

In dieser dritten Phase richtet das zunehmend eigenständiger werdende Kind seine Motorik, seine Expansions- und Erkundungslust auf die Menschen seiner Umgebung und probiert sich in der Auseinandersetzung mit ihnen aus. Es ist mit seinen Wünschen und Impulsen eine Herausforderung für die Eltern und Erzieher. Die Interaktion mißlingt dann, wenn sie vorwiegend durch jene Elemente geprägt ist, die wir unter dem Erziehungsstil der Strenge und Härte beschrieben haben. „Bei den später zwanghaften Persönlichkeiten finden wir in ihrer Lebensgeschichte mit großer Regelmäßigkeit, daß in ihrer Kindheit altersgemäß zu früh und zu starr die lebendigen aggressiven, affektiven, die gestalten und verändern wollenden Impulse, ja oft jede Spontaneität, jede Äußerung gesunden Eigenwillens gedrosselt, gehemmt, bestraft oder unterdrückt wurden" (*Riemann*, a.a.O., S. 133). Zu diesen Überforderungen gehört, daß das Kind zu früh sauber sein soll, manierlich essen muß, nichts kaputtmachen darf, usw. Ein gut dressiertes und stets funktionierendes Kind ist für die Eltern bequemer, und es eignet sich auch als Vorführkind. Die Erfahrung, daß Strafe, Tadel, Warnungen, Drohungen und Liebesentzug folgen, wenn es sich nicht gut und richtig verhält, bewirkt Schuldgefühle, wann immer das „ungezogene" Kind sich nicht regelrecht verhält. Dabei ist die Umgebung gespickt mit Regeln, daß etwas in einer ganz bestimmten Weise zu geschehen oder zu unterbleiben habe, usw.

Allmählich werden immer mehr die eigenen Impulse abgebremst und das Kind schiebt zwischen jeden Impuls und seine Ausführung ein Zögern, gleichsam, als ob es erst überprüfen müsse, ob es nicht besser doch auf die Erfüllung verzichtet. Und so entstehen die für zwanghafte Persönlichkeiten so typische zögerliche Haltung und die Zweifel, mit denen sie sich bei Entscheidungen herumplagen. Selbst einmal gefällte Entschlüsse entheben den zwanghaft strukturierten Menschen dann nicht der Überlegung, ob diese richtig waren. Denn gemäß der starren Regeln, unter denen er aufgewachsen ist, muß alles hundertprozentig richtig sein, denn sonst – und diese Erwartungshaltung hat noch im Erwachsenenleben ihre Gültigkeit – folgen Strafe oder Schuldgefühle.

Um der Strafe und den Schuldgefühlen zu entgehen, unternimmt der Mensch wiederum den Versuch der Kompensation. Wenn er überhaupt keinen Fehler mehr macht, ist er unfehlbar und unantastbar. Der Perfektionismus bewahrt ihn also vor den unangenehmen Erfahrungen aus der Kindheit und gibt ihm zugleich Sicherheit. „Das Grundproblem zwanghafter Menschen können wir also in ihrem überwertigen Sicherungsbedürfnis erkennen. Vorsicht, Voraussicht, zielbewußte Planung auf lange

Sicht, überhaupt die Einstellung auf Dauer, hängen damit zusammen. Von der Seite der Angst her gesehen, können wir ihr Problem beschreiben als Angst vor dem Risiko, vor Wandlung und Vergänglichkeit. Sie gleichen jenem Mann, der erst ins Wasser gehen wollte, wenn er schwimmen konnte – sie sind sozusagen die Trockenkursler des Lebens“ (*Riemann*, a.a.O., S. 107).

Welche Fähigkeiten aus dem Versuch erwachsen können, die Ängste zu kompensieren, die aus Unterdrückung resultieren können, wollen wir in einer Übersicht wieder stichpunktartig darstellen:

Das Sicherheitsstreben kann die Grundlage für die Befähigung sein:

- beharrlich ein gestecktes Ziel zu verfolgen,
- Geduld bei der Erledigung von Aufgaben zu bewahren,
- tüchtig und ausdauernd zu sein,
- belastbar zu sein,
- konsequent zu sein,
- verantwortungsbewußt und verläßlich zu sein,
- eine sichere und stabile Beziehung anzubieten,
- zu einem einmal gegebenen Wort zu stehen,
- treu zu sein,
- unverbrüchlich Freundschaften zu bewahren,
- zielbewußt langfristig zu planen,
- zu sammeln und Reserven anzulegen,
- an anerkannten Werten festzuhalten,
- die „Stützen“ der Gesellschaft zu sein.

Der Perfektionismus kann die Grundlage für die Befähigung sein:

- Methoden bis zur Perfektion zu verfeinern,
- Aufgaben mit akribischer Genauigkeit zu erledigen,
- Aufgaben gründlich zu erledigen,
- ausgezeichnete Sachkenntnis zu erwerben,
- handwerklich perfekt zu sein.

Es sind Menschen, an die man sich am ehesten wendet, wenn man eine Aufgabe in verläßlichen Händen wissen möchte.

Je nach Schweregrad der zwanghaften Strukturen in einem Menschen – und damit kommen wir zu den Überempfindlichkeiten, die aus der Unterdrückung lebendiger Impulse resultieren können – kann das Festhalten an Traditionen familiärer, gesellschaftlicher, moralischer, politischer, wissenschaftlicher oder religiöser Art zu Dogmatismus, Konservativismus, Vorurteilen und zu verschiedenen Formen des Fanatismus führen. Die lebendige Ordnung wird zu pedantischer Ordentlichkeit, notwendige Konsequenz zu unbelehrbarer Starrheit, vernünftiges Wirtschaften zu Geiz, gesunder Eigenwille zu trotzigem Eigensinn bis hin zur Despotie. Die konformistische Seite findet ihren Ausdruck in der Überanpassung und Sicherungstendenzen sowie durch das Anlehnen an die Autorität. **Das Lebensgefühl ist geprägt durch eine sado-masochistische Grundhaltung, durch ein Leben als Amboß oder Hammer.**

Wir wollen wiederum die Persönlichkeitsstruktur von Menschen mit ausgeprägt zwanghaften Anteilen zu erfassen versuchen, indem wir die Bereiche Aggression, soziale Beziehungen und Liebe und die Neigungen zur Berufswahl betrachten.

Wie sich denken läßt, haben zwanghaft strukturierte Menschen Schwierigkeiten mit Aggressionen und Affekten, da sie so früh lernen mußten, sich zu kontrollieren und zu beherrschen. Sie haben Angst vor Aggressionen, und zwar vor den eigenen (die ja bestraft wurden) wie vor denen anderer Menschen (die äußerst unangenehmen Folgen für sie gehabt haben). Sie gehen mit ihren eigenen Affekten äußerst vorsichtig um, zögern und zweifeln, ob sie angemessen sind und würden, wenn es doch zu einem Gefühlsausbruch kommt, am liebsten alles ungeschehen machen. Sie verzichten auf das Ausleben der Affekte durch die Ideologisierung von Selbstbeherrschung und Selbstzucht. Dann muß aber die Kontrolle immer intensiver werden, damit die Affekte nicht doch durchbrechen. In Extremfällen beschwichtigen Zwangshandlungen die ungelösten Aggressionen. Der weithin bekannte Waschzwang hat hierbei geradezu Symbolkraft. Immer, wenn Aggressionen aufkommen, waschen die Betreffenden ihre Hände (in Unschuld).

Man könnte die Gefühlslage von Menschen, die ihre Aggressionen stets haben unterdrücken müssen, mit einem Dampfdrucktopf vergleichen. Wenn der Druck zu groß wird, kommt es zu Wutausbrüchen oder zur Explosion. Ein stark zwanghaft geprägter Mensch sucht zur Lösung unter Umständen scheinbar legitime Möglichkeiten, Anlässe und Gelegenheiten auf, um die Aggressionen auszuleben, wie z.B. bei Demonstrationen oder in Aktionen der Fremdenfeindlichkeit bzw. gegenüber sozial schwachen Minderheiten, usw. Die beängstigenden Auswüchse z.B. im Rechtsradikalismus mit lebensbedrohlichen Handlungen, bei denen auch der Tod der Opfer in Kauf genommen wurde, belegen dies auf erschreckende Weise. Es ist dabei augenfällig, daß die Täter – so man ihrer habhaft werden konnte – ausnahmslos einen eklatanten Mangel an Unrechtsbewußtsein zeigten. Das ist nicht nur Trotz, der sicherlich auch eine Rolle spielt. Vor allem aber haben diese Menschen oft keine Möglichkeit gehabt, die Konsequenzen ihres eigenen Handelns einschätzen zu lernen (weil sie stattdessen bei Fehlern gestraft oder sogar geprügelt wurden), so daß sie für ihr Handeln auch nicht allmählich die Verantwortung zu übernehmen gelernt haben.

„Eine etwas mildere Variante der beschriebenen ‚legitimierten' Aggression ist die übermäßige Korrektheit... Von hier aus führt eine direkte Linie zu allem, was wir als Dressur bezeichnen können, als Drill, wie wir ihn vom Militär her kennen. Für die Aggression Zwanghafter ist es, wie wir sahen, überhaupt charakteristisch, daß sie sich an Normen, Regeln und Prinzipien hält; sie geschieht bevorzugt ‚im Namen von...' und pflegt eng mit dem Machttrieb gekoppelt zu sein" (*Riemann*, a.a.O., S. 125). Hierher gehört auch das unnachgiebige Pochen auf das Einhalten von Regeln und das Verfolgen jedweden Verstoßes. Eine weitere, nicht so vordergründige Art, Aggressionen zum Ausdruck zu bringen, ist das Nörgeln. Wer Umgang mit einem Menschen hat, der beständig herumnörgelt, kann getrost auch noch nach anderen Merkmalen suchen, die in eine zwanghafte Richtung weisen.

Für Menschen mit ausgeprägt zwanghaften Wesenszügen muß die Liebe, dieses irrationale, grenzenüberwindende Gefühlserleben etwas zutiefst Beunruhigendes sein. Wenn er sich schon einläßt, wenn er nach langem Zögern und womöglich überlanger Verlobungszeit eine Beziehung legalisiert, darf er nicht die Kontrolle über seine Gefühle verlieren. Sexualität wird eher als Pflicht, denn als Lust empfunden. Man schläft miteinander, wenn *es* dran ist. Es fällt zwanghaften Menschen nicht leicht, den Partner als gleichberechtigt anzuerkennen. Je nach Ausprägungsgrad der zwanghaften Struktur kann wie bei der Streitatmosphäre eine

Beziehung zum Machtkampf um die Überlegenheit werden. Ehen werden nicht selten aus Vernunftsgründen geschlossen und haben manchmal den Charakter eines juristischen Kontrakts mit festgelegten Rechten und Pflichten.

Bei weitgehend gelungener Persönlichkeitsentwicklung mit zwanghaften Einschlägen tritt die positive Seite partnerschaftlichen Verhaltens zutage, so daß die Beziehungen von großer Tragfähigkeit, Belastbarkeit und Dauer geprägt sind. Die nach Sicherheit und Beständigkeit Strebenden sind treue Menschen, auch aus ökonomischen Gründen. Überhaupt spielen in der Partnerschaft Zeit, Geld, Pünktlichkeit und Sparsamkeit eine herausragende Rolle.

Im beruflichen Bereich werden Menschen mit zwanghaften Strukturen am ehesten dort zu finden sein, wo Genauigkeit und Geduld gefordert ist; die wie das Beamtentum größtmögliche Sicherheit bieten: Offiziere, exakte Naturwissenschaftler, Juristen, Chirurgen, Bankiers, Geistliche, Richter, Historiker, Archäologen. „Diese Menschen können eine wichtige Rolle spielen durch ihr Verantwortungs- und Pflichtgefühl, ihre Stabilität und Ausdauer, ihre Exaktheit, Gründlichkeit und Konsequenz, und ihre Fähigkeit zum vorausschauenden Planen" (*Seibt*, a.a.O., S. 62).

Abschließend wollen wir die Überempfindlichkeiten, die aus einer Erziehung, die hauptsächlich durch Strenge und Härte geprägt war, resultieren können, in einer Übersicht darstellen:

Übersicht über Wesensmerkmale, die zwanghaft geprägten Menschen eigen sind

im Aggressionsbereich

wird das eigene Gefühlserleben geprägt durch die Neigung,
- Angst vor den eigenen Aggressionen zu haben wie vor denen anderer,
- sich durch Veränderungen gestört, beunruhigt oder sogar geängstigt zu fühlen,
- Angst vor jeder Form von Veränderung zu haben,
- Angst vor dem Versagen zu haben

und führt zu dem Verhalten,
- Auseinandersetzungen aus Angst vor Aggressionen zu meiden,
- stattdessen zu nörgeln oder auch
- vermeintlich legitime Ventile für das Ausleben angestauter Aggressionen zu suchen

- oder Affekte zu unterdrücken, wozu viel Selbstbeherrschung nötig ist,
- passiv zu trotzen, zu trödeln, umständlich und unentschlossen zu sein,
- in Erzählungen und Beschreibungen auszuufern,
- besserwisserisch zu sein,
- dogmatisch zu sein,
- eigensinnig zu sein,
- sich hinter starren Prinzipien zu verstecken,
- ewige Gesetze zu postulieren,
- sich abzusichern,
- recht haben zu wollen,
- alles selbst bestimmen zu wollen,
- Dinge nicht geschehen lassen zu können;

auf andere wirken diese Menschen

- so perfekt, daß sie dafür bewundert werden,
- kontrolliert,
- korrekt,
- dressiert,
- mächtig, weil sie sich an die Macht anlehnen und sich ihrer bedienen,
- ohnmächtig, sobald die versteckte Angst sichtbar wird;

im Bereich von Liebe und sozialen Beziehungen

wird das eigene Gefühlserleben geprägt durch die Neigung,

- spontane Menschen als unberechenbar zu erleben,
- zu befürchten, daß Chaos ausbrechen würde, wenn nur etwas locker gelassen würde,
- Angst vor dem ersten Schritt zu haben, der Unvorhersehbares auslösen könnte,
- Liebe als etwas zutiefst Beunruhigendes zu empfinden

und führt zu dem Verhalten

- das Gleiche, schon Bekannte und Vertraute wiederfinden zu wollen,
- Gefühle sparsam zu dosieren oder zu verdrängen,
- aus verdrängten Impulsen und Affekten Fehlleistungen (z. B. Versprechen, Vergessen) zu erbringen,
- zu zaudern, zögern und zu zweifeln,
- Entscheidungsschwierigkeiten zu haben,
- sich dem Andersartigen gegenüber zu verschließen,
- anderen Menschen ihr Sein und ihr Verhalten vorschreiben zu wollen,
- die Partnerin/den Partner als Besitz aufzufassen,
- hohe Anpassungsleistung zu fordern,
- hohe Leistungsanforderungen an sich und andere zu stellen,
- die Ehe als juristischen Kontrakt mit streng festgelegten Rechten und Pflichten zu betrachten,
- die Liebe als Erfüllung von Ritualen abzustempeln,

- vor lauter Absicherung zum Trockenkursler des Lebens zu werden,
- sich nicht in die Karten – ins Gemüt – sehen zu lassen;

auf andere wirken diese Menschen

- unspontan, manchmal wegen der Vorhersagbarkeit sogar langweilig,
- unbeweglich,
- tragikomisch,
- linkisch;

im Arbeitsbereich

- werden Neuerungen bekämpft,
- werden Berufe gewählt, die Sicherheit geben,
- werden Berufe bevorzugt, die Macht verleihen und die Möglichkeit bieten, Aggressionen legal im Namen der Ordnung, des Gesetzes, der Autorität usw. auszuleben,
- werden Berufe gewählt, die Genauigkeit, Solidität, Präzision, Sorgfalt erfordern und bei denen es mehr auf Ausdauer als auf Initiative ankommt.

Entwicklungsstörungen, die zur Ausbildung hysterischer Strukturanteile führen können

Die Entwicklung hysterischer Persönlichkeitsanteile kann durch anlagemäßige Lebhaftigkeit und Ansprechbarkeit im Emotionalen sowie Spontaneität, verbunden mit dem Wunsch sich auszudrükken, gefördert werden.

Auf den ersten Blick scheinen hysterisch strukturierte Menschen vom Leben besonders begünstigt zu sein. Sie haben häufig etwas Hinreißendes und Mitreißendes an sich, sind charmant und schön. Sie zeichnen sich durch Lebhaftigkeit, Aufgeschlossenheit und Kreativität aus. Kein Wunder, daß sie im Mittelpunkt stehen, bewundert und geliebt werden. Sie machen auf diese Weise leicht die Erfahrung, daß ihnen Zuneigung und Aufmerksamkeit zuteil wird, ohne daß sie sich darum bemühen oder etwas leisten müßten. Zugleich lösen sie in den Menschen in ihrer Umgebung das Gefühl aus, selbst an Bedeutung und Liebenswürdigkeit zu gewinnen, wenn sie sich ihnen zuwenden. Auf der anderen Seite wirken sie mit ihrem Anerkennung heischenden Gehabe oft nicht ganz echt, scheinen eher eine Rolle zu spielen, als sie selbst zu sein und fallen durch eine Reihe von *Un*tugenden auf: Unpünktlichkeit, Unzuverlässigkeit, Ungenauigkeit usw. Sie zeichnen sich insbesondere dadurch aus, daß ihnen die Möglichkeit fehlte, sich in die Regeln des Zusammenlebens einzufügen und die notwendigen Grenzen zu erkennen und zu akzeptieren. Sie probieren deshalb ständig aus, wie weit sie gehen können. „Natürlich muß man dann am meisten all das fürchten und wenn möglich meiden, was uns nun einmal unausweichlich festlegt und begrenzt: biologische Gegebenheiten wie die Geschlechtsrollen von Mann und Frau, das Altern und den Tod, aber auch Konventionen, Spielregeln aller Art, die sich ein Kollektiv für den mitmenschlichen Umgang geschaffen hat, Vorschriften und Gesetze" (*Riemann*, a.a.O., S. 157)

Gerade in der Entwicklungszeit der vierten Phase, in der das Bedürfnis nach Führung und Vorbildern am stärksten ist, waren die Eltern offensichtlich nicht in der Lage, ihrem Kind angemessene Identifikationsobjekte zu sein. Dem Mangel an Orientierung sind wir in einer drastischen Form bei der inkonsequenten Familienatmosphäre begegnet, aber auch die Streitatmosphäre, in der das Kind erlebt, daß es die Eltern nicht gefahrlos als Paar lieben darf, ist zutiefst verunsichernd und erzeugt Orientierungslosigkeit. In leistungsbezogenen, materialistischen und dünkelhaften Atmosphären, in denen der Schein und das gesellschaftliche Prestige wichtiger sind als die Menschen, wird das Kind zum Objekt gemacht und kann kein Ich entwickeln. „Eine mit der Folge von Strafe statt Belohnung verbundene Variante liegt vor, wenn die Eltern das Kind drängen, etwas zu erreichen, was sie selbst nicht erreichen konnten" (*Seibt*, a.a.O., S. 65).

Vor allen anderen Erziehungsstilen richtet jedoch die Verwöhnung Schaden an und begünstigt die Entwicklung hysterischer Strukturen. Denn verwöhnende Eltern halten ihre Kinder klein, lassen sie nicht wachsen und erwachsen werden, vielmehr sollen sie so lange wie möglich abhängig bleiben. Insbesondere jüngste Kinder, die Nesthäkchen, von denen sich die Eltern am schwersten lösen können, sind anfällig für eine hysterisch geprägte Persönlichkeitsentwicklung. Problematisch kann es auch für Einzelkinder werden, wenn die Mutter oder der Vater das Kind zum Partnerersatz nehmen, weil es dann einerseits hoffnungslos überfordert, auf der anderen Seite aber abhängig gehalten wird, um aus dieser Rolle nicht aussteigen zu können. Hier stehen das Gebot, erwachsen zu sein und Kind bleiben zu sollen gleichzeitig nebeneinander. Diese Forderung ist objektiv unerfüllbar. Aber wie soll das Kind dies wissen? Es wird seine Anstrengungen aufgeben und sich lieber alles abnehmen lassen. Dann steht das Nicht-Können, die Verweigerung im Vordergrund, und das Kind wird vielleicht erst gar nicht versuchen, kompensatorische Lösungen für seine Situation zu finden.

Diese kompensatorischen Lösungen liegen in der Kontaktfähigkeit, dem Charme und den anderen den Menschen zugewandten Eigenschaften, um der Verunsicherung und Orientierungslosigkeit etwas entgegensetzen zu können. Diese Haltungen werden dann leicht zur einzigen Quelle des Selbstwertgefühls. Aber es gibt noch einen anderen möglichen Weg, um die so dringend notwendige Anerkennung zu erlangen. Die exponierte Stellung, die Mittelpunktsituation, die vielen Verwöhnten in der Kindheit zuteil geworden ist, die intensive Beschäftigung der Erwachsenen mit dem Kind also, hat das Kind dies und das ausprobieren lassen, es ist in die Rollen der anderen Mitglieder des Familienverbandes geschlüpft und hat sie imitiert, es hat frühe „Weisheiten" formuliert und sich den Applaus dafür geholt, kurz, es hat Talente entwickelt und verfügt auch im späteren Leben häufig über die Fähigkeit, Gesehenes, Gehörtes, Erlebtes nachzumachen und gewinnbringend für sich einzusetzen. Es hat also zeitig die Erfahrung gemacht, daß ihm die Dinge in den Schoß fallen und es sich nicht anstrengen muß. Leider, das ist der Preis, hat es dabei nicht gelernt, daß aus Talenten Befähigungen werden, wenn man übt, übt, übt.

Daß das Mittelpunktstreben und die Talentiertheit einen Menschen dennoch in einer bestimmten Weise qualifizieren, wollen wir wiederum in einer Übersicht als kompensatorische Befähigungen darstellen:

Die Kontaktfähigkeit kann die Grundlage für die Befähigung sein:

- gut auf andere Menschen zugehen zu können,
- Sympathie zu erzeugen, Menschen mitzureißen,
- das Gegenüber zu verzaubern,
- dem Partner das Gefühl von Liebenswertsein zu geben,
- erotische Gefühle zu erwecken,

- im Gegenüber das Gefühl seiner Bedeutung zu erwecken,
- andere Menschen im Sturm zu erobern, nicht in Belagerung,
- im Augenblick zu leben,
- Feste zu feiern, wie sie fallen,
- spontan in Gefühlsäußerungen zu sein,
- lebendig und aufgeschlossen zu sein,
- wenig nachtragend zu sein,
- Charme und Schönheit zu besitzen.

Die Talentiertheit kann die Grundlage für die Befähigung sein:

- kreativ zu sein,
- anpassungs- und wandlungsfähig zu sein,
- elastisch, plastisch, lebendig und lebhaft zu sein,
- Neues schnell zu erfassen,
- Gesehenes, Gehörtes, Erfahrenes sofort umsetzen zu können,
- Talente gewinnbringend einzusetzen,
- Neues auszuprobieren,
- etwas zu riskieren,
- die Zukunft als Chance zu betrachten.

Es sind Menschen, von denen man sich angezogen fühlt.
Wenn wir jetzt die Überempfindlichkeiten, die eigentlich hysterischen Wesenszüge betrachten, entdecken wir, daß diese Menschen mehr und mehr in einer Scheinwelt leben, in der die „Scheinfreiheit" damit bezahlt wird, daß sie sich in der „wirklichen Wirklichkeit" nicht auskennen. Bei Enttäuschungen fliehen die früh Verwöhnten in die kindliche Wunschwelt zurück. Sie nehmen vielleicht einen großen Anlauf. Wenn sie den Sprung dann nicht schaffen, lassen sie die Flügel hängen, sagen, daß sie ja doch nicht erfolgreich sind und wenden sich anderen Gebieten zu, die soeben ihr Interesse erweckt haben. So bleiben sie in ihren Kinderschuhen stecken, ungeneigt und unfähig, Bedürfnisspannungen zu ertragen. **Ihr Lebensgefühl ist geprägt durch Luftschlösser und Illusionen.** Es sind Menschen, die grandiose Ideen haben mögen, für die Umsetzung in der Realität, für die Kleinarbeit aber nicht zu haben sind.

Wir wollen jetzt wiederum diese Persönlichkeitsstruktur unter den Aspekten Aggression, Liebe und soziale Beziehungen und Berufswahl betrachten.

Offene Aggressionen, selbst das Äußern einer abweichenden Meinung fallen einem Menschen, der von allen geliebt werden möchte, besonders schwer, weil das den Verlust der Anerkennung bedeuten könnte. Aber wie z. B. der zwanghaft strukturierte Mensch durch Nörgeln und der Depressive durch Jammern seinen Aggressionen Ausdruck verleihen kann, hat auch der hysterisch strukturierte Mensch nicht so vordergründige Ausdrucksmöglichkeiten. Der eine Weg ist das Imponiergehabe. Der Wunsch, Eindruck auf andere Menschen zu machen, im Mittelpunkt zu stehen, bis hin zur Angeberei und Geltungssucht ist umso ausgeprägter, je unterentwickelter das Selbstwertgefühl ist. „Eine besondere Form hysterischer Aggression ist die Intrige. Auch ihr kann man die familiäre Entstehung ansehen: man wiederholt in ihr unbewußt die Situation, in der man als Kind zwischen den Eltern und eventuellen Geschwistern stand, zwischen ihnen hin und her lavieren mußte, weil man von einem Elternteil gegen den anderen oder gegen ein Geschwister ausgespielt und so zum Objekt ungelöster familiärer Probleme gemacht wurde, zum Objekt, auf dessen Rücken die ehelichen Konflikte ausgetragen wurden“ (*Riemann*, a. a. O., S. 172).

Der hysterisch strukturierte Mensch liebt die Liebe über alles, weil der Rausch bis hin zur Extase und Leidenschaft sein Selbstwertgefühl in sonst nie gekannter Weise zu steigern vermögen. „In seinen Liebesbeziehungen ist der Mensch mit hysterischen Wesenszügen daher intensiv, leidenschaftlich und fordernd... Er versteht auf diesem Instrument zu spielen; vom Flirt über die Koketterie bis zur Verführung beherrscht er alle Nuancen. Er versteht es meisterhaft, dem Partner das Gefühl der eigenen Liebenswürdigkeit zu geben, was viel zu seinem Charme und Sexappeal beiträgt“ (*Riemann*, a. a. O., S. 164). Da er aber Angst hat, sich festzulegen, ja wohl auch, durch die Entscheidung für einen bestimmten Menschen andere Möglichkeiten zu verpassen, beginnt er häufig bereits einen anderen Menschen zu umgarnen, wenn die eine Beziehung gerade dabei ist, etwas fester zu werden. Überhaupt ist die Eroberung viel interessanter als die Beziehung selbst. So intensiv die Verliebtheitsgefühle sind, wenn ein Mensch sich in eine Frau oder einen Mann mit ausgeprägt hysterischen Persönlichkeitsanteilen verliebt, ist der Liebeskummer fast unausweichlich vorprogrammiert.

Wenn es doch zu dauerhaften Bindungen kommt, ist die Partnerin oder der Partner häufig ein Mensch, der bereitwillig in die Rolle des einstmals verwöhnenden Elternteils schlüpft. So wählen Frauen nicht selten deutlich ältere Partner und Männer eine mütterliche Frau als Lebenspartnerin.

Menschen, die deutlich hysterische Anteile in ihrem Charakter haben, werden bei der Berufswahl am ehesten auf solche Berufe zurückgreifen, die wendige, kontaktfreudige und repräsentationsfähige Menschen verlangen: Verkäufer, Fotomodelle, Juweliere, Diplomaten, Politiker sowie in der Kunst darstellende Berufe wie Schauspieler oder Tänzer. „Ihre Stärke kann es sein, andere zu überzeugen und zu begeistern. So sind sie voller Ideen, aufgeschlossen für alles Neue, und wehren sich gegen Traditionen und erstarrte Formen. Kontaktfreudigkeit, Elastizität, Risikofreudigkeit und Optimismus erleichtern ihnen die Bewältigung schwieriger Situationen. Oft finden sich unter ihnen Führernaturen, denen es aber mehr liegt, Dinge in Gang zu bringen, als die dafür notwendige Kleinarbeit bei der Verwirklichung ihrer Ideen zu leisten" (*Seibt*, a.a.O., S. 70).

Wieder wollen wir die Überempfindlichkeiten, die vor allem durch Verwöhnung entstehen können, in einer Übersicht darstellen:

Übersicht über Wesensmerkmale, die hysterisch geprägten Menschen eigen sind

im Aggressionsbereich

wird das eigene Gefühlserleben geprägt durch die Neigung

- eine Mittelpunktstellung anzustreben,
- sich dauernd unter Konkurrenzdruck zu fühlen,
- sich unsicher zu fühlen und jederzeit einbrechen zu können,
- sich leicht angegriffen zu fühlen und schnell gekränkt zu sein,
- eigene ungeliebte Anteile auf andere zu projizieren,
- Rachegefühle zu entwickeln,
- einen kurzen Spannungsbogen zu haben,
- Warten als unerträglich zu empfinden,
- Geschick im Vergessen unangenehmer Dinge zu beweisen,
- sich schnell überfordert zu fühlen,
- Angst vor dem Festgelegtwerden zu haben,
- Spielregeln, Ordnungen, Gesetze, Notwendigkeiten abzulehnen

und führt zu dem Verhalten
- anderen die Schuld zu geben, bzw. die eigene Schuld zu leugnen,
- andere Menschen abzuwerten,
- intrigant zu sein,
- Imponiergehabe an den Tag zu legen,
- der andauernden Bestätigung von außen zu bedürfen,
- zu überraschen und zu überrumpeln,
- auf berechtigte Kritik mit einem unlogischen Angriff auf den Kritiker zu reagieren, den Spieß also umzudrehen,
- sich der Verantwortung durch Vogel-Strauß-Politik zu entziehen, wodurch sich die zu lösende Situation meist verschlimmert,
- sich mit einfallsreicher Geschicklichkeit den Konsequenzen des eigenen Handelns zu entziehen,
- Szenen zu machen;

auf andere wirken diese Menschen
- pathetisch und nicht ganz echt,
- unberechenbar,
- unaufrichtig sich selbst und anderen gegenüber;

im Bereich von Liebe und sozialen Beziehungen

wird das eigene Gefühlserleben geprägt durch die Neigung,
- die Liebe als das Höchste im Leben anzusehen,
- illusionäre Erwartungen an die Liebe und Ehe zu haben,
- Gefühle von hoher Intensität zu brauchen,
- schnell das Interesse zu verlieren,
- die Abwechslung zu lieben,
- Sexualität hauptsächlich als Steigerung des Selbstwertgefühls zu erleben,
- den Partner als Spiegel zu betrachten,
- Angst vor Enttäuschung durch das andere Geschlecht zu haben

und führt zu den Verhalten,
- sich in die Höhepunkte des Erlebens zu steigern, Rausch, Leidenschaft, Ekstase,
- in Liebesbeziehungen leidenschaftlich, intensiv, fordernd zu sein,
- untreu zu sein,
- Beteuerungen von Liebe, Schmeicheleien, immerwährende Bestätigung einzufordern,
- eher unscheinbare Partner zu wählen und dadurch zu glänzen,
- von ihnen dennoch finanziellen Aufwand und öffentlichen Erfolg zu erwarten,
- Liebe als Spiel zu betrachten,
- Menschen nur erobern zu wollen,
- sie fallen zu lassen, wenn sie ihre Erwartungen nicht erfüllen,
- in anderen Menschen falsche Erwartungen zu erwecken,

- flatterhaft zu sein,
- untreu zu sein;

auf andere wirken diese Menschen
- anziehend,
- lebendig,
- attraktiv,
- als wäre es eine Ehre, von ihnen beachtet zu werden;

im Arbeitsbereich neigen sie dazu,
- risikobereit zu sein, auch aus Unkenntnis der Realität,
- einen großen Anlauf zu nehmen und wenn er mißlingt, die Lust zu verlieren,
- unzuverlässig und unpünktlich zu sein,
- Zeitplanung als pedantisch und kleinlich zu empfinden,
- grandiose Ideen zu entwickeln, die notwendige Kleinarbeit aber anderen zu überlassen,
- sich für Berufe zu interessieren, die Wendigkeit, Kontaktfreude und Anpassungsfähigkeit erforden,
- überall dort zu glänzen, wo es auf Charme, körperliche Vorzüge und Spontaneität ankommt,
- mehr personen- als sachbezogen zu sein,
- Orden und Titel als besonders reizvoll zu empfinden.

Zum Abschluß der Störungsmöglichkeiten in den vier Phasen wollen wir noch auf einen speziellen Aspekt eingehen. Wenn wir von Lücke, Hemmung oder Defizit in der Persönlichkeitsentwicklung sprechen, bedeutet das nicht, daß die Überempfindlichkeiten/Charaktertypologien, die aus Störungen in der Persönlichkeitsentwicklung resultieren können, passiver Natur sind. Beispielsweise ist ein Dieb ein äußerst aktiver Mensch, aber seine Handlungen sind nur schwer als nützlicher Beitrag zu den gesellschaftlichen Erfordernissen zu betrachten. Im nachfolgenden Schaubild 28 wollen wir deshalb die aktive und die passive Ausformung der Reaktionen auf Belastungen in der Persönlichkeitsentwicklung zusammenfassen. Das Augenmerk wird dabei auf eine Auswahl menschlicher Handlungen und Haltungen eingeschränkt, die wir allerdings in den jeweiligen Phasen für markant halten:

	Haltungen und Handlungen, die aus der Hemmung von Entwicklungsmöglichkeiten resultieren können:		
	aktiv		passiv
1. Phase schizoide Struktur	Aggression ←	Versagung der Bedürfniserfüllung	
		Reizüberflutung →	innerer Rückzug
2. Phase depressive Struktur	Aufopferung ←	Versagung der Bedürfnisbefriedigung	
		Verwöhnung →	Beqemlichkeit und Riesenerwartungen
3. Phase zwanghafte Struktur	Autoritarismus ←	Strenge und Härte →	Konformismus
4. Phase hysterische Struktur	Mittelpunktstreben ←	Verwöhnung →	Verantwortungslosigkeit

Schaubild 28: Die jeweils aktive und passive Seite menschlicher Handlungen und Haltungen, die Ausfluß von Störungen in der Persönlichkeitsentwicklung sind

Zusammenfassung

Wir haben einen weiten Bogen geschlagen von der konstitutionellen Ausgangslage, bei der wir uns auch Gedanken über die Prägungen aus dem vorgeburtlichen Bereich gemacht haben, über das Ideal einer Interaktion zwischen Eltern und Kindern, bei der die dem Menschen innewohnenden Entwicklungsmöglichkeiten bestmöglich gefördert werden, bis hin zu dem reichen Spektrum der Störungsmöglichkeiten und deren jeweiligen Auswirkungen. Was noch bleibt, ist die Einordnung der Ausführungen in einen Gesamtzusammenhang.

Wir wollen dabei zunächst die Extrempole betrachten. Bei idealer Förderung des Kindes gemäß seinen jeweiligen Reifungsschritten, entwickelt sich der Mensch zu dem, was wir gerne mit dem Ausdruck „Persönlichkeit" charakterisieren. Bei extremer Hemmung würden wir einen Menschen vor uns haben, der zutiefst verunsichert und unglücklich ist. Beides finden wir in der Realität so kaum vor, wollen diese Extrempole aber dennoch in einem Schaubild zusammenfassen, um die Spannweite möglicher menschlicher Befindlichkeiten deutlich zu machen (vgl. Schaubild 29).

Wir gehen jetzt einen Schritt weiter, denn in unseren Ausführungen haben wir ja aufgezeigt, daß das Kind, der heranwachsende und erwachsene Mensch darum ringt, die Defizite kompensatorisch zu überwinden. Entsprechend gehört in die Bandbreite menschlicher Entwicklungsmöglichkeiten auch die Kompensation, so daß wir in Schaubild 30 diesen Bereich hinzugefügt haben.

Wenn wir nun einen Menschen in der Gesamtheit seiner Persönlichkeit erfassen wollen, müssen wir ihn sowohl in den Stärken und Befähigungen, die aus der Unterstützung der naturgegebenen Entwicklungsmöglichkeiten resultieren können, betrachten als auch in bezug auf mögliche kompensatorische Befähigungen und auch im Hinblick auf die Überempfindlichkeiten, die aus der Hemmung von Entfaltungsmöglichkeiten stammen können. Wir haben versucht, ein solches Spektrum in Schaubild 31 durch Schraffierung des zutreffenden Bereiches bei einem in seiner Persönlichkeit weitgehend herangereiften Menschen darzustellen. Obwohl jeder Mensch eine bestimmte seelische Gangart entwik-

	Persönlichkeitsmerkmale, deren Entwicklung beeinflußt wird durch: Förderung		Hemmung
in der 1. Phase	(Ur-)Vertrauen	◄──►	Mißtrauen
	Geborgenheitsgefühl	◄──►	Heimatlosigkeit
	Gefühlsreichtum	◄──►	Gefühlsarmut
	Nähe	◄──►	Distanziertheit
2. Phase	Selbstwertgefühl	◄──►	Minderwertigkeitsgefühl
	soziales Interesse	◄──►	Aufopferung
	Einfühlungsvermögen	◄──►	seelischer Mülleimer
	Liebesfähigkeit	◄──►	Anklammerungstendenz
	optimistische Stimmung	◄──►	Resignation
	positives Fremdbild	◄──►	negative Erwartungen
3. Phase	Ichidentität	◄──►	Ichschwäche
	Anpassung	◄──►	Überanpassung
	Kooperation	◄──►	Unterdrückung
	Verantwortung	◄──►	Regelhaftigkeit
	Konfliktfähigkeit	◄──►	Konfliktscheu
	Ausdauer	◄──►	Beharren
4. Phase	Realitätssinn	◄──►	Illusionen
	Verantwortung	◄──►	Verantwortungslosigkeit
	Vernunft	◄──►	Unvernunft
	Rollenidentität	◄──►	Theatralik
	Besonnenheit	◄──►	Leichtsinn

Schaubild 29: Die beiden Extrempole von auf Förderung oder Hemmung beruhenden Persönlichkeitsentwicklungen

kelt hat, kann eine solche Einschätzung dennoch immer nur eine Momentaufnahme sein. In schwierigen Lebenssituation treten die üblichen Lebensbewältigungsstrategien klarer zutage. In heiteren oder gelassenen Phasen mag der Mensch sich mehr vorwagen und auch Eigenschaften zur Entfaltung bringen, die er sonst nicht so zeigt. Es gehört zu so einer Einschätzung also auch die momentane Befindlichkeit des Betreffenden. Und wie sie oder er sich dann in einer bestimmten Situation verhält – und dies ist ja auch bedeutsam im Falle von Konflikten – hängt zudem von dem/den jeweiligen Interaktionspartner(n) ab.

Persönlichkeitsmerkmale

	Stärken durch Unterstützung der naturgegebenen Entwicklungsmöglichkeiten	Fähigkeiten durch den Versuch der Kompensation von Belastungen	Empfindlichkeiten durch Überforderung im Sinne von Typologien
1. Phase	(Ur-)Vertrauen Geborgenheitsgefühl	Unabhängigkeitsstreben	Mißtrauen Heimatlosigkeit
	Gefühlsreichtum Nähe	Rationalität/Analysefähigkeit Intellektualität	Gefühlsarmut Distanziertheit
2. Phase	Selbstwertgefühl soziales Engagement Einfühlungsvermögen	Leistungsbereitschaft	Minderwertigkeitsgefühl Aufopferung seelischer Mülleimer
	Liebesfähigkeit optimistische Grundstimmung positives Fremd- und Selbstbild	Überidentifikation	Anklammerungstendenz Resignation negative Erwartungen
3. Phase	Ich-Identität/Selbstbehauptung Anpassung/Kooperation	Sicherheitsstreben	Ich-Schwäche Unterdrückung Schwächerer Überanpassung/Unterwerfung
	verantwortliches Handeln Konfliktfähigkeit Ausdauer	Perfektionismus	Regelhaftigkeit Konfliktscheu Beharren
4. Phase	Realitätssinn Verantwortungsbewußtsein	Kontaktfähigkeit	Illusionen Verantwortungslosigkeit
	Vernunft Rollenidentität Besonnenheit	Talentiertheit	Unvernunft Theatralik Leichtsinn

Schaubild 30: Zusammenstellung von Persönlichkeitsmerkmalen

Persönlichkeitsmerkmale

	Stärken durch Unterstützung der naturgegebenen Entwicklungsmöglichkeiten	Fähigkeiten durch den Versuch der Kompensation von Belastungen	Empfindlichkeiten durch Überforderung im Sinne von Typologien
1. Phase	(Ur-)Vertrauen Geborgenheitsgefühl	Unabhängigkeitsstreben	Mißtrauen Heimatlosigkeit
	Gefühlsreichtum Nähe	Rationalität/Analysefähigkeit Intellektualität	Gefühlsarmut Distanziertheit
2. Phase	Selbstwertgefühl soziales Engagement Einfühlungsvermögen	Leistungsbereitschaft	Minderwertigkeitsgefühl Aufopferung seelischer Mülleimer
	Liebesfähigkeit optimistische Grundstimmung positives Fremd- und Selbstbild	Überidentifikation	Anklammerungstendenz Resignation negative Erwartungen
3. Phase	Ich-Identität/Selbstbehauptung Anpassung/Kooperation	Sicherheitsstreben	Ich-Schwäche Unterdrückung Schwächerer Überanpassung/Unterwerfung
	verantwortliches Handeln Konfliktfähigkeit Ausdauer	Perfektionismus	Regelhaftigkeit Konfliktscheu Beharren
4. Phase	Realitätssinn Verantwortungsbewußtsein	Kontaktfähigkeit	Illusionen Verantwortungslosigkeit
	Vernunft Rollenidentität Besonnenheit	Talentiertheit	Unvernunft Theatralik Leichtsinn

Schaubild 31: Das Erfassen von Persönlichkeitsmerkmalen eines Menschen

Es wird dabei deutlich, daß Merkmale aus allen vier Entwicklungsphasen das Leben eines Menschen prägen. Es mögen dabei bestimmte Aspekte eine herausragende Bedeutung erlangt haben, aber wir sollten einen Menschen auch dann, wenn er z. B. depressive Strukturanteile im Sinne von Überempfindlichkeiten entwikkelt hat, nicht mit der Charakterisierung „dies ist ein Depressiver" auf diesen Persönlichkeitsanteil einengen. Die beschriebenen kompensatorischen Befähigungen sind sehr häufig bei Menschen anzutreffen, die auch Überempfindlichkeiten im Sinne der beschriebenen Strukturanteile entwickelt haben. Und dennoch ist das nicht zwangsläufig. Hat ein Kind in seinen ersten sechs Lebensjahren im Übermaß Kränkungen erlebt, kann der mit den Charaktertypologien beschriebene Bereich entsprechend überrepräsentiert sein, wie wir weiter unten noch genauer darlegen.

Wir geraten damit an eine Stelle, die Anlaß zu Unklarheiten sein könnte und möchten dies gerne am Beispiel der ersten Phase geraderücken. Es ist bei der Beschreibung der kooperativen Familienatmosphäre sicher deutlich geworden, daß der geistige und körperliche Reifungsprozeß des Kindes aufeinander aufbauend in ganz bestimmten Sprüngen/Schritten verläuft und jedes Element seine naturgegebene Zeit hat. Ferner haben wir ausgeführt, daß ein späterer Entwicklungssprung ohne die vorangegangenen nicht möglich wäre und es deshalb unsinnig ist, mit dem Kind etwas trainieren zu wollen, wozu es noch nicht fähig ist; daß eine Erwartung, daß das Kind etwas vor der Zeit leisten soll, eine Überforderung ist und nicht eine Herausforderung, die es bewältigen könnte. Jetzt kommen wir zu dem wesentlichen Punkt. Entwicklungsgemäße Förderung, also weder Überforderung noch Unterforderung, verbunden mit Freiräumen, die es dem Kind gestatten, im Rahmen seiner Möglichkeiten auch eigene Lösungswege zur Bewältigung seiner Lebensaufgaben – wie gering wir sie als Erwachsene auch erachten mögen –, macht die Kinder neugierig, gescheit, fähig, mutig und selbstbewußt. Wir könnten auch sagen, intelligent. Dann würden wir aber ganz schnell wieder in eine Debatte über ererbte und erworbene Anteile geraten, die wir hier vermeiden wollen.

Wenn jetzt auf der anderen Seite ein Kind sich aufgrund der Versagung der Erfüllung von Bedürfnissen und/oder Reizüberflutung innerlich zurückzieht und deshalb nicht jene Fähigkeit erwerben kann, die als intuitives Einfühlungsvermögen in der Interaktion und Nähe heranreifen kann, braucht es eine andere Orientierungsmöglichkeit. Das Unabhängigkeitsstreben, die Rationalität, Analysefähigkeit und Intellektualität, die diese Lücke schließen sollen, sind zwar Verstandesleistungen und eröffnen dem Menschen die entsprechenden Befähigungen, aber ohne die ruhige, sichere Gelassenheit und Zuversicht, die ein in sich ruhender Mensch als Grundstimmung verspüren würde. Wir wollen die aus der kompensatorischen Überwindung resultierenden Befähigungen nicht gering schätzen. Sie bedurften aber, insbesondere solange der Mensch noch Kind war, enormer Anstrengungen. Wenn sich dann Überempfindlichkeiten im Sinne von Charaktertypologien entwickelt haben, müssen wir davon ausgehen, daß das Kind bis an die Grenzen seiner Belastbarkeit geraten ist und darüber hinaus. Wie ausgeprägt die Anstrengungen zur Überwindung der mißlichen Situation dann individuell noch sein konnten, hängt von dem Grad der Entmutigung ab, die das Kind erfahren hat. Insbesondere, wenn ein Kind durch Lieblosigkeit und/oder Verwöhnung geschwächt worden ist, läßt es vielleicht früh allen Mut fahren, und wir haben es dann mit Menschen zu tun, die als Erwachsene (möglicherweise ausgeprägte) Lebensbewältigungsschwierigkeiten haben. Das läßt sich sehr gut am Beispiel der Verwöhnung deutlich machen. Wir haben in diesem Zusammenhang von den charmanten, ja betörenden Menschen gesprochen, die andere um den kleinen Finger wickeln können. Aber es gibt natürlich ebenso die vergnatzten, übelnehmenden oder jene, die einfach nichts Rechtes zustande bringen, weil ihnen nie etwas abverlangt wurde. In diesen Fällen sind die erwähnten Befähigungen, die aus der Kompensation von Belastungen resultieren können, verhältnismäßig gering.

Der Umgang mit Lebenshaltungen von Menschen, die konfliktträchtig sein können

Mit den liebenswürdigen und liebenswerten Seiten eines Menschen werden wir nicht in Konflikt geraten. Auch die kompensatorische Befähigung ringt uns vielleicht Bewunderung ab oder bringt uns Nutzen, so daß wir uns vermutlich nicht oder nur gering an ihnen reiben. Konfliktauslöser sind daher insbesondere die Überempfindlichkeiten eines Menschen. Um Konflikte managen zu können, ist von höchstem Interesse, **wie** mit den Überempfindlichkeiten von Menschen umgegangen werden kann.

Wir wollen bei den Überlegungen, wie diesen zu begegnen ist, wieder systematisch vorgehen und zwar nach den Phasen eins bis vier und unter den Aspekten der Aggression, im Bereich von Liebe und sozialen Kontakten und in bezug auf den beruflich tätigen Menschen, wobei wir hierbei sozusagen von der Warte des Vorgesetzten auf die/den Mitarbeiter(in) blicken.

Der Umgang mit schizoiden Strukturanteilen

1. Im Aggressionsbereich

Sie sind gekränkt, verletzt, kritisiert worden. Ihr Konfliktpartner war dabei den schizoiden Strukturanteilen entsprechend aggressiv und sein subtiler Angriff, der auch eine Portion Zynismus beinhaltete, setzt Sie erst einmal außer Gefecht.

Zunächst wollen wir sagen, was nichts bringt: Tränen, emotionale Signale der Verletztheit, eigene Aggression. Schizoid geprägte Menschen hassen emotionale Ausbrüche und geraten in Panik, wenn man ihnen zu nahe rückt, auch emotional. Das provoziert weitere Aggressionen. Und wenn aus dem Konflikt nicht ein Ringen um Sieg oder Niederlage werden soll, bei dem vermutlich der Mensch mit den schizoiden Persönlichkeitsanteilen gewinnt, weil er die schärferen Waffen hat, bringt eigene Aggression keine Lösung.

Nun wollen wir sagen, welche Haltung erfolgversprechend ist. In den meisten Fällen wird es sinnvoll sein, sich erst einmal aus der kritischen Situation zu entfernen. In Ruhe im stillen Kämmerlein oder mit Unterstützung eines Gesprächspartners sollte versucht werden, den sachlichen Gehalt des Konfliktes herauszuschälen. Angenommen, Sie haben wirklich einen Fehler gemacht. Dann ist es sinnvoll, diesen einzugestehen und gleich Vorschläge zur Behebung und künftigen Vermeidung zu machen. Angenommen, Sie haben keinen Fehler gemacht. Dann ist eine sachliche Darlegung der Zusammenhänge nötig. Beides sollte in einem klaren, sachlichen Ton stattfinden. Nun kommt der springende Punkt. Im gleichen sachlichen Ton sollten Sie Ihrem Konfliktpartner mitteilen, daß Sie nicht noch einmal so aggressiv behandelt werden möchten, oder wie immer Sie das ausdrücken würden. Sie werden eine Überraschung erleben. Ihr Gegenüber wird vermutlich antworten: „Was? Ich bin aggressiv gewesen?“ Bedenken Sie dabei, daß schizoid geprägte Menschen kein ausreichendes **Gefühl** dafür haben, wenn sie anderen Menschen im Gemüt herumgetreten sind. Man muß es ihnen sagen. In der Mehrzahl der Fälle wird die Achtung des Aggressiven vor Ihnen wachsen und er wird sich mehr vorsehen.

Weit schwieriger sind solche Situationen zu bewältigen, die Kränkung und Ablehnung beinhalten. Die Äußerungen sind dann oft so subtil, daß es kaum möglich ist, darauf zu antworten, ohne sich der Gefahr neuer Kränkungen auszusetzen. Wieder sollten Sie nicht spontan handeln. Überlegen Sie in Ruhe, wie sehr Ihnen an der Beziehung zu diesem Menschen liegt. Möchten Sie ihn/sie als Freund(in) behalten oder vielleicht auch erst gewinnen, sollten Sie sich klar darüber werden, unter welchen Voraussetzungen **Sie** zu dieser Freundschaft bereit sind. Sie könnten Ihrem Gegenüber dann beispielsweise sagen: „Mir liegt viel an der Freundschaft zu Dir. Wenn Du mich aber in dieser oder jener Weise behandelst, kränkt mich das. So eine Situation möchte ich nicht gerne nochmals erleben. Wenn Dir auch an der Freundschaft zu mir liegt, versuche bitte, solche Kränkungen zu vermeiden.“ Sie beginnen einen solchen Hinweis dann mit einem Beziehungsangebot, so daß Ihr Gegenüber sich nicht gleich abgelehnt fühlen muß. Aber Sie machen auch klar, welches von Ihrer Seite die Voraussetzungen für die Freundschaft sind.

2. Im Bereich von Liebe und sozialen Beziehungen

Der letzte Absatz hat eigentlich diesen Bereich schon eingeleitet. Angenommen, Sie haben sich in einen schizoid geprägten Menschen verliebt. Sie möchten sie/ihn dauerhaft für sich gewinnen, aber wie? Wenn Sie ihr/ihm mit Ihren Sehnsüchten und Liebesansprüchen auf den Pelz rücken, rennt sie/er in Panik davon. Menschen mit ausgeprägt schizoiden Wesenszügen können ihre Zuneigung nur sehr schwer zeigen. Sie können also keine heißen Liebesschwüre erwarten. Aber wenn Sie feinfühlig und hellhörig sind, werden Sie doch Anzeichen der Sympathie und Liebe entdecken können. Zum einen können Frozzeln und Sticheln einen Annäherungsversuch signalisieren. Zum anderen kommen Liebesgefühle durchaus in praktischen Liebesdiensten zum Ausdruck. Vielleicht kauft Ihnen der geliebte Mensch ein Buch, von dem Sie mal gesprochen haben, oder er kocht Ihnen Ihren Lieblingspudding...

Wenn es Ihnen gelingt, Ihrem Partner/Ihrer Partnerin eine sichere, Geborgenheit vermittelnde Heimat mit warmen, aber nicht zudringlichen Liebesgefühlen anzubieten, werden Sie diesen Menschen für immer für sich gewinnen und seiner Zuneigung sicher sein können. Schizoid geprägte Menschen brauchen einiges an Freiräumen für die Verwirklichung eigener Interessen (damit sind nicht sexuelle Freiräume gemeint). Es ist unschwer zu erkennen, daß ein solches Beziehungsangebot genau das anbieten würde, woran Menschen mit schizoiden Persönlichkeitsanteilen Mangel gelitten haben.

3. Im Berufsbereich

Wer im Berufsleben mit Menschen zu tun hat, die deutlich schizoide Persönlichkeitsanteile aufweisen, sollte

- sie mit Führungsaufgaben betrauen,
- sie dort einsetzen, wo Einzelleistungen erwartet werden,
- keine Kooperationsleistungen auf gleichberechtigter Ebene verlangen,
- die ausgeprägte Intellektualität, Rationalität und das kritische Denkvermögen anerkennen und nutzen,
- gut zuhören und den Betreffenden ausreden lassen,

- zurückhaltend bei Dingen sein, die ins Persönliche gehen,
- nicht zuviel werben,
- sparsam mit Lob umgehen (der Lobende ist überlegen),
- nicht wegen jeder Kleinigkeit kritisieren,
- sachlich, nicht emotional argumentieren,
- sich durch die Neigung, gegenteilige Standpunkte einzunehmen, inspirieren lassen,
- in Gefühlsdingen nicht zuviel Verständnis erwarten,
- sich von lebhaft geäußerten Aggressionen nicht in die Enge treiben lassen.

Der Umgang mit depressiven Strukturanteilen

1. Im Aggressionsbereich

Menschen mit deutlich depressiven Strukturanteilen ist es eigen, daß sie an den Elementen in ihrem Leben, an denen sie leiden, so hängen, als würden sie ihr Leiden lieben. Eine gar nicht so selten vorkommende Variante ist, daß eine (wie sie es selbst ausdrückt) unglückliche Ehefrau eine beste Freundin gefunden hat, der sie ihr Leid klagt: ihr Mann behandelt sie schlecht, zeigt ihr keine Liebe und nutzt sie nur aus. Sie stöhnt, jammert und klagt über ihr schweres Los (eine mögliche Form, Aggressionen loszuwerden). Nehmen wir an, Sie sind diese beste Freundin. Sie haben die Geschichte schon hundert Mal gehört. Es kommt Ihnen bei den Beschreibungen so vor, als spielte eine Schallplatte, in der eine Rille kaputt ist. Sie können die ständigen Wiederholungen kaum noch ertragen. Aber sie trauen sich auch nicht, Ihrer Freundin einfach den Rücken zu kehren, denn erstens hat diese sie zur einzig verständnisvollen Freundin erklärt und zweitens können sie doch einen Menschen nicht im Stich lassen, dem es so schlecht geht. Irgendwie ahnen Sie (zurecht), daß Ihre Freundin, wenn Sie sie drängen würden, Schritte zu unternehmen, an der doch so mißlichen Situation etwas zu ändern, Ihnen dies zutiefst übelnehmen würde. Auch langjährige beste Freundschaften sind an einer solchen Forderung schon zugrunde gegangen. Und ein so motivierter Abbruch einer „besten“ Freundschaft ist wahrlich ein Akt der Aggression.

Was den Umgang mit solchen Aggressionen anlangt, ist der beste Weg, sich nicht erst von den schmeichelhaften Äußerungen (der einzige Mensch, der mich wirklich versteht oder ähnliches) in die Rolle des seelischen Mülleimers drängen zu lassen. Ist es doch passiert, gibt es zwei Wege:

- die Weigerung, die Rolle weiterhin zu übernehmen; das kann aber, wie beschrieben, zum Abbruch der Beziehung führen,
- eine gründliche Überlegung, welche Motive Sie selbst an der Freundschaft festhalten lassen. Angenommen, die Entscheidung fällt so aus, daß die Freundschaft aufrecht erhalten bleiben soll, weil Sie ihre Freundin mögen. Dann wäre ähnlich den Ausführungen bei schizoid geprägten Menschen wichtig, herauszufinden, unter welchen Bedingungen Sie selbst die Freundschaft weiterführen möchten. Im Gespräch mit einem depressiv strukturierten Menschen kann das Beziehungsangebot ruhig deutlicher ausfallen (wegen der stets lauernden Angst vor Liebesverlust). Aber dann müßte klar werden, daß die Freundschaft für **Sie** nur einen Sinn hat, wenn das Kreisen um offenbar unlösbare Probleme nicht der Hauptinhalt bleibt. Wenn es Ihnen ernst ist, sollten Sie ihre Freundin unterstützen, etwas für sich selbst zu tun, eigene Interessengebiete unabhängig vom Ehemann aufzubauen usw. Wenn Ihre Entscheidung gegen die Aufrechterhaltung der Freundschaft ausfällt, sagen Sie dies, aber ohne Schuldzuweisungen.

Menschen mit stark depressiven Persönlichkeitsanteilen machen einen sehr friedfertigen Eindruck. Sie sind zu allem bereit und wehren sich nicht, weil eine ablehnende Haltung sofort die Angst vor Liebesverlust mobilisieren würde. Aber Vorsicht, die Tendenz, sich nicht zu wehren, läßt ein Gebirge an Unmut anwachsen. Wenn dann der berühmte Tropfen das Faß zum Überlaufen bringt und die/der Betreffende explodiert und fürchterliche Konsequenzen androht, lassen Sie sich nicht ins Bockshorn jagen. Die Durchführung der Konsequenzen unterbleibt in diesem Falle mit Sicherheit, denn sie oder er ist danach ganz zerknirscht und voller Schuldgefühle und würden am liebsten unter dem Teppich durchkriechen. Hier können Sie helfen, das Schuldbewußtsein in die gebührende Dimension zurechtzurücken.

Schließlich steckt auch in der Dokumentation moralischer Überlegenheit im Sinne von Verzichtsbereitschaft, Bescheidenheit, usw. eine ordentliche Portion Aggression. Aber das spüren Sie ohnehin. Versuchen Sie nicht, gegenzuhalten, wechseln Sie lieber das Thema.

2. Im Bereich von Liebe und sozialen Beziehungen

Natürlich haben Sie sich in einen depressiv strukturierten Menschen verliebt, weil sie/er warmherzig und zugewandt ist und Sie sich in ihrer/seiner Nähe wohlfühlen. Im Stadium der Verliebtheit – so stellen Sie fest – werden Ihre Wünsche schon erfüllt, kaum daß Sie sie ausgesprochen haben. Sie stehen im Zenit des Interesses des Partners/der Partnerin. Sie/er drängt Ihnen die Liebesdienste förmlich auf. Alles möchte sie/er mit Ihnen gemeinsam machen.

Eines Tages, Sie wissen gar nicht, wie es geschehen ist, fühlt sie/er sich ausgenutzt, nicht anerkannt und beklagt sich, daß Ihr Interesse so nachgelassen hat. Sie/er verübelt Ihnen, daß Sie eigenen Hobbies nachgehen und möchte auch mal verwöhnt werden.

Zur Behebung dieser Klagen gibt es nur eins: die Partnerin/den Partner mit den depressiven Persönlichkeitsanteilen zu ermutigen (nicht abschieben, bitte unter Ermutigung im Kapitel über die kooperative Familienatmosphäre nachlesen) etwas für sich zu tun. Schön wäre es, wenn die Klagen nicht soviel an Ärger ausgelöst hätten, daß Sie dennoch in der Lage sind, sie oder ihn Ihrer nach wie vor beständigen Zuneigung zu versichern. Gelingt dies, hört auch die Eifersucht auf Ihre Freiräume auf.

3. Im Berufsbereich

Wer im Berufsleben mit Menschen zu tun hat, die deutlich depressive Persönlichkeitsanteile aufweisen, sollte

- sich glücklich schätzen, so einsatzbereite Mitarbeiter zu haben,
- ihnen klar definierte Verantwortungsbereiche übertragen,
- sie bevorzugt im Team arbeiten lassen,
- sie dort einsetzen, wo Kooperation gefragt ist,
- sie in Aufgabengebiete einsetzen, bei denen der Umgang mit Menschen im Vordergrund steht,

- die erbrachten Leistungen wahrnehmen und anerkennen,
- sich hüten, die Einsatzbereitschaft über Gebühr auszunutzen, da die Mitarbeiter sonst leicht das Gefühl bekommen, daß jede erledigte Aufgabe sofort neue Forderungen nach sich zieht,
- aus Fehlern kein Drama machen, Depressive haben ohnehin leicht Schuldgefühle und überschätzen die Auswirkung ihrer Fehler,
- sich durch das gute Zuhörenkönnen der Menschen mit depressiven Persönlichkeitsanteilen nicht dazu verleiten lassen, allzu Persönliches preiszugeben,
- sich von der Neigung zu klagen, nicht zu sehr beeindrucken lassen,
- die Friedfertigkeit nicht mißverstehen. Depressive neigen dazu, viel zu lange zu warten, bis sie sagen, was ihnen nicht paßt,
- zarte Versuche, „Nein" zu sagen oder sich zu wehren, nicht durch gutes Zureden zunichte machen.

Der Umgang mit zwanghaften Strukturanteilen

1. Im Aggressionsbereich

Offen zutage tretende Aggressionen haben eine ziemliche Wucht, weil Menschen mit zwanghaften Persönlichkeitsanteilen ja lange versuchen, diese unter Kontrolle zu halten, denn sie sind ja bedrohlich. Sie äußern sich aber auch im Nörgeln, Dogmatismus, Besserwisserei, dem Pochen auf der Einhaltung von Regeln, Unterdrückung, Machtausübung, usw. Im autoritären Verhalten steckt per se viel Aggression, weil Menschen, die mit lähmenden Ohnmachtsgefühlen aufgewachsen sind, ein hohes Aggressionspotential haben. Aber auch das Trödeln, Trotzen und die Umständlichkeit können einen „ganz schön auf die Palme bringen" und zeigen dadurch, daß auch hier Aggression im Spiel ist.

Die von der Warte der Verwirklichung her einfachste Form, aggressivem Auftreten autoritären Ursprungs zu begegnen, ist, die nächst höhere Instanz/Autorität anzurufen und den Betreffenden in die Schranken zu weisen. Diese Möglichkeit sollte aber für Notfälle aufgespart werden.

Die zweite Möglichkeit ist, selber an Autorität (der Persönlichkeit) zu gewinnen, weil man konfliktfähig und gelassen reagieren kann. Das sagt sich so leicht. Die allermeisten Menschen können sich aber doch ganz gut vertreten und lassen sich nicht aus der Ruhe bringen, wenn sie sich ihrer Sache sicher sind. Wie es durch gute Vorbereitung möglich ist, mit Sachargumenten und ohne eigene Aggression zu diesem Ziel zu gelangen, davon wird das nächste Kapitel dieses Buches handeln.

Die dritte Möglichkeit schließlich ist die schönste und schwerste. Die größte Lücke in der Persönlichkeitsentwicklung zwanghaft strukturierter Menschen liegt im Bereich der Anerkennung. Es gibt keinen Menschen, der nicht auch sympathische und/oder anerkennenswerte Seiten in seiner Persönlichkeit entwickelt hat. Wenn es Ihnen gelingt, wirklich empfundene Gefühle der Anerkennung und Sympathie auch zu äußern, werden Sie allmählich einen Menschen für sich gewinnen können, der unverbrüchlich zu Ihnen steht, wenn er einmal Vertrauen gefaßt hat. Dann kann er auch aufhören, Beweise seiner Macht zu demonstrieren.

2. Im Bereich von Liebe und sozialen Beziehungen

Mit zwanghaft strukturierten Menschen darf man nicht tändeln. Würde man ihn erst erobern und dann fallenlassen, träfe dies einen Menschen bis ins Mark, der ohnehin ein riesiges Defizit an Zustimmung und Anerkennung hat und durch die Hemmung seiner Expansionsbedürfnisse sich in der Regel auch in seiner Haut nicht wohlfühlt. Wenn es dann aber doch gelungen ist, einen Menschen mit zwanghaften Wesenszügen für sich zu gewinnen, er sich also anvertraut hat, ist das eine unverbrüchliche Beziehung auf Dauer. Zwei Verhaltensweisen sind es vor allem, die die Beziehung belasten können, die Neigung zwanghaft geprägter Menschen, den Partner oder die Partnerin als Besitz aufzufassen und ferner, dem anderen das Tun und Lassen vorzuschreiben. Ein guter Weg, mit solch schwierigen Situationen fertig zu werden, ist, sich zusammenzusetzen und zu überlegen, wo die gemeinsamen Interessen liegen in bezug auf das Zusammenleben und die Liebe, und welche verschieden sind. Das Gespräch/die Gespräche sollte(n) in Absprachen enden, die klare Orientierung geben. Den Weg dahin beschreiben wir im nächsten Kapitel.

3. Im Berufsbereich

Wer im Berufsleben mit Menschen zu tun hat, die deutlich zwanghafte Persönlichkeitsanteile aufweisen, sollte

- sie dort einsetzen, wo Genauigkeit, Gründlichkeit, Ausdauer und Geduld gefragt sind,
- ihre Konsequenz und Verläßlichkeit anerkennen und nutzen,
- von ihnen keine Leistungen erwarten, die Spontaneität und Wagemut verlangen,
- sie in Arbeitsbereichen einsetzen, in denen sie allein arbeiten, da es ihnen schwer fällt, Kollegen als gleichberechtigt anzuerkennen,
- sie bei Entscheidungsfindungen unterstützen,
- hellhörig auf aggressive Untertöne (z.B. Nörgeln) achten und sie zur offenen Kritik ermutigen,
- ihnen nicht zuviele Veränderungen zumuten,
- bedenken, daß zwanghafte Menschen über lange Zeit als perfekt erlebt werden,
- sie nicht enttäuscht fallen lassen, wenn sie sich als ganz durchschnittliche Menschen entpuppen.

Der Umgang mit hysterischen Strukturanteilen

1. Im Aggressionsbereich

Menschen mit deutlich hysterischen Persönlichkeitsanteilen haben die für ihre soziale Umwelt unangenehme Eigenschaft, die Verantwortung für eigene begangene Fehler auf andere Menschen oder Umstände abzuschieben. Werden sie selber kritisiert, neigen sie dazu, den Spieß umzudrehen und das Gegenüber anzugreifen. Spontan geraten davon betroffene Menschen leicht in Rechtfertigungspositionen und haben damit sicher keinen Erfolg. In die gleiche Rubrik gehört die Tendenz, Szenen zu machen, wenn den Menschen mit der Neigung zum Mittelpunktstreben etwas nicht paßt. Hier gilt, was wir getrost zum Leitmotiv im Umgang mit hysterisch strukturierten Menschen machen können: Grenzen setzen. Überlegen Sie in Ruhe, außerhalb von einer Konfliktsituation, wo Sie die Grenze ziehen wollen. Wählen Sie sorgfältig aus, damit Sie nicht Konsequenzen androhen, die Sie nicht einhalten können oder wollen. Geben Sie dann ganz klar und unmißverständlich zu verstehen, was Sie mitzumachen bereit sind und was nicht.

In den meisten Fällen wird dann etwas Erstaunliches passieren. Der Mensch mit den hysterischen Wesenszügen fühlt sich entlastet, weil er endlich eine klare Orientierung hat und nicht mehr ausprobieren muß, wie weit er gehen kann. Er wird einlenken und im Grunde dankbar sein, daß ihm endlich jemand gesagt hat, wo es langgehen soll.

Damit ist auch eine mögliche Umgangsform für die beiden nicht so vordergründig als Aggression zu erkennenden Verhaltensweisen geschaffen, das Imponiergehabe (dem die Realität entgegengehalten werden sollte) und der Neigung zur Intrige. Im letzten Fall müssen Fakten gesammelt werden (wir gehen im nächsten Kapitel darauf noch genauer ein), damit die/der Betreffende sich nicht rausreden kann. Und dann kann sehr deutlich gesagt werden, welche Konsequenzen ein nochmaliges Vorkommnis dieser Art haben wird.

2. Im Bereich von Liebe und sozialen Beziehungen

Menschen, die äußerlich den gängigen Schönheitsidealen sehr nahe kommen und über ihr Erscheinungsbild ihre Anerkennung beziehen, haben die Neigung, sich eher unscheinbare Partner(innen) zu wählen. Sie wären ja auch dumm, wenn sie sich einen ebenfalls attraktiven Liebespartner aussuchen würden, glänzt doch die eigene Schönheit neben einem unauffälligen Menschen umso mehr. Für die Gunst, dem anderen die Zuneigung und Anerkennung geschenkt zu haben, erwarten die hysterisch geprägten Menschen dann aber auch einiges: Erfolg im Beruf, verwöhnt zu werden usw.

Wenn Sie sich in eine solche Frau oder so einen Mann verlieben, werden die Verliebtheitsgefühle vermutlich heftig sein. Ja, es schmeichelt Ihnen, erhört worden zu sein. Sie fühlen sich beflügelt und finden sich selbst viel anziehender als zuvor. Das sind die Geschenke, die der Mensch mit hysterischen Wesenszügen einem macht, ja er verspricht, die Sterne von Himmel zu holen, obwohl er nicht dran kann.

Die spannende Frage ist nun, wie gewinnt man so einen Menschen auf Dauer? In den Büchern über den Umgang mit der Liebe, die unsere Großeltern lasen, stand geschrieben, daß man sich bewahren, nicht gleich erobern lassen soll, immer interessant und ein wenig rätselhaft für die Partnerin/den Partner bleiben soll. Wir lachen heute über solche Hinweise, hier sind sie richtig angewendet, weil die Eroberung viel wichtiger zu sein scheint als das, was danach kommt. Der zweite sichere Weg, Kontinuität in eine solche Beziehung zu bringen, ist, in die Fußstapfen des verwöhnenden Elternteils zu treten. Das sollte man sich aber gut überlegen. Und wenn die Partnerin/der Partner untreu sein sollte, gilt das oben Gesagte: Grenzen setzen!

3. Im Berufsbereich

Wer im Berufsleben mit Menschen zu tun hat, die deutlich hysterische Persönlichkeitsanteile aufweisen, sollte
- ihre Talente fördern und durch kluge Einsatzplanung nutzen,
- ihre mitreißende Art zur Motivation anderer Mitarbeiter nutzen,
- sie ein Team anleiten lassen, das ihre kreativen Ideen in die Tat umsetzt,
- ihre Kreativität und Kontaktfähigkeit anerkennen,
- nicht erwarten, daß sie für den Kleinkram zu haben sind,
- sie ermutigen, die Talente durch Üben/Können zu untermauern,
- ihnen dort, wo es notwendig ist, Grenzen setzen,
- auf Pünktlichkeit bestehen,
- traumtänzerischen Ideen Realität entgegensetzen,
- Hilfestellung bei klarer Planung geben.

Persönlichkeitsfragebogen

Bisher haben wir unser Augenmerk auf den Umgang mit anderen Menschen gerichtet. Aber das Lesen der psychologischen Zusammenhänge setzt natürlich immer auch Überlegungen in Gang, wie es um die eigene Person bestellt ist. Aus diesem Grunde haben wir einen Fragebogen entworfen, anhand dessen die angestellten Vermutungen eventuell untermauert werden können.

Der Fragebogen, der in einigen Fragestellungen ähnlichen Fragebögen entnommen und teilweise durch uns erweitert wurde, kann Anhaltspunkte über die Strukturanteile der eigenen Person geben. Die Fragen beziehen sich auf Überempfindlichkeiten im Sinne von Charaktertypologien und Befähigungen, die aus der kompensatorischen Überwindung von Belastungen resultieren können. Es ist leider nicht möglich, einen Fragebogen zu konstruieren, der zugleich auch die reifen Anteile einer Persönlichkeit erfaßt, weil es keine überschneidungsfreien Fragen gibt, die alle drei Bereiche abdecken. Der Fragebogen ist nicht geeicht, also nicht anhand von Probanden und Kontrollgruppen überprüft und kann deshalb keine eindeutigen Aussagen machen. Das ist aber auch nicht unser Anspruch. Wir betrachten ihn als Ergänzung zu den vorangegangenen theoretischen Ausführungen.

Persönlichkeitsfragebogen			
1. Rubrik			
Bitte kreuzen Sie an, ob diese Aussage	genau stimmt	etwas stimmt	nicht stimmt
Menschen wenden sich gerne an mich, um einen fachlichen Rat zu bekommen.			
Ich mache meine Sachen lieber allein, bevor ich jemanden um Rat frage.			
Es fällt mir leicht, Zusammenhänge zu durchschauen.			
Ich möchte nicht einer unter vielen sein, sondern aus der Masse herausragen.			
Ich möchte es im Leben weit bringen/habe es weit gebracht.			
Ich lasse mich häufiger zu spitzen Bemerkungen hinreißen.			
Es liegt mir, Verantwortung zu tragen.			
Ich bin ein eher distanzierter Mensch.			
Ich fühle mich schnell angegriffen.			
Ich bin eher ein Einzelkämpfer.			
Argumente sind wichtiger als Emotionen.			
Meiner Argumentation ist so leicht keiner gewachsen.			
Anzahl der Kreuze:			
Multiplizieren Sie Kreuze × Punktzahl	1	½	ohne Punkte
Anzahl der Punkte:			
Summe der Punkte:			

2. Rubrik			
Bitte kreuzen Sie an, ob diese Aussage	genau stimmt	etwas stimmt	nicht stimmt
Ich neige dazu, mich ausnutzen zu lassen.			
Es fällt mir viel leichter, für meine(n) Partner/Partnerin ein Geschenk zu kaufen als für mich selbst.			
Um des lieben Friedens willen gebe ich nach.			
Menschen wenden sich gerne an mich, wenn sie Trost brauchen.			
Ich bin ein friedfertiger Mensch.			
Bescheidenheit ist eine Zier.			
Ich habe immer ein offenes Ohr für die Sorgen anderer Menschen.			
Ich wehre mich nicht, aus Angst, die Zuneigung anderer zu verlieren.			
Ich beklage mich häufig über mein Los.			
Ich sorge sehr für mein leibliches Wohl/das meiner Familie.			
Die anderen sollten mich auch so verwöhnen, wie ich sie.			
Dauernd will einer etwas von mir.			
Anzahl der Kreuze:			
Multiplizieren Sie Kreuze × Punktzahl	1	½	ohne Punkte
Anzahl der Punkte:			
Summe der Punkte:			

3. Rubrik			
Bitte kreuzen Sie an, ob diese Aussage	genau stimmt	etwas stimmt	nicht stimmt
Es ist mir wichtig, meiner Sache ganz sicher zu sein.			
Ich wäge lange ab, bevor ich mich entscheide.			
Ich lasse lieber alles beim Alten.			
Es ist mir wichtig, die Übersicht zu haben.			
Ich würde nie unvorbereitet in eine unbekannte Situation hineinspringen.			
Gesetze sind dazu da, eingehalten zu werden; ich halte mich ja auch an die Regeln.			
Ich bin belastungsfähig.			
Ich halte mich für einen eher konservativen Menschen.			
Vertrauen ist gut, Kontrolle ist besser.			
Ich bin ein zuverlässiger Mensch.			
Wie es drinnen aussieht, geht niemand was an.			
Menschen wenden sich gerne an mich, wenn sie eine Aufgabe in guten Händen wissen wollen.			
Anzahl der Kreuze:			
Multiplizieren Sie Kreuze × Punktzahl	1	½	ohne Punkte
Anzahl der Punkte:			
Summe der Punkte:			

4. Rubrik			
Bitte kreuzen Sie an, ob diese Aussage	genau stimmt	etwas stimmt	nicht stimmt
Von mir gehen kreative Impulse aus.			
Ich neige zur Unpünktlichkeit.			
Regeln empfinde ich als Begrenzung meiner Freiheit.			
Ich kann mühelos eine ganze Gesellschaft unterhalten.			
Menschen fühlen sich von mir angezogen.			
Ich kann schlecht warten.			
Ich bin ausgesprochen kontaktfähig.			
Ich möchte von allen geliebt werden.			
Ich kann mich schnell für etwas begeistern.			
Der Reiz des Neuen ist schnell vorbei.			
Ich bin leider so inkonsequent.			
Ich wage nicht, meine Meinung zu sagen, wenn sie von der anderer abweicht.			
Anzahl der Kreuze:			
Multiplizieren Sie Kreuze × Punktzahl	1	½	ohne Punkte
Anzahl der Punkte:			
Summe der Punkte:			

Schaubild 32: Persönlichkeitsfragebogen

Auswertung:

Die Summe des Punkte aus der

1. Rubrik beziehen sich auf Kompensationsleistungen und Überempfindlichkeiten aufgrund schizoider Strukturanteile
2. Rubrik beziehen sich auf Kompensationsleistungen und Überempfindlichkeiten aufgrund depressiver Strukturanteile
3. Rubrik beziehen sich auf Kompensationsleistungen und Überempfindlichkeiten aufgrund zwanghafter Strukturanteile
4. Rubrik beziehen sich auf Kompensationsleistungen und Überempfindlichkeiten aufgrund hysterischer Strukturanteile

Teilsumme 1. Rubrik = ... Punkte
Teilsumme 2. Rubrik = ... Punkte
Teilsumme 3. Rubrik = ... Punkte
Teilsumme 4. Rubrik = ... Punkte

Die Auswertung des obigen Fragebogens kann dazu beitragen, die sicherlich schon bei der Lektüre des vorangegangenen Grundkurses in Menschenkenntnis angestellten Überlegungen über bestimmte Strukturanteile in der eigenen Person zu belegen. Für den Umgang mit der eigenen Person bedeutet dieses Wissen, daß Fähigkeiten und Möglichkeiten, die vorher vielleicht gar nicht so deutlich wahrgenommen worden waren, auch Chancen eröffnen, sie schätzen zu lernen, gewinnbringend einzusetzen und damit ein positiveres Selbstwertgefühl aufzubauen. Für die Grenzen, die in den eigenen Strukturanteilen liegen, besteht die Chance, sie zu akzeptieren und sich mit ihnen zu versöhnen. Sobald es möglich ist, mit den eigenen Schwächen umzugehen, verlieren sie zum Teil ihren bedrohlichen Charakter. Dazu sollen die nachfolgenden Hinweise für den Umgang mit der eigenen Person verhelfen. Sie sind wiederum stichpunktartig aufgezeigt.

Dabei hat der vorhandene, erkennbare Anteil an bestimmten Strukturen für die Inhaber auch bestimmte Konsequenzen. Wie es möglich ist, mit diesen Stärken und Schwächen umzugehen, wollen wir durch die nachfolgende Übersicht anregen.

Hinweise für den Umgang mit der eigenen Person

Für schizoid strukturierte Menschen bedeutet dies:

Bejahen Sie Ihren kritisch klaren Sachverstand und Ihre Intellektualität, von der viele Menschen fasziniert sind.	aber	Sie müssen nicht alles sagen, was Sie denken und wissen. Sie neigen dazu, Ihre Mitmenschen mit intellektuellen Ausführungen zu erschlagen.
Sie halten Distanz und lösen sie bei anderen Menschen aus,	aber	möchten im Grunde doch dazugehören. Das können Sie sich ruhig eingestehen.
Menschen sollen Ihnen nicht zu nahe rücken. Diese Distanz steht Ihnen zu.	aber	Nutzen Sie die Möglichkeit, andere zu beobachten. (Darin liegt ja eine Ihrer Stärken.) Wenn Sie Menschen besser verstehen, sind Sie nicht so isoliert.
Auch Sie brauchen emotionalen Austausch.	aber	Wählen Sie Menschen, die gut zuhören können, sowie eine Situation, die das Zuhören ermöglicht.
Sie streben nach Überlegenheit und tragen gerne Verantwortung.	aber	Vermeiden Sie, andere klein zu machen.
Sie reagieren auf Kränkungen und Widerspruch empfindlich und aggressiv.	aber	Auch andere Menschen sind verletzlich.
Es fällt Ihnen schwer, Gefühle in Worte zu fassen.	aber	Suchen Sie andere Ausdrucksmöglichkeiten, z. B. Schreiben, Malen, Kneten usw.
Sie wissen manchmal nicht, wohin mit Ihren Aggressionen.	aber	Körperliche Aktivität (Sport, sowie die obigen Ausdrucksmöglichkeiten) könnten entlasten.

Für depressiv strukturierte Menschen bedeutet dies:

Sie besitzen eine ausgeprägte Liebesfähigkeit und Beständigkeit in zwischenmenschlichen Beziehungen.	aber	Sie neigen dazu, nahestehende Menschen zu sehr einzuengen. Diese brauchen persönliche Freiräume. Sonst müssen sie sich ganz distanzieren.
Sie erleben es trotz gegenteiliger Beteuerungen als Liebesverlust, wenn Menschen sich eigenen Interessen zuwenden.	aber	Sie könnten ein Gegengewicht schaffen, indem Sie sich ebenfalls eigene Interessengebiete aufbauen.
Sie besitzen die Fähigkeit, sich stark in Ihrem Beruf und jedem anderen Tätigkeitsfeld zu identifizieren.	aber	Es passiert Ihnen allzu leicht, daß Sie sich selbst überfordern, mit Kraft, Zeit und Geld zu großzügig umgehen, das eigene Konto, – monetär wie seelisch – beständig zu überziehen. Geben Sie nicht mehr aus, als Sie sich leisten können.
Sie können schlecht „nein" sagen.	aber	Bedenken Sie, daß Sie dann auch nicht wirklich „ja" sagen können. Für die soziale Umwelt ist es einfacher im Umgang mit Menschen, die meinen was sie sagen.
Sie warten viel zu lange, bis Sie sich wehren oder auseinandersetzen.	aber	Wenn es dann zu Auseinandersetzungen kommt, ist Ihre Reaktion oft unangemessen heftig. Hüten Sie sich davor, Konsequenzen anzudrohen, die Sie nicht einhalten können.
Sie haben Angst, es könnte nicht reichen.	aber	Sie wären verblüfft zu erfahren, daß die meisten Menschen sich wohler fühlen, wenn Sie sie weniger verwöhnen, bemuttern, sich für sie einsetzen, helfen usw.
Sie möchten, daß man Ihnen die Wünsche von den Augen abliest.	aber	Menschen sind keine Hellseher und meist viel zu sehr mit eigenen Belangen beschäftigt. Sie müssen schon sagen, was Sie sich wünschen.
Sie neigen zu Schuldgefühlen.	aber	Auch Sie dürfen Fehler machen. Aber bitte nicht den, die Schuldgefühle durch Verwöhnung, Übereinsatz, Aufopfern zu beschwichtigen.

Für zwanghaft strukturierte Menscen bedeutet dies:

Sie sind zuverlässig, genau und belastbar. Das sind Tugenden, die Ihre Anerkennung verdienen.	aber	Bedenken Sie, allzu starres Einhalten von Regeln macht Ihre Mitmenschen ärgerlich.
Sie sind geduldig und ausdauernd. Dadurch sind Sie in der Lage, sich Aufgaben auch dann noch zuzuwenden, wenn andere längst aufgegeben hätten.	aber	Seien Sie kein geduldiges Lamm, das alles mit sich machen läßt.
Sie haben ein ausgeprägtes Sicherheitsstreben. Sichern Sie sich ruhig ab.	aber	Wenn Sie es übertreiben, werden Sie unflexibel und unspontan.
Sie haben Entscheidungsschwierigkeiten.	aber	Nicht allen Menschen fallen Entscheidungen schwer. Holen Sie sich Unterstützung bei denen, die ein gutes Urteilsvermögen haben.
Sie haben große Scheu vor Aggressionen und damit auch vor Auseinandersetzungen.	aber	Ihre Mitmenschen rechnen mit aggressiven Äußerungen Ihrerseits, wenn ein Anlaß gegeben ist.
Sie neigen zum Perfektionismus.	aber	Sie werden dadurch mit Ihren Aufgaben manchmal nicht rechtzeitig fertig.
Sie haben kein so gutes Körpergefühl.	aber	Sie können Ihr Körpergefühl durch Ausgleichssport ohne Hochleistungsanspruch (Perfektionismus) verbessern.

Für hysterisch strukturierte Menschen bedeutet dies:

Sie besitzen Charme und eine starke Anziehungskraft, Menschen fühlen sich in Ihrer Umgebung spontan wohl, Sie sind zu beneiden.	aber	Beteuern Sie nur Zuneigung, wenn Sie sie auch wirklich empfinden. Ihre Mitmenschen sind enttäuscht, wenn sie feststellen, daß die Zuwendung nicht wirklich ihrer Person galt.
Sie wollen gefallen und geliebt werden.	aber	Geben Sie darum nicht Ihre Persönlichkeit und Ihre Meinung auf.
Sie sind talentiert und haben eine schnelle Auffassungsgabe.	aber	Sie laufen Gefahr, nie fundierte Kenntnisse und Fähigkeiten zu erwerben, solange Sie Methodisches als altmodisch, überholt und ungenial betrachten.
Sie sind schnell zu begeistern.	aber	Sie sollten hellhörig sein, wenn sie alsbald die Lust verlieren. Es sind meist nicht die Menschen und Dinge oder die Hobbies, die uninteressant geworden sind. Erfolge stellen sich ein, wenn Sie sich Zeit zum Üben nehmen.
Sie möchten Menschen Freude bereiten.	aber	Prüfen Sie, ob Sie Ihre Versprechen auch einhalten können. Sonst gibt es Enttäuschung auf beiden Seiten.
Sie würden gern alles schon können.	aber	Aber Ihre Ungeduld läßt Ihnen keine Zeit, erst zu lernen.
Sie neigen dazu, mehr zu riskieren als Ihr Kenntnisstand eigentlich erlauben würde.	aber	Sie haben erstaunlich oft Glück damit. Dafür laufen Sie wie auf rohen Eiern.
Sie geben leicht anderen die Schuld für Ihre Mißerfolge.	aber	Die haben meist keine Lust, sich verantwortlich zu fühlen.

Psychologisches Konfliktmanagement

Wir wollen jetzt an die praktische Handhabung von Konflikten herangehen. Wäre dies nicht ein so außerordentlich schwieriger Bereich, würden sich in der Literatur wie im praktischen Leben viel mehr Hinweise für den Umgang mit Konflikten finden lassen. Dabei sind die zu beachtenden Aspekte des Typus „man darf, man soll, man kann" verhältnismäßig zahlreich. Wir haben versucht, die Anregungen, die in der (in diesem Buch bereits vorgestellten) Literatur zu finden waren und jene, die sich in der Praxis als erfolgreich erwiesen haben, in neun Schaubildern zu ordnen. Dieses Ordnungsprinzip ist keineswegs zwingend. Wir hoffen jedoch, daß es eine innere Logik enthält und die Hinweise eine praktische Hilfe für den Prozeß des Konfliktmanagements darstellen. Auf besondere Aspekte wollen wir ausführlicher eingehen.

Wäre die Mehrzahl der Menschen konfliktfähig, hätten Konflikte nicht so viel Verletzendes an sich. Sie wären nicht so gefürchtet und machten weder unglücklich noch krank. Konflikte könnten als etwas zum menschlichen Leben Dazugehöriges betrachtet werden, die Impulse in Richtung auf etwas Neues, Kreatives, Veränderndes auslösen können, das die Kontrahenten weiterbringt.

Falls es möglich ist, über ein Buch einen Prozeß ingang zu setzen, der dazu beiträgt, konfliktfähig(er) zu werden, so wollen wir dies hier versuchen.

Wie Konfliktfähigkeit in der Kindheit entsteht, haben wir im Kapitel über die kooperative Familienatmosphäre sehr ausführlich dargestellt. Einige Elemente davon wollen wir in Erinnerung rufen, weil sie für den Konfliktlösungsprozeß von Belang sind.

1. Handlungsfähigkeit

Gefühle wie Wut, Hilflosigkeit und Frustration usw. entstehen immer dann, wenn der Mensch an die Grenzen seiner Handlungsfähigkeit stößt. Je nach der Persönlichkeit des Betroffenen finden diese Gefühle ihren Ausdruck in offen geäußerter bis hin zu gegen die eigene Person gerichteter Aggression. In dem Augenblick, in dem der Mensch, dessen Ziele durchkreuzt (Frustration) wurden, der gedemütigt, gekränkt oder kritisiert wurde, Ansatzpunkte dafür findet, wie sie oder er mit dieser oder einer nächsten ähnlichen Situation umgehen kann, verändert sich die innere Befindlichkeit. Einen ähnlichen Effekt hat es, wenn vorher unverständliches Verhalten von Menschen infolge eines Gespräches oder einer Diskussion unter der Darlegung der Beweggründen zum Verständnis dieses Handelns führt. Die Handlungsfreiräume bringen die Konflikt„opfer" aus der Unterlegenheitsposition heraus und machen es deshalb überflüssig, zurückzuschlagen, um sich Genugtuung zu verschaffen.

Handlungsfähigkeit entsteht in der Kindheit und kann im Erwachsenenleben (zurück)gewonnen werden, wenn Freiräume da sind, die es erlauben, eigene Lösungen für Bewältigung von Schwierigkeiten zu finden. Während das heranwachsende Kind diese Handlungsspielräume in Versuch und Irrtum ausprobiert, greifen Erwachsene auf ein ausgedehntes Repertoire von Erfahrungen zurück, welche Konsequenzen dieser oder jener Schritt haben wird. Sie können gedanklich Handlungsalternativen durchspielen und sich dann über das weitere Vorgehen klar werden. Aber auch hier macht Übung den Meister. Je öfter durch eigenen Entschluß wieder Handlungsfreiräume geschaffen werden, um so größer wird das Repertoire der Möglichkeiten und um so eher fällt dem Betreffenden eine Lösung ein.

2. Fehler

Die Mehrzahl der Erwachsenen reagiert erschrocken bis hin zu Schuldgefühlen, wenn ihnen ein Fehler unterlaufen ist. Diese Reaktion beruht auf der Erfahrung, daß Fehler bewertet und als schlecht oder schlimm befunden werden. Die logische Konsequenz der Bewertung ist Strafe, insbesondere dann, wenn gegen die warnenden Prognosen von Menschen verstoßen wurde, die es (wirklich oder angeblich) besser gewußt haben.

Nimmt man die Bewertung weg, sieht ein Fehler völlig anders aus. Er ist das Ergebnis einer Handlung, die von dem Handelnden aus den verschiedensten Gründen noch nicht perfekt durchgeführt werden konnte. Die Handlung ging fehl, weil der Akteur den Zusammenhang nicht ausreichend einschätzen oder bewältigen konnte. Wertfrei betrachtet ist ein Fehler eine Möglichkeit, sich Gedanken darüber zu machen, wie er zu korrigieren oder zu beheben ist und wie in Zukunft der gleiche oder ähnliche Fehler vermieden werden können. Wir wollen den Begriff „Fehler" dabei sehr weit fassen und auch seelische Verletzungen oder Kränkungen mit einbeziehen. Denn auch hier gibt es Möglichkeiten der Korrektur, z.B., sich zu entschuldigen, oder dem verletzten Menschen im Sinne einer Wiedergutmachung etwas Liebevolles angedeihen zu lassen. Ein solcher Auseinandersetzungsprozeß bedeutet, daß die Urheber des Fehlers hinterher klüger sind als zuvor. Fehler zu bewältigen heißt also, lebenstüchtiger zu werden. Oder, etwas überspitzt ausgedrückt: **Wer keine Fehler macht, bleibt dumm.** Zugleich beinhaltet dieser Prozeß ein wachsendes Maß an Handlungsfähigkeit.

3. Übernahme der Verantwortung für die Folgen des eigenen Handelns

Damit kommen wir zu der dritten Voraussetzung, die Handlungsfähigkeit, den Umgang mit Fehlern und Konfliktfähigkeit bedingt. Die Fähigkeit, die Konsequenzen des eigenen Handelns voraussehen zu können, erfordert einen Lernprozeß. Dieser besteht aus:

- Freiräumen, innerhalb derer Dinge ausprobiert und Erfahrungen gesammelt werden können,
- einer Lern- und Probierphase für die einzelnen Handlungsabläufe, da weder der Erwachsene und erst recht nicht das heranwachsende Kind alle Dinge von vornherein können oder alle Fähigkeiten auf dem Wege der Imitation erwerben,
- dem Zugang zu den Folgen des eigenen Handelns anstelle von Strafe,
- der Gelegenheit, Fehler zu korrigieren und damit die Verantwortung für das eigene Handeln zu übernehmen.

Es ist demzufolge sinnlos, von Menschen die Übernahme von Verantwortung zu fordern, denen dieser Lernprozeß verwehrt wurde.

Konfliktfähigkeit setzt also als erste Maßnahme voraus, die Verantwortung für den Teil des eigenen Handelns übernehmen zu können, der zum Konflikt beigetragen hat. Das Bewußtsein, daß die jeweiligen Handlungen, die zum Konflikt geführt haben, nicht bewertet werden, sondern korrigiert werden können, erleichtert die Übernahme der Verantwortung erheblich. Unter dieser Voraussetzung bleiben Menschen auch im Konflikt handlungsfähig. Handlungsfähige Menschen geraten entsprechend den obigen Ausführungen nicht unter den Druck, verleugnen oder verniedlichen oder zum Ausgleich von Unterlegenheitsgefühlen zurückschlagen zu müssen. **Handlungsfähige Menschen behalten eine realistische Wahrnehmung der Situation, die stattgefunden hat.**

Damit soll nicht gesagt sein, daß von den Konfliktparteien nicht eine Seite sich in einer günstigeren Situation befinden kann als die andere. Die „seelische Munition" jedoch, die Konflikte eskalieren läßt, braucht nicht benutzt zu werden. Konflikte bleiben so handhabbar und können gemanagt werden. Unter diesen Voraussetzungen ist es sogar vorstellbar, daß es über den Ausgleich von Interessen zu einer echten Konfliktlösung kommen kann, bei der die Konfliktbeteiligten sich hinterher wieder unbefangen begegnen können.

Aus den obigen Ausführungen ist bereits deutlich geworden, daß Konfliktfähigkeit erlernbar ist. Die nachfolgenden zehn Schaubilder sollen diesen Prozeß begleiten.

Wir wollen die einzelnen Aspekte in den Schaubildern nicht noch einmal wiederholen, sondern nur an markanten Stellen einzelne Hinweise vertiefen. Den Einstieg dazu soll folgende authentische kleine Geschichte liefern:

Im Warteraum vor einem Großraumbüro der Telekom sitzen etwa 20 Personen, die Telefonanträge und andere Dinge erledigen wollen. Sie warten teilweise bereits seit mehreren Stunden darauf, bedient zu werden. In dem Großraumbüro selbst wird an vier Schreibtischen die Kundschaft bedient. Ein Kunde Mitte Vierzig geht durch die Wartenden hindurch direkt in den Büroraum, schließt geräuschvoll die Tür und geht auf einen der Sachbearbeiter zu, der gerade eine Kundin bedient. In aggressivem Ton erklärt er dem Sachbearbeiter, daß er keine Zeit habe, sich für so einen albernen Antrag stundenlang nach draußen zu setzen. Er besteht deshalb darauf, sofort bedient zu werden.

Das verfolgte Ziel des Herrn ist leicht zu durchschauen. Er will sich durch aggressives Auftreten Vorrechte verschaffen. Dabei ist er so zielstrebig vorgegangen, daß die Wartenden nicht einmal dazu gekommen sind, sich zu empören. Aber im Verhältnis zu dem Sachbearbeiter ist aller Zündstoff für eine Eskalation gegeben.

Die Deeskalation emotional aufgeheizter Konflikte

Im nachfolgenden Schaubild 33 „Die Deeskalation emotional aufgeheizter Konflikte" ist eine Reihe von Handlungsmöglichkeiten aufgelistet, die eine bereits aufgeladene Stimmung wieder auf eine sachliche Ebene zurückbringen können.

Der Sachbearbeiter in dem obigen Beispiel wendet (ob intuitiv oder geschult, bleibt dahingestellt) verschiedene dieser Aspekte an: er bleibt sachlich und versucht erst gar nicht, den Kunden argumentativ auf dessen falsche Handlungsweise aufmerksam zu machen. Er steigt auch nicht auf den angebotenen Machtkampf ein. Stattdessen erklärt er ganz ruhig: „Sie können gerne Ihren Antrag dort auf den Tisch legen. Sollten dann aber irgendwelche Unklarheiten bestehen, müssen wir Sie anschreiben, so daß sich Ihre Antragstellung verzögert. Falls Sie Ihren Antrag besprechen wollen, müssen Sie bitte draußen warten." Der Kunde schnappt nach Luft, legt seinen Antrag auf einen leeren Schreibtisch und geht.

Wir haben gerade dieses Beispiel ausgesucht, weil es einen Aspekt enthält, auf den wir besonders hinweisen wollen. Der Sachbearbeiter hat sich nicht nur anders verhalten, als der Kunde mit seiner provozierenden Art erreichen wollte (dafür spricht dessen Sprachlosigkeit), er hat die Verantwortung für das weitere Vorgehen in dieser Angelegenheit in die Hand des Kunden gelegt. Dazu hat er zwei mögliche Alternativen zur Auswahl angeboten und dabei zugleich die Konsequenzen dieser beiden Möglichkeiten aufgezeigt. Wie immer der Kunde sich entschied, er war nicht mehr in der Lage, den Sachbearbeiter für die Folgen seiner Entscheidung verantwortlich zu machen.

Hätte sich der Sachbearbeiter auf den angebotenen Machtkampf eingelassen, wäre der Kunde in die Lage versetzt worden, den Sachbearbeiter zum Schuldigen z.B. für seinen Zeitverlust zu

Psychologisches Konfliktmanagement
Die Deeskalation emotional aufgeheizter Konflikte
Wenn die Emotionen hochgehen, sollte für Deeskalation gesorgt werden, indem • auf emotional vorgetragene Argumente sachlich geantwortet wird. Ist der Konfliktpartner gekommen, um Dampf abzulassen, ist es zwecklos, ihn überzeugen zu wollen, weil der Aggressive sich Luft machen möchte und dadurch die Kommunikation auf verschiedenen Ebenen stattfindet. Geht es dem Konfliktpartner darum, Klärung oder Hilfe zu bekommen, macht es Sinn, die Angelegenheit zu prüfen und sachlich zu erläutern. • Dabei kann dem Gegenüber die Angst genommen werden, ein Gegner zu sein, indem z. B. gesagt wird: „Ich möchte doch gerne gemeinsam mit Ihnen eine Lösung finden." • Die Argumente des Gegenübers sollten so wiederholt werden, wie sie bei einem selbst angekommen sind. Der Gesprächspartner weiß dann, daß man selbst gut zugehört hat und fühlt sich ernstgenommen. • Allzu leicht werden einem aggressiv auftretenden Menschen von vornherein schädigende Motive unterstellt. Das provoziert Mißtrauen und Unzufriedenheit. Sollte es passiert sein, daß dem Gegenüber negative Denk- und Handlungsweisen unterstellt wurden, muß unbedingt der sachliche Gehalt der Meinung überprüft werden. • Bei Unzufriedenheit auf einer oder beiden Seiten muß den Gründen nachgegangen werden. Dann wird vermieden, daß jeweils die Gegenseite für alles Mißliche verantwortlich gemacht wird. • Wurden eine oder beide Seiten gekränkt, ist es besser, zu thematisieren, wie das Gesagte bei einem angekommen ist, als eine Retourkutsche zu fahren. • Einen Fehler zu machen ist menschlich und normal. Nach einer Kränkung oder Fehlverhalten gehört zwar Mut zu einer Entschuldigung, sie kann aber viel zur Deeskalation beitragen. • Wenn die Konfliktparteien allein nicht weiterkommen, sollten sie eine neutrale dritte Person zuziehen, die geeignet ist, zur Deeskalation beizutragen. • Sich anders als erwartet zu verhalten (z. B. freundlich statt aggressiv), kann das Konfliktsyndrom durchbrechen. • Falls nach Anwendung dieser Hinweise noch immer keine Beruhigung eingetreten ist, sollte das Gespräch – mit neuem Termin – vertagt werden. • Bei einer Abkühlphase mit kürzeren Interaktionspausen ist es effizient, daß beide Seiten Dinge tun, die die jeweilige Stimmung wieder heben. Danach ist es möglich, mit einer gelasseneren Haltung das Gespräch fortzusetzen.

Schaubild 33: Die Deeskalation emotional aufgeheizter Konflikte

erklären. Dieser Schritt, einem (vielleicht auch erst zukünftigen) Konfliktpartner Alternativen anzubieten, innerhalb derer er sich frei entscheiden kann, ist kein Trick. Diese Vorgehensweise hat auch nichts mit der sog. Entweder-Oder-Taktik zu tun, die gern verwendet wird, um einen Adressaten zu einer bestimmten Entscheidung zu drängen, weil diese nicht eine Handlungsalternative aufzeigt, sondern das „Oder" die Konsequenzen formuliert, falls der Gesprächspartner nicht auf einen bestimmten Vorschlag eingeht. Das Anbieten von Handlungsalternativen ist vielmehr ein probates Mittel, um aus einem Machtkampf entweder auszusteigen, oder sich erst gar nicht in einen solchen einzulassen. Handlungsfähig werden dabei beide Konfliktpartner. Derjenige, der die Entscheidungsspielräume anbietet und damit das Gegenüber veranlaßt, selbst die Verantwortung für seine Entscheidung zu übernehmen, ebenso, wie derjenige, der zwischen den Alternativen wählen kann. Das Auffinden von Handlungsalternativen läßt sich trainieren.

Wenn die Handlungsfähigkeit aufrechterhalten oder wiedergefunden wird, verändert sich damit auch das oft sehr intensive Gefühl, den anderen strafen zu müssen. Auf diesem Hintergrund ist auch der letzte Hinweis bei den Deeskalationsvorschlägen zu verstehen. Wenn zwei Kampfhähne sich entscheiden, sich zunächst zu trennen, weil sie zu aufgebracht sind, um weiter miteinander sprechen zu können, dann ist das klug. Keine Strafe ist es, wenn in dieser Trennung kein Liebesentzug liegt. Sinnvoll ist es, die Zeit der Trennung dafür zu nutzen, Dinge zu tun, die die eigene Stimmung wieder heben, so daß es möglich ist, sich wieder unbefangener zu begegnen.

Das Beispiel von dem Kunden bei der Telekom repräsentiert eine Situation, die keine Vorgeschichte hatte und spontan ausgelöst wurde. Damit soll aber nicht zum Ausdruck gebracht werden, daß sich die Hinweise in dem obigen Schaubild nur auf solche Situationen beziehen sollen. Vielmehr sind die viel häufigeren Situationen jene, die schon eine Vorgeschichte bzw. eine Geschichte haben. Es wird also zu einem oder mehreren Gesprächen kommen müssen, unabhängig davon, ob der mangelnde Konsens auf Mißverständnissen beruht, ob ein Problem zu lösen ist oder ob ein Konflikt im eigentlichen Sinne vorliegt.

Technische Hinweise zur Gesprächsführung

Im nachfolgenden Schaubild 34 „Technische Hinweise zur Gesprächsführung“ sind einige Aspekte aufgeführt, die dazu dienen sollen, leicht vermeidbare Fehler auszuschließen. Der wohl wichtigste Aspekt dabei ist, Begebenheiten, die sich zu einem Konflikt, einem eskalierenden Konflikt oder sogar zu Mobbing ausweiten können, nicht zu ignorieren oder auf die lange Bank zu schieben, sondern mutig anzupacken. Werden Ärger, Kritik, Wut, Enttäuschung usw. nicht rechtzeitig thematisiert, vergrößert sich die Gefahr der Eskalation.

Psychologisches Konfliktmanagement
Technische Hinweise zur Gesprächsführung
Die Probleme nicht auf die lange Bank schieben
Das Gespräch gut vorbereiten
Bei Verhandlungen einen neutralen Gesprächsort wählen
Immer unter vier Augen bzw. mit den Betroffenen sprechen
Sich einen bestimmten Zeitrahmen vornehmen, bei Gruppen den Zeitrahmen nach der Tagesordnung festlegen
Wenn es Anschauungsmaterial gibt, nebeneinandersetzen
Das Anliegen verständlich formulieren
Wenn der Gesprächspartner spricht, genau zuhören
Rückmeldung über das Gehörte geben

Schaubild 34: Technische Hinweise zur Gesprächsführung

Die Beseitigung von Mißverständnissen

Wir wollen uns jetzt jenem Bereich zuwenden, der wohl am einfachsten zu handhaben ist: der Beseitigung von Mißverständnissen. Hier ist sehr leicht zu erkennen, daß es sich um Mangel in der Kommunikation handelt, und zwar ausschließlich. Das will sagen, daß die Hinweise, die im Schaubild 35 „Kommunikation bei Mißverständnissen“ gegeben werden, selbstverständlich ebenfalls gelten, wenn Probleme zu lösen oder Konflikte zu managen sind. Auch hier ist eine verbesserte Kommunikation nötig. Bei Mißverständnissen beinhaltet die Verbesserung der Kommunikation im Gegensatz dazu aber bereits den Lösungsprozeß.

Psychologisches Konfliktmanagement
Kommunikation bei Mißverständnissen
Wenn Mißverständnisse bestehen, sollte die Kommunikation verbessert werden, indem • gut zugehört wird, was das Gegenüber sagt. • für kurze Zeit das eigene Urteil zurückgestellt wird. • versucht wird, sich in die Beweggründe des Gegenübers einzufühlen. **Den Standpunkt der Gegenseite zu verstehen, heißt nicht, damit einverstanden zu sein.** Das Einfühlen soll nicht die notwendige Diskussion ersetzen. • die Argumente der anderen Parteien wiederholt werden, damit sichergestellt ist, daß das Anliegen richtig verstanden wurde. • das Gegenüber aufgefordert wird, darzulegen, wie die eigenen Vorstellungen bei ihm angekommen sind. • bei der Rückmeldung die im eigenen Sinne positiven Aspekte der Aussagen der anderen Partei besonders herausgehoben werden. • bei ungenauen Vorstellungen beide Standpunkte präzisiert werden.

Schaubild 35: Kommunikation bei Mißverständnissen

Hinweise zum Problemlösungsverhalten

Das wesentlichste Merkmal bei einem zu lösenden Problem ist, daß die davon Betroffenen in aller Regel bereit und interessiert sind, gemeinsam an einem Lösungsprozeß mitzuarbeiten. Dies ist bei einem Konflikt allenfalls am Anfang noch gegeben. Je nach dem Grad der Eskalation sind die Hinweise, die wir im Schaubild 36 „Hinweise zum Problemlösungsverhalten" aufgeführt haben und die dort hilfreich sind, oft gar nicht mehr einzuhalten. Da muß sinnbildlich gesprochen erst allerhand „Geröll" (an schlechten Gefühlen, unrealistischer Wahrnehmung usw.) weggeräumt werden, bevor es beispielsweise möglich ist, die Gespräche so zu führen, daß beide Seiten ohne schlechte Gefühle weitermachen können und die Beziehung nicht zerstört oder sogar verbessert wird. Das Merkmal handfester Konflikte ist ja gerade, daß das Wohlwollen nicht mehr vorhanden ist.

Psychologisches Konfliktmanagement
Hinweise zum Problemlösungsverhalten
• Dem Konfliktpartner mit Achtung begegnen, das Gegenüber nicht beschämen oder das Gesicht verlieren lassen. • Das Problem mutig anpacken, nicht aus Harmoniebedürfnis unter den Teppich kehren oder faule Kompromisse eingehen, die Frustrationen hinterlassen. • Nicht nach dem Schuldigen suchen, sondern überlegen, welcher Beitrag selbst zur Lösung des Problems geleistet werden kann. • Die eigenen Handlungsspielräume überprüfen bzw. neue schaffen. • Die Argumentation sachlich führen, d. h. sich auf das zu lösende Problem zu konzentrieren und die Situation nicht emotional aufzuschaukeln. • Die Verhandlungen so führen, daß beide Seiten ohne schlechte Gefühle weitermachen können. • Die Beziehungen zum Gegenüber nicht zerstören, möglichst sogar verbessern.

Schaubild 36: Hinweise zum Problemlösungsverhalten

Das Konfliktmanagement bedarf eines sehr gut vorbereiteten, bewußt und gezielt durchgeführten Prozesses. Das Schaubild 37 „Die Vorbereitungsphase zur Handhabung von Konflikten“ soll Hilfestellung geben für Konflikte im Verhältnis zwischen Vorgesetzten und Mitarbeitern oder umgekehrt. Das gleiche soll gelten bei Konflikten unter ranggleichen Kollegen oder wenn es um Korrekturen geht oder als Hilfestellung für jemanden, der als Schlichter auftritt, aber auch bei Konflikten im Privatbereich.

Eine Überlegung wollen wir noch voranstellen: Wenn zwei oder mehr Menschen Schwierigkeiten miteinander haben, ein Konflikt eine Geschichte hat und die Kontrahenten schon zugespitzt sind, kommen meist mehrere Dinge zusammen, die zum Konfliktpotential beitragen:

- Es hat sich ein mehr oder minder hoher Berg an Unmutsgefühlen angesammelt, der zur Folge hat, daß die Konfliktparteien auch schon zugespitzt reagieren, wenn gar kein neuer Zündstoff da ist.

- Früher als positiv wahrgenommene Eigenschaften haben sich in der Sicht der Kontrahenten in negative verwandelt.
- In solch einer Situation fallen den jeweiligen Konfliktgegnern sämtliche „Verfehlungen“ des oder der anderen ein und sie kreisen beständig darum. Wenn es einmal so weit gekommen ist, ist der Blick auf den eigenen Anteil verstellt; sie selbst stehen mit mehr oder minder weißer Weste da.
- Aus diesen vorgenannten Gründen entsteht leicht der Wunsch, in einem Gespräch nun mal „reinen Tisch“ zu machen und alles loszuwerden, was die Gegenspieler aneinander stört.

Dieser Wunsch, in einem Rundumschlag alles loswerden zu wollen, was als kritisch erlebt wird, ist verständlich, aber verfehlt. Viel zu leicht gleitet das Gespräch dann in Generalisierungen ab wie „niemals“ oder „immer“ und ruft sofort den Widerspruch des so Gescholtenen auf den Plan. Die Grundvoraussetzung dafür, daß bei einem Menschen, dessen Verhalten kritisiert werden soll (im Konflikt geschieht dies ja von beiden Seiten), auch nur der Hauch einer Chance einer Veränderung besteht, ist, daß der Akteur in der Rolle des Konfliktmanagers sich auf ein einziges Thema beschränkt bzw. sich nicht mehr als einen Bereich vornimmt, in dem eine Änderung vollzogen werden soll oder auch z.B. Leistungsverbesserungen erwartet werden. Mit dem Akteur in der Rolle des Konfliktmanagers ist der als Schlichter auftretende neutrale Dritte ebenso gemeint, wie z.B. der Vorgesetzte, der mit dem/der Mitarbeiter(in) spricht, die- oder derjenige von zwei Konfliktparteien, die noch weniger „verhakelt“ sind und einen Schlichtungsversuch unternehmen können, oder im Idealfall die Kontrahenten selbst.

Ein Beispiel: Frau M. ist Sachbearbeiterin in einem größeren Betrieb und versteht es meisterhaft, mit charmantem Lächeln oder einer Hilflosigkeitsgebärde alle unangenehmen Arbeiten auf ihren Kollegen Herrn B. abzuwälzen. Sie kommt häufig zu spät zur Arbeit und hat jedesmal eine andere Ausrede. Wenn sie selbst in Urlaub ist, arbeitet der Kollege B., der sie dann vertritt, immer alles auf, so daß sie nach ihrer Rückkehr einen leeren Schreibtisch vorfindet, aber umgekehrt... Herr B. rettet stets in letzter Minute die Situation, bevor das Verhalten von Frau M. Schaden anrichtet. Herr B. hat selbstverständlich ebenfalls seinen Anteil an der Aufrechterhaltung dieser für ihn mißlichen Situation, weil er sich so verhält, daß er Frau M. davor bewahrt, die Konsequenzen ihres Handelns selbst tragen zu müssen. Herr B. hat einen ziemlichen Berg an Unmut angesammelt. Er stöhnt unter der Last der Arbeit und Verantwortung. Frau M. findet ihn kleinlich und er solle sich nicht so anstellen.

Herr B. möchte die Situation ändern. Am einfachsten wäre ein Gespräch über das Zuspätkommen. Aber das fällt nur bedingt in seinen Kompetenzbereich. Dieses Gespräch müßte eigentlich die Abteilungsleiterin führen. Die Angelegenheit mit der gegenseitigen Urlaubsvertretung hat er schon mit Frau M. besprochen. Sie hat hoch und heilig versprochen, daß sie das nächste Mal alles abarbeiten wird, aber... So bleiben zwei Bereiche, von denen Herr B. persönlich unmittelbar betroffen ist und die auch nur ihn angehen, die Tendenz von Frau M., ihm die unangenehmen Arbeiten zuzuschieben und immer wieder Situationen heraufzubeschwören, die beinahe Geld kosten oder anderen Schaden anrichten würden, wenn Herr B. nicht eingriffe. Herr B. entscheidet sich dafür, den Punkt anzupacken, sich nicht mehr alle unangenehmen Arbeiten „aufs Auge drücken" zu lassen. Dies will er im Gespräch mit Frau M. thematisieren.

Herr B. bereitet das Gespräch mit Frau M. vor, nehmen wir an, anhand des Schaubildes 27 „Die Vorbereitungsphase zur Handhabung von Konflikten".

Die Vorbereitungsphase zur Handhabung von Konflikten

Schritt eins sagt, daß das Sachproblem vom menschlichen Problem getrennt werden muß, damit es überhaupt möglich ist, den Konflikt zu bearbeiten.

Das Sachproblem, zu dessen Veränderung Herr B. sich entschlossen hat, ist, daß er sich nicht mehr bereiterklären will, die „Drecks"arbeit zu machen.

Wenden wir uns nun in dem Schaubild der Rubrik „Sachproblem" zu. „Fakten sammeln" würde in diesem Falle bedeuten, daß Herr B. bereits eine Liste gemacht hat mit Beispielen von unangenehmen Arbeiten, die eigentlich Frau M. hätte erledigen müssen

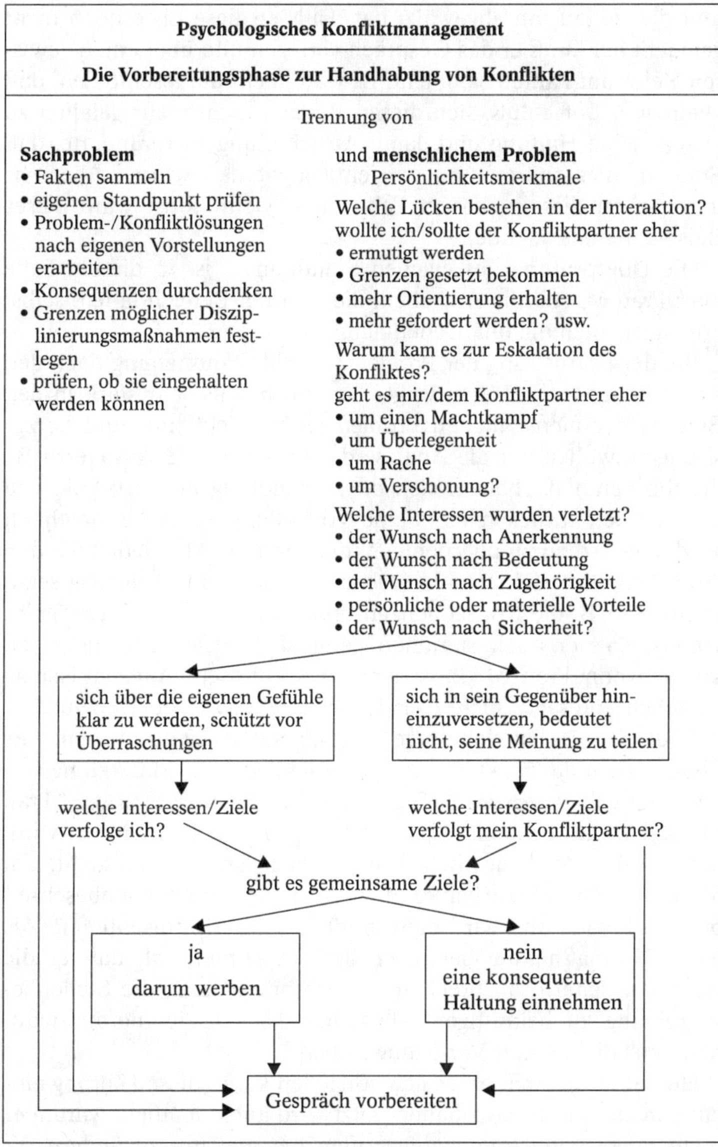

Schaubild 37: Die Vorbereitungsphase zur Handhabung von Konflikten

und die sie auf ihn abgewälzt hat. Falls er diese Liste noch nicht gemacht hat, muß er das Gespräch vertagen und über einen gewissen Zeitraum Fakten sammeln. Es wäre nicht ausgeschlossen, daß allein sein Entschluß, sich diesen Bereich nicht mehr gefallen zu lassen, seine Haltung und damit Ausstrahlung so veränderte, daß Frau M. dies spüren und vorsichtiger werden würde. Aber wir unterstellen dies in diesem Falle nicht, denn sonst wäre dieses Beispiel bereits zuende.

Die Überprüfung des eigenen Standpunkts ist in diesem Falle klar: Frau M. soll die Aufgaben, die in ihren Bereich fallen, selbst erledigen, auch die unangenehmen.

Bei der Erarbeitung der Problem/Konflikthandhabung nach den Vorstellungen von Herrn B. geraten wir bereits sehr stark in den Bereich der menschlichen Probleme. Um nicht hin- und herzuspringen, wollen wir die Analyse der Beweggründe von Herrn B., die ihn veranlaßt haben, sich die Behandlung bisher gefallen zu lassen, noch zurückstellen. Seine Vorstellung ist, daß er ablehnen wird, eine Arbeit zu übernehmen, die von Frau M. erledigt werden muß. Das hört sich sehr logisch und einfach an. Aber das setzt, wenn Herr B. die Konsequenzen seines Entschlusses durchdenkt, voraus, daß er auch standhaft genug ist, tatsächlich „nein" zu sagen, wenn Frau M. ihn wieder mit hilflosem Augenaufschlag anlächelt und sagt: „Och, Herr B., Sie können das doch so gut!"

Aber Herr B. hat sich vorgenommen, standhaft zu bleiben. Aus diesem Grunde denkt er darüber nach, welche Maßnahmen er ergreifen will, wenn er mit Frau M. nicht klarkommt. Er wird Frau M. sagen, daß er keine Arbeiten für sie mehr übernehmen wird, daß er alles, was sie ihm dennoch zuzuschieben versucht, auf ihren Schreibtisch zurücklegen wird. Er sucht die Stellenbeschreibungen heraus und wird diese notfalls Frau M. präsentieren. Als letzte Notmaßnahme behält er sich im Hinterkopf, daß er die Abteilungsleiterin ansprechen und sie bitten wird, die Stellenbeschreibung zu bekräftigen. Dies sind die „Disziplinierungsmaßnahmen" die ihm zur Verfügung stehen.

Herr B. prüft sich, ob er sich vorstellen kann, diese Haltung einzunehmen und durchzuhalten. Jetzt wird auch deutlich, warum er nicht den letzten Punkt aufgegriffen hat, um ihn zu ändern. Er würde es vermutlich nicht aushalten, Frau M., – wie er es empfindet – ins offene Messer laufen zu lassen, wenn er sie die Konsequenzen ihrer Schlamperei selbst tragen ließe. Er hat auch Angst, daß die Abteilungsleiterin ihm dann doch die Verantwortung anlasten würde. Bei der Neigung von Frau M., die Verantwortung (und die Verantwortung für Fehler) von sich auf andere abzuwälzen (oder gar zu intrigieren?), könnte das schlecht für ihn ausgehen. Damit ist im Grunde gesagt, daß es zwecklos ist, Konsequenzen anzudrohen, die aus persönlichen oder sachlichen Gründen nicht eingehalten werden können. Wer das tut, wird zum „Papiertiger“. Dieser Sachverhalt begründet auch neben noch anderen Aspekten, warum Konfliktmanagement erarbeitet werden muß. Emotionalisiert rutscht vielen Menschen die Androhung von Konsequenzen heraus, die dann doch nicht eingehalten werden (können), weil sie ja gar nicht wirklich gemeint sind, sondern eine Waffe gegen den Konfliktpartner darstellen sollen, „Säbelrasseln“, sozusagen.

Wir haben dieses Beispiel natürlich bewußt ausgewählt, weil hier von Herrn B. eine Haltung zu praktizieren versucht wird, die mit Abstand den größten Erfolg vor jeder Art von Korrektur beim Gegenüber hat. Er hat sich vorgenommen, seine eigene Haltung zu ändern, und nicht, an Frau M. herumzuzerren. Es ist leider ein völlig nutzloses Unterfangen, einen anderen Menschen ändern zu wollen. Und es klappt schon gar nicht, wenn einem Menschen zu diesem Zwecke sein wirkliches und vermeintliches Fehlverhalten vor die Füße gekippt, er kritisiert und kleingemacht wird. Ein in dieser Weise behandelter Mensch sinnt auf Rache, nicht auf Änderung der eigenen Haltungen und Handlungen.

Nun wollen wir die menschliche Seite des Problems betrachten. Wir haben den „Grundkurs in tiefenpsychologischer Menschenkenntnis“ deshalb so ausführlich aufgebaut, weil wir uns davon erhoffen, daß die Leser dieses Buches auch selbst in die Lage versetzt werden, Analysen wie die nachfolgende vorzunehmen. Wenn Persönlichkeitsanteile von Menschen zur Entstehung und Eskalation von Konflikten beitragen, so heißt das, daß die Kontrahenten mit eben diesem Strukturmerkmal ihres Gegenübers in Konflikt geraten sind, oder bestimmte Haltungen, die aus solchen Überempfindlichkeiten resultieren, die Grundlage des Konfliktes bilden. Bei der Analyse wird dann das Augenmerk auf eben diese

Wesenszüge der Konfliktparteien gelenkt. Damit werden andere Persönlichkeitsanteile ausgeblendet. Es sollten die am Konflikt beteiligten Menschen jedoch nicht in ihrer Gesamtheit und Individualität so angesehen werden, als bestünden sie nur aus diesem Strukturmerkmal. Das heißt also, wir betrachten bei der nachfolgenden Analyse von Frau M. und Herrn B. nur jene Persönlichkeitsanteile, die in ihrem Konflikt eine Rolle spielen.

Wir wollen die Aufmerksamkeit zunächst auf Frau M. richten. Derjenige Strukturanteil von Frau M., der diesen Konflikt speist, ist hysterischer Natur. Wenn wir jetzt fragen, welche Lücken in der Interaktion zwischen Frau M. und Herrn B. bestehen, so können wir feststellen, daß Frau M. mehr Orientierung brauchen würde und Grenzen gesetzt bekommen müßte. Entsprechend unseren Ausführungen im psychologischen Teil ist deutlich geworden, daß Menschen mit hysterischen Persönlichkeitsanteilen dazu neigen, auszuprobieren, wie weit sie gehen können. Das hat Frau M. permanent getan. Unsere Prognose lautet: Gelingt es Herrn B. wirklich, eine andere Haltung einzunehmen, wird Frau M. zunächst möglicherweise versuchen, Herrn B. doch noch „rumzukriegen". Allmählich aber, wenn Frau M. merkt, daß Herrn B. die neue Haltung ernst ist, wird sie dankbar für eine klare Orientierung und Grenzen sein und sich entlastet fühlen.

Aber kehren wir zunächst zu den anderen Aspekten zurück. Wenn wir fragen, warum es zur Verschärfung des Konfliktes kam (Eskalation ist hier vielleicht etwas stark), so können wir in bezug auf Frau M. ganz eindeutig feststellen, daß es ihr um Verschonung ging: das Abschieben unangenehmer Aufgaben, der hilflose Augenaufschlag, das Liegenlassen unerledigter Arbeiten usw. Aber wir dürfen eins dabei nicht übersehen: Es ging auch um Macht. Dies ist eindeutig ablesbar an der Machtlosigkeit von Herrn B., dem es über Jahre nicht gelungen ist, seine Kollegin zu einer anderen Haltung zu veranlassen. Es steckt auch eine Portion Aggression in der Haltung von Frau M. Was also zunächst als ein „Ich kann nicht, verschon' mich" aussah, eine passive Lebenshaltung, die bei anderen Menschen (auch bei Herrn B. streckenweise) sogar Mitleid hervorrief, ist doch ganz handfester Natur. Hier ist das einzige Rezept jenes, zu dem Herr B. sich bereits entschlossen hat, aus dem Machtkampf auszusteigen.

Die Frage danach, welche Interessen von Frau M. verletzt wurden, ist schwer zu beantworten, weil sie ja mit ihrer Haltung auf der ganzen Linie erfolgreich war. Dazu wäre es notwendig, Frau M. sehr gut zu kennen, und wir betrachten den Konflikt hier ja von der Warte von Herrn B. aus.

Die Analyse ergibt, daß die Persönlichkeitsanteile von Herrn B., die zum Konflikt beigetragen haben, im umgekehrten Verhältnis zu denen von Frau M. stehen. Dasjenige Strukturmerkmal, das von der Seite von Herrn B. zum Konflikt beigetragen hat, ist depressiver Natur: sich alles aufhalsen zu lassen, nicht „nein" sagen zu können, unter der Last der Arbeit fast zusammenzubrechen, aber sich nicht zu wehren, usw.

In diesem Falle ist es schwierig herauszufinden, welche Lücken in der Interaktion für Herrn B. bedeutsam sind. Frau M. hätte die Interaktion ja nicht stärker bestimmen sollen, sondern sich zurückhalten müssen. Zur Verschärfung des Konfliktes kam es auch von Herrn B.s Seite durch einen Machtkampf, bei dem Herr B. sich begreiflicherweise (auch seinem Strukturanteil entsprechend) eher als Opfer vorkam. Die Lösungsschritte sind bekannt.

Am deutlichsten bei dieser Analyse ist der Bereich, bei dem Herrn B.s Interessen verletzt wurden: Der Wunsch nach Anerkennung, nach Bedeutung und auch nach Sicherheit. Wenn er sich schon so aufrieb, dann hätte das wenigstens die entsprechende Anerkennung finden müssen, aber leider, das bringen depressive Strukturanteile nun mal so mit sich, hat Herr B. sich so verhalten, daß alle Welt seinen Einsatz als eine Selbstverständlichkeit betrachtete. Und schon gar nicht hat sein aufopferungsvolles Engagement ihn beruflich weitergebracht. Jetzt ist auch ganz deutlich zu sehen, warum Herrn B. ein Abgrenzen gegenüber Frau M. auch nach seiner klaren Entscheidung schwerfallen wird, aus Angst vor Liebesverlust bzw. vor dem Verlust der Sympathie von Frau M. Das ist nicht in die Richtung gemeint, daß er an einer Beziehung mit Frau M. interessiert wäre. Der Wunsch nach Sicherheit, der von Frau M. permanent torpediert wurde, weist in die Richtung zwanghafter Persönlichkeitsmerkmale. Dies sei nur der Vollständigkeit halber erwähnt, denn diese Seite steht nicht im Zentrum des Konflikts.

Es ist also sichtbar, daß die Entscheidung von Herrn B., wie er den Konflikt mit Frau M. angehen möchte, passend zu den Persönlichkeitsmerkmalen gewählt wurde. Der Weg wird ihm nicht leichtfallen, ist aber lohnend. Das Tröstliche an einer solchen Korrektur der eigenen Haltung ist, daß bei Erfolg meist auch andere unangenehme Verhaltensweisen des Konfliktpartners verschwinden. Auch aus diesem Grunde ist das Auswählen nur eines Bereiches, der verändert werden soll, sinnvoll. Nebenbei bemerkt kann Herr B. diese veränderte Haltung auch sehr gut im Umgang mit anderen Menschen gebrauchen. Er gewinnt also auf jeden Fall.

In bezug auf das Schaubild 37 „Die Vorbereitungsphase zur Handhabung von Konflikten" gilt es jetzt noch, die weiteren angeführten Aspekte zu bedenken. Das von Herrn B. verfolgte Ziel ist, sich nicht mehr alles aufpacken zu lassen, das von Frau M. bisher verfolgte Ziel ist hingegen, alles Unangenehme abzuschieben. Gleichwohl haben beide Konfliktpartner auch gemeinsame Ziele. Im Grunde wollen beide, daß die zu erledigende Arbeit klappt. Beide sind auch daran interessiert, ihre Beziehung zueinander nicht zu verschlechtern, vielleicht sogar zu verbessern. Diese beiden Aspekte kann Herr B. bei dem Gespräch mit Frau M. in die Waagschale werfen. Er kann darum werben, um dieser Ziele willen zu einer für beide Seiten angenehmeren Vorgehensweise zu gelangen. Gäbe es keinerlei gemeinsame Ziele, würde es notwendig, daß Herr B. eine sehr konsequente Haltung einnähme, die ihm sicher schwerfallen würde. Auf dieses Erfordernis, sich konsequent zu verhalten, werden wir im Zusammenhang mit dem Problem „Alkohol am Arbeitsplatz" näher eingehen.

Der Gesprächsaufbau

Die Vorbereitung des Gespräches wird neben den unter dem Sachproblem aufgeführten Punkten noch einige Vorüberlegungen erfordern. Dafür möchten wir die beiden Schaubilder „Der Gesprächsaufbau" und „Praktische Hinweise zum Konfliktmanagement" (38 und 40) heranziehen.

Wir gehen zunächst auf den Gesprächsaufbau ein. Er hat eine gewisse Ähnlichkeit mit den Hinweisen, die uns die Lehrer früher im Hinblick auf Aufsätze gaben: Einleitung, Hauptteil, Schluß. Da neben Aufsätzen und Vorträgen auch Gespräche im kleinen oder großen Personenkreis diesem Muster folgen sollten, gilt dieser Aufbau also auch hier.

Psychologisches Konfliktmanagement
Der Gesprächsaufbau
Eröffnung: sollte ein positives Gesprächsklima herstellen durch • die Anerkennung erbrachter Leistungen • die Darlegung der eigenen Beweggründe/Interessen für das Gespräch • das Hervorheben gemeinsamer Interessen/Ziele **Hauptteil:** sollte die sachlichen Aspekte des Problems/Konflikts deutlich werden lassen und einer Lösung zuführen durch • Problemerhebung: Beschreiben, Erläutern, Zuhören, Rückmeldung, Präzisieren, falls angebracht: Verständnis • Problemursachen: Wie entstand ein Fehler? Woher rühren unterschiedliche Interessen/Ziele? Welche Interessen/Ziele wurden verletzt? Warum wurde gekränkt? • Problembehebung: Wie kann ein Fehler korrigiert werden? Wie kann ein solcher Fehler künftig vermieden werden? Mit welchen Maßnahmen können die Interessen/Ziele in Einklang gebracht werden? Läßt sich eine Kränkung oder die Verletzung von Interessen/Zielen wiedergutmachen? **Fazit:** sollte zur Lösung des Problems/Konflikts führen durch • Lösungsvorschläge bis zum Entscheidungsprozeß • Aufzeigen der daraus folgenden Konsequenzen • Aktionspläne • Vereinbarungen **Schluß:** sollte das Umsetzen der Beschlüsse fördern durch • Aufzeigen der positiven Aspekte der Entscheidung • Werben um die Umsetzung der Entscheidung

Schaubild 38: Der Gesprächsaufbau

Der Einstieg in ein Gespräch ist einer der schwierigeren Teile. Er prägt das Klima, in dem das Gespräch stattfinden wird. Gelingt es hier, ein Klima relativer Offenheit herzustellen, ist der Erfolg auch meist größer. Dieses Phänomen möchten wir an dem nachfolgenden Schaubild deutlich machen. Ein Gespräch befindet sich immer im Spannungsfeld zwischen Empathie und Konsequenz. Begegnet z.B. der Initiator eines Gespräches seinem Gegenüber mit Wohlwollen und Freundlichkeit, also empathisch, kann ein Klima der Offenheit entstehen. Ist er knapp und abrupt oder konsequent, wird sich das Gegenüber verschließen. Das Umgekehrte gilt genauso. Verschließt sich der Gesprächspartner von vornherein, wird zwangsläufig vom Gesprächsführer eine konsequentere Haltung praktiziert, öffnet er sich, kann er ihm empathisch begegnen.

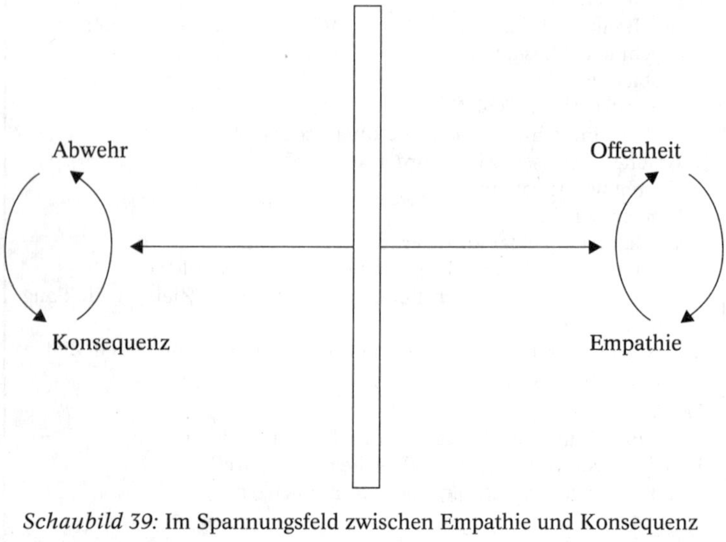

Schaubild 39: Im Spannungsfeld zwischen Empathie und Konsequenz

Nehmen wir an, Frau M. ist wegen ihrer Art der Kontaktaufnahme bei den Kunden des Unternehmens sehr beliebt. Das wäre z.B. ein Aufhänger, der im Sinne der Anerkennung erbrachter Leistungen eine Gesprächseröffnung erleichtern und sie veranlassen könnte, sich auf das Gespräch wirklich einzulassen. In diesem Zusammenhang möchten wir einen sehr wichtigen Hinweis geben, der in dem später folgenden Schaubild 41 „Voraussetzungen für die Handhabung von Konflikten" nochmals aufgegriffen wird. Die Gefahr ist verhältnismäßig groß, nicht eine bestimmte Haltung oder Handlung anzuerkennen oder zu kritisieren, sondern den Menschen, der dahintersteht. Mal ganz abgesehen von der Tatsache, daß es bei Anerkennung und Kritik grundsätzlich um die erfolgreiche Aktion oder den Fehler oder die Fehlhaltung gehen soll, führt die Vermischung von Lob und Tadel auf die Person bezogen zur Konfusion. Der so behandelte Mensch sagt dann am Ende eines Gesprächs womöglich: „Jetzt verstehe ich überhaupt nichts mehr, erst loben Sie mich, und dann machen Sie mich fertig. Was soll ich denn jetzt glauben?" Daraus folgt, daß ganz klar zwischen jenen **Handlungen** unterschieden werden muß, die Anerkennung finden sollen und jenen, die kritisiert werden müssen.

Praktische Hinweise zum Konfliktmanagement

Auch bei dem Schaubild 40 „Praktische Hinweise zum Konfliktmanagement" möchten wir auf einen Punkt besonders eingehen, auf die Gewinner-Gewinner-Strategie. In Konflikten, besonders, wenn sie eskaliert sind, geht es oft gar nicht mehr um das Sachproblem, sondern um Sieg oder Niederlage. Geht aber ein Kontrahent als Sieger aus einer Auseinandersetzung hervor, gibt es immer auch mindestens einen Verlierer. Der Konflikt köchelt also weiter. Von dem schon erwähnten Ausgleich von Interessen, einem Vorgehen, wie dem oben beschriebenen, haben beide Seiten Gewinn. Herr B. hat den Gewinn, nicht mehr alle unangenehmen Arbeiten machen und sich ärgern zu müssen, und Frau M. hat den Gewinn, eine klare Orientierung zu haben. Dieser letzte Punkt sollte nicht gering geschätzt werden, er entlastet Menschen mit hysterischen Persönlichkeitsanteilen enorm, wcil das ständige Ausprobieren der Grenzen viel Kraft kostet und dennoch nicht befriedigend sein kann. Die Gewinner-Gewinner-Strategie gelingt dann verhältnismäßig gut, wenn die im Schaubild 42 „Hinweise für den Entscheidungsprozeß" aufgeführten Punkte berücksichtigt werden. Darauf gehen wir im übernächsten Schaubild ein.

Psychologisches Konfliktmanagement
Praktische Hinweise zum Konfliktmanagement

• Beim Ablauf des Konfliktgesprächs eine bestimmte Reihenfolge beachten:
  • das Augenmerk erst auf Gemeinsames lenken, bevor Trennendes erörtert wird,
  • Interessen und Beweggründe darlegen,
  • Lösungsvorschläge sammeln,
  • für eigene Interessen werben, aber auch Verständnis für die Beweggründe des Gesprächspartners zeigen,
  • Konsequenzen der Lösungsvorschläge erörtern,
  • dabei alle Konfliktpartner am Lösungsprozeß beteiligen,
  • erst dann Entscheidungen fällen.
• Die Gewinner-Gewinner-Strategie anwenden, d.h. anstreben, daß nicht eine Konfliktpartei Sieger und die andere Verlierer ist, sondern ein Konsens erreicht wird, in dem beide Seiten sich wiederfinden und beide Seiten etwas gewonnen haben.
• Bei Verhandlungen um Interessen und Ziele bei der Rückmeldung die im eigenen Sinne positiven Aspekte der Argumente des Gegenübers aufgreifen.
• Nur Lösungen in die engere Wahl ziehen, die sachlich und persönlich auch geleistet werden können.
• Keine Versprechungen machen, die Hoffnungen wecken, die nicht eingehalten werden können oder sollen.
• Keine Konsequenzen androhen, die sachlich und persönlich nicht eingehalten werden können.

Schaubild 40: Praktische Hinweise zum Konfliktmanagement

Es versteht sich nahezu von selbst, daß im Kritik- oder Konfliktfalle beide Seiten zu Wort kommen müssen. Auch in diesem Zusammenhang wollen wir einen Punkt vertiefen. Angenommen, es sitzt sich ein total zerstrittenes Ehepaar gegenüber, das sich über ihr Urlaubsziel nicht einigen kann. Er will zum Wandern in die Berge, sie will zum Baden an's Meer. Während nun z.B. die Ehefrau ihre Argumente auspackt, kreist ihr Mann um die eigene Argumentationslinie herum, warum unbedingt in die Berge gefahren werden muß. Hier findet also ein Machtkampf statt, und das Ziel ist der Sieg über den anderen. Würde die Frau gebeten, die Argumente ihres Mannes zu wiederholen, könnte sie dies vermutlich ebenso wenig wie umgekehrt ihr Mann.

Die Grundlage der Konflikthandhabung ist, daß die Kontrahenten überhaupt mitbekommen, was die Gegenpartei sagt. Und psychologisch wie praktisch geschickt ist es, nicht nur gut zuzuhören, sondern jene Elemente in der Argumentationslinie des Gegenübers zu verstärken, die Ansatzpunkte für eine Entscheidung in die Richtung beinhalten, in die man selbst will. Diese Form des zwischenmenschlichen Umgangs ist dann besonders wichtig, wenn es um die Verhandlung von Interessen oder Zielen geht und am Ende ein Konsens stehen soll.

Voraussetzungen für die Handhabung von Konflikten

Bei dem Schaubild 41 „Voraussetzungen für die Handhabung von Konflikten" möchten wir auf zwei Aspekte besonders eingehen.

Bei einem eskalierenden Konflikt geht es irgendwann gar nicht mehr um das Sachproblem, sondern um einen Kampf um Macht oder Überlegenheit, um Rache oder Verweigerung. In solch einer Situation eröffnen die Kontrahenten gerne das, was als „Nebenkriegsschauplätze" bezeichnet wird. Gehen wir noch einmal zu dem streitenden Ehepaar zurück. Angenommen, der Ehemann sagt, um seinen Vorschlag durchzubringen, zu seiner Frau: „Was willst Du denn an der See, Du paßt ja sowieso nicht mehr in Deinen Badeanzug!" Dann hat er einen Nebenkriegsschauplatz eröffnet. Wir sehen davon ab, uns Gedanken über die Schärfe dieser Waffe und den Fortgang des Streits anzustellen.

Auch den zweiten Hinweis wollen wir an einem Beispiel aufhängen: Ein Sicherheitsinspektor begeht mit seinem Chef ein Wohnheim, in dem die Sicherheitsstandards überprüft werden sollen. Der Sicherheitsinspektor ist ein sehr gewissenhafter Mann, der alle Vorschriften im Kopf hat und seinem Chef aufzählt, was alles zu geschehen hat. Entgegen seiner Erwartung ist der Chef nicht tief beeindruckt von seiner Genauigkeit und Kenntnis. Er fegt stattdessen seine Vorschläge vom Tisch, indem er an verschiedenen Stellen erklärt, dies und das sei hier nicht nötig. Der Sicherheitsinspektor ist aber überzeugt, es besser zu wissen und hält seinem Chef die Paragraphen vor. Der Chef darauf: „Sie sind ja gräßlich mit Ihrer zwanghaften Kleinlichkeit."

Psychologisches Konfliktmanagement
Voraussetzungen für die Handhabung von Konflikten
• Eine gewaltfreie Auseinandersetzung (auch verbal) sollte mindestens angestrebt werden. • Nebenkriegsschauplätze sollten vermieden werden, sie verlängern die Auseinandersetzung. • Vorverurteilungen engen die Handlungsspielräume ein, deshalb erst am Gesprächsende eine (vorläufige) Meinung bilden. Solange die Diskussion währt, ist alles noch offen, oder sollte es möglichst sein. • Bei Kritik an Fehlverhalten oder einem Fehler den Sachverhalt darlegen und dem Gegenüber Gelegenheit zur Darstellung der eigenen Sicht geben. • So eine Darstellung einleiten mit der Frage wie: „Was hat Sie bewogen, so zu handeln?“ • Bei notwendiger Kritik nur den Fehler/das Verhalten einer Person ansprechen, nicht die ganze Person infrage stellen. • Keine Vergleiche mit anderen Mitarbeitern anstellen im Sinne von: „Frau/Herr Sowieso macht das aber viel besser!“ Höchstens: „Sie liegen in Ihrer Arbeitsleistung unter/über dem Durchschnitt.“ • Dabei (sehr wichtig!) zwischen den Elementen trennen, die Anerkennung finden sollen und denjenigen, die korrigiert werden sollen. • Einen Wunsch, eine Korrektur usw. einmal verständlich darlegen und begründen. Dasselbe gilt für Erwiderungen auf Kritik usw. Durch Wiederholung geraten die Gesprächspartner in eine Rechtfertigungsposition. • Die Verantwortung für den eigenen Anteil – z.B. Kränkung oder Fehlverhalten – am Konflikt übernehmen. • Bei Verletzungen – auch seelischen – sich entschuldigen und Überlegungen anstellen, ob der Fehler wiedergutzumachen ist.

Schaubild 41: Voraussetzungen für die Handhabung von Konflikten

Wir wollen hier nicht die Fehler des Chefs kritisieren, sondern Überlegungen anstellen, wie es dem Sicherheitsinspektor hätte gelingen können, seinen Chef in die Verantwortung zu nehmen. Er hätte z.B. sagen können, „Nach meinem Kenntnisstand verhält es sich den Anweisungen gemäß so und so. Was hat Sie bewogen, in diesem Falle auf die Anweisung zu verzichten?“ Oder: „Ich würde der gemäß Anweisung so und so verfahren. Wenn Sie in diesem Falle anders entscheiden, wäre ich Ihnen dankbar, wenn Sie das Protokoll unterschreiben würden.“ Oder: „Es ist ja üblich, daß ich als Sicherheitsinspektor das Protokoll der Begehung unterschreibe. Wenn Sie möchten, daß ich das auch heute mache, würde ich darum bitten, daß die Sicherheitsstandards dann auch so durchgeführt werden, daß ich das mit gutem Gewissen tun kann."

Wieder haben wir das Beispiel mit Bedacht ausgewählt, denn es handelt sich um einen besonders heiklen Fall, bei dem ein Mitarbeiter sich herausnimmt, die Anweisung des Chefs infrage zu stellen. Selbst das ist möglich, wenn der Konflikt auf der Sachebene abgehandelt wird. Die Erfolgschancen sind demgegenüber noch ungleich größer, wenn eine Führungskraft im Gespräch mit dem/der Mitarbeiter(in) nicht lospoltert, sondern die Beweggründe für das Handeln erforscht und zugleich sein Gegenüber in die (Verantwortungs)pflicht nimmt.

Hinweise für den Entscheidungsprozeß

Damit kommen wir zum zehnten und letzten Schaubild 42 in dieser Reihe, den „Hinweisen für den Entscheidungsprozeß".

Hier ist der wichtigste Gedanke, daß ein Konflikt nur entstehen kann, wenn es „Mitspieler" dafür gibt. Von ganz unangenehmen (z.B. beim bewußten Mobbing) oder gerissenen Zeitgenossen einmal abgesehen, kann man die Verantwortung der Konfliktpartner ziemlich in der Mitte teilen. Es haben also alle Konfliktbeteiligten zu dem Konflikt beigetragen. Dieser schlichten Feststellung folgt eine ebenso schlichte Forderung: Es sollen auch alle Konfliktbeteiligten an dem Konfliktmanagement beteiligt werden, ja, sie haben eigentlich sogar die Verpflichtung dazu. Daß es so oft nicht dazu kommt und einer dem/den anderen die „Lösung" überzustülpen versucht, hat wieder etwas mit dem Kampf um Sieg oder Niederlage zu tun, dem wir mit den vorangegangenen Hinweisen hoffentlich einiges entgegengesetzt haben.

Psychologisches Konfliktmanagement
Hinweise für den Entscheidungsprozeß
• Alle Konfliktbeteiligten sollen Vorschläge zur Handhabung des Konfliktes machen, denn alle haben an der Entstehung mitgewirkt. • Damit alle die Möglichkeit haben, sich zu beteiligen, bietet sich ein Brainstorming an, das am besten von einem Moderator geleitet wird, der die Vorschläge unzensiert sammelt. • Die Beteiligten sollten versuchen, objektive Kriterien für die Auswahl aus den Brainstormingresultaten festzulegen. • Dazu ist es notwendig, Präferenzen zu formulieren. • Danach können die Vorschläge in eine Rangfolge gebracht werden. • Selten gibt es nur den einen richtigen Weg. Deshalb sollten mehrere Lösungsvorschläge einbezogen werden. • Die nun hoffentlich nicht mehr Konflikt- sondern Gesprächspartner können gerne für die/den von ihnen bevorzugten Standpunkt werben. • Dabei muß dennoch der Ausgleich unterschiedlicher Interessen angestrebt werden. • Die Vor- und Nachteile, die bestimmte Lösungsschritte zwangsläufig in sich bergen, müssen auf den Tisch. Sonst ist die nächste Unzufriedenheit schon vorprogrammiert. • Darum werben, daß es auch unter – realistischerweise – schwierigen Bedingungen zu einem Konsens kommen kann. • Bei mehreren Gesprächspartnern muß geklärt werden, ob es zu einem Mehrheitsbeschluß oder Einstimmigkeit kommen soll. • Alle Beteiligten müssen in dem Ergebnis auch Anteile des eigenen Standpunktes wiedererkennen können. • Ist eine solch demokratische Vorgehensweise nicht möglich, auch nicht, wenn um die Beteiligung und die Übernahme von Verantwortungsbereichen geworben wird, ist im Arbeitsbereich die Führungsebene aufgerufen, zu handeln, und zwar direktiv. Im Privatbereich werden die Konfliktpartner einen Schlichter brauchen.

Schaubild 42: Hinweise für den Entscheidungsprozeß

Der Umgang mit schwierigen Personalführungssituationen

In jedem Unternehmen tauchen Problem-/Konfliktsituationen auf, die über den Rahmen der alltäglichen Führungsaufgaben hinausgehen, und deren Regelung für die Verantwortungsträger eine Belastung bedeuten. In allen Fällen müssen auch rechtliche Aspekte berücksichtigt werden, die wir hier jedoch ausklammern. Häufig ist der Personal-/Betriebsrat aufgerufen, aktiv zu werden. Wir verweisen zu diesen Bereichen auf einschlägige Literatur wie *Lutz von Rosenstiel/Erika Regnet/Michael Domsch*, Führung von Mitarbeitern, Schäffer Verlag Stuttgart, 1991, sowie *NWB*, Verlag Neue Wirtschaftsbriefe Herne/Berlin, Fach 26, S. 1933ff., 2089ff., 2237ff.

Der Thematik dieses Buches entsprechend rücken wir die psychologische Seite des Problemgesprächs und des Konfliktmanagements in den Mittelpunkt.

Die Problemsituationen können sowohl aus dem Arbeitsprozeß resultieren als auch in der Person des Arbeitnehmers liegen wie bei

a) Überstunden,
b) Versetzung,
c) Entlassung,
d) Diebstahl,
e) Veruntreuung,
f) Illoyalität,
g) Denunziation,
h) Flucht in die Krankheit,
i) Alkohol am Arbeitsplatz,

wobei wir davon ausgehen, daß bei den Punkten d–g die Verursacher bekannt sind.

Der Umgang mit diesen schwierigen Bereichen erfordert von Vorgesetzten auf der einen Seite einfühlendes Verständnis in die spezifische Situation eines betroffenen Mitarbeiters und die Fähigkeit, eine wohlwollende Gesprächsatmosphäre herzustellen, so daß bei entsprechender Einsicht des Mitarbeiters eine Vertrauenssituation entstehen kann. Andererseits gibt es Situationen, für die ganz klare Konzepte erarbeitet werden müssen und die eine konsequente Haltung verlangen, so daß der Betroffene sich nicht durch die Hintertür aus der Verantwortung stehlen kann. Dies wird in aller Regel notwendig sein bei Mitarbeitern mit Alkoholproblemen, aber auch bei unaufrichtigen oder intriganten Mitarbeitern wie bei Diebstahl, Veruntreuung, Illoyalität oder Denunziation.

Aus dem Komplex einer auch aus dem Arbeitsprozeß resultierenden Problemsituationen wollen wir die erfolgreiche Bearbeitung einer Versetzungs-/Entlassungsfrage mit einem allerdings schwierigen Mitarbeiter schildern.

Aus dem Bereich der hauptsächlich in der Person des Mitarbeiters/der Mitarbeiterin liegenden Schwierigkeiten wollen wir an einem Rollenspiel zum Thema „Flucht in die Krankheit" im Anschluß an die notwendigen theoretischen Ausführungen den Prozeß des Sich-Öffnens aufzeigen, der sich in einem Klima der Akzeptanz entwickeln kann.

Die mindestens ebenso schwierig zu verkörpernde Haltung der Konsequenz soll in der Gesprächssituation mit Mitarbeitern deutlich werden, die aufgrund von Alkoholproblemen aufgefallen waren. Hier werden wir verschiedene Beispiele bringen, auch eines, bei dem es zu einer Vertrauenssituation kam. Auch zum Thema Alkohol am Arbeitsplatz werden wir einige theoretische Erläuterungen zur Alkoholproblematik geben.

Im Gegensatz zu dem Versetzungs-/Entlassungsbeispiel, das die Bearbeitung einer realen Situation widerspiegelt, handelt es sich bei den Rollenspielen zu „Flucht in die Krankheit" und „Alkohol am Arbeitsplatz" um Rollenspiele mit Rollenvorgaben. Dennoch ist der Ausgang solcher Rollenspiele offen. Gelingt es z.B., im Gespräch eine Vertrauensbasis herzustellen, öffnen sich „Mitarbeiter" unabhängig davon, was sich die Rolleninhaber vorher vorgenommen hatten. Auch ein freundlich-bestimmtes, also konsequentes Auftreten schneidet dem Rolleninhaber manchen Winkelzug ab, den er sich vorgenommen haben mag.

Über das Rollenspiel „Dienstwagenvergabe" möchten wir das Spannungsfeld zwischen Wettbewerb und Kooperation und den

Einfluß der Vorgesetztenrolle deutlich machen. Etwas ausführlicher schildern wir dabei ein Rollenspiel, in dem der Vorarbeiter durch seine Ausstrahlung, durch Autorität der Persönlichkeit, das Verhalten der Mitarbeiter beeinflußte.

Zuvor noch einige Bemerkungen zur Rollenspieltechnik und deren Verwendung. Die Rollenspieltechnik hat in verschiedener Form Eingang in Managementkurse gefunden und zwar in erster Linie für den Trainingsbereich, bei dem bestimmte Verhaltensweisen umtrainiert werden sollen.

Wir verfolgen mit dem Einsatz von Rollenspielen ein anderes Ziel als einen bloßen Trainingseffekt. Unsere Intention ist näher bei der Verwendung im therapeutischen Bereich angesiedelt. In diesem Sinne ist das Rollenspiel eine erlebnisaktivierende Methode, die durch das Nachspielen tatsächlich erlebter oder gestellter Situationen Elemente der Persönlichkeitsstruktur der Rolleninhaber deutlich werden läßt. Dabei können Rollentausch oder das Training einer bestimmten Haltung (z.B. Konsequenz) durchaus einbezogen sein. In erster Linie geht es uns jedoch darum, psychologisches Gedankengut erlebbar zu machen. Die Praxis gibt uns recht in diesem Anliegen, da die Teilnehmer an Verwaltungsführungsseminaren und Universitätskursen über das Rollenspiel viel leichter Zugang zu psychologischen Inhalten finden, als über noch so ausführliche theoretische Ausführungen. Wir verwenden Rollenspiele nicht als therapeutisches Medium. Trotzdem bleibt es gelegentlich nicht aus, daß ein Rollenspiel zum Schlüsselerlebnis für einen Teilnehmer oder eine Teilnehmerin wird.

Rollenspiel zum Thema Versetzung/Entlassung

Die zu lösende Personalführungssituation hatte eine lange Geschichte. Ein durch autoritäres Verhalten durchsetzungsfähiger Mitarbeiter war aufgestiegen und hatte Personalführungsverantwortung für vier Mitarbeiterinnen übernommen. Seine einschüchternde Art vergraulte nach und nach seine im Grunde sehr fähigen Mitarbeiterinnen, die allerdings unter der „mobbenden" Behandlung leistungsschwächer wurden. Die Geschäftsleitung änderte daraufhin den Status des vorgesetzten Mitarbeiters. Alle fünf Mitarbeiter(innen) waren fortan gleichberechtigt. Diese „Degradierung" nahm der vorgesetzte Mitarbeiter zwar als große Kränkung hin, änderte aber nichts an seinem Verhalten. Als bereits zwei Mitarbeiterinnen gekündigt hatten und auch die beiden verbliebenen sich mit Kündigungsabsichten trugen, wurde nach langem Hin und Her unter Beachtung betriebsverfassungsrechtlicher Aspekte der ehemalige Vorgesetzte in einen anderen Bereich versetzt. Die verbliebenen Mitarbeiterinnen blühten regelrecht auf. Voller Schwung und Elan verbesserten sie ihr Arbeitsergebnis so, daß sie zu zweit die Arbeit von vorher fünf Personen schafften, ja, alles sogar viel besser lief.

Der ehemalige Vorgesetzte hatte es an seinem neuen Arbeitsplatz nur mit männlichen Kollegen zu tun, die er mehrheitlich als stärker empfinden mußte, denn hier gelang es ihm nicht, eine Führungsrolle zu übernehmen. Er paßte sich eher an.

Nun wäre das Problem zumindest äußerlich gelöst gewesen, wenn die Abteilung, in der der schwierige Mitarbeiter nun arbeitete, nicht an ein anderes Unternehmen hätte verkauft werden sollen und der Mitarbeiter vehement auf seinen alten Arbeitsplatz zurückversetzt zu werden gefordert hätte. Er sei davon ausgegangen, daß seine Versetzung sowieso nur befristet sei. Die Geschäftsleitung sah den Bereich, der mit den beiden verbliebenen Mitarbeiterinnen so gut lief, nun zusammenbrechen, zumal beide mit Kündigung gedroht hatten, falls ihr ehemaliger Chef zurückkäme. Andererseits war auch dessen Anliegen verständlich, denn er fürchtete Nachteile nach dem Verkauf der Abteilung.

Die Vertreter der Geschäftsleitung und Personalabteilung waren sich (vgl. Schaubild 37, S. 305 zu Sachproblem) bezüglich des eigenen Standpunkts klar. Sie wollten nicht, daß der Mitarbeiter an den alten Arbeitsplatz zurückkehrte. Am liebsten wollten sie ein Gespräch mit ihm führen, bei dem er einsehen sollte, daß er nicht an den alten Arbeitsplatz zurückkönne. Geschäftsleitung wie Personalabteilung hielten den Mitarbeiter jedoch für unfähig zur Selbstkritik. Bereits bei dem Punkt „Fakten sammeln" gab es die größten Schwierigkeiten, weil die Klagen der „gemobbten" Mitarbeiterinnen durch diese nicht handfest belegt wurden, weil sie Nachteile befürchteten. Dann fand sich aber doch noch ein Weg, Fakten zu sammeln, und zwar anhand der Arbeitsergebnisse vor und nach der Versetzung des schwierigen Mitarbeiters, denn es mußte ja damit gerechnet werden, daß er alle Verantwortung von sich weisen würde. Das anstehende Gespräch wurde gründlich vorbereitet.

Im Rollenspiel tat sich dann ein Lösungsansatz auf, der in die Vorbereitung gar nicht einbezogen worden war. Die Chefin der Personalabteilung legte dem Mitarbeiter die anstehende Veränderung dar, und zwar in der Form, wie sie es auch mit allen anderen betroffenen Mitarbeitern getan hätte und noch tun würde. Sie gab dem schwierigen Mitarbeiter also keinen Sonderstatus. Dann zeigte sie die beiden möglichen Entscheidungsvarianten auf: Entweder der Mitarbeiter würde sich entscheiden, mit in die neue Firma zu gehen, dann würde sie seine Entscheidung bei den Verhandlungen mit der neuen Firma vertreten, oder er entscheide sich zu kündigen. Wie erwartet, pochte der Mitarbeiter darauf, wieder an den alten Arbeitsplatz zurückzugelangen, da seine Versetzung ja nur vorübergehend gewesen sei. Die Personalchefin klärte, daß das Versetzungsschreiben keine Befristung beinhaltet habe. Auch habe der Mitarbeiter in all der Zeit, die er jetzt in der neuen Abteilung gearbeitet habe, keinen Widerspruch gegen die Versetzung geltend gemacht. Die Personalchefin war in diesem Gespräch sehr freundlich und sehr bestimmt. Der Rolleninhaber beendete seinerseits das Gespräch mit einer Bemerkung, die gut zu dem tatsächlichen schwierigen Mitarbeiter gepaßt hätte: „Ihr werdet schon sehen, was Ihr davon habt!" Das dokumentierte zugleich, daß er verstanden hatte, daß sein Entscheidungsspielraum von der Personalchefin klar vorgegeben war.

Flucht in die Krankheit

Menschen, die im Berufsleben stehen, erkranken zuweilen. So gehört es fast zur Tagesordnung, in Abständen einen Erkältungsinfekt zu bekommen oder wegen anderer geringfügigerer Erkrankungen das eine oder andere Mal auszufallen.

Auf der anderen Seite bringt eine ganze Reihe von Berufen Belastungen mit sich, die in Krankheit münden wie z. B. Verschleißerscheinungen der Wirbelsäule bei Kraftfahrern oder die Staublunge bei Berg- und Hüttenarbeitern usw.

Von diesen Erscheinungen sprechen wir nicht, wenn wir den Begriff „Flucht in die Krankheit" benutzen. Wir meinen vielmehr einen Rückzug von der Front des Lebens, der sozusagen – unbewußt – als „letzte Rettung" zu verstehen ist, wenn Probleme nicht gelöst werden können oder ihnen nicht anders ausgewichen werden kann.

Obwohl der Begriff „Flucht in die Krankheit" so anmutet, als handele es sich um ein bewußtes Zurückziehen, hat der Betroffene in den meisten Fällen höchstens eine vage Ahnung, daß seine Erkrankung in einem Zusammenhang mit für ihn unlösbaren Anforderungen oder Aufgaben steht. Dieses Phänomen spielt selbstverständlich auch im privaten Bereich eine Rolle. Wir wollen uns hier jedoch mit den Auswirkungen auf das Berufsleben beschäftigen.

Die Formen des Rückzugs lassen sich wie folgt differenzieren:

- Es liegt ein feststellbarer organischer Befund vor, der manchmal auch zu langfristigen oder wiederholten Krankschreibungen führt.
- Der oder die Betreffende fühlt sich krank und elend und läuft von Arzt zu Arzt, um die organische Grundlage herauszufinden.
- Es wird immer wieder die (widerrufbare) Regelung ausgenutzt, daß erst vom dritten Krankheitstag an ein Attest vorgelegt werden muß. Der oder die Betreffende fällt durch häufige kurzfristige Fehlzeiten auf.

Zu 1.:

Auch bei Erkrankungen mit körperlichem Befund kann – wenn es sich nicht um Einwirkungen von außen wie bei der Berufskrankheit handelt – in vielen Fällen davon ausgegangen werden, daß die Erkrankung in einem psychischen Gesamtzusammenhang zu verstehen ist. Man spricht von psycho-somatischer Erkrankung, also einer seelisch-körperlichen Erscheinung. Erkrankt ein Mensch, weil er mit seinem Leben nicht fertig wird, kann dieser Zusammenhang als gegeben angenommen werden.

Sind die Erkrankungen langfristiger und schwerer Natur, sind die Zusammenhänge meist sehr komplex und schwer zu ergründen, oft nur im Verlaufe einer Psychotherapie. Bei vorübergehenden Beschwerden führt der Organismus über die Erkrankung zuweilen eine beredte Sprache, die ein entsprechend geschulter

Mensch ohne weiteres entschlüsseln kann, während der Betroffene selbst manchmal noch im Dunkeln tappt.

Hier einige Kostproben, die allesamt der Realität entstammen:

„Ich habe die Nase voll", war die Aussage eines Schnupfens.

„Das war ein dicker Brocken, den kann ich nicht schlucken", brachten Halsbeschwerden zum Ausdruck.

„Es geht nicht mehr", bedeuteten die plötzlichen Schmerzen im Bein.

„Ich habe mir zuviel aufgeladen", sagten die Rückenschmerzen.

„Ich finde mich nicht mehr zurecht", oder „ich blicke nicht mehr durch", bedeuteten die Sehstörungen, die nur während der Arbeitsphasen, nicht aber im Urlaub auftraten.

„Ich habe Angst, durchzufallen", brachte der Durchfall vor der Prüfung zum Ausdruck.

Einige typische Aussagen sind sogar in die Umgangssprache eingegangen: „Es geht mir an die Nieren", oder „das ist mir auf den Magen geschlagen" usw.

Wie immer im Seelenleben haben solche Aussagen für jeden Menschen eine ganz individuelle Bedeutung, die nur auf seine Persönlichkeit bezogen ergründet werden kann. Wenn ein Mensch häufig erkrankt, könnte es für ihn allerdings lohnend sein, die Sprache des Körpers – eventuell mit fachkundiger Hilfe – zu ergründen.

Zu 2.:

Menschen, die sich krank und elend fühlen, ohne daß geklärt werden kann, was dahinter steckt, befinden sich in einer sehr schwierigen Situation. In aller Regel sind sie überzeugt – zumeist schwer – erkrankt zu sein. Tatsächlich läßt sich diese Möglichkeit nicht ausschließen, gibt es doch genügend Beispiele von Menschen, die irreparable Schäden davongetragen haben oder sogar gestorben sind, weil ihre Erkrankung nicht erkannt wurde. Deutet der Arzt dann vorsichtig an, daß vielleicht ein psychischer Zusammenhang bestehen könnte, fühlen sich die Patienten leicht in die Ecke eines Simulanten gerückt und sind gekränkt. Taucht im Verlaufe der Untersuchungen tatsächlich eine Schwachstelle auf, empfindet der Erkrankte das meist sogar als Entlastung.

Zu 3.:

Kurzfristige Fehlzeiten bis zu zwei Tagen können mehrere Gründe haben:

- Die Erkrankung dauert nur zwei Tage.
- Die Erkrankung dauert mehr als zwei Tage, aber der Betreffende geht halb genesen wieder zur Arbeit.
- Es wird „blau" gemacht.

In diesem Falle wollen wir Zahlen sprechen lassen:

1994 betrug die Soll-Arbeitszeit in den alten Bundesländern 1630 Stunden (in den neuen Bundesländern 1740 Stunden). Davon fehlten Arbeitnehmer im Schnitt einschließlich Urlaub und Kur 145 Stunden. Abgesehen von Urlaub und Kur entfielen aber von diesen Fehlzeiten 30,8% auf den Montag und 37% auf den Freitag. Demgegenüber gab es in Japan bei einem Arbeitssoll von 1830 Arbeitsstunden nur 36 Stunden an Fehlzeiten.

Wenn Vorgesetzte sich genötigt fühlen, mit einem Mitarbeiter oder einer Mitarbeiterin ein Gespräch über Fehlzeiten zu führen, weil entweder häufige oder besonders lange Ausfälle zu verzeichnen sind oder beides, so wird er oder sie die Hintergründe nur erfahren können, wenn es gelingt, eine Vertrauensbasis herzustellen. Nur unter dieser Voraussetzung ist ein Mitarbeiter offen genug, um selbst über die Zusammenhänge nachdenken zu können.

Über die Entwicklungshintergründe, die zur „Flucht in die Krankheit" führen können, haben wir bei den Erziehungsstilen und Familienatmosphären bereits Ausführungen gemacht:

Bei der autoritären Familienatmosphäre machte das Kind die Erfahrung, daß die allzu strengen und harten Eltern weich und milde wurden, wenn es krank war. Es erlebte durch seine Erkrankung eine Entlastung in der zwischenmenschlichen Interaktion.

Bei der leistungsbezogenen Atmosphäre erfuhr das Kind durch Krankheit Schonung und Nachsicht, wenn es die ehrgeizigen Erwartungen der Eltern nicht zu erfüllen vermochte. Es erlebte also Entlastung auf der Leistungsebene.

Bei der überfürsorglichen Atmosphäre beantwortete das Kind die geforderte Selbständigkeitsentwicklung mit Krankheit. Es erlebte durch seine Erkrankung, daß ihm Aufgaben abgenommen wurden.

Wir haben wiederholt darauf hingewiesen, daß die frühen Erfahrungen auch im Erwachsenenleben fortwirken. Anhand der oben beschriebenen psychologischen Hintergründe haben wir nun die Möglichkeit, Überlegungen zum Verständnis einer Flucht in die Krankheit anzustellen. Damit kann ein in aller Regel heikles Gespräch mit einem durch häufige Fehlzeiten auffällig gewordenen Mitarbeiter auf eine sachliche Ebene gehoben werden. Möglicherweise erlebt die oder der Betreffende die Fragen als hilfreich und als Anstoß, selbst den Gründen seines häufigen Fehlens nachzugehen.

- Die Schwierigkeiten, die unlösbar schienen und mit einem Rückzug in die Krankheit beantwortet wurden, liegen auf der Beziehungsebene. Entsprechend müßte im Gespräch versucht werden zu ergründen, ob für den Betreffenden unlösbare Probleme in der Interaktion mit Vorgesetzten, Kollegen oder auch Untergebenen bestehen oder sich der Betreffende z.B. seiner Vorgesetztenfunktion nicht gewachsen fühlt.
- Die Schwierigkeiten liegen auf der Leistungsebene. Hier müßte versucht werden herauszufinden, welche Aufgabenstellung der Betreffende nicht zu erfüllen vermag und ob durch Aufgabenveränderung oder Weiterqualifikation Abhilfe geschaffen werden kann.
- Der Betreffende vermag seine Fähigkeiten und Möglichkeiten nicht realistisch einzuschätzen, ist resigniert und entmutigt und möchte am liebsten alles abgenommen bekommen. Hier müßte geklärt werden, was der Betreffende kann oder könnte, wenn er entsprechend ermutigt oder gefördert würde. Handelt es sich allerdings darum, das die/der Betreffende grundsätzlich Arbeit auf andere abschiebt, ist eine konsequente Haltung vonnöten.

Die denkbaren Lösungen werden von Fall zu Fall verschieden sein und müssen den Gegebenheiten des Unternehmens angepaßt werden. Aus diesem Grunde verzichten wir auf konkrete Vorschläge.

Sofern ein konstruktives Gespräch möglich ist, werden der Mitarbeiter oder die Mitarbeiterin sich deutlich entlastet fühlen und die Lösungsvorschläge als Hilfe empfinden.

Verschließt sich der häufig fehlende Mitarbeiter, wird er sich auf seine reguläre Krankschreibung zurückziehen oder Ausflüchte und Erklärungsmuster anführen bzw. sich sogar ungerecht behandelt fühlen. In diesem Falle ist direktives Vorgehen mit Aufzeigen der Konsequenzen unumgänglich. Dabei muß der Betriebsrat oder Personalrat zugezogen werden. Vorgesetzte dürfen allerdings nicht die Art der Erkrankung erfragen. Die Konsequenzen, die sich aus dem häufigen Fehlen ergeben können, gleichen denjenigen, die wir bei dem Thema Alkohol am Arbeitsplatz im nächsten Abschnitt aufführen wie Abmahnung, Feststellung der künftigen Arbeitsfähigkeit, usw.

Rollenspiel zum Thema „Flucht in die Krankheit"

Die Rollenvorgabe beinhaltete den Wunsch, durch einfühlendes Verständnis zu erreichen, daß die/der Mitarbeiter(in) gemeinsam mit dem/der Vorgesetzten erforschen sollte, ob die wiederholten Erkrankungen mit Schwierigkeiten am Arbeitsplatz in Zusammenhang stehen könnten.

Die Vorgesetzte eröffnet das Gespräch mit der Feststellung, daß sie sich sehr freue, daß die Mitarbeiterin wieder da sei. Sie erkundigt sich, wie es dieser gehe. Ohne die Mitarbeiterin durch forschende Fragen über die Hintergründe ihrer Erkrankung in Verlegenheit bringen zu müssen, schlägt die Vorgesetzte Handlungsalternativen vor. Sie erinnert daran, daß die Mitarbeiterin vor der Erkrankung einen zusätzlichen Arbeitsbereich von einer schwangeren Kollegin übernommen hatte. Sie erkundigt sich, ob sie diesen wieder mit übernehmen möchte oder ob sie zunächst nur das Aufgabengebiet abdecken möchte, das sie vor der zusätzlichen Aufgabenübernahme hatte. Sie schildert, daß während der Abwesenheit der Mitarbeiterin ihr Aufgabengebiet auf mehrere andere Mitarbeiter verteilt worden sei, die bereit wären, die Zusatzarbeit von der schwangeren Kollegin vorerst noch weiterhin zu übernehmen.

Der Mitarbeiterin wird es dadurch möglich zu offenbaren, daß sie wohl auch deshalb so lange an ihrer Erkrankung herumgeknabbert habe, weil sie sich total überfordert gefühlt habe. Sie sei wohl doch nicht der Mensch, der ein so hohes Maß an Verantwortung tragen könne. Die Vorgesetzte ist einverstanden und erwähnt noch, daß die Kolleginnen und Kollegen sich während der Erkrankung der Mitarbeiterin immer wieder nach ihr erkundigt hätten. Sie signalisiert damit, daß im Kollegenkreis kein Unmut über die Erkrankung der Mitarbeiterin aufgekommen ist.

Diese Haltung der Kollegen ist mit Sicherheit darauf zurückzuführen, daß die Chefin selbst wohlwollend mit der Erkrankung umgegangen ist. Die Chefin bietet der Mitarbeiterin weiterhin ihre Unterstützung an und bittet sie, sich an sie zu wenden, wenn es Schwierigkeiten geben sollte.

Diese etwas idealistische Ausgestaltung ist vor allem in der Gesprächseröffnung sehr gut gelungen, weil sie der Mitarbeiterin die Angst vor Kritik genommen hat. Eine solche Gesprächseröffnung ist insbesondere dann angebracht, wenn es sich um eine Mitarbeiterin/einen Mitarbeiter handelt, die/der an sich leistungsfähig ist und die angebotene Hilfe nicht ausnutzt.

Alkohol am Arbeitsplatz

Alkohol am Arbeitsplatz ist ein weit verbreitetes Problem. Obgleich in Unternehmen und Behörden einhellig Auflagen bestehen, daß während der Arbeitszeit nicht getrunken werden darf, wird diese Weisung häufig durchbrochen. „Nach einer Untersuchung der Bundeszentrale für Gesundheitliche Aufklärung aus dem Jahr 1983 trinken 52% aller Berufstätigen zumindest gelegentlich, 11% täglich oder fast täglich auch am Arbeitsplatz Alkohol" (*Erika Regnet*, Alkoholabhängige Mitarbeiter, [1991] a.a.O., S. 230). Der lasche Umgang mit dem Alkoholverbot im Dienst kann für Menschen mit einer besonderen Affinität zum Alkohol unübersehbare Folgen haben. Trinkfestigkeit ist in breiten Bevölkerungskreisen zum Wert hochstilisiert und Menschen, die abstinent leben, werden allenfalls mit milder Nachsicht betrachtet, aber nicht ganz für voll genommen. Das kann für einen Menschen, der ohnehin zuwenig Stehvermögen hat – sonst wäre ihm der Alkohol ja nicht zum Problem geworden – fatale Folgen haben. In der Gesellschaft von Kollegen und Vorgesetzten gelingt es ihm vielleicht noch „gepflegt" zu trinken, zuhause angekommen betrinkt er sich bis zur Bewußtlosigkeit. Oder es kommt bereits an der Arbeitsstelle zum exzessiven Alkoholkonsum mit den entsprechenden Folgen.

Aber nicht jeder exzessive Trinker ist alkoholabhängig, es kann sich auch um einen Alkoholmißbrauch handeln. Alkoholmißbrauch ist ein über das übliche Maß hinausgehender, überhöhter Alkoholkonsum (z.B. ein Rauschzustand) oder das Trinken bei unpassenden Gelegenheiten (z.B. im Straßenverkehr).

Alkoholabhängigkeit umfaßt demgegenüber viel weiterreichende Kriterien, anhand derer festgestellt werden kann, in welchem Stadium ein Mensch sich befindet. Ein wesentliches Merkmal ist der Kontrollverlust. Das bedeutet, daß es dem Abhängigen unmöglich ist, vor Erreichen des Vollrausches mit dem Trinken aufzuhören. Es beinhaltet vor allem die Unfähigkeit, sich des Alkohols zu enthalten, wenn auch, wie oben beschrieben, kurzfristige Enthaltsamkeit möglich ist. Unterbricht der Abhängige seinen Alkoholkonsum, kommt es zu Entzugserscheinungen.

Nach der Definition der Weltgesundheitsorganisation (WHO) versteht man unter Alkoholikern exzessive Trinker, deren Abhängigkeit vom Alkohol einen solchen Grad erreicht hat, daß sie deutliche geistige Störungen oder Konflikte in ihrer körperlichen und geistigen Gesundheit, ihren mitmenschlichen Beziehungen, ihren sozialen und wirtschaftlichen Funktionen aufweisen oder Prodrome (Vorstufen) einer solchen Entwicklung zeigen (vgl. *Wilhelm Feuerlein*, Alkoholismus, Thieme Verlag Stuttgart, 1979, S. 6).

Alkoholismus hat eine Reihe sich untereinander bedingender Ursachen und wirkt sich zugleich auf mehreren Ebenen der Persönlichkeit und des sozialen Umfeldes aus. Das Bedingungsgefüge beinhaltet

- die spezifische Wirkung des Alkohols, die zur Abhängigkeit führen kann,
- die spezifischen psychischen Voraussetzungen des konsumierenden Individuums,
- die Besonderheiten des Sozialfeldes, womit die Griffnähe zur Droge zusammenhängt.

Die Auswirkungen des Alkoholismus betreffen entsprechend:

- Schäden, die durch den Alkohol an Organen und im Gehirn entstehen,
- psychische Veränderungen der Persönlichkeit (man denke z.B. an die zunehmende Unzuverlässigkeit und mangelnde Verantwortungsübernahme von Abhängigen),
- das soziale Umfeld (Scheidung, Verlust des Sorgerechts für die Kinder, Rückzug der Freunde),

- Verlust des Arbeitsplatzes,
- Verlust der Wohnung usw..

Die Alkoholverträglichkeit ist bei Frauen und Männern verschieden. Die Obergrenze der Alkoholverträglichkeit wird bei Männern mit 60g reinem Alkohol, bei Frauen mit 20g angenommen. Offenbar liegt diese Differenz in dem unterschiedlichen Hormonhaushalt von Frauen und Männern begründet. Diese Werte beziehen sich aber ausschließlich auf die Menge, die die Leber innerhalb von 24 Std. zu verarbeiten imstande ist, die Wirkung auf andere Organe ist dabei nicht berücksichtigt.

Alkohol wird nach der Resorption durch den Blutstrom und durch Diffusion im Gewebe verteilt. 30 bis 60 Minuten nach der oralen Aufnahme ist die höchste Konzentration im Blut erreicht. Wie stark sich der zugeführte Alkohol auswirkt, hängt

- von der Menge des zugeführten Alkohols,
- von der Trinkgeschwindigkeit,
- von der Resorptionsgeschwindigkeit (z.B. unterschiedlich bei leerem Magen oder während oder nach einer Mahlzeit),
- vom Körpergewicht bzw. von der Menge des Körperwassers,
- vom Abbau des Alkohols pro Stunde ab.

Alkohol aus Bier oder Wein z.B. wird schneller abgebaut als Alkohol, der aus destillierten Getränken stammt.

Trotz dieser Schwankungen wollen wir als Richtwert in dem nachfolgenden Schaubild 43 aufzeigen, welche Alkoholmenge üblicherweise zu welcher Alkoholkonzentration im Blut führt und welche Veränderungen der Persönlichkeit jeweils zu beobachten sind.

Die tödlich wirkende Dosis wird auf ca. 4 Promille geschätzt. Im Hinblick auf die Diskussion um die Promille-Grenze, ab der das Führen eines Fahrzeugs nicht mehr zulässig ist, soll noch erwähnt werden, daß bei etwa 0,8 Promille Ermüdungserscheinungen auftreten, die etwa denen einer durchwachten Nacht entsprechen.

Der Abbau pro Stunde wird beim Mann mit 0,1g pro kg Körpergewicht, bei Frauen bei 0,085g pro kg Körpergewicht angenommen.

Bei regelmäßigem erhöhtem Alkoholkonsum kommt es zunächst zur Toleranzsteigerung, d.h., es ist eine stetig steigende Menge Alkohol erforderlich, um die gleiche Wirkung zu erzielen.

Menge:			Alkohol im Blut nach einer halben Stunde	Symptome
	1 Whisky oder 0,05 l	0,2 l Wein	0,2 ‰	Wärmegefühl; leicht beeinträchtigte Genauigkeit bei Körperbewegungen, bei Handgriffen, beim Gehen.
2 Glas Bier oder 0,5 l		0,3 l Wein	0,3 ‰	Deutlich sichtbare Unsicherheit, Beeinträchtigung der Bewegungskoordination (Bewegungsabläufe sind gestört).
3 Glas Bier oder 0,75 l		0,5 l Wein	0,5 ‰	Abbau der Hemmungen, Anzeichen von Mitteilungsbedürfnis, Schwatzhaftigkeit.
4 Glas Bier oder 1 l	3 Whiskys oder 0,15 l	0,6 l Wein	0,6 ‰	Beginnender Verlust des Gleichgewichtes, Verlangsamung der Muskelreflexe. Jeder 4. beginnt bei diesem Promillegehalt zu torkeln.
5 Glas Bier oder 1,25 l	4 Whiskys oder 0,2 l	0,8 l Wein	0,8 ‰	Deutliche Angetrunkenheit. Schwankender Gang, Orientierungsschwierigkeiten.
6–7 Glas Bier oder 1,5–1,75 l	5 Whiskys oder 0,25 l	1 l Wein	1,0 ‰	Dauerreden, Selbstgespräche, unzusammenhängende Sätze, torkelnder Gang, unsichere Handbewegung, plumpe Reaktionen.
10 Glas Bier oder 2,5 l	7–8 Whiskys oder 0,35 l	1,5 l Wein	1,5 ‰	Starke Anzeichen von Betrunkenheit, benommenes Stottern, 2 von 3 Menschen in diesem Zustand erbrechen. Nur jeder 12. kann sich bei diesem Promillegehalt noch einigermaßen sicher auf den Beinen halten.
15 Glas Bier oder 3,75 l	10 Whiskys oder 0,5 l	2 l Wein	2,0 ‰	Der Betrunkene kann die Körperbewegungen nur noch in ganz geringem Umfang koordinieren. Er kann sich nicht mehr allein an- und ausziehen. Vielfach kann der Urin nicht mehr gehalten werden. Der Mensch ist auf die Hilfe anderer angewiesen.

Schaubild 43: Die Wirkung alkoholischer Getränke

(*Quelle:* Blaukreuz Verlag Wuppertal, 1980)

In späteren Phasen nimmt die Toleranzsteigerung ab und es kommt zunehmend früher zum Rausch. Wir wollen hier auf die Schilderung der Belastungen der am Stoffwechsel beteiligten Organe und des Gehirns im einzelnen verzichten und auch auf die

Alkoholfolgekrankheiten nicht eingehen, da es zu diesem Bereich viel einschlägige Literatur gibt.

Die Suche nach einer spezifischen Alkoholiker-Persönlichkeit führte zu keinem eindeutigen Ergebnis. Allenfalls konnte festgestellt werden, daß zwischen beiden Geschlechtern sich hinsichtlich der psychischen Struktur (im Sinne von Schultz-Hencke) Unterschiede ergaben. Bei Frauen überwiegen danach hysterische Strukturen, bei den Männern die depressiven und schizoiden (vgl. *Feuerlein*, a.a.O., S. 42).

Das nachfolgende Schaubild 44 gibt einen sehr umfassenden Überblick über die psychischen, physischen und sozialen Zusammenhänge bei der Alkoholerkrankung und bezieht auch den weiter unten in einem Schaubild verdeutlichten phasenhaften Verlauf der Erkrankung mit ein.

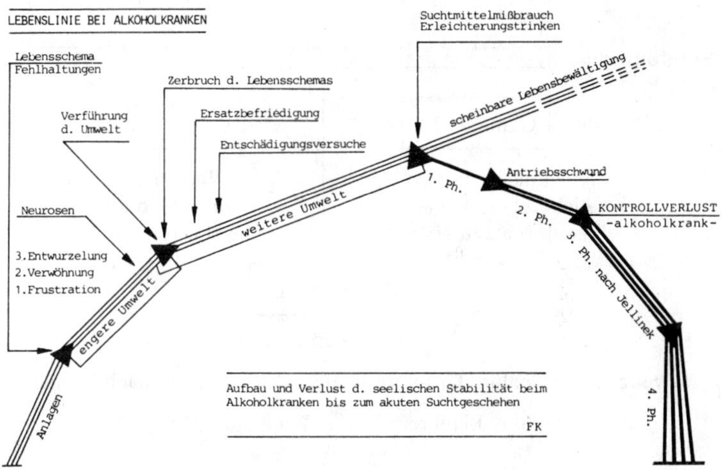

Schaubild 44: Lebenslinie bei Alkoholkranken

(*Quelle:* Blaukreuz Verlag Wuppertal, 1980)

Die Alkoholabhängigkeit ist als Krankheit im versicherungsrechtlichen Sinne anerkannt (1968 durch zwei Urteile des Bundessozialgerichtes und seitdem in ständiger Rechtsprechung). Es sind so breite Bevölkerungsgruppen betroffen (nach dem Jahrbuch der

Deutschen Hauptstelle gegen die Suchtgefahren gab es 1985 in der Bundesrepublik 1,8 Millionen Alkoholkranke, nach neueren Untersuchungen werden bereits 2,5 Millionen geschätzt), daß vielfältige Anstrengungen unternommen wurden, das Phänomen des Alkoholismus zu erforschen und zu behandeln.

Eine sehr bekannte Typologie über fünf Grundformen des Alkoholismus wurde 1960 von Jellinek entworfen.

Die 5 Grundformen des Alkoholismus

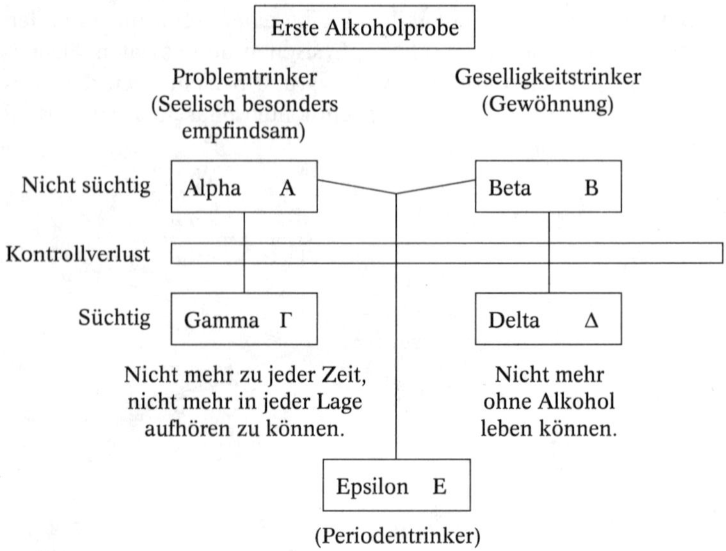

Schaubild 45: Die fünf Grundformen des Alkoholismus nach Jellinek

(*Quelle:* Blaukreuz Verlag Wuppertal, 1980)

Alpha-Alkoholiker leiden an seelischen und nervösen Störungen, die aus Angst, Hemmungen und seelischen Spannungszuständen oder Lebensbewältigungsproblemen resultieren können. Sie suchen im Alkohol Erleichterung, Entspannung und Betäubung.

Beta-Alkoholiker haben sich ihrer „trinkfreundlichen" Umgebung angepaßt, ohne zu erkennen, wie gefährlich diese Gewohnheit ist. Bei ihnen besteht weder eine körperliche noch eine seelische Abhängigkeit, auch haben sie keinen Kontrollverlust.

Gamma-Alkoholiker unterliegen einem Krankheitsprozeß, dessen Anfangsstadium den Zustandsbildern des Alpha-Alkoholikers gleicht. Bei ihnen kommt es im Verlaufe der Erkrankung zu Toleranzsteigerung, körperlicher Abhängigkeit und dem beschriebenen Kontrollverlust sowie Entzugserscheinungen beim Absetzen des Alkohols.

Delta-Alkoholiker können ohne Alkohol nicht mehr leben, weil sie bei Absetzen, wie der Gamma-Alkoholiker, Entzugserscheinungen bekommen. Sie müssen für einen entsprechenden Alkohol-Spiegel sorgen. Sie verlieren aber nicht die Kontrolle über die Trinkmenge.

Epsilon-Alkoholiker sind Perioden-Trinker. Sie nehmen Zuflucht zum Alkohol, wenn sie Unruhezustände oder Verstimmungen verspüren. Das Verlangen nach Berauschung tritt mit ungewöhnlicher Heftigkeit auf und es kann zu exzessiven Ausschreitungen kommen.

Am weitesten verbreitet ist der Gamma-Alkoholismus unter den Alkoholkranken. Bei ihnen spielt neben der körperlichen Abhängigkeit der psychische Hintergrund eine enorme Rolle. Diesen Menschen ist es eigen, daß sie ihre Trinkgewohnheiten stark verharmlosen und herunterspielen. Dabei haben sie in ihrer sozialen Umwelt fast immer unfreiwillige Helfer, die die Peinlichkeit vermeiden wollen, sich mit der Alkoholproblematik auseinanderzusetzen oder sie nach außen offenbar werden zu lassen.

In der nachfolgenden graphischen Darstellung wird das Vermeidungsverhalten Alkoholabhängiger bei stetig zunehmenden Problemen sehr deutlich.

Es liegt viel Tragik in der Verharmlosung, denn natürlich würde eine Umkehr aus einer beginnenden „Alkoholiker-Karriere“ umso erfolgversprechender sein, je früher mit einer Behandlung begonnen würde. Aber gerade in dieser Frühphase haben die meisten Alkoholgefährdeten keine Krankheitseinsicht. Keine Macht der Welt kann ihnen zum Ausstieg verhelfen, solange sie selbst es nicht wollen. So ist die Umkehr häufig erst möglich, wenn alles zusammengebrochen ist. Dann aber sind die Schäden des Alkohols im körperlichen, seelischen und sozialen Bereich so weit fortgeschritten, daß eine *wirkliche* Gesundung und Rehabilitation fraglich erscheint.

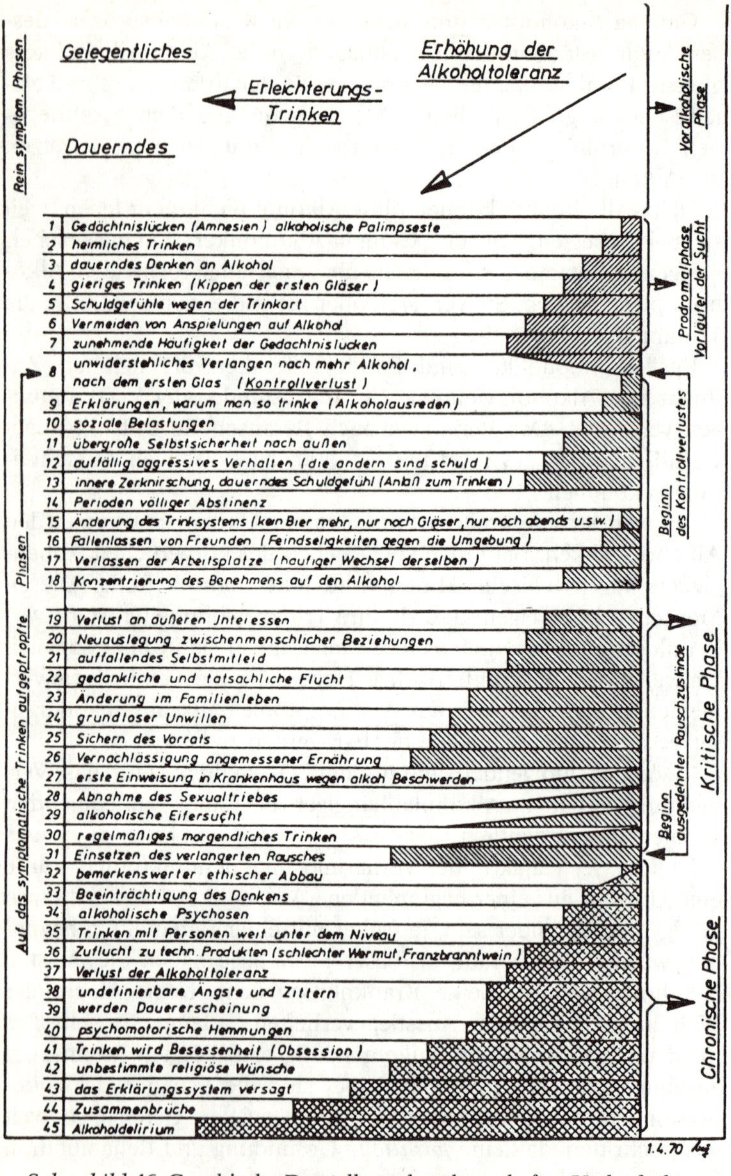

Schaubild 46: Graphische Darstellung des phasenhaften Verlaufs der Alkoholabhängigkeit

(*Quelle:* Blaukreuz Verlag Wuppertal, 1980)

Dieser Verlauf der Erkrankung nimmt Familienangehörige, Freunde, Kollegen und Vorgesetzte in die Pflicht, den Alkoholgefährdeten oder sogar schon Alkoholabhängigen mit seiner Alkoholproblematik zu konfrontieren und alle Hintertüren zu verschließen, durch die er doch noch ausweichen könnte. Unter dieser Voraussetzung kann ein früherer Ausstieg unter Umständen gelingen.

Das Angebot an Hilfsmöglichkeiten ist reich. Exemplarisch führen wir die Übersicht einer Therapiekette für Alkoholkranke aus dem Blaukreuz-Verlag an.

Viele Großunternehmen und Verwaltungen haben Beratungsstellen eingerichtet, an die sich Mitarbeiter mit einer Alkoholproblematik wenden können. Sonst wird der erste Weg derjenige zum Hausarzt sein, der aber nur Zwischenstation zur Weitervermittlung an eine Fachklinik zum körperlichen Entzug sein kann. Wird ein Mitarbeiter oder eine Mitarbeiterin betrunken an seiner/ihrer Arbeitsstelle vorgefunden, oder ist die Arbeitsleistung infolge Alkoholmißbrauchs oder Alkoholabhängigkeit gesunken, muß eine schriftliche Abmahnung erfolgen, da kein Arbeitnehmer sich selbst in eine Lage versetzen darf, in der die gesetzlich vereinbarte Arbeitsleistung nicht erbracht werden kann. Ist der Betreffende nicht bereit, Schritte zu seiner Gesundung zu unternehmen oder überhaupt einen Arzt aufzusuchen, kann über einen Amtsarzt zwangsweise festgestellt werden, ob noch auf Dauer eine Arbeitsfähigkeit zu erwarten ist. Aus unfallrechtlichen Gründen müssen angetrunkene oder betrunkene Arbeitskräfte vom Arbeitsplatz entfernt werden, diese Maßnahme obliegt der Fürsorgepflicht des Vorgesetzten (vgl. *Erika Regnet*, [1991] a.a.O., S. 232f.). Begibt sich der Alkoholkranke tatsächlich unter Druck in Behandlung, sind die Erfolgsaussichten verhältnismäßig gering. Wenn aber im Verlaufe des körperlichen Entzugs der benebelte Kopf allmählich wieder frei wird, kommt zuweilen doch die Einsicht, daß über eine Entwöhnungstherapie der Ausstieg möglich sein könnte. Die verhältnismäßig geringe Erfolgsrate, die je nach Entwöhungskonzept und Dauer der Therapiemaßnahme schwankt (20% dauerhaft Abstinenter ist ein großer Erfolg), sollte nicht dazu verleiten, notwendige Schritte zur Konfrontation des Mitarbeiters mit seiner Alkoholproblematik und Rehabilitation zu unterlassen.

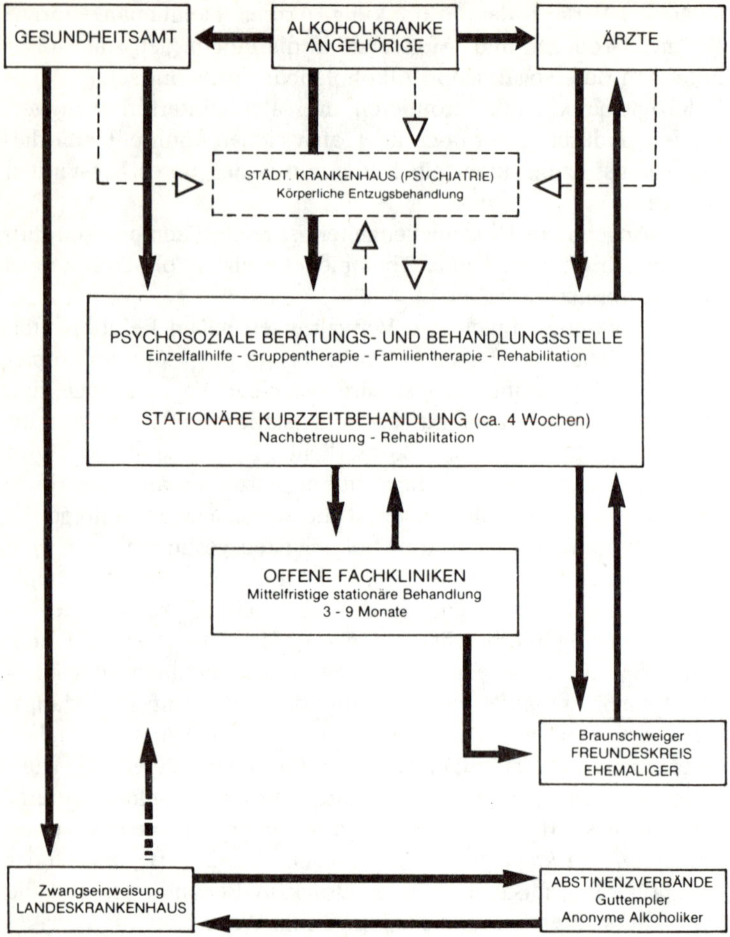

Schaubild 47: Beispiel einer Beratungs- und Behandlungskette

(*Quelle:* Blaukreuz Verlag Wuppertal, 1980)

Rollenspiele zum Thema: „Alkohol am Arbeitsplatz"

Die nachfolgenden Beispiele entstammen, wie die vorangegangenen Rollenspiele, den Verwaltungsführungs- bzw. Verwaltungspsychologieseminaren und Universitätskursen. Den jeweiligen Gruppen wurden einführende Erläuterungen ähnlich den zuvor beschriebenen Ausführungen zur Alkoholproblematik gegeben und darüber diskutiert.

Die Zielvorgabe in den Rollenspielen war, bei entsprechender Einsicht des Mitarbeiters oder der Mitarbeiterin in die Alkoholproblematik, gemeinsam zu ergründen, was vermutlich zu dieser Situation geführt hatte, und Lösungswege zu erarbeiten. Es sollte aber zugleich eindeutig vermittelt werden, daß ein solches Verhalten künftig nicht mehr hingenommen würde und Schritte zur Abhilfe unternommen werden müßten. Andernfalls würden Konsequenzen unumgänglich sein, die aufgezeigt werden sollten. Diese Haltung, keine Hintertürchen offen zu lassen, sei erst recht unumgänglich, wenn der Mitarbeiter seine Alkoholprobleme bagatellisiere.

Inhalt des Rollenspiels:

Der Sachgebietsleiter (Sachgebietsleiterin) bittet den zuständigen Sachbearbeiter (Sachbearbeiterin) zu sich, um mit ihm (ihr) den Problemfall eines Mitarbeiters (Mitarbeiterin) zu erörtern, der nach jahrelang guten Leistungen seit einem Jahr Leistungsabfälle zeige und in den letzten vier Wochen zweimal völlig betrunken im Dienst angetroffen worden sei, wobei größere Mengen Alkohol in seinem Dienstzimmer vorgefunden worden seien.

Der Sachgebietsleiter möchte, daß dem Mitarbeiter keine Versprechungen oder Ausflüchte mehr helfen, er soll veranlaßt werden, Schritte zur Wiederherstellung seiner völligen Leistungsfähigkeit zu unternehmen, andernfalls seine Entlassung betrieben werden müßte. Der Inhalt und die Reihenfolge der Konsequenzen werden diskutiert und festgelegt. Im ersten Teil des Gespräches soll auch geklärt werden, in welcher Konstellation das Gespräch geführt werden soll, der Sachgebietsleiter oder der Sachbearbeiter allein, oder zu zweit.

Der Mitarbeiter hat die Wahl zwischen zwei Rollenvorgaben:

- er kann sich im Falle einer Vertrauenssituation öffnen und seine persönlichen Schwierigkeiten darlegen oder
- abstreiten, verniedlichen, Besserung geloben usw., also versuchen, mit Ausflüchten, Lügen und Versprechungen seine Haut zu retten.

Die Rolle des Mitarbeiters erfreute sich jedesmal großer Beliebtheit, wohl weil sie die Möglichkeit bot, einmal alle begrenzenden Regeln fahren zu lassen. Folgerichtig wurde die Rolle mit nur einer Ausnahme wie als 2. Rollenvorgabe beschrieben ausgestaltet. „Offenbarungen“ dienten allenfalls dazu, sich der Verantwortung zu entziehen.

Nachfolgend wollen wir den Verlauf einiger Rollenspiele zu diesem Thema skizzieren.

1. Rollenspiel

Der Sachgebietsleiter spricht im Zweiergespräch den Sachbearbeiter auf den „Kollegen Lehmann“ an, ihm sei zu Ohren gekommen, daß dieser Alkoholprobleme habe. Sachbearbeiter: „Er hat vermutlich einen Konflikt.“ Der Sachgebietsleiter moniert, daß der Sachbearbeiter ihn noch nicht informiert habe. Dieser verteidigt sich damit, daß er zunächst habe versuchen wollen, das Problem selbst zu lösen, daß seine Gesprächsversuche aber ergebnislos verlaufen seien. Er fragt deshalb den Sachgebietsleiter, ob das Gespräch nicht zu Dritt geführt werden könne.

Der Sachgebietsleiter übernimmt weitgehend die Führung in dem Dreiergespräch und fragt zunächst nach persönlichen Problemen von Herrn Lehmann. Dieser gibt Probleme zu, wundert sich aber über den Vorwurf, daß seine Arbeitsleistung nachgelassen haben solle. Dadurch bleibt das Gespräch zunächst auf der Ebene „Arbeitsleistung“ stecken. Der Sachgebietsleiter bringt die Alkoholproblematik erneut ins Gespräch. Der Mitarbeiter Lehmann pocht auf seinen hohen Arbeitseinsatz und spielt das Alkoholproblem herunter. Da greift erstmals der Sachbearbeiter in strengem Ton ein und weist dem Mitarbeiter anhand mehrerer Beispiele nach, daß er überzeugt sei, daß Herr Lehmann Alkoholprobleme habe. Der Mitarbeiter erklärt, daß diese Anschuldigungen Diffamierungen seien. Der Sachgebietsleiter greift energisch ein: „Entweder, wir können uns ernsthaft unterhalten, oder ich muß Schritte unternehmen. Es liegt uns daran, daß die Angelegenheit bereinigt wird, andernfalls, das muß ich auch sagen, müssen wir uns von Ihnen trennen.“ Der Mitarbeiter Lehmann beschuldigt daraufhin den Sachbearbeiter, selbst in seiner Arbeitsleistung nachgelassen zu haben. Der Sachbearbeiter erklärt, daß dieses Thema nicht hierher gehöre und bietet sich im selben Satz dem Mitarbeiter als Vertrauensperson an. Der Sachgebietsleiter warnt, daß eine erneute Auffälligkeit wegen Alkohols Konsequenzen habe.

Analyse:
Der Sachgebietsleiter verhält sich konsequent gegenüber der Neigung des Mitarbeiters, der Alkoholthematik durch Wendung des Gesprächs auf die Arbeitsleistung zu entfliehen sowie die Angelegenheit zu verharmlosen. Er macht aber die Wirkung dadurch zunichte, daß er das Problem auf später vertagt, indem er Konsequenzen für den Wiederholungsfall androht, anstatt sofort Schritte zur Behebung zu fordern. Der Sachbearbeiter bietet trotz des aggressiven Angriffs des Mitarbeiters Hilfe und sich selbst als Vertrauensperson an und verspielt damit seine Autorität.

2. Rollenspiel

Der Sachbearbeiter zeigt sich uninformiert, als die Sachgebietsleiterin ihn auf die Alkoholproblematik des Mitarbeiters anspricht. Daraufhin erklärt der Sachbearbeiter, er werde jetzt mit dem Mitarbeiter ein Gespräch führen und durchgreifen. Die Sachgebietsleiterin ermahnt den Sachbearbeiter, auf eventuelle Probleme des Mitarbeiter einzugehen, um diesen zur Offenheit zu bewegen.

Der Mitarbeiter kommt herein, schlägt dem Sachbearbeiter kumpelhaft auf die Schulter und setzt sich. Der Sachbearbeiter erwidert das Schulterklopfen. Der Sachbearbeiter eröffnet das Gespräch mit der Frage nach den Hintergründen der nachgelassenen Arbeitsleistung und den Trinkexzessen. Der Mitarbeiter unernst: „Das liegt an der Großwetterlage. Außerdem bin ich völlig überlastet. Gut, daß wir uns gerade sprechen, wie sieht es denn mit einer Gehaltserhöhung aus?“

Der Sachbearbeiter bemüht sich, das Gespräch auf eine ernsthaft-sachliche Ebene zu ziehen: „Wenn sich solche Vorfälle wiederholen, muß ich mich nach einem anderen Mitarbeiter umsehen.“ Mitarbeiter: „Ich bin doch nicht zu ersetzen, so gut wie ich eingearbeitet bin.“

Schließlich lenkt der Mitarbeiter ein, verspricht, sich zu bessern und gesteht, Probleme zu haben. Seine Frau habe ihn verlassen, weil er ein so kleines Gehalt nach Hause bringe. „Wenn ich ihr sagen könnte, daß ich eine Gehaltsgruppe höher gerutscht bin, käme sie vielleicht zu mir zurück.“

Das Geplänkel geht noch eine Weile weiter. Schließlich lädt der Mitarbeiter den Sachbearbeiter zu sich nach Hause zum Mittagessen ein, „um bei einem Glas Wein über seine Gehaltserhöhung zu reden“. Der Sachbearbeiter willigt ein, weil er glaubt, dann eine Vertrauensbasis herstellen zu können.

Analyse:

Der Sachbearbeiter hat schon in der ersten Minute des Gesprächs seine Autorität verspielt, als er das Schulterklopfen des Mitarbeiters nicht zurückweist, sondern sogar erwidert. Dadurch nimmt ihn der Mitarbeiter während des ganzen Gesprächs nicht mehr ernst, so daß jeder Versuch des Sachbearbeiters, dem Gespräch einen sachlichen Gehalt zu geben oder gar Konsequenzen zu eröffnen, kläglich scheitern muß. Die Annahme der Einladung zum Mittagessen ist der letzte Akt in einer Serie vergeblicher Versuche, eine vertrauensvolle Atmosphäre herzustellen.

In diesem Fall muß noch etwas zu der Person des Rolleninhabers des Mitarbeiters gesagt werden. In einem vorangegangenen Rollenspiel hatte dieser Teilnehmer so beharrlich eine nahezu aussichtslose Position vertreten, daß ihm am Ende doch sein Begehren erfüllt worden war. Auch jedem anderen Teilnehmer in der Rolle des Sachbearbeiters wäre es sicher schwergefallen, der Beharrlichkeit, dem Witz und Charme des Rolleninhabers Paroli zu bieten.

3. Rollenspiel

Die Sachgebietsleiterin läßt den Sachbearbeiter kommen, um mit ihm über die Alkoholproblematik des Mitarbeiters zu sprechen. Es ist ein sehr einvernehmliches Gespräch, bei dem beide sich besorgt zeigen und sich gemeinsam zuständig fühlen. Da der Sachbearbeiter etwas unsichere und zaghafte Vorstellungen von Konsequenz hat, schlägt die Sachgebietsleiterin ein gemeinsames Gespräch vor.

Die Sachgebietsleiterin eröffnet das Gespräch zu Dritt und überläßt dann dem Sachbearbeiter die Gesprächsführung. Der Mitarbeiter zeigt sich verwundert über die Vorhaltungen des Sachbearbeiters und nennt Gründe, warum er *gelegentlich* getrunken habe: Hausbau des Bruders, Geburt eines Neffen usw. „Es ist ein Ausrutscher gewesen, der nicht wieder vorkommen wird. Natürlich wäre es besser gewesen, wenn der Sohn des Bruders am Wochenende geboren worden wäre.“ Der Mitarbeiter wiederholt seine Rechtfertigungen, Verniedlichungen und Versprechungen. Die Sachgebietsleiterin setzt diesen Ausflüchten ein Ende, bleibt aber dennoch sehr einfühlsam. Sie belegt, daß mindestens eine Alkoholproblematik, wenn nicht schon Abhängigkeit vorliege. Sie pocht auf Abstellen des Zustandes und nimmt den Mitarbeiter in die Pflicht: „Wie stellen Sie sich vor, das Problem zu lösen?“

Mitarbeiter: „Ich meide Anlässe oder trinke dann nichts.“

Sachgebietsleiterin:„ Sie können nicht mit Alkohol umgehen.“ Sie dringt darauf, daß sich der Mitarbeiter zum Arzt begibt, sonst müsse seine Dienstfähigkeit vom Amtsarzt festgestellt werden, überläßt aber dem Mitarbeiter den Zeitpunkt. Der Mitarbeiter willigt ein, zum Arzt zu gehen, auch über das Ergebnis zu berichten und findet dann doch wieder eine Hintertür: „Bitte lassen Sie meine Frau nichts wissen.“

Analyse:

Das konsequente Vorgehen der Sachgebietsleiterin ist offensichtlich und doch gelingt es auch ihr letztendlich nicht, alle Möglichkeiten für Fluchttendenzen des Mitarbeiters zu unterbinden, weil auch sie die konsequente Haltung teilweise auf einen späteren Zeitpunkt verschiebt und mit dem Mitarbeiter gegenüber dessen Frau ein Geheimnis bewahrt.

4. Rollenspiel

Im Gespräch zwischen dem Sachgebietsleiter und der Sachbearbeiterin kommt es aus ähnlichen Gründen wie im vorangegangenen Beispiel zu einem Dreiergespräch.

Die Mitarbeiterin beginnt bereits sich zu wehren, bevor ihre beiden Vorgesetzten ein Wort gesagt haben. Sie verlangt wegen des Gleichgewichts im Gespräch die Hinzuziehung eines Personalratsmitglieds. Das wird auch zugestanden. Der Sachgebietsleiter wirft der Mitarbeiterin vor, daß sie zweimal besinnungslos betrunken gewesen sei, so daß zwei Pförtner sie hätten hinaustragen müssen. Mitarbeiterin: „Na, das ist ja prima, dann wurde ich endlich mal auf Händen getragen." Dann zum Sachgebietsleiter gewandt: „Waren Sie noch nie betrunken?" Sachgebietsleiter: „Doch, aber nicht während des Dienstes, das ist der Unterschied. Wenn Sie das außerhalb des Dienstgebäudes machen, ist es mir im Prinzip egal."

Die Mitarbeiterin erklärt, daß sie dann nur noch zuhause trinken werde, wenn sie Lust auf Alkohol habe. Sie wird ziemlich ausfallend, beschwert sich, daß sie vorverurteilt würde, daß sie zehn Jahre lang gute Arbeit geleistet habe und man ihr nach vier Wochen Leistungsabfall Vorhaltungen mache usw.

Der Sachgebietsleiter sucht Schutz hinter der vorgesetzten Behörde, die sich bei Bekanntwerden des Vorfalls einschalten würde, und dringt auf einen Arztbesuch.

Die Mitarbeiterin versteigt sich daraufhin in den Vorwurf: „Sie feiern doch auch fröhliche Feste mit Ihrer Sekretärin, soll ich Zeugen bringen?"

Das veranlaßt den Sachgebietsleiter – endlich – zu einer konsequenten Haltung. „Ihre Reaktion macht mir schon Sorge. Ihr Verlust an Sachlichkeit ist bedenklich. Ich bestehe auf einem Arztbesuch!"

Dann faßt er noch einmal seine Bedingungen zusammen:

„Ad 1: Bekräftigung des Alkoholverbots im Dienst,
Ad 2: Arztbesuch,
Ad 3: Bei einem weiteren Vorfall müssen wir uns trennen."

Analyse:

Dem Sachgebietsleiter unterläuft ein Fehler, als er erklärt, daß es ihm im Prinzip egal sei, wenn die Mitarbeiterin nur nicht während des Dienstes trinke. Erst als die Mitarbeiterin, die glaubt, Oberwasser zu haben, über das Ziel hinausschießt, reicht es dem Sachgebietsleiter und es gelingt ihm, zu einer konsequenten Haltung zu finden. Die Sachbearbeiterin hält sich bis auf eine Vorhaltung gegenüber der Mitarbeiterin im Hintergrund. Die Personalratsvertreterin versucht begütigend einzuwirken, wodurch ein erneuter Autoritätsverlust des Sachgebietsleiters entsteht.

5. Rollenspiel

Hier kommt es wiederum zum Dreiergespräch, und wieder ist es die Sachgebietsleiterin, die das Gespräch im wesentlichen gestaltet, während der Sachbearbeiter sich zurückhält.

Die Rolleninhaberin der Sachgebietsleiterin – die, das ist hier wichtig, in einem vorangegangenen Rollenspiel von der Rolleninhaberin der Mitarbeiterin hatte überrumpeln lassen – gelingt es in diesem Rollenspiel, in einer Mischung aus Empathie und Konsequenz den Ausflüchten, Verniedlichungen, Versprechungen und Rechtfertigungen der Mitarbeiterin jede Grundlage zu entziehen. Sie zeigt Verständnis für die Situation der Mitarbeiterin und fordert zugleich: „Ich möchte, daß Sie noch in dieser Woche einen Arzt aufsuchen. Die Kollegin A wird Sie begleiten, damit es nicht bei Versprechungen bleibt.“

Das veranlaßt die Mitarbeiterin zu dem Versuch, Mitleid bei der Sachgebietsleiterin für ihre Probleme zu erwecken. Sachgebietsleiterin: „Ich verstehe, daß die Situation für Sie schwierig ist. Das ändert nichts an der Tatsache, daß ich Alkohol im Dienst nicht dulde und mich verpflichtet sehe, die Augen nicht vor Ihrer Alkoholproblematik zu verschließen, sondern Sie zu veranlassen, Schritte zu unternehmen, um Ihr Alkoholproblem zu beheben.“

Analyse:

Dieses Rollenspiel ist ein Bilderbuchbeispiel für eine Mischung aus einfühlendem Verständnis und Konsequenz. Die konsequente Haltung der Sachgebietsleiterin ist maßgeblich dadurch mitgeprägt, daß sie in der „Ich“-Form spricht und die Bedingungen selbst setzt und begründet. Sie strahlt auch deshalb Autorität der Persönlichkeit aus, weil sie sich hinter keiner Autorität versteckt. Delikaterweise hat die Beziehung zwischen den Rolleninhaberinnen eine Geschichte. Da ist also noch eine alte Rechnung offen, die die Rolleninhaberin der Sachgebietsleiterin voll und ganz begleicht, weil sie sich nicht noch einmal übers Ohr hauen lassen will.

6. Rollenspiel

Die Darstellerin der Mitarbeiterin hat selbst schon mit Abhängigen gearbeitet und kann deshalb auf Hintergrundwissen zurückgreifen. Sie gestaltet die Rolle so aus, wie sie es selbst im Umgang mit einer Mitarbeiterin einmal erlebt hat.

Die Sachbearbeiterin legt zunächst die Fakten auf den Tisch mit Daten und mit der Menge des gefundenen Alkohols. Sie folgt damit auch den Anregungen aus der Vorbesprechung. Die Mitarbeiterin leugnet sowohl den exzessiven Alkoholkonsum und beteuert, daß sie Kreislaufschwäche gehabt habe als auch die Existenz der gefundenen gefüllten, angebrochenen und leeren Flaschen. Sie behauptet bezüglich der Flaschen, daß diese von anderen stammen müßten. Sie greift die Vorgesetzte sogar an. Die Sachbearbeiterin antwortet: „Frau B., ich kenne Sie sonst gar nicht so aggressiv." Die Mitarbeiterin begreift, daß sie mit aggressivem Verhalten nicht weiterkommen wird. Danach versichert die Sachbearbeiterin ihrer Mitarbeiterin, daß ihr sehr viel an ihrem Verbleiben im Unternehmen liege. Sie sagt, daß sie gerne dazu beitragen möchte, daß die Mitarbeitern ihre alte Arbeitsfähigkeit wiedererlange. Es gelingt ihr auch im weiteren Gespräch, die formulierten gemeinsamen Ziele weiterzuverfolgen und gleichzeitig bei der Mitarbeiterin für eine Krankheitseinsicht zu werben. Diese ist zunächst mißtrauisch. Wenn sie nun wirklich zum Arzt ginge, würden ihr daraus nicht lauter Nachteile erwachsen? Was wäre mit ihrem Mann, würde er davon erfahren? Und überhaupt, wenn nun tatsächlich nachgewiesen würde, daß sie eine Alkoholproblematik habe, in welcher Weise würde das dann gegen sie verwendet? Die Sachbearbeiterin erklärt, daß sie für den Fall, daß die Mitarbeitern etwas gegen ihre Alkoholproblematik unternehme, weiterhin zu ihr stehe. Die Mitarbeiterin erklärt: „Dann mache ich Sie aber verantwortlich, falls mir Schaden daraus erwächst, daß ich zugebe, daß ich Alkoholprobleme habe." Die Vorgesetzte bleibt unerschüttert. Sie bestätigt nochmals, daß sie für den Fall, daß die Mitarbeiterin etwas gegen ihre Alkoholprobleme unternehme, ihr weiterhin zu Seite stünde und ihr auch weiterhin helfen würde. Sie versichert auch, daß sie in diesem Falle keine Angst um ihren Arbeitsplatz haben müsse. Sie erwarte aber, daß sie auch wirklich tätig werde. Sie vereinbart mit der Mitarbeiterin einen Termin, bis zu dem die Mitarbeiterin den Hausarzt aufsucht. Sie bietet an, daß sie von jemand aus dem Kollegenkreis begleitet werden könne, wenn ihr der Schritt dann leichter falle. Die Mitarbeiterin verläßt sichtlich erleichtert das Gespräch.

Analyse:
In diesem Rollenspiel ist erstmal die Abwehr der Mitarbeiterin umgeschlagen, wenn auch die Sachbearbeiterin ein hartes Stück Arbeit leisten mußte, um sozusagen Zentimeter für Zentimeter die Mitarbeiterin zu gewinnen. Da sie beim aggressiven Auftreten der Mitarbeiterin die Situation thematisiert, in der sich beide derzeit befinden, und das aggressive Verhalten der Mitarbeiterin zugleich als Beleg für eine veränderte Haltung nimmt, kann die Mitarbeiterin diesen Weg nicht weiterverfolgen. Mit der Bemerkung, daß sie dazu beitragen möchte, daß die Mitarbeiterin ihre alte Arbeitsfähigkeit wiedererlangt, zeigt die Sachbearbeiterin ein Ziel auf, an dem beiden gleichermaßen gelegen sein muß und das eine Solidarisierung ermöglicht. Schließlich vermag sich die Mitarbeiterin darauf einzulassen.

Rollenspiele zum Thema: „Vergabe eines Dienstwagens“

Neben konsequentem Handeln und Empathie stellen sich dem Management Aufgaben, bei denen die Einbeziehung der Mitarbeiter mit ihren Überlegungen, Vorschlägen und Forderungen im Sinne einer kooperativen Zusammenarbeit sinnvoll ist. Dabei bleiben auch Konkurrenzen nicht aus. Man denke z.B. an die Beschaffung höherwertiger Anlagen, bei deren Auswahl und Einsatz die Mitarbeiter ihre Überlegungen einbringen sollen, zugleich aber insofern eine Konkurrenzsituation entsteht, weil es von den Mitarbeitern als Prestigegewinn erlebt wird, wenn ihnen das neueste Gerät zugewiesen wird. Die Vielschichtigkeit der Beweggründe, die bei solchen Entscheidungsprozessen eine Rolle spielen, bei denen es zu einer einvernehmlichen Lösung kommen muß, versuchen wir den Teilnehmern an den Verwaltungsführungsseminaren anhand des Rollenspiels „Vergabe eines Dienstwagens" nahezubringen (Quelle: *Klaus Antons*, Praxis der Gruppendynamik, 4. Aufl. Göttingen 1976, S. 17 u. 149ff.).

Dieses Rollenspiel enthält sowohl die Elemente der Kooperation als auch des Wettbewerbs mit dem Schwerpunkt der Prüfung der Entscheidungsfähigkeit von Gruppenmitgliedern, wobei die Entscheidungskriterien aus der Gruppe entwickelt werden sollen. Kooperation und Wettbewerb stehen in komplementärem Verhältnis zueinander. Den Gegensatzpaaren Solidarität und Rivalität, Zusammenarbeit und Konkurrenz kommen an sich keine Wertung zu, beide gehören zum Auseinandersetzungsprozeß und sind nicht als entweder erstrebenswert oder moralisch minderwertiger einzustufen. Aus beiden erwachsen Potenzen für den Entscheidungsprozeß, dessen Ziel im Falle des Dienstwagen-Rollenspiels die Einigung ist.

Inhalt ist die vom Vorarbeiter einer Telefongesellschaft an die Fünfergruppe seiner Mitarbeiter delegierte Entscheidung, wem der neue Dienstwagen zugeteilt werden soll. In den Rolleninstruktionen sind Argumente wie lange Firmenzugehörigkeit, gute Wagenpflege, Kilometerleistung und technischer Zustand des Wagens vorgegeben und den Rolleninhabern Eigenschaften wie regelhaft, pedantisch-untertänig, sicherheitsbedacht oder unbekümmert zugeordnet.

Aus der Anlage der Rollenvorgabe scheint eine kooperative Lösung bei sachlicher Betrachtung nur durch die Aussonderung des technisch schlechtesten (Unfall-)Wagens und ein Ringtausch möglich, weil der schlechteste Wagen dem jüngsten (unbekümmerten) Mitarbeiter gehört, der seinem Kollegen unlängst beim Rückwärtsfahren die Tür beschädigt hat. Aber auch der Ringtausch hat Nachteile, weil mehrere Mitarbeiter sich auf ein anderes Auto einstellen müssen. Die Rollenspielvorgabe ist also ausgesprochen raffiniert angelegt, so daß das Ergebnis der Diskussion vollkommen offen ist.

Antons selbst zählt eine Reihe von Phänomenen auf, die bei der Diskussion entstehen können, (S. 163ff.):

- Vorschläge werden übergangen,
- ein Einzelner maßt sich Entscheidungen im Namen der Gruppe an,
- Cliquen werden gebildet,

- auf Widerstrebende wird Druck ausgeübt,
- Mehrheitsbeschlüsse werden ohne Übereinstimmung gefällt, usw.

Natürlich verliefen die Rollenspiele in den verschiedenen Seminaren alle anders und beinhalteten die obigen Beobachtungen und noch viele mehr. Aus dem wiederholten Einsatz dieses Rollenspiels haben wir die Erkenntnis gewonnen, daß in allen Rollenspielen ein bestimmter Verlauf typisch war. Nach dem Austausch individuell begründeter Ansprüche auf den neuen Dienstwagen trat die Diskussion in eine Phase heftigen Durcheinanderredens ein, in der die Position der anderen Diskutanten befehdet wurde. Je nachdem, ob der Vorarbeiter die Diskussion einfach laufen ließ oder reglementierend eingriff, kam es zu mehr oder weniger Offenheit oder Kampf.

Welch außerordentliche Rolle der Führende in solch einem Geschehen spielt, das ja auf die Entscheidungsfähigkeit der Geführten abzielt, wollen wir jetzt an einer Reihe von Beispielen deutlich werden lassen. Die Vorgabe für den Vorarbeiter war, sich möglichst zurückzuhalten, damit ein Gruppenprozeß entstehen könnte. Daß den Rolleninhabern teilweise eine ganz andere Ausgestaltung „passierte“, machen die nachfolgenden Zusammenfassungen deutlich:

1. Rollenspiel

Der Vorarbeiter gibt der Gruppe die Entscheidungskriterien vor. Er verlangt die Meinungsäußerung nach „Reglement“, die Mitarbeiter sollen sich nach Sitzreihenfolge äußern, wobei er Zeitvorgaben für die Redelänge macht und versucht, die Meinungsverschiedenheiten zu glätten. Er interpretiert die Beiträge der Mitarbeiter und wertet sie entsprechend seiner eigenen Sichtweise. Obwohl er den an sich schlüssigen Vorschlag macht, das älteste und schlechteste Fahrzeug auszusondern, findet er bei der Gruppe keine Unterstützung. Die Gruppenmitglieder sind in der Verfolgung ihrer Eigeninteressen heillos zerstritten. Dem Vorarbeiter reicht es, und er nimmt den neuen Dienstwagen selbst. Jetzt richtet sich die geballte Empörung gegen ihn. Ihm wird unterstellt, daß er von Anfang an vorgehabt habe, den neuen Wagen für sich zu beanspruchen.

Analyse:
Die direktive Führung vermehrt aggressives Verhalten der Teilnehmer, für die eine Einigung unmöglich ist. Sie können nicht einmal darüber nachdenken, wie sie sich verantwortungsvoll an der Entscheidung beteiligen könnten, da der Vorarbeiter alles in der Hand hat.

2. Rollenspiel

Der Vorarbeiter möchte das Kollektiv entscheiden lassen und fordert die Gruppenmitglieder auf, ihre Argumente einzubringen. Er geht behutsam mit den Einzelvorschlägen um, läßt das Für und Wider erörtern und hält sich im übrigen zurück, so daß für die Gruppe ein größerer Spielraum für den Austausch von Argumenten, aber auch ein Einigungsdruck entsteht. Die Teilnehmer erarbeiten einen Lösungsvorschlag und bitten den Vorarbeiter, in diesem Sinne zu entscheiden.

Analyse:
Dem Vorarbeiter ist es in diesem Beispiel gelungen, auch konträre Positionen ohne eigene Wertung gelten zu lassen. Da er in den Entscheidungsprozeß nicht eingreift, sind die Gruppenteilnehmer aufgerufen, in eigener Verantwortung eine konsensfähige Lösung zu erarbeiten.

3. Rollenspiel

Der Vorarbeiter gibt genaue Entscheidungskriterien vor (Wagenzustand, Kilometerleistung, aber auch Zuverlässigkeit des jeweiligen Mitarbeiters sowie Firmenimage) und übt sich zunächst in Zurückhaltung. Die überzogene Darstellung der Eigeninteressen einiger Mitarbeiter nimmt er aber zum Anlaß für Empörung und moralische Vorwürfe. In der Gruppe hat das aggressive Gegenreaktionen zur Folge, die in die Forderung münden, der Vorarbeiter solle sich gefälligst mal ein bißchen anstrengen und eine Lösung finden.

In diesem Rollenspiel wirkt sich ein schwelender Konflikt aus vorangegangenen Tagen aus. In der Mehrzahl der Konflikte haben die Kontrahenten eine gemeinsame Geschichte, aus der Animositäten resultieren. Beide Seiten sind dann schon zugespitzt, wenn die Auseinandersetzung losgeht.

Zwei Tage vor diesem Rollenspiel hatte sich eine heiße Diskussion an dem Thema Erziehungsstile entzündet. Der Teilnehmer, der in diesem Rollenspiel den Vorarbeiter darstellte, hatte sich vorwurfsvoll an die Referentin gewandt. Eine Teilnehmerin glaubte, der Referentin beispringen zu müssen und ließ sich in eine heftige Auseinandersetzung mit dem Teilnehmer ein, wobei beide Seiten sich mehr und mehr an ihren Ansichten festbissen. Die Referentin gab das Thema an die Gruppe zurück, und es gelang in der folgenden Diskussion, die Mißverständnisse zu beseitigen. Aber der Stachel saß noch bei beiden Kontrahenten fest.

Während des Dienstwagen-Rollenspiels versuchte die Teilnehmerin als „Frau Meyer“, dem Vorarbeiter die Führungsposition streitig zu machen, der sich dadurch aufgefordert sah, die Entscheidung selbst zu fällen. Die Gruppe akzeptierte die Entscheidung schließlich, da sie sachlich vernünftig war, bis auf „Frau Meyer“.

Analyse:

In diesem Beispiel ging es gar nicht um die Vergabe des neuen Dienstwagens, sondern um einen Machtkampf, der im wesentlichen durch zwei Elemente ausgelöst wurde: einmal durch die moralische Wertung des Vorarbeiters, insbesondere der Ausführungen des dienstältesten Mitarbeiters, woraufhin dieser in seinen Argumenten noch einmal kräftig „nachlegte“, zum anderen der Auseinandersetzung zwischen Frau Meyer und dem Vorarbeiter. Im übrigen hatte die Inhaberin dieser Rolle zwei Tage zuvor im Grunde schon einmal versucht, die Führung zu übernehmen, als sie sich aufgerufen fühlte, anstelle der Referentin den aufgekommenen Konflikt auszutragen.

4. Rollenspiel

Der Vorarbeiter berät mit den Mitarbeitern die Entscheidungskriterien und erbittet die Vorschläge der Mitarbeiter zur Wagenvergabe. Er sammelt die Einzelvorschläge und wägt sie ab. An die Dienstälteste, „Frau Schmidt“, gewandt: „Ich hatte auch überlegt, Ihnen den neuen Wagen zu geben, aber wenn immer die Dienstältesten den Wagen bekommen, haben die anderen nie eine Chance." „Frau Schmidt" ist es möglich zurückzutreten, weil der Vorarbeiter ihre Verdienste stark betont (sie bekommt also etwas). Sofort solidarisiert sie sich mit „Herrn Kaiser", dem jüngsten, unbekümmerten Fahrer, dessen Wagen nach den Vorstellungen des Vorarbeiters ausgesondert werden soll, und plädiert dafür, daß dieser den Wagen bekommt.

Eine Mitarbeiterin, „Frau Meyer", regt sich permanent auf, verhält sich unsachlich und mosert nur herum. Obwohl sie von der Sache her gute Chancen hätte, den neuen Wagen zu bekommen, verspielt sie ihre Möglichkeiten. Ganz anders „Frau Schneider". Sie bringt insgesamt nur vier Redebeiträge, wohlabgewogen und an der richtigen Stelle. Sie strahlt die Überzeugung aus, daß ihr der neue Wagen zusteht und bekommt ihn auch.

Analyse:
Dieses Rollenspiel hätte ohne die mosernde „Frau Meyer" ein Bilderbuchbeispiel einer kooperativen Lösung am Ende einer sachlichen Auseinandersetzung werden können, da der Vorarbeiter ruhig und gelassen der Gruppe (die durchaus nicht unkompliziert war) Raum gab, Ansichten bündelte, Anerkennung gab und dort, wo es nötig war, seine eigene Anschauung kundtat und dafür warb.

Für die Rolleninhaberin von „Frau Meyer" wurde dieses Rollenspiel zu einem Schlüsselerlebnis. Das Seminar (Weiterbildungsstudium für arbeitslos gewordene Akademiker) hatte damit begonnen, daß diese Teilnehmerin ihre Bemühungen schilderte, eine selbst initiierte ABM-Stelle vom Arbeitsamt auch zugewiesen zu bekommen und wie sie damit gescheitert war. Bei der Analyse des Dienstwagenrollenspiels nun wurde auch für sie plastisch sichtbar, wie sie systematisch ihre eigentlich gute Ausgangslage untergrub. Zu der Plastizität dieses Beispiels trug „Frau Schneider" mit ihrer Haltung wesentlich bei. Sie war wie ein Fels in der Brandung, unerschütterlich überzeugt, daß ihr der neue Wagen zustand. „Wenn ich ihn nicht bekommen hätte, wäre ich allerdings sehr verwundert gewesen."

5. Rollenspiel

Der Rolleninhaber des Vorarbeiters Bauer verkörpert das, was als Autorität der Persönlichkeit bezeichnet wird. Intuitiv richten deshalb die fünf Mitarbeiter bei eigenen Redebeiträgen den Blick auf den Vorarbeiter und versuchen, dessen Sicht der Dinge aus seiner Mimik, Gestik und Körperhaltung zu erkunden, um sich möglichst in seinem Sinne zu äußern.

Der Vorarbeiter Bauer gibt jedoch klar zu erkennen, daß es die Aufgabe des Fünferteams sei, das Problem mit der Dienstwagenvergabe zu lösen. Er greift an einigen Stellen zusammenfassend ein, nimmt der Fünfergruppe aber nicht die Arbeit ab, eine Entscheidung zu fällen. Dennoch unterlaufen ihm an zwei Stellen Bemerkungen, die das Gespräch entscheidend mitbestimmen. Er schützt die Rolleninhaberin Schneider, die als verhältnismäßig unversierte Fahrerin bezüglich der Technik eines Autos auftritt. Stattdessen gibt er durch eine Bemerkung den Rolleninhaber der Rolle Kaiser sozusagen zum Abschuß frei. Als Folge davon wird Herrn Kaiser wegen der eingebeulten Tür und der Unbekümmertheit seines Fahrstils zunehmend Zunder gegeben. Obwohl die Rollenausgestaltung von Herrn Kaiser zunächst gar nicht mal so ungünstig ist, manövriert er sich immer weiter in eine immer schlechter werdende Position. Während er noch am Anfang das zwei Jahre alte Auto von Frau Schneider hätte bekommen können, verschlechtert sich seine Situation durch eigenes Zutun immer mehr. Sie spitzt sich soweit zu, daß Herr Kaiser am Ende des Rollenspiels mit Kündigung droht.

Analyse:

Bedeutsam an diesem Rollenspiel sind zwei Aspekte: Amtsautorität gepaart mit Autorität der Persönlichkeit verleiht dem mit diesen Vorzügen ausgestatteten Vorgesetzten ein enormes Gewicht und läßt nicht nur anlehnungsbedürftige Gemüter sich nach ihm ausrichten. Dessen sollten Vorgesetzte gewärtig sein. Für die Analyse dieses Rollenspiels war es geradezu ein Glücksfall, daß dem Vorarbeiter die Fehler mit der Protektion und dem Abschuß unterlaufen sind. Denn dadurch wird deutlich sichtbar, daß bei einer starken Persönlichkeit sich Mitarbeiter nicht trauen, etwas gegen eine(n) protegierte Kollegin oder Kollegen zu unternehmen.

Das heißt aber nicht, daß kein Unmut aufkäme. Dieser entlud sich dann gegenüber Herrn Kaiser. Obwohl diese Szene einmalig war, sollte sie doch Anlaß zum Nachdenken darüber sein, wie leicht eine vom Vorgesetzten aus gesehen vielleicht nicht mal so bedeutsame Bemerkung verheerende Wirkung zeigen kann, wenn dieser Macht besitzt. Herr Kaiser verspielte dann, einmal in die Enge getrieben, den letzten Rest seiner Chancen.

Wir haben dieses Beispiel absichtlich ans Ende gestellt. Es möge Anlaß zum behutsamen Umgang mit Führungspositionen sein.

Literaturverzeichnis

Adler, A.: (1912) Über den nervösen Charakter, Fischer Taschenbuch Frankfurt/M. 1973.

Adler, A.: (1927) Menschenkenntnis, Fischer Taschenbuch Frankfurt/M. 1973.

Adler, A.: (1931) Wozu leben wir? Fischer Taschenbuch Frankfurt/M. 1979.

Adler, A.: (1933) Der Sinn des Lebens, Fischer Taschenbuch Frankfurt/M. 1978.

Adorno, T.: Individuum und Organisation, Frankfurt/M. 1971.

Adorno, T.: Studien zum autoritären Charakter, Suhrkamp Taschenbuch Frankfurt/M. 1973.

Alt, J. A.: Miteinander diskutieren, Campus-Verlag, Frankfurt/M./New York 1994.

Althoff/Thielepape: Psychologie in der Verwaltung, 3. Aufl. Maximilian-Verlag Herford 1990.

Altmann, H. C.: Motivation der Mitarbeiter, 4. Aufl. Verlag Frankfurter Allgemeine Zeitung Frankfurt/M. 1992.

Ansbacher, H. u. R.: Alfred Adlers Individualpsychologie, Ernst Reinhardt Verlag München 1975.

Antoch, R. F.: Von der Kommunikation zur Kooperation. Studien zur individualpsychologischen Theorie und Praxis, Ernst Reinhardt Verlag München 1981.

Anton, K.-H./Weiland, D.: Soziale Kompetenz, ECON Taschenbuch Verlag Düsseldorf 1993.

Antons, K.: Praxis der Gruppendynamik, 4. Aufl. Verlag für Psychologie Göttingen 1976.

Argyris, C.: Personality and Organization, New York, Wiley 1957.

Argyris, C.: Organization and Innovation, Homewood III. 1965.

Becker, H.: Führung, Motivation und Leistung, ECON Taschenbuch-Verlag Düsseldorf 1990.

Berkel, K.: Konflikttraining, 2. Aufl. Sauer Verlag Heidelberg 1990.

Blankart, C. B.: Öffentliche Finanzen in der Demokratie, Vahlen-Verlag München 1991.

Bonin, W. F.: Die großen Psychologen, Hermes Handlexikon ECON Taschenbuch Verlag Düsseldorf 1983.

Bosetzky/Heinrich: Erfassung von Bürokultur, Publikationen der Fachhochschule f. Verwaltung u. Rechtspflege Berlin Nr. 62, 1988.

Bosetzky/Heinrich: Der gute Beamte – Projektnotizen, Fachhochschule f. Verwaltung u. Rechtspflege Berlin, Beiträge aus dem Fachbereich 1, Heft 3/1988.

Bosetzky/Heinrich: Mensch und Organisation, 4. Aufl. Deutscher Gemeindeverlag Herford 1989.

Brunner, R. u. a.: Wörterbuch der Individualpsychologie, Ernst Reinhardt Verlag München 1985.

Coser, L. A.,: Theorie sozialer Konflikte, Neuwied 1965.

Dahrendorf, R.: Gesellschaft und Freiheit, München 1961.

Dahrendorf, Lord R.: Der moderne soziale Konflikt, dtv wissenschaft 4628, München 1994.

Deutsch, M.: Konfliktregelung, Ernst Reinhardt Verlag München 1976.

Dreikurs, R.: Grundbegriffe der Individualpsychologie, Klett Verlag Stuttgart 1969.

Dreikurs, R./Grey, L.: Kinder lernen aus Folgen, 2. Aufl. Herder Verlag Freiburg/Brsg. 1991.

Dreikurs, R./Soltz, V.: Kinder fordern uns heraus, 26. Aufl. Verlag Klett-Cotta Stuttgart 1994.

Dührssen, A.: Psychogene Erkrankungen bei Kindern und Jugendlichen, 12. Aufl. Verlag für medizinische Psychologie Göttingen 1978.

Esser, W. M.: Individuelles Konfliktverhalten in Organisationen, Urban Taschenbuch Stuttgart 1975.

Faix, W. G./Laier, A.: Soziale Kompetenz, Gabler-Verlag Wiesbaden 1991.

W. Feuerlein: Alkoholismus – Mißbrauch und Abhängigkeit, 2. Aufl. Thieme Verl. Stuttgart 1979.

Fisher, R:/Ury, W./Patton, B.: Das Harvard-Konzept, 12. Aufl. Campus Verlag Frankfurt/M./New York 1993.

Fritsch, M./Wein, T./Ewers, H.-J.: Marktversagen und Wirtschaftspolitik, Vahlen-Verlag München 1993.

Fromm, E.: Die Furcht vor der Freiheit, 7. Aufl. Europ. Verlagsanstalt Frankfurt/M. 1975.

Fromm, E.: Wege aus einer kranken Gesellschaft, dtv München 1991.

Gebert/v.Rosenstiel: Organisationspsychologie, 2. Aufl. Kohlhammer Verlag Stuttgart 1989.

*Gesamtverband f.Suchtkrankenhilfe im Diakonischen Werk der EKD (Hg.),*Handbuch für Suchtkrankenhilfe, Blaukreuz-Verlag Wuppertal 1980.

Glasl, F.: Konfliktmanagement. Diagnose und Behandlung von Konflikten, Verlag P. Haupt Bern 1980.

Gonschorrek, U.: Verwaltungspädagogik und Führungslehre, 2. Aufl. R.v. Decker's Verlag Heidelberg 1989.

Göpfert, G.: Die argumentative Bewerbung, Beck Wirtschaftsberater im dtv München 1991.

Graf Hoyos, C.,(Hg.): Wirtschaftspsychologie in Grundbegriffen, 2. Aufl. Psychologie Verlags Union München 1990.

Gross, W.: Was erlebt ein Kind im Mutterleib? Herder Verlag Freiburg/Brsg. 1991.

Grubitzsch/Rexelius: Psychologische Grundbegriffe, Rowohlt Verlag Reinbek 1987.

Grunwald/Lilge (Hg.): Partizipative Führung, UTB Bern/Stuttgart 1980.

Hartfiel, G. (Hg.): Die autoritäre Gesellschaft, 2. Aufl. Westdeutscher Verlag Köln 1970.

Hartfiel, G.(Hg.): Das Leistungsprinzip, UTB Opladen 1977.

Helsper, H.: Die Chaotisierung der Steuerrechtsordnung als Folge eines verfehlten Zusammenspiels von politischer Führung und juristischer Expertenkompetenz, in: Betriebsberater 1/1995, S. 20ff.

Hentze, J.: Personalwirtschaftlehre, UTB 5. Aufl. Bern/Stuttgart 1991.

Hentze, J:/Brose, P.: Personalführungslehre, UTB 2. Aufl. Bern/Stuttgart 1990.

Hesse, J./Schrader H. C.: Krieg im Büro, Eichborn Verlag Frankfurt/M. 1993.

Hesse, J./Schrader, H. C.: Die Neurosen der Chefs. Die seelischen Kosten der Karriere, Eichborn-Verlag Frankfurt/M. 1994.

Horney, K.: Der neurotische Mensch unserer Zeit, Kindler Taschenbuch München 1974.

Kestenberg, J. S./Kestenberg-Amighi, J.: Kinder zeigen, was sie brauchen, Herder Verlag Freiburg/Brsg. 1993.

Kets de Vries, M. F. R./Miller, D.: The Neurotic Organization, Diagnosing and Changing Counterproductive Styles of Management, Verlag Jossey Bass San Francisco/London 1984.

Kets de Vries, M. F. R./Miller, D.: Personality, Culture and Organization, in: Academy of Management Review 11 (1986), S. 266ff.

Kets de Vries, M. F. R.: Cheftypen. Zwischen Charisma, Chaos, Erfolg und Versagen, Mosaik-Verlag München 1992.

Kieser/Reber/Wunderer: (Hg.) Handwörterbuch der Führung, Stuttgart 1987.

König, K.: Kleine psychoanalytische Charakterkunde, Verlag Vandenhoeck & Ruprecht, 2. Aufl. Göttingen 1993.

Krüll, M.: Die Geburt ist nicht der Anfang, Verlag Klett/Cotta Stuttgart 1992.

Krysmanski, H. J.: Soziologie des Konflikts, Rowohlt Verlag Reinbek 1971.

Lang, H.-J.: Die Baby-Watcher, in: Zeitschrift für Individualpsychologie 19. Jg. Heft 2/94, S. 83–103, Heft 4/94, S. 214–227.

Lauster, P.: Persönlichkeit, ECON-Verlag Düsseldorf 1994.

Lenz, G. (Hg.): Die Seele im Unternehmen, Springer-Verlag Berlin 1991.

Leuenberger, T./Ruffmann, K.-H. (Hg.): Bürokratie, Verlag Peter Lang Bern 1977

Leymann, H.: Mobbing, Rowohlt Taschenbuch Verlag Reinbek 1993.

Lindholz, H.: Wie Chefs Konflikte meistern, Gabler Verlag Wiesbaden 1990.

Lipp, W. (Hg.): Konformismus – Nonkonformismus, Luchterhand Verlag Darmstadt 1975.

Mayntz, R. (Hg.): Bürokratische Organisation, Verlag Kiepenheuer & Witsch Köln 1968.

Mayntz, R.: Soziologie der Organisation, Rowohlt Verlag Reinbek 1963.

Nelsen, J.: Kinder brauchen Ordnung, 2. Aufl. Goldmann-Verlag München 1992.

Miketta, G.: Netzwerk Mensch. Den Verbindungen von Körper und Seele auf der Spur, Rowohlt Taschenbuch-Verlag Reinbek 1994.

Müller, A.: Grundlagen der Individualpsychologie, Classen Verlag Zürich 1975.

Neill, A. S.: Theorie und Praxis der antiautoritären Erziehung, Rowohlt Verlag Reinbek 1969.

Neubauer/v.Rosenstiel: Handbuch der angewandten Psychologie, Verlag Moderne Industrie München 1980.

Neuberger, O.: Führen und geführt werden, 4. Aufl. F. Enke Verlag Stuttgart 1994.

Nolting/Paulus: Psychologie lernen, Psychologie Verlags Union München 1990.

Oldham, J. M./Morris, L. B.: Ihr Persönlichkeitsportrait, Kabel-Verlag Hamburg 1992.

Pippke, W.: Karrieredeterminanten in der öffentlichen Verwaltung, Diss. Köln 1974.

Presthus, R.: Individuum und Organisation, Frankfurt/M. 1971.

Rattner, J.: Aggression und menschliche Natur, 2. Aufl. Walter Verlag Olten 1971.

Rattner, J.: Alfred Adler, Rowohlt Verlag Reinbek 1972.

Rattner, J.: Verwöhnung und Neurose, Classen Verlag Zürich 1968.

Rattner, J.: Die Individualpsychologie Alfred Adlers, Kindler Taschenbuch München 1974.

Rattner, J.: Klassiker der Tiefenpsychologie, Psychologie Verlags Union München 1990.

Regnet, E.: Konflikte in Organisationen, Verlag für Angewandte Psychologie Göttingen/Stuttgart 1992.

Reichard, C.: Betriebswirtschaftslehre der öffentlichen Verwaltung, 2. Aufl. W. de Gruyter Verlag Berlin 1987.

Richter, H. E.: Lernziel Solidarität, Rowohlt Verlag Reinbek 1974.

Richter, H. E.: Flüchten oder Standhalten, Rowohlt Verlag Reinbek 1976.

Richter, H. E.: Wer nicht leiden will muß hassen. Zur Epidemie der Gewalt, Hoffmann und Campe Verlag Hamburg 1993.

Riemann, F.: Grundformen der Angst, 14. Aufl. Ernst Reinhardt Verlag München 1979.

Rogner, J.7: Eine Untersuchung zur Prioritätenskala, Zeitschrift für Individualpsychologie, 8. Jahrgang, Heft 1/1983.

Roppel, U.: Ökonomische Theorie der Bürokratie, Rudolf Haufe Verlag Freiburg/Brsg. 1979.

Rosenstiel, L. v.: Motivation im Betrieb, Verlag Bratt Institut für Neues Lernen, 8. Aufl. Goch 1980.

Rosenstiel, L. v.(Hg.): Führung von Mitarbeitern, Schäffer-Verlag Stuttgart 1991.

Rost, W.-D.: Psychoanalyse des Alkoholismus, Klett Verlag Stuttgart 1987.

Schaal, W.: Die ganzheitliche Personalarbeit, Sauer Verlag Heidelberg 1992.

Schmale, H.: Psychologie der Arbeit, Klett-Cotta Verlag Stuttgart 1983.

Schmidt, R. (Hg.): Die Individualpsychologie Alfred Adlers, Kohlhammer Verlag Stuttgart 1982.

Schmidtbauer/Scheidt: Handbuch der Rauschdrogen, Fischer Taschenbuch Frankfurt/M. 1984.

Scholz,C./Hofbauer, W.: Organisationskultur, Gabler-Verlag Wiesbaden 1990.

Scholz, C.: Personalmanagement, 3. Aufl. Vahlen-Verlag München 1993.

Schottky/Schoenaker: Was bestimmt mein Leben? Rex Verlag Luzern/ Stuttgart 1984.

Schultz-Hencke, H.: Der gehemmte Mensch, Thieme Verlag Stuttgart 1978.

Schultz-Hencke, H.: Einführung in die Psychoanalyse, Vandenhoeck & Ruprecht Verlag Göttingen 1980.

Schwarz, G.: Konfliktmanagement, Gabler-Verlag Wiesbaden 1990.

Seibt, F.: Psychoanalytische Charakterlehre, UTB München/Basel 1977.

Seifert, J. W.: Besprechungsmoderation, GABAL-Verlag Bremen 1994.

Spitz, R.: Vom Säugling zum Kleinkind, Ernst Klett Verlag Stuttgart 1980.

Sprenger, R. K.: Mythos Motivation. Wege aus einer Sackgasse, 5. Aufl. Campus Verlag Frankfurt/ New York 1993.

Sprenger, R. K.: Das Prinzip Selbstverantwortung. Wege zur Motivation, Campus Verlag Frankfurt/New York 1995.

Staehle, W.: Funktionen des Managements, 2. Aufl. Verlag P. Haupt Bern 1989.

Staehle, W.: Management, 4. und 7. Aufl. Vahlen-Verlag München 1989 und 1994.

Stern, D. N.: Tagebuch eines Babys, 4. Aufl. Piper Verlag München 1993.

Titze, M./Gröner, H.: Was bin ich für ein Mensch? Herder Taschenbuch Freiburg/Brsg. 1989.

Titze, M.: Lebensziel und Lebensstil, Verlag J. Pfeiffer München 1979.

Tomann, W.: Familienkonstellationen, 5. Aufl. C. H. Beck Verlag München 1991.

Türk, K. (Hg.): Organisationstheorie, Hoffmann & Campe Verlag Hamburg 1975.

Türk, K.: Grundlagen einer Pathologie der Organisation, Ferdinand Enke Verlag Stuttgart 1976.

Ulich, D.: Konflikt und Persönlichkeit, Oldenbourg Verlag München 1971.

van de Rijt, H./Plooij, F.: Oje, ich wachse. Achtmal steht ihr Baby kopf, Mosaik-Verlag München 1992.

Vester, F.: Denken, Lernen, Vergessen, dtv Stuttgart 1975.

Vester, F.: Phänomen Streß, 9. Aufl. dtv München 1988.

Walter, H.: Mobbing: Kleinkrieg am Arbeitsplatz. Konflikte erkennen, offenlegen und lösen, 2. Aufl. Campus-Verlag Frankfurt/New York 1993.

Wexberg, E.: Individualpsychologie, S. Hirzel Verlag Stuttgart 1974.

Wiegand, R.: Der Mitmensch als Ärgernis, Kindler Taschenbuch München 1977.

Wiegand, R.: Alfred Adler und danach, Ernst Reinhardt Verlag München 1990.

Wiendieck/Wiswede: Führung im Wandel, Enke Verlag Stuttgart 1990.

Wiswede, G.: Einführung in die Wirtschaftspsychologie, UTB München 1991.

Zapf, W. (Hg.): Theorie des sozialen Wandels, 3. Aufl., Verlag Kiepenheuer & Witsch Köln 1971.

Zimmermann, H./Henke, K.-D.: Finanzwissenschaft, 7. Aufl. Vahlen-Verlag München 1994.

Sachverzeichnis

Abwehr/-mechanismen 6, 8, 53, 346
äußere Rahmenbedingungen 141 f.
Aggression 8, 52 ff., 60, 91 ff., 236 f., 245 f., 251 f., 259 f., 271 f., 274 f., 277 f., 279 f.
Alkohol am Arbeitsplatz 329 ff.
Analytische Psychologie 3, 4, 10
Anerkennung 82 ff., 171, 218, 224, 255 ff., 278, 280, 309, 313
Angst 19, 43, 49 ff., 58 ff., 65 ff., 70, 72, 121, 142, 184, 199, 201 f., 206, 214, 222
– vor Nähe/Hingabe 235
– vor Liebesverlust 213, 245
– vor Veränderung 250
– vor dem Festgelegtwerden 259
anlagebedingte Faktoren 11 f., 127 f., 180 ff.
Anpassung 10, 21, 43, 47, 52 ff., 214, 224, 226, 242, 250, 258
antiautoritäre Erziehung 210 ff.
Arbeitspsychologie 4
Assessment-Center 69
Aufsteiger 57 f.
Auseinandersetzung 87 ff., 91 ff., 101 f., 244, 248, 348 ff.
autoritärer Charakter 47 f., 50 f., 60
Autorität 48 f., 50, 251, 277 f., 340, 342, 345
Autoritarismus 194 f.
Autorität der Persönlichkeit 47 f., 50, 321 f., 345, 353

Behaviorismus 4, 5
belebte Umwelt 142, 144 f.
Beseitigung von Mißverständnissen 300 f.
Beziehungsfähigkeit 67
Bürokratie 41 ff.
– Führung in der – 61 ff.
– kameradschaftliche – 62 f.
Bürokratiekritik 44 ff.
bürokratische Struktur 61 ff.

Charakter 6 f., 11
– entwicklung 6 f., 19 f., 133 f., 140 f., 233 f., 262 ff.
Charakterstruktur/-anteile 11, 101 f., 123, 140 ff., 233 ff., 262 ff.
Charaktertypologien 7, 11 ff., 15 ff., 19 ff., 145, 231 f.
– schizoid 232 ff., 271 ff., 288
– depressiv 241 ff., 274 ff., 289, 309
– zwanghaft 248 ff., 277 ff., 290
– hysterisch 255 ff., 279 ff., 291, 308

Deeskalation emotional aufgeheizter Konflikte 109, 297 ff.
Defizite 262 f.
Delegation von Verantwortung 49, 61, 67, 80 f.
demokratischer Erziehungs- und Führungsstil 35, 38, 80 f., 190 f.
depressive Charakterstrukturanteile 241 ff., 274 ff., 289, 309
direktive Führung 35 ff., 38, 350
Durchsetzungsvermögen 47, 68 ff.

Einfühlungsvermögen (s. Empathie) 26f., 124, 203, 235, 238, 242, 269
emotional korrigierende Erfahrungen 189
Empathie (s. Einfühlungsvermögen) 150, 156, 199, 312, 345, 347
Empfindlichkeiten/Überempfindlichkeiten 26, 72, 103, 123, 126 f., 191, 231, 236 ff., 243 f., 250 ff., 258 ff., 262 ff., 268 ff., 307

Entfremdung 48 ff., 60 f.
Entlassung 319 f., 339
Entwicklung
- der Charakterstrukturen 6 f., 19 f., 133 f., 140 f., 233 f., 262 ff.
- phasen 7, 19 f., 132 ff., 231, 268
- störungen 6, 233 ff., 241 ff., 248 ff., 255 ff.
Ermutigung 147 ff.
Erziehungsstile 146 ff., 190 ff., 212 f., 216 f.
Eskalation von Konflikten 89, 91, 92 ff., 114, 118, 300 ff., 307
Extremtypen 10, 16, 19
extrinsische Motivation 82 f.

Fachkompetenz 49, 67
Familienatmosphäre 146 ff., 199 ff.
- als Streitatmosphäre 204 f.
- autoritäre 201 f.
- der Lieblosigkeit 199 f.
- der Überlegenheit 205
- der Unterwerfung 201 f.
- dünkelhafte 206 f.
- inkonsequente 216 f.
- kooperative 148 f.
- leistungsbezogene 205 f.
- materialistische 208 f.
- mitleidsvolle 215 f.
- moralisierende 209 f.
- repressive 202 f.
- überfürsorgliche 212 f.
Familienkonstellation 219
Fehler 81, 114, 122, 152, 164, 169, 174, 183, 249, 252, 272, 277, 279, 294 ff., 300, 307, 313, 344, 353
Flucht in die Krankheit 319, 323 ff.
Förderung der Persönlichkeitsentwicklung 264 f.
Frustration 53, 99 f., 293 f.
Frustrations-Aggressions-Theorie 53
Frustrationstoleranz 52 f., 99 ff., 102
Führung 28 ff., 32 ff., 48, 68 f., 318
Führung in der Bürokratie 61 ff.
Führungsstile 32 f., 35 f., 39, 81
Führungstheorien 29 ff., 32 f.

Gene 11 f., 127 f., 180 ff.
gelernte Hilflosigkeit 50, 60
Geschwisterpositionen 219 ff.
Gesprächsaufbau 310 ff.
Gesprächspsychotherapie 3, 5
Gestaltpsychologie 3, 5
Gestalttherapie 3, 5
gestörte Interaktion 231 ff.
Grundkurs in Menschenkenntnis 123 ff.

Handlungsfähigkeit 73, 89, 113, 125, 293 ff., 299
Handlungshinweise 301 ff., 317 ff.
Hemmung der Persönlichkeitsentwicklung 127, 262 ff.
humanistische Psychologie 3, 5
hysterische Charakterstrukturanteile 255 ff., 279 ff., 291, 308

Ich-Identität 49
Idealtypen 16
Identifikation 166, 173, 190, 203, 208, 212, 243, 245, 256
Individualpsychologie 3 ff., 9 f., 11, 15, 53, 70, 72, 86, 95 f., 123 f., 144 f., 170
innere Konflikte 88, 94
Instanzenmodell 8
Interaktion 2, 28, 40, 62, 68, 70, 72, 76 f., 82, 95, 102, 109, 111 ff., 118, 124 ff., 133, 141, 144, 146 f., 150, 158, 161, 168, 183 f., 189, 191, 193, 199, 219, 223, 227 f., 231 ff., 248 f., 264, 269, 307 ff., 326 f.
intrinsische Motivation 83

kameradschaftliche Bürokratie 62 f.
Karrierist 58 f.
Kindheitserlebnisse 7, 51
kindliche Entwicklung 148 ff., 191

klassifikatorische Typen 16 f.
Kognitivismus 3 f., 5
Kommunikation 70, 73, 75 ff.
Kommunikationsfähigkeit 73
Kompensation 95, 112, 126 f., 134 ff., 138 f., 235 f., 249, 264, 269
Kompromiß 91, 99, 101, 103, 112
Konflikt 42 f., 73, 77, 87 ff.
- eskalierende Konflikte 89, 91, 92 ff., 114, 118, 300 ff., 307
- innere Konflikte 88, 94
- schwelende Konflikte 88 f., 92
- soziale Konflikte 89 f.
- zwischenmenschliche Konflikte 89 f.
Konfliktablauf 97 ff.
Konfliktarten 88
Konfliktbewältigung 95 f., 109 ff.
Konfliktfähigkeit 72 f., 95, 147 ff., 176, 295 f.
Konfliktmanagement/Konflikthandhabung 87 ff., 98, 109 ff., 293 ff., 315
- Deeskalation emotional aufgeheizter Konflikte 109, 297 ff.
- praktische Hinweise zum Konfliktmanagement 301 ff., 313 ff.
- Voraussetzungen für die Handhabung von Konflikten 315 ff.
- Vorbereitungsphase zur Handhabung von Konflikten 304 ff.
Konfliktlösungsansätze/Konfliktregelung 110
Konfliktstrategien 110
Konflikttheorien 88 ff.
Konfliktursachen 96 f.
Konfliktverlauf 97 ff.
Konformismus 43, 47, 52 ff., 250
konsequentes Handeln 312, 341 f.
konstitutionelle Faktoren 11 f., 127 f., 180 ff.
Kooperation 73, 80 ff., 226, 230, 276, 320 f.
Kooperationsfähigkeit 81, 82 f.

Laissez-faire-Bewegung 210 f.

Managementlehre 2 f., 12 f., 20 f., 67 ff.
Meinungsverschiedenheit 103 f.
Menschenbilder 12 ff., 20, 83, 124
Menschenkenntnis 16, 73, 123 ff., 167
Methodenkompetenz 49, 68
Mikropolitik 62 f., 64
Minderwertigkeitsgefühl 9 f., 95, 139, 204
Mobbing 114 ff.
Motivation 38, 65, 73, 82 ff., 86, 281
Motivatoren 84 f.
Motivierbarkeit 67

Narzißmus 26 f., 37, 51
naturgegebene Entwicklung 126 ff.
Neopsychoanalyse 3 f., 6, 9

Offenheit 80, 312, 341, 349
Organminderwertigkeit 131 ff., 215

Pathologiemodell 20 ff.
Persönlichkeit (s. Charakter) 6 f., 11
Persönlichkeitsentwicklung 9, 11 f., 15, 20, 123 ff., 130, 137, 141 f., 144, 146, 151, 156, 181, 185, 219, 231 ff., 262 f., 278
Persönlichkeitsfragebogen 281 ff.
Persönlichkeitstheorien 11 f.
Phasenmodelle 7 f., 176 ff.
Positionsmacht des Vorgesetzten 48 f.
praktische Hinweise zum Konfliktmanagement 301 ff., 313 ff.
Primärsozialisation 6 f., 141 f.
Problemfälle 319 ff.
Projektion 200, 235
psychische Störungen 6
Psychoanalyse 3, 5, 6, 7, 10, 18, 148
Psychodrama 3
Psychologierichtungen 3 ff.

Psychoneuroimmunologie 154
Psychosomatik 206, 215, 324
Psychoterror 114 ff.

Rollenspiel/-technik 321 ff.
Rollenspiele 321 ff.

schizoide Charakterstrukturanteile 232 ff., 271 ff., 288
Selbstbewußtsein 21, 75, 82, 125, 153, 168 f., 230
Selbsterkenntnis 51, 60, 282, 288 ff.
Selbstmotivation 83
Selbstvertrauen 38, 69, 73, 121, 147, 206
Selbstverwirklichung 6, 30, 64, 75
Sozialcharakter 54 f.
soziale Kompetenz 67 ff.
sozialer Wandel 29 ff., 57, 92
Sozialpsychologie 3 f.
Strukturanteile s. auch Charakterstruktur 11, 101 f., 123, 140 ff., 233 ff., 262 ff.

Teilung der Verantwortung 95, 101
technische Hinweise zur Gesprächsführung 300 f.
Temperament 18, 128, 131
Tiefenpsychologie 1, 2, 3 ff., 6 f., 11, 19, 70, 72, 123 ff., 140
Tradierung autoritären Verhaltens 192 f.
Triebdetermination 7 f.
Typologien 15 ff.

Überempfindlichkeiten/Empfindlichkeiten 26, 72, 103, 123, 126 f., 191, 231, 236 ff., 243 f., 250 ff., 258 ff., 262 ff., 268 ff., 307
Übernahme der Verantwortung 295 ff.
Umgang mit der eigenen Person 288 ff.
Umgang mit Mitarbeitern u. Kollegen 271 ff.
Umgang mit Problemfällen 319 ff.
Umgang mit sich und anderen 271 ff., 288 ff.
Umwelteinflüsse 11, 141
unbelebte Umwelt 142 f.
Unbewußtes 6 ff., 75, 86, 89, 99, 137, 144, 145, 189, 195, 200, 201, 202, 214, 226, 235, 245, 246, 259, 324
Unterstützung des kindlichen Entwicklungsprozesses 167 ff.

Verantwortung/Verantwortungsbewußtsein 22, 31, 49, 72, 80 ff., 85,115, 145, 147, 151 f., 172, 182 f., 213, 224, 229, 243, 245, 252, 279, 295 ff., 307, 316 f., 328, 350
Verdinglichung 32, 60 f.
Verhaltenspsychologie 3, 5
Verhaltenswissenschaften 3 ff.
Vernetzung der Gehirnzellen 131 f.
Versetzung 319 f.
Vertrauen 49, 79 f., 82, 98, 147, 151, 167, 172, 233, 278, 320, 326, 342
Vitalität 128
Vorbildfunktion 49, 146, 173, 198, 256
Vorurteil 14, 50 f., 52, 54, 60, 107, 110, 251

Wechselwirkung Mensch/Organisation 40 ff.
Wertewandel 30 f.
Wesensmerkmale 240 ff., 247 ff., 254 ff., 261 ff.
Wirtschaftspsychologie 4

zwanghafte Charakterstrukturanteile 248 ff., 277 ff., 290

Buchanzeigen

BECK-RECHTSBERATER im dtv

Doetsch · Guter Rat zu meinen Versicherungen

Alle wichtigen Rechtsfragen zu Abschluß, Inhalt, Änderung und Kündigung privater Versicherungen.
Wieviele Versicherungen braucht der Mensch? Viele Bürger lassen sich schnell zu einer Versicherung überreden, sind dann aber enttäuscht, wenn im Schadensfall der Versicherer keine oder nur eine Teilleistung erbringt.
Dieser Ratgeber enthält Antworten auf alle wichtigen Fragen, die mit Abschluß, Inhalt und Kündigung von Versicherungen zu tun haben. Neben einem allgemeinen Teil mit Regeln und Ratschlägen für alle Versicherungsarten werden die wichtigsten Versicherungen für den Privatmann behandelt, nämlich Kraftfahrtversicherung, die Hausratversicherung, die Einbruch-Diebstahl-Versicherung, die Wohngebäudeversicherung, die private Haftpflichtversicherung, die Rechtsschutzversicherung, die Lebensversicherung, Unfallversicherung und Krankenversicherung. Musterschreiben runden die Darstellung ab.
(dtv-Band 50603)

Schmidt · Rentenversicherung leichtgemacht

Wichtige Fragen zur Berufs- und Erwerbsunfähigkeitsrente, Alters- und Hinterbliebenenrente.
(dtv-Band 50614)

Frieser · Wie gestalte ich mein Testament?

Alle wichtigen Rechtsfragen für den Erblasser.
Wer Ärger und Streitigkeiten im Erbfall vermeiden will, sollte rechtzeitig ein Testament verfassen. Dabei stehen dem Erblasser viele Gestaltungsmöglichkeiten offen. Dieser Ratgeber gibt zahlreiche Hinweise für die Abfassung eines durchdachten und zweckmäßigen Testamentes. Er erläutert die wichtigsten Grundbegriffe des Erbrechts, die gesetzliche Erbfolge, die verschiedenen Formen des Testamentes, den Erbvertrag sowie sonstige Gestaltungsmöglichkeiten des Erblassers wie Erbeinsetzung, Enterbung, Pflichtteilsklausel, Vermächtnis, Auflage und Wiederverheiratungsklausel. Eine Reihe von Beispielsfällen und Formulierungsvorschlägen hilft dem Leser, für seine persönliche Situation die richtige Lösung zu finden.
(dtv-Band 50609)

Frieser · Was tun im Erbfall?

Rechte und Pflichten des Erben.
(dtv-Band 50610)

Grziwotz
Wichtige Rechtsfragen zur Ehe

Hier finden Sie alles Wissenswerte über Verlöbnis und Eheschließung, Schlüsselgewalt und Vollmachten in der Ehe, den Familienunterhalt, die differenzierten Regelungen des Namensrechts zum Familien-, Geburts- und Ehenamen, das eheliche Güterrecht mit Erläuterungen zur Zugewinngemeinschaft, Gütertrennung und Gütergemeinschaft sowie eine Übersicht zu den üblichen Regelungen in Eheverträgen mit einigen Musterformulierungen.
(dtv-Band 50611)

Grziwotz
Trennung und Scheidung

Wichtige Rechtsfragen zu Getrenntleben, Scheidungsvoraussetzungen, Vermögensauseinandersetzung und Unterhalt.
(dtv-Band 50612)

Schmitz · Was tun bei Wohnungskündigung?

Alles was ich wissen muß zu Kündigungsschutz und Beendigung eines Mietverhältnisses.
Damit der Mieter nicht erst bei Erhalt eines unerwarteten Kündigungsschreibens mit diesem Problem konfrontiert wird, gibt der Ratgeber Antwort auf alle wichtigen Rechtsfragen, die bei der Beendigung und Abwicklung eines Mietvertrages entstehen. Neben dem Thema Kündigungsschutz werden z. B. befristete Mietverträge, Kündigungsarten und -fristen, Eigenbedarfskündigung des Vermieters, Schönheitsreparaturen, Renovierungspflichten und Kautionsrückzahlung erläutert. Ein Mustermietvertrag sowie die wichtigsten einschlägigen Rechtsvorschriften vervollständigen die Darstellung.
(dtv-Band 50615)

WIRTSCHAFT UND

Käßl · Das Wechsel-ABC
Ein praktischer Ratgeber in allen Wechselfragen.
(dtv-Band 5800)

Herrling · Der Kredit-Ratgeber
Grundfragen der Finanzierung, Kreditwürdigkeitsprüfung, Kreditformen, Kreditvertrag, Verbraucherkreditgesetz, Kreditformen, Leasing, Baufinanzierung und Steuervorteile, Bürgschaft, Verpfändung, Grundpfandrechte, Kleines Kredit-ABC.
(dtv-Band 5801)

Herrling · Der Wertpapier- und Anlage-Ratgeber
So wird mehr aus Ihrem Geld.
(dtv-Band 5802)

Bestmann
Börsen und Effekten von A–Z
Die Fachsprache der klassischen und modernen Finanzmärkte.
(dtv-Band 5803)

Schäfer · Financial Dictionary
Fachwörterbuch Finanzen, Banken, Börse.
Teil I: Englisch-Deutsch
(dtv-Band 5804)
Teil II: Deutsch-Englisch
(dtv-Band 5805)

Perk · Professionelle Aktienanalyse für jedermann
Technische Aktienanalyse, Charts, Beurteilung der Marktverfassung, Trend, Typische Kursverläufe, Programmierte Unterweisung für Kauf- und Verkaufssignale.
(dtv-Band 5806)

Dichtl (Hrsg.) · Schritte zum Europäischen Binnenmarkt
(dtv-Band 5807)

Uszczapowski
Optionen und Futures verstehen
Grundlagen und neuere Entwicklungen.
(dtv-Band 5808)

Wicke/de Maizière/de Maizière
Öko-Soziale Marktwirtschaft für Ost und West
Der Weg aus Wirtschafts- und Umweltkrise.
(dtv-Band 5809)

Schneck
Lexikon der Betriebswirtschaft
Über 2500 grundlegende und aktuelle Begriffe für Studium und Beruf.
(dtv-Band 5810)

Risse · Ratgeber für Unternehmerfrauen
Frau und Betriebsführung, Einkommens-, Alters- und Vermögenssicherung, Scheidung, Ausfall und Tod des Partners, Tätigkeitsbereiche im Unternehmen, Eintritt in das Unternehmen, die selbständige Unternehmerin.
(dtv-Band 5811)

Horváth & Partner
Das Controllingkonzept
Der Weg zu einem wirkungsvollen Controllingsystem.
(dtv-Band 5812)

Dieterle/Winckler (Hrsg.)
Gründungsplanung und Gründungsfinanzierung
(dtv-Band 5813)

Rota · PR- und Medienarbeit im Unternehmen
Instrumente und Wege effizienter Öffentlichkeitsarbeit.
(dtv-Band 5814)

Schäfer · Management & Marketing Dictionary
Teil I: Englisch-Deutsch
(dtv-Band 5815)
Teil II: Deutsch-Englisch
(dtv-Band 5816)

Thieme · Soziale Marktwirtschaft
Ordnungskonzeption und wirtschaftspolitische Gestaltung.
(dtv-Band 5817)

WIRTSCHAFT UND

Herrling/Mathes
Der Buchführungs-Ratgeber
(dtv-Band 5836)

Becker · Leitfaden zur Hardware- und Softwarebeschaffung
(dtv-Band 5837)

Weber · Kosten- und Finanzplanung
Ein Praxisleitfaden für Klein- und Mittelbetriebe.
(dtv-Band 5838)

Thomas · Praxis der Betriebsorganisation
(dtv-Band 5839)

Richter/von Schirach
Die richtige Unternehmensform
Ein Leitfaden zur Geschäftsgründung.
(dtv-Band 5840)

Schwan/Seipel · Personalmarketing für Mittel- und Kleinbetriebe
(dtv-Band 5841)

Haug · Erfolgreich im Team
Praxisnahe Anregungen und Hilfestellungen für effiziente Zusammenarbeit.
(dtv-Band 5842)

Eller · So gestalte ich meine Altersvorsorge
Zukunftssicherung für Arbeitnehmer und Selbständige.
(dtv-Band 5843)

Kühlmann/Blumenstein/Dietrich · Die Lebensversicherung zur Altersvorsorge
(dtv-Band 5844)

Weisbach · Professionelle Gesprächsführung
Ein praxisnahes Lese- und Übungsbuch.
(dtv-Band 5845)

Kastin · Marktforschung mit einfachen Mitteln
Daten und Informationen beschaffen, auswerten und interpretieren.
(dtv-Band 5846)

Gramlich · Geldanlage in Fremdwährungen
(dtv-Band 5847)

Lobscheid · Mitarbeiter einvernehmlich führen
(dtv-Band 5848)

Kuntz · Die private Rente
Beiträge, Rendite, Höhe der Rente, Sofortrente, Flexibler Rentenbeginn, Partnerrente, Witwen- und Witwerrente, Altenheim- und Pflegerente, Steuerpraxis, Sicherheit, Renten in Fremdwährungen.
(dtv-Band 5849)

Knapp · Strategie und Taktik bei der Geldanlage
(dtv-Band 5850)

Then/Denkhaus · Zeitarbeit
Flexibel arbeiten und beschäftigen.
(dtv-Band 5851)

Kiehling · Finanzplatz Europa
Gemeinsamer Markt für Kapitalanlagen, Nationale Eigenarten.
(dtv-Band 5852)

Hammer · Soll ich mich selbständig machen?
(dtv-Band 5853)

Wolff · Deutsche Aktiengesellschaften 95/96
Kennzahlen und Charts.
(dtv-Band 5854)

Schmitt · Streß erkennen und bewältigen
Streß in der Arbeitswelt, Aspekte des Stresses, Streßmanagement in der Praxis.
(dtv-Band 5855)

Sinn/Sinn · Kaltstart
Volkswirtschaftliche Aspekte der deutschen Vereinigung.
(dtv-Band 5856)

Pauk/Lüdecke
Schlüsselfertiges Bauen
Der einfache Weg zum Eigenheim.
(dtv-Band 5857)